Isolde Zachmann-Czalomón
Modern-Hebräisch

Isolde Zachmann-Czalomón

# Modern-Hebräisch

Grammatisches Handbuch

2016

Harrassowitz Verlag · Wiesbaden

Text auf dem Umschlag: *Hatikvah*, Nationalhymne Israels

| | | |
|---|---|---|
| כל עוד בלבב פנימה | kol od balewaw penima | Solange noch im Herzen |
| נפש יהודי הומיה | nefesch jehudi homija | eine jüdische Seele wohnt |
| ולפאתי מזרח קדימה | ulefatej misrach kadima | und nach Osten hin, vorwärts, |
| עין לציון צופיה | ajin lezijon zofija | ein Auge nach Zion blickt, |
| עוד לא אבדה תקותנו | od lo awda tikwatejnu | solange ist unsere Hoffnung nicht verloren, |
| התקוה בת שנות אלפים | hatikwa bat schnot alpajim | die Hoffnung, zweitausend Jahre alt, |
| להיות עם חופשי בארצנו | lihjot am chofschi bearzenu | ein freies Volk zu sein, in unserem Land, |
| ארץ ציון וירושלים | erez zion wijruschalajim | im Lande Zion und in Jerusalem. |

Bibliografische Information der Deutschen Nationalbibliothek
Die Deutsche Nationalbibliothek verzeichnet diese Publikation in der Deutschen
Nationalbibliografie; detaillierte bibliografische Daten sind im Internet
über http://dnb.d-nb.de abrufbar.

Bibliographic information published by the Deutsche Nationalbibliothek
The Deutsche Nationalbibliothek lists this publication in the Deutsche
Nationalbibliografie; detailed bibliographic data are available in the internet
at http://www.dnb.de.

Die 1. und 2. Auflage sind unter dem Titel *Hebräische Sprache. Ein Handbuch*
im Roman Kovar Verlag, Hennef, erschienen.

Informationen zum Verlagsprogramm finden Sie unter
http://www.harrassowitz-verlag.de

© Otto Harrassowitz GmbH & Co. KG, Wiesbaden 2012/2016
Das Werk einschließlich aller seiner Teile ist urheberrechtlich geschützt.
Jede Verwertung außerhalb der engen Grenzen des Urheberrechtsgesetzes ist ohne
Zustimmung des Verlages unzulässig und strafbar. Das gilt insbesondere
für Vervielfältigungen jeder Art, Übersetzungen, Mikroverfilmungen und
für die Einspeicherung in elektronische Systeme.
Gedruckt auf alterungsbeständigem Papier.
Druck und Verarbeitung: Hubert & Co., Göttingen
Printed in Germany
ISBN 978-3-447-06780-5

# Vorwort

Uns Europäern begegnet die Struktur der semitischen Sprachen in der Schulzeit so gut wie nie. Wenn wir später Hebräisch lernen, entsteht häufig das Bedürfnis, das Wesen und die Besonderheiten dieser Sprache genauer zu erfassen.
Auf dem Buchmarkt finden sich inzwischen zahlreiche Bücher und moderne Medien, mit deren Hilfe die Lernenden einen ersten Einstieg in das Modern-Hebräische finden, Satzstrukturen (meist auswendig-)lernen und ihren Wortschatz aufbauen können. Allein damit sind Struktur und Eigenarten einer Sprache nicht zu vermitteln. Bis heute fehlt im deutschsprachigen Raum eine systematische Grammatik des Modern-Hebräischen für das fortgeschrittene Studium. Hier setzt das Handbuch an: Über Suchwörter und Querverweise lässt sich die Grammatik des Modern-Hebräischen erschließen.

Isolde Zachmann-Czalomón<br>Oktober 2012

## Inhaltsverzeichnis

Lexikon ........................................................................................ 1
Index der hebräischen Fachausdrücke ................................................. 321
Literaturangaben ........................................................................... 326

## Legenden

| | |
|---|---|
| → | Hinweis in der Marginalienspalte auf Begriffe mit verwandter Thematik |
| ↗ | Verweis im Text |
| $ | Zeichen für den hebräischen Buchstaben $AJIN, der im Deutschen kein entsprechendes Buchstabenzeichen hat. |
| [פעל] | Zeichen für eine Wurzel |
| * | Hinweis auf eine nicht existente Wortform |
| √ | Hinweis auf eine Erklärung zur Herkunft eines Begriffs (Etymologie) |
| 📖 | Hinweis auf eine bibliographische Angabe |
| ✡ | Literaturhinweise finden sich am Ende des jeweiligen Artikels |

## Buchstaben- und Zeichentabellen

Konsonanten

| | | | |
|---|---|---|---|
| א | ʾALEF | ם | Schluss-MEM |
| ב | BET | נ | NUN |
| ג | GIMEL | ן | Schluss-NUN |
| ד | DALET | ס | SAMECH |
| ה | HEI | ע | ʿAJIN |
| ו | WAW | פ | PEI |
| ז | $AJIN | ף | Schluss-PEI |
| ח | CHET | צ | TSADE |
| ט | TET | ץ | Schluss-TSADE |
| י | JOD | ק | KUF |
| כ | KAF | ר | RESCH |
| ך | Schluss-KAF | שׁ | SCHIN |
| ל | LAMED | שׂ | SIN |
| מ | MEM | ת | TAW |

Vokalzeichen

| | | |
|---|---|---|
| ◻ַ | PATACH | kurzes a |
| ◻ָ | KAMATS | langes a |
| ◻ֵ | TSERE | langes e |
| ◻ֶ | SEGOL | kurzes e |
| ◻ִ | CHIRIK | i |
| ◻ֹו | CHOLAM | o |
| ◻ֻ | KUBBUTS | kurzes u |
| וּ | SCHURUK | langes u |
| ◻ְ | SCHWA | kein Vokal |
| ◻ֲ | CHATAF PATACH | ganz kurzes a |
| ◻ֳ | CHATAF KAMATS | ganz kurzes o |
| ◻ֱ | CHATAF SEGOL | ganz kurzes e |

a

## Abfolge

↗ Wurzel: Abfolge der Wurzelkonsonanten

## Abhängigkeit

Eine Abhängigkeit (Dependenz) besteht z.B. im Hebräischen wie im Deutschen zwischen Adjektiv und Substantiv: das Adjektiv richtet sich in Zahl (Singular/Plural) und Genus (maskulin/feminin) nach dem Substantiv, dem es zugeordnet ist:

→ Adjektiv

| | | |
|---|---|---|
| שָׁבוּעַ טוֹב | (schawua tow) | eine gute Woche |
| | שָׁבוּעַ ist maskulin, folglich auch das Adjektiv טוֹב | |
| שָׁנָה טוֹבָה | (schana towa) | ein gutes neues Jahr |
| | שָׁנָה ist feminin, folglich auch das Adjektiv טוֹבָה | |

Dasselbe ist der Fall zwischen Subjekt und Prädikat:

| | | |
|---|---|---|
| מֹשֶׁה הוּא פָּקִיד | (mosche hu pakid) | Moshe ist Beamter |
| רוּתִי הִיא פְּקִידָה | (ruti hi pekida) | Ruti ist Beamtin |

## Abkürzung

Eine Abkürzung ist eine gekürzte Form häufig gebrauchter Wörter oder Wortverbindungen und erhält im Deutschen einen Punkt am Ende: Dr./*Doktor*, resp./*respektive*, engl./*englisch*. Sie kann auch aus einzelnen Buchstaben gebildet werden, die einem Wort entnommen sind: dt./*deutsch*. Die Abkürzung gehört der geschriebenen Sprache an und wird als vervollständigtes Wort gelesen.

Eine weitere Abkürzungsart ist das Initialwort (Akronym): hier wird aus den Anfangsbuchstaben oder -silben mehrerer Wörter ein neues Wort gebildet: WM/*Weltmeisterschaft*, AG/*Arbeitsgemeinschaft*. Die Pluralbildung erfolgt durch Anhängen von -s: die AGs.

→ Akronym

Im Hebräischen unterscheidet man: 1. קיצור (kitsur)/*Abkürzung* und 2. רָאשֵׁי תֵבוֹת (raschei tewot)/*Anfangsbuchstaben, Akronym*.

1. קיצור (kitsur)/*Abkürzung* ist am גֶּרֶשׁ (geresch)/*Auslassungszeichen, Apostroph* zu erkennen: פ' הַפֹּעַל (pei hapo'al)/*erster Wurzelkonsonant*. Hier ist der Name des Buchstabens פֵּא (pei) abgekürzt. Beispiele aus der hebräischen Grammatik für קיצור (kitsur) mit גֶּרֶשׁ (geresch)/*Auslassungszeichen, Apostroph*:

→ Wurzel

| | | | |
|---|---|---|---|
| הוּפ' | הוּפְעַל | (huf'al) | HUF'AL, sechste Konjugation |
| הִפ' | הִפְעִיל | (hif'il) | HIF'IL, fünfte Konjugation |
| הִת' | הִתְפָּעֵל | (hitpa'el) | HITPA'EL, siebte Konjugation |
| ז' | זָכָר | (sachar) | maskulin |
| נ' | נְקֵבָה | (nekewa) | feminin |
| נפ' | נִפְעַל | (nif'al) | NIF'AL, zweite Konjugation |
| ת' | תֹּאַר | (to'ar) | Adjektiv |
| מס' | מִסְפָּר | (mispar) | Nummer, Zahl (Singular/Plural) |

So werden auch die Wochentage geschrieben:

| | | | |
|---|---|---|---|
| יוֹם א' | יוֹם רִאשׁוֹן | (jom rischon) | Sonntag |
| יוֹם ב' | יוֹם שֵׁנִי | (jom scheini) | Montag |

|  |  |  |  |
|---|---|---|---|
| יוֹם ג' | יוֹם שְׁלִישִׁי | (jom schlischi) | Dienstag |
| יוֹם ד' | יוֹם רְבִיעִי | (jom rewi'i) | Mittwoch |
| יוֹם ה' | יוֹם חֲמִישִׁי | (jom chamischi) | Donnerstag |
| יוֹם ו' | יוֹם שִׁשִּׁי | (jom schischi) | Freitag |

→ Wort-
bildung

→ Buchsta-
bengruppen

2. רָאשֵׁי תֵבוֹת (raschei tewot)/*Anfangsbuchstaben* wird mit גֵּרְשַׁיִם (gerschajim)/*Anführungsstrichen* vor dem letzten Konsonanten gekennzeichnet: ר"ת = רָאשֵׁי תֵבוֹת (raschei tewot). Aus einem Akronym entsteht durch Vokalisieren, meist mit PATACH, ein neues Wort wie bei der Eselsbrücke: בַּחְלָ"ם (bachlam). Beispiele aus der hebräischen Grammatik für רָאשֵׁי תֵבוֹת (raschei tewot) mit גֵּרְשַׁיִם (gerschajim):

| | | | |
|---|---|---|---|
| זו"נ | זָכָר וּנְקֵבָה | (sachar 'unekewa) | maskulin und feminin |
| ז"ז | זָכָר זוּגִי | (sachar sugi) | Dual maskulin |
| ז"ר | זָכָר רִבּוּי | (sachar ribui) | Plural maskulin |
| מ"ג | מִלַּת־גּוּף | (milat-guf) | Pronomen, Fürwort |
| מ"ח | מִלַּת־חִבּוּר | (milat-chibur) | Konjunktion, Bindewort |
| מ"י | מִלַּת־יַחַס | (milat-jachas) | Präposition, Verhältniswort |
| מ"ק | מִלַּת־קְרִיאָה | (milat-kri'a) | Interjektion, Ausrufewort |
| מ"ש | מִלַּת־שְׁאֵלָה | (milat-sche'ela) | Interrogativpronomen, Fragewort |
| נ"ז | נְקֵבָה זוּגִית | (nekewa sugit) | Dual feminin |
| פ"י | פּוֹעַל יוֹצֵא | (po'al jotse) | transitives Verb |
| פ"ע | פּוֹעַל עוֹמֵד | (po'al 'omed) | intransitives Verb |
| ר"ת | רָאשֵׁי תֵבוֹת | (raschei tewot) | Akronym |
| ש"מ | שֵׁם־מִסְפָּר | (schem-mispar) | Zahlwort |
| ת"פ | תֹּאַר פֹּעַל | (to'ar po'al) | Adverb, Umstandswort |

→ GISRA
→ Verb

Die Klassen der unvollständigen Verben im Hebräischen werden mit גֵּרְשַׁיִם (gerschajim) abgekürzt, z.B. פ"נ für die Verbklasse PEI"-NUN. Aus der Bezeichnung der Verbklasse ist die Position zu erkennen, an welcher die Unregelmäßigkeiten auftreten. Manche Akronyme werden als Substantive empfunden, haben dann einen Endbuchstaben und bilden eine Pluralform.
Daneben gibt es auch die Abkürzung mit Punkten wie in den europäischen Sprachen. Meist handelt es sich dabei um Ausdrücke,

Die Klassen der unvollständigen Verben גְּזָרוֹת (gsarot):

| | |
|---|---|
| פ"י | PEI"JOD |
| פ"א | PEI"'ALEF |
| ע"ו/ע"י | 'AJIN"WAW/ 'AJIN"JOD |
| ל"ה | LAMED"HEI |
| ל"א | LAMED"'ALEF |

die aus dem Lateinischen oder aus den europäischen Sprachen kommen. Diese Abkürzungen findet man im hebräischen Fremdwörterbuch:

| | | |
|---|---|---|
| או.ק. | | okay |
| א.ד. | anno Domini | nach christl. Zählung |
| א.מ. | ante meridiem | vormittags |

*Abkürzung*

| | | | |
|---|---|---|---|
| ב.מ. | בֶּצְ'לוֹר | bachelor of Medicine | |
| ב.ס. | בֶּצְ'לוֹר | bachelor of Science | |
| די.די.טי. | | DDT (engl. Aussprache) | |
| הַי.פִי. | | high fidelity | HiFi |
| ה.פ. | הוֹרְס פָּאוּאֶר | horse power | Pferdestärken |
| וִי.אַי.פִּי. | | Very Important Person | |
| מ.כ. | חֲבֵר הַכְּנֶסֶת | (chawer hakneset) | member of Knesset |
| נ.ב. | נִכְתַּב בְּצִדּוֹ נִכְתַּב בְּסוֹפוֹ | nota bene | Nachbemerkung |
| ס.או.ס. | | Save Our Souls | SOS |
| פ.ב.אַי. | | Federal Bureau of Investigation | FBI |
| פ.מ. | פּוֹסְט מֶרִידְיֶם | post meridiem | nachmittags |
| פ.ס. | פּוֹסְט סְקְרִיפְּטוּם | postscriptum | PS |

Die Bedeutung einer Abkürzung kann in verschiedenen Bereichen variieren. In der hebräischen Grammatik z.B. heißt פ"י: 1. פָּעַל יוֹצֵא (po'al jotse)/*transitives Verb*, 2. Verbklasse PEI"JOD. ל"ג kann bedeuten: 1. לָמֶד גְּרוֹנִית (lamed gronit), d.h. der dritte Wurzelkonsonant ist ein Kehllaut (Position LAMED), 2. ל"ג בָּעוֹמֶר (lag ba'omer)/*33. Tag der Omer-Zählung*. In der Fachliteratur und in Lexika gibt es deshalb meist eine "Liste der Abkürzungen", und für weitergehende Informationen ein "Lexikon der Abkürzungen".
Grammatikalisch werden diese Abkürzungen behandelt wie Wörter, sie können mit einer Präposition, dem Artikel oder dem Bindewort ־וּ (we-)/*und* verbunden werden. בעה"פ heißt z.B.: (be'ajin hapo'al)/*im zweiten Wurzelkonsonanten*, der Position 'AJIN.

גְּרָשַׁיִם (gerschajim)/*Anführungszeichen* stehen auch, wenn eine Zahl mit hebräischen Buchstaben wiedergegeben ist: תשנ"ח/5758 (1997/98 nach christlicher Zählung). Hier handelt es sich allerdings nicht um eine Abkürzung.

→ Zahlen

גֵּרֵשׁ (geresch)/*Apostroph, Auslassungszeichen*. Im etymologischen Wörterbuch von Klein✣ findet sich der Hinweis "of unknown origin". Die Wurzel גרש/*wegfahren, vertreiben, scheiden* wird von Klein nicht mit diesem Wort in Verbindung gebracht. Das GERESCH ist im Mittelhebräischen ein diakritisches Zeichen.

גְּרָשַׁיִם (gerschajim)/*Anführungszeichen*. Dieses Wort ist der DUAL von גֵּרֵשׁ/ (geresch)/*Apostroph*.

קִיצּוּר (kitsur)/*Verkürzung*, Verbalsubstantiv aus dem PI'EL לְקַצֵּר (lekatser)/*verkürzen*, Wurzel [קצר] *kurz sein*.

רָאשֵׁי תֵּבוֹת (raschei tewot)/*Anfangsbuchstaben*, aus ראש (rosch)/*Kopf* und תֵּבָה (tewa)/*Wort* (Bedeutung im nachbiblischen Hebräisch).

---

✣ Ernest Klein, *A Comprehensive Etymological Dictionary of the Hebrew Language for Readers of English*. Haifa 1987

# Abkürzungswort ↗ Akronym ↗ Abkürzung

# Ableitung

גְּזִירָה (gisra)/*Ableitung, Derivation,* דֶּרִיוַצְיָה (deriwatsja). Unter Ableitung versteht man den Vorgang der Wortbildung, aber auch dessen Ergebnis, das neu gebildete Wort selbst. Das Ableiten ist eine der beiden hauptsächlichen Möglichkeiten zur Wortbildung neben der Zusammensetzung (Komposition). Durch Ableiten werden neue Wörter gebildet: mit Hilfe von Suffixen, die an das Ende eines Wortbausteins angehängt werden, oder mit Präfixen, die an den Beginn eines Bausteins oder eines Wortes angefügt werden. Die Vokale dienen ebenfalls der Ableitung, es sind Infixe, die zwischen die Konsonanten einer Wurzel eingelagert werden, um Wörter aus der Wurzel zu bilden. Im Deutschen z.B. mit Präfix: werten ⇨ *ab*werten, *auf*werten, *be*werten, und mit Suffix: Zeit ⇨ Zeit*ung*, zeit*ig*.

| | | | | |
|---|---|---|---|---|
| mit Präfix: | ־מ | [בוא] | מָבוֹא (mawo) | Einleitung |
| mit Suffix: | ת.. | [דלק] | דַּלֶקֶת (daleket) | Entzündung |
| | | [קלל] | קַל (kal) | leicht |
| | ־וּת | | קַלוּת (kalut) | Leichtigkeit |
| | | [דרכ] | דֶּרֶךְ (derech) | Weg |
| | ־וֹן | | דַּרְכּוֹן (darkon) | Reisepass |

Eine Ableitung kann auch durch zwei Wortbildungselemente erfolgen, Präfix und Suffix: leiten - *Ab*leit*ung*. Im Hebräischen:

| | | |
|---|---|---|
| [שוב] | לָשׁוּב (laschuw) | zurückkommen |
| | תְּשׁוּבוֹן (tschuwon) | Anrufbeantworter |

→ MISCHKAL

Im Hebräischen gibt es zahlreiche Wortbildungsmuster. Dabei hat ein bestimmtes Wortbildungsmuster (MISCHKAL) eine gewisse Eigenbedeutung: So gibt es z.B. MISCHKALIM für Berufsbezeichnungen oder Spezialausdrücke für Krankheiten wie oben: דַּלֶקֶת (daleket)/*Entzündung*. Ableitungssuffixe (Derivationssuffixe) verursachen unter Umständen Veränderungen in der Betonung eines Wortes, da eine Silbe hinzukommt. Das Hebräische kann aus einer bereits existierenden Wurzel ein Verb ableiten, falls dessen (drei) Wurzelkonsonanten den Gesetzen der Grammatik entsprechen:

| | | | |
|---|---|---|---|
| [בית] | בַּיִת | (bajit) | Haus |
| | לְבַיֵּת | (lewajet) | zähmen PI'EL |
| [קוד] | קוֹד | (kod) | Code |
| | לְקַוֵּד | (lekawed) | verschlüsseln PI'EL |

→ Wortbildung

Mit Hilfe von Ableitungen entstehen aus einer Wurzel Wörter verschiedener Wortarten:

| | | | |
|---|---|---|---|
| | אָמָן | ('oman) | Künstler (Basis) |
| | אָמָנוּת | ('omanut) | Künstlertum (Substantiv) |
| | אָמָנוּתִי | ('omanuti) | künstlerisch (Adjektiv) |

√

דֶּרִיוַצְיָה (deriwatsja)/*Ableitung*. Fremdwort aus dem Lateinischen *derivatio*. גְּזִירָה (gisra)/*Ableitung* aus [גזר] לִגְזוֹר (ligsor)/*schneiden*. In der Grammatik hat es die Bedeutung *ableiten*.

↗ Finalsatz

↗ STATUS ↗ Infinitiv

# Absichtssatz
# ABSOLUTUS

Rein begrifflich, theoretisch, ohne unmittelbaren Bezug zur Realität. Ein abstrakter Begriff ist ein Wort, das etwas Ungegenständliches bezeichnet: Hilfe, Gedanke, Gefühl. Im Hebräischen sind z.B. die Substantive, die aus Verben abgeleitet sind, die Verbalsubstantive שֵׁמוֹת הַפְּעָלָה (schemot hape'ula), abstrakte Begriffe.

## abstrakt
→ Verbalsubstantiv

שֵׁם תֹּאַר (schem to'ar)/*Eigenschaftswort*, eine Wortart; Abkürzung in der hebräischen Grammatik: ׳ת. 22-25% der hebräischen Wörter sind Adjektive. Das Adjektiv bezeichnet die Eigenschaft desjenigen Substantivs näher, dem es zugeordnet ist. Es richtet in Zahl (Numerus) und Geschlecht (Genus) nach diesem Substantiv:

## Adjektiv
→ Abhängigkeit

    שָׁבוּעַ טוֹב    (schawua tow)    eine gute Woche
    שָׁנָה טוֹבָה    (schana towa)    ein gutes Jahr

Bezieht es sich auf zwei Substantive verschiedenen Geschlechts, steht es im Plural maskulin. Das Deutsche muss in diesem Fall das Adjektiv wiederholen:

    תַּלְמִיד וְתַלְמִידָה טוֹבִים    (talmid wetalmida towim)
        ein guter Schüler und eine gute Schülerin

Die Bildung des Plurals und der Femininum-Formen erfolgt nach demselben Muster wie beim Substantiv:

→ Substantiv

    Singular feminin:    - ָה
    Plural maskulin:    - ִים
    Plural feminin:    - וֹת

Sonderformen der Femininum-Bildung ergeben sich in seltenen Fällen, wenn ein Adjektiv und ein Substantiv zusammen einen gemeinsamen Begriff bilden, der grammatikalisch ein Adjektiv ist. Bei einem femininen Bezugswort steht das Adjektiv im Femininum, aber das Femininum-HEI wird zu TAW wie beim SOMECH im STATUS CONSTRUCTUS:

→ STATUS

    טוֹב־לֵב    (tow-lew)    gutherzig, fröhlich
    יַלְדָּה טוֹבַת־לֵב    (jalda towat-lew)    ein fröhliches Mädchen
    יְפֵה־תֹּאַר    (jefe-to'ar)    von schönem Aussehen
    יַלְדָּה יְפַת־תֹּאַר    (jalda jefat-to'ar)    ein schönes Mädchen

Bei diesen Adjektiven, die in Zusammensetzungen die Funktion des SOMECH übernehmen, sind die Formen des STATUS CONSTRUCTUS im Wörterbuch angegeben.

Bei unregelmäßigen Pluralendungen des Substantivs bildet das dazugehörige Adjektiv trotzdem seine Pluralformen regelmäßig, so dass in diesen Fällen Adjektiv und Substantiv verschiedene Pluralendungen haben:

# Adjektiv

שָׁנָה / שָׁנִים (schana/schanim)    Jahr/Jahre
(feminin mit maskuliner Pluralendung)
שָׁנִים רַבּוֹת (schanim rabot)    viele Jahre
בְּמִלִּים אֲחֵרוֹת (bemilim 'acherot)    mit anderen Worten

Das Adjektiv kann sowohl im Deutschen als auch im Hebräischen attributiv oder prädikativ gebraucht sein:

attributiv לְוַאי (lewa'i):

הַסֵּפֶר הַמְעַנְיֵן (hasefer ham'anjen)    das *interessante* Buch
הַתְּמוּנָה הַטּוֹבָה (hatemuna hatowa)    das *gute* Bild

prädikativ נָשׂוּא (nasu):

הַסֵּפֶר מְעַנְיֵן (hasefer me'anjen)    das Buch ist *interessant*
הַתְּמוּנָה טוֹבָה (hatmuna towa)    das Bild ist *gut*

Attributiv gebraucht ist das Adjektiv als Satzteil Attribut zum Substantiv und ist nach ihm ausgerichtet in Zahl und Geschlecht.
Das attributiv gebrauchte Adjektiv steht hinter dem Substantiv. Hat das Substantiv den bestimmten Artikel ־ה, so hat auch das attributiv gebrauchte Adjektiv den bestimmten Artikel (vergl. Beispiel von oben). Wenn zwei Substantive zu einem Begriff zusammengesetzt werden, steht das erste, der SOMECH, im STATUS CONSTRUCTUS. Gehört zu diesem ersten Substantiv ein Adjektiv, so steht dieses am Ende des zusammengesetzten Ausdrucks, da die beiden Komponenten einer Zusammensetzung nicht voneinander getrennt werden können. An der Endung des Adjektivs ist meist zu ersehen, zu welchem der beiden Substantive es gehört. Haben die beiden Substantive gleiches Geschlecht und gleichen Numerus, muss die Zugehörigkeit aus dem Kontext erschlossen werden:

סוּס הָאִישׁ הַטּוֹב (sus ha'isch hatow)    1. das gute Pferd des Mannes
2. das Pferd des guten Mannes

Das prädikativ gebrauchte Adjektiv steht vor oder nach dem Substantiv:

הַסֵּפֶר מְעַנְיֵן (hasefer me'anjen)    das Buch *ist* interessant
מְעַנְיֵן הַסֵּפֶר (me'anjen hasefer)    dto.

→ Kopula

In diesem Fall hat das Adjektiv keinen bestimmten Artikel. Das Verb "sein" wird im Hebräischen nicht als Kopula verwendet, diese Funktion übernimmt das Personalpronomen:

אֲנִי שָׂמֵחַ ('ani sameach)    ich *bin* froh
⇧
*Leerstelle*

Das Adjektiv ist im Hebräischen in Zahl (Numerus) und Geschlecht (Genus) vom Subjekt abhängig, im Deutschen nicht: אֲנַחְנוּ שְׂמֵחִים ('anachnu smechim)/*wir sind froh* (unverändert).
Adjektive können im Hebräischen unter Verwendung bestimmter Suffixe durch Ableitung gebildet werden. Es existiert eine Anzahl spezieller Adjektiv-MISCHKALIM. Verben, die auch als Adjektive vorkommen, heißen in der hebräischen Grammatik פְּעָלִים מְתֹאָרִים (pe'alim meto'arim).

Eine Neubildung von Adjektiven kann in selteneren Fällen auch durch Zusammensetzen erfolgen:

| | | |
|---|---|---|
| בֵּינְלְאֻמִי | (beinle'umi) | international |
| יְמֵיבֵינַיְמִי | (jameibeinajmi) | mittelalterlich |

→ Ableitung
→ MISCHKAL
→ Wortbildung

Adjektive können keinen DUAL bilden. Sie können wie im Deutschen gesteigert werden. ⁊ Steigerung

שֵׁם תֹּאַר (schem to'ar)/*Eigenschaftswort.* תֹּאַר kommt aus der Wurzel [תאר], daraus לְתָאֵר (leta'er)/*beschreiben, umkreisen* (PI'EL). Die hebräische Bezeichnung תֹּאַר ist die Verbform GUF SCHLISCHI aus dem PU'AL. Die abweichende Vokalisierung der PU'AL-Form erklärt sich aus dem Kehllaut in Position 'AJIN-HAPO'AL.

לְוַאי (lewa'i)/*attributiv* von לְוַאי (lewai)/*Begleitung* aus [לוה] לְלַוּוֹת (lelawot)/*begleiten.* Das 'ALEF in dem hebräischen Ausdruck stammt aus der syrischen Wurzel dieses Wortes.

נָשׂוּא (nasu)/*prädikativ, Prädikat,* Passiv-Partizip aus [נשא] לָשֵׂאת (laset)/*heben, tragen, nehmen.*

אוֹגֵד ('oged)/*verbindend* aus [אגד] לֶאֱגֹד (le'egod)/*zusammenbinden.*

פְּעָלִים מְתֹאָרִים (pe'alim meto'arim), מְתֹאָרִים (PU'AL) aus [תאר] לְתָאֵר (leta'er)/*beschreiben, umkreisen* (PI'EL). Aus der gleichen Wurzel kommt das Wort תֹּאַר (to'ar)/*Adjektiv* (siehe oben).

# Adverb

תֹּאַר פֹּעַל (to'ar po'al)/*Umstandswort.* Abkürzung: ת"פ oder תה"פ. Daneben wird der lateinische Ausdruck אַדְוֶרְב benutzt (englische Aussprache). Das Adverb ist unveränderlich, kann also nicht flektiert werden wie ein Adjektiv und bezeichnet den Umstand, *wie* eine Handlung sich vollzieht: er läuft *schnell*. Das Adverb dient der näheren Bestimmung vor allen von Verben und Adjektiven.

Eine in der Geschichte der Sprache sehr früh praktizierte Art, Adverbien zu bilden, ist das Anfügen eines MEM an ein Substantiv oder ein Adjektiv:

| | | | | | | |
|---|---|---|---|---|---|---|
| יוֹם | (jom) | Tag | ⇨ | יוֹמָם | (jomam) | täglich |
| רֵיק | (reik) | leer | ⇨ | רֵיקָם | (reikam) | leer |
| חֵן | (chen) | Gefallen | ⇨ | חִנָּם | (chinam) | umsonst |
| אָמֵן | ('amen) | treu | ⇨ | אָמְנָם | ('omnam) | wirklich |
| פֶּתַע | (peta) | plötzlich | ⇨ | פִּתְאֹם | (pit'om) | plötzlich |
| שָׁלֹשׁ | (schalosch) | drei | ⇨ | שִׁלְשׁוֹם | (schilschom) | vorgestern |

Der Großteil der Adverbien wird auf folgende Weise gebildet:

| | |
|---|---|
| בְּאֹרַח (be'orach) | |
| בְּאֹפֶן (be'ofen) | |
| בְּדֶרֶךְ (bederech) | + Adjektiv |
| בְּצוּרָה (betsura) | |

Das Adjektiv richtet sich nach dem Geschlecht des Substantivs: אֹרַח und אֹפֶן sind maskulin, דֶּרֶךְ und צוּרָה sind feminin: בְּאֹפֶן אָדִיב (be'ofen 'adiw)/*auf zuvorkommende Art und Weise, höflich*, בְּצוּרָה אֲדִיבָה (betsura 'adiwa).

Manche Adverbien sind aus Adjektiven abgeleitet durch Anhängen des Suffixes ת-: aus dem Adjektiv חֶלְקִי (chelki)/*teilweise* wird חֶלְקִית (chelkit) mit derselben Bedeutung. Ebenso werden Adverbien aus Adjektiven abgeleitet durch Anhängen des Suffixes ות-: אָרוֹךְ ('aroch)/*lange* wird zum Adverb אֲרֻכּוֹת ('arukot)/*lang*.

Manche Adjektive übernehmen in ihrer maskulinen Form die Funktion von Adverbien: טוֹב (tow)/*gut*, יָפֶה (jafe)/*schön*.

    הִיא כּוֹתֶבֶת יָפֶה    (hi kotewet jafe)    sie schreibt schön
    הֵם מְדַבְּרִים טוֹב    (hem medaberim tow)    sie sprechen gut

→ 'OTIOT HA-SCHIMUSCH

Sie werden in diesem Fall nicht verändert, da sie sich auf das Verb beziehen. Ferner ist es möglich, ein Adverb aus einem Substantiv abzuleiten durch Vorschalten der 'OTIOT HASCHIMUSCH -בּ, -כּ, -ל, -מ:

| | | | | | |
|---|---|---|---|---|---|
| זְהִירוּת | (sehirut) | Vorsicht | ⇨ בִּזְהִירוּת | (bishirut) | vorsichtig |
| רֶגַע | (rega) | Moment | ⇨ כְּרֶגַע | (karega) | momentan |
| יָד | (jad) | Hand | ⇨ מִיָּד | (mijad) | sofort |
| בֶּטַח | (betach) | Sicherheit | ⇨ לָבֶטַח | (labetach) | sicherlich |

→ Steigerung

Adverbien können gesteigert werden.

√ תּוֹאַר פֹּעַל (to'ar po'al)/*Adverb*. תּוֹאַר aus [תאר] לְתָאֵר (leta'er)/*beschreiben, umkreisen* (PI'EL). תֹּאַר ist die Verbform GUF SCHLISCHI aus dem PU'AL. Die abweichende Vokalisierung der PU'AL-Form erklärt sich aus dem Kehllaut in Position 'AJIN HAPO'AL.

# Adverbialbestimmung

תֵּאוּר הַפֹּעַל (te'ur hapo'al)/ *Umstandsbestimmung*, ein Satzteil. Man unterscheidet: Adverbialbestimmung der Zeit (heute, eines Morgens), des Ortes (auf dem Tisch, oben), der Begründung (deswegen, so), der Art und Weise (schnell, bewegt) etc. Die hebräischen Termini dafür sind:

→ Satzteile

| | | | |
|---|---|---|---|
| Adverbial- | der Zeit | תֵּאוּר־הַזְּמַן | (te'ur-hasman) |
| bestimmung - | des Ortes | תֵּאוּר־הַמָּקוֹם | (te'ur-hamakom) |
| | des Grundes | תֵּאוּר־הַסִּבָּה | (te'ur-hasiba) |
| | der Absicht | תֵּאוּר־הַתַּכְלִית | (te'ur-hatachlit) |
| | der Art und Weise | תֵּאוּר־הָאֹפֶן | (te'ur-ha'ofen) |
| | | תֵּאוּר־הַמַּצָּב | (te'ur-hamatsaw) |

√ תֵּאוּר הַפֹּעַל (te'ur hapo'al). תֵּאוּר ist das Verbalsubstantiv PI'EL aus [תאר] לְתָאֵר (leta'er)/*beschreiben, umkreisen*. Die abweichende Vokalisierung des Verbalsubstantivs erklärt sich aus dem Kehllaut in Position 'AJIN HAPO'AL.

# Affix

Überbegriff für unselbständige Wortbildungselemente, die an eine Wurzel oder einen Wortbaustein angefügt werden. Dabei stehen den Affixen zwei Plätze zur Verfügung:

    am Wortbeginn als Präfix קִדֹּמֶת    אֶכְתֹּב ('echtow)
    (kidomet) bzw. תְּחִלִּית (techilit)
    am Wortende als Suffix סִיֹּמֶת (sijomet)    כָּתַבְתִּי (katawti)

Zusätzlich besteht die Möglichkeit, Wortbildungselemente ins Wortinnere einzufügen (Infix). Im Hebräischen z.B. sind die Vokale Infixe, sie werden zwischen die Konsonanten eingefügt: כָּתַב (kataw)/*schrieb*.
Affixe sind keine Wörter und können folglich nicht selbständig auftreten. Sie brauchen immer ein Trägerelement, mit dem sie sich zu einem Wort verbinden. Präfix und Suffix können allerdings zusammen ein Wort bilden: בִּי (bi)/*in mir*. Dieses Wort setzt sich zusammen aus der Präposition -בְּ /*in* und dem Personalsuffix der ersten Person Singular -י.

→ Morphem
→ Infix
→ Präfix
→ Suffix

קִדּוֹמֶת (kidomet)/*Präfix* aus [קדמ] לְקַדֵּם (lekadem)/*fördern* PI'EL.

תְּחִלִּית (techilit)/*Präfix* aus [תחל] לְהַתְחִיל/*beginnen* HIF'IL. Aus der substantivischen Ableitung תְּחִלָּה (techila)/*Beginn* wurde der grammatikalische Begriff תְּחִלִּית geprägt.

סִיּוֹמֶת (sijomet)/*Suffix* aus [סימ] לְסַיֵּם (lesajem)/*beenden* PI'EL.

In älteren Grammatiken wird das Konjugationssystem der Vergangenheit als Afformativkonjugation bezeichnet, da die Verbformen gebildet werden durch Anfügen einer verkürzten Form des Personalpronomens an das Wortende: כָּתַבְתִּי (katawti)/*ich habe geschrieben*. Entsprechend werden die Verbformen der Zeitstufe des Futurs als Präformativkonjugation bezeichnet: die Formen des Futurs werden gebildet durch Anfügen von verkürzten Personalpronomen an den Wortbeginn (Präfix).

## Afformativkonjugation

→ Zeiten
→ Präformativ-
konjugation

Merkwort für die Buchstabengruppe der Kehllaute (Gutturale, Laryngale) im Hebräischen: ע ח ה א. ↗ Buchstabengruppen

## 'AHACH'A

Akronym aus den vier hebräischen Konsonanten, die als MATRES LECTIONIS (Lesehilfen) dienen können: א ה ו י. Das Akronym ist so vokalisiert, dass es für uns Deutsche eine praktische Eselsbrücke darstellt. Anders vokalisiert: 'EHEWI (Die Vokalisierung 'EHEWI ist wegen der konsonantischen Aussprache des WAW nicht ganz glücklich gewählt, denn diese Konsonantengruppe stellt Repräsentanten von Vokalen dar). Wenn diese hebräischen Konsonanten als MATRES LECTIONIS dienen, haben sie keine Vokalzeichen, da sie selbst stellvertretend für einen Vokal stehen.

## 'AHOI

→ Lesehilfen
→ Buchstaben-
gruppen

## 'AJIN

→ 'ALEF

| modern-hebr. | ⇦ aramäisch ca. 450 | ⇦ aramäisch ca. 650 | ⇦ phönizisch ⇨ ca. 1100 v.u.Z. | lateinisch |

עַיִן ('ajin) ist der 16. Buchstabe des hebräischen Alphabets mit dem Zahlenwert 70. Das Wort bedeutet "Auge", und eine ältere Form dieses Buchstabens hat tatsächlich die Form eines Auges. Innerhalb der semitischen Spra-

→ Schrift

*Septuaginta*
Älteste und bedeutendste Übersetzung des A.T. in das von den alexandrinischen Juden gesprochene Griechisch. An der Übertragung waren 72 Dolmetscher beteiligt, daher die Bezeichnung Septuaginta, meist abgekürzt mit LXX.

chen wechselt das 'AJIN zuweilen in den entsprechenden Wurzeln mit den Buchstaben א, ח, ק.

Im Althebräischen gab es zwei verschiedene Laute für das Zeichen 'AJIN: einen harten, der inzwischen verloren gegangen ist, und einen weicheren. Als die Thora von den griechischen Juden aus dem Hebräischen ins Griechische übertragen wurde (Septuaginta), wurden Namen mit harten 'AJIN-Lauten mit dem griechischen Buchstaben γ (GAMMA) transliteriert. Das gibt eine Vorstellung davon, wie hart dieser Laut 'AJIN im Hebräischen artikuliert wurde. So kennen wir heute die folgenden hebräischen Ortsnamen, die mit der griechischen Übersetzung in die westeuropäischen Sprachen übernommen wurden: עֲמֹרָה Gommora, עַזָּה Gaza. Das Arabische hat noch heute die unterschiedliche Aussprache dieses Kehllautes, hat allerdings auch verschiedene Buchstaben dafür.

Es gibt einige Wurzeln mit 'AJIN, die in ihrer Bedeutung sehr verschieden sind:

| | | | |
|---|---|---|---|
| [עלה] | לַעֲלוֹת | (la'alot) | 1. aufsteigen, 2. kosten |
| [ערב] | עֶרֶב | ('erew) | 1. Abend |
| | עָרֵב | ('arew) | 2. Bürge |

Der Vergleich mit anderen semitischen Sprachen läßt vermuten, daß es sich hier tatsächlich um verschiedene Wurzeln handelt, die heute gleich geschrieben werden, aber verschiedener Herkunft sind. Dieselbe Erscheinung ist auch bei anderen hebräischen Buchstaben festgestellt worden.

→ CHET
→ TSADE
→ SCHIN
→ $AJIN

'AJIN gehört zur Gruppe der Kehllaute (Laryngale) א ה ח ע, Merkwort 'AHACH'A, die im Vokalismus eines Verbs Abweichungen verursachen, da sie nicht verdoppelt werden können. Die Abweichungen in der Umgebung der Kehllaute kompensieren die fehlende Verdoppelung des Konsonanten, die bei anderen Konsonanten durch das DAGESCH angezeigt wird.

'AJIN ist einer der beiden hebräischen Konsonanten, die für einen harten Stimmeinsatz stehen. Ein isoliert artikulierter Vokal beginnt mit einem harten Stimmeinsatz. Im Gegensatz zu den semitischen Sprachen gibt es im Deutschen keinen entsprechenden Buchstaben für diesen Laut. Da das 'AJIN ein Konsonant ist, kann es Vokalzeichen bekommen: עַ עָ עֶ עֹ .

→ 'AJIN'' 'AJIN-Verben

In einem bestimmten Stadium der Entwicklung der hebräischen Sprache muß es Wurzeln gegeben haben, in denen der Kehllaut 'AJIN in Position zwei und drei gleichzeitig vorkam. Die Wurzel gehörte somit zur Gruppe der Verben ע"ע: [שעע], [תעע]. Im Modernhebräischen leben diese Wurzeln weiter als PILPEL-Formen: [תעתע] /täuschen, [שעשע] /amüsieren.

עַזָּה Gaza

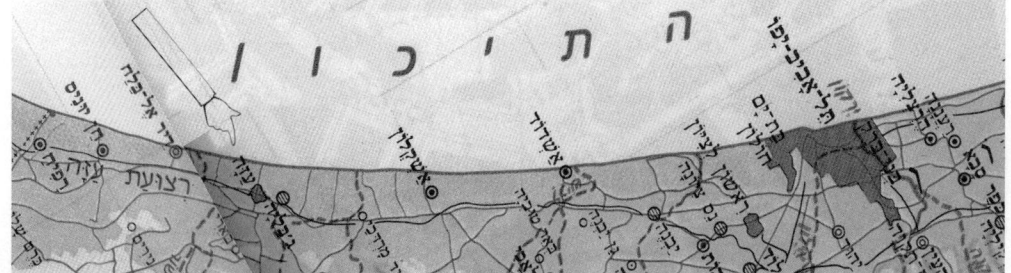

## ʼAJIN"ʼAJIN-Verben

Verben ע"ע, eine Verbklasse schwacher Verben, bei denen die zweiten und dritten Wurzelkonsonanten gleich sind: [סבב]. Die Verben dieser Klasse heißen פְּעָלִים כְּפוּלִים (peʼalim kefulim) von כָּפוּל (kaful)/*verdoppelt*. Bei dieser Verbklasse treten Unregelmäßigkeiten in verschiedenen BINJANIM auf. Von einigen Verben dieser Klasse gibt es regelmäßig und unregelmäßig flektierte Verbformen.

In einigen BINJANIM haben die Verben dieser Klasse nur zwei Wurzelkonsonanten. Der zweite ist verdoppelt und bekommt folglich ein DAGESCH: [סב] סַבִּים (sabim)/*wir gehen herum* (Wortbildungsmuster POLEL). Daneben existieren von der gleichen Wurzel auch dreikonsonantische Varianten: סוֹבְבִים (sowewim)/*wir gehen herum*. Die dreikonsonantischen Wurzeln werden konjugiert wie starke, vollständige Verben, die zweikonsonantische Version wird behandelt wie die "hohlen Wurzeln":

→ hohle Wurzel

[כתת] Infinitiv (zwei Wurzelkonsonanten): לָכוֹת (lachot)/*zerschlagen*
Futur (zwei Varianten): יְכָתוֹת (jichtot)/ יָכוֹת (jachot)

Im Modernhebräischen sind diese Wurzeln häufig zu PILPEL-Formen geworden, vor allem wenn sie problematische Konsonanten wie Kehllaute beinhalten. Sie flektieren regelmäßig nach dem PIʼEL:

[טאא] ⇨ [טאטא] לְטַאֲטֵא (letate) *fegen*

Zur Wortbildung werden alle Möglichkeit herangezogen:

| [ערר] | לַעֲרוֹר | (laʼaror) | Einspruch erheben | drei Wurzelkonsonanten |
| | עָרַר | (ʼarar) | (GUF SCHLISCHI) | |
| [ער] | עֵר | (ʼer) | wach, aufgeweckt | zwei Wurzelkonsonanten |
| [ערער] | עִרְעוּר | (ʼirʼur) | Einspruch | Verbalsubstantiv des PIʼEL (vier Wurzelkonsonanten) |

In den meisten Fällen wird die Verbwurzel zu einer PILPEL-Form und flektiert problemlos im PIʼEL. Substantive und Adjektive können auch aus zweikonsonantischen Wurzeln abgeleitet werden.

Die Verbklassenbezeichnung ע"ע (ʼAJIN"ʼAJIN) bedeutet also: der zweite und der dritte Wurzelkonsonant eines Verbs, also Position ʼAJIN HAPOʼAL und LAMED HAPOʼAL, sind identisch.

√

פְּעָלִים כְּפוּלִים (peʼalim kefulim): כָּפוּל (kaful)/*verdoppelt*, Vergangenheitspartizip (Passiv-Partizip) aus [כפל] לִכְפּוֹל (lichpol)/ *multiplizieren, verdoppeln*.

## ʼAJIN GRONIT

הַפֹּעַל גְרוֹנִית 'ע, Abkürzung: ע"ג. Das ʼAJIN HAPOʼAL, d.h. der zweite Wurzelkonsonant, ist ein Kehllaut אוֹת גְרוֹנִית (ʼot gronit):

| 3 | ע | 1 | 3 | ח | 1 | 3 | ה | 1 | 3 | א | 1 |

→ PEʼALIM GRONIJIM

Die Kehllaute verursachen gewisse Abweichungen im Vokalismus, da sie nicht verdoppelt werden, also kein DAGESCH haben können. Durch die Abweichungen im Vokalismus wird dieser Mangel kompensiert. Die Verben mit Kehllauten sind starke, vollständige Verben, denn an der Substanz der

Wurzel, d.h. an ihren Wurzelkonsonanten, ändert sich in den verschiedenen Verbformen nichts.

√ גְּרוֹנִית (gronit) ist die feminine Form des Adjektivs גְּרוֹנִי (groni)/*kehlig*. Das Wort stammt aus der Wurzel [גרנ] גָּרוֹן (garon)/*Kehle*.

'AJIN HAPO'AL  ע׳ הַפֹּעַל, Bezeichnung für den zweiten Konsonanten einer dreikonsonantischen Wurzel. ↗ PEI HAPO'AL

'AJIN"JOD  Abkürzung: ע״י. Bezeichnung der Verbklasse von schwachen, unvollständigen Verben mit dem mittleren Konsonanten JOD. ↗ 'AJIN"WAW

'AJIN"WAW  Abkürzung: ע״ו. Bezeichnung der Verbklasse von schwachen, unvollständigen Verben mit dem mittleren Konsonanten WAW. Bei den Verben der Klasse 'AJIN"WAW und 'AJIN"JOD verschwinden WAW bzw. JOD in manchen Verbformen, so dass nur noch zwei Wurzelkonsonanten sichtbar sind:

|  |  |  |  |
|---|---|---|---|
| [בוא] | לָבוֹא | (lawo) | kommen |
| ⇨ | אֲנִי בָּא | ('ani ba) | ich komme |
| ⇨ | בָּאתִי | (bati) | ich kam |
| [שׂים] | לָשִׂים | (lasim) | setzen, stellen |
| ⇨ | אֲנִי שָׂם | ('ani sam) | ich stelle, setze |
| ⇨ | שַׂמְתִּי | (samti) | ich habe gestellt |

Zu diesen Verbformen gehört auch die Form GUF SCHLISCHI. Deshalb wird ein Verb dieser Klasse nicht unter der Form GUF SCHLISCHI im Wörterbuch aufgelistet. Bei den Verben 'AJIN"WAW und 'AJIN"JOD wird im Wörterbuch als Suchwort die Wurzel verzeichnet. Weil die Form GUF SCHLISCHI nur zwei Wurzelkonsonanten hat, werden diese Wurzeln auch als "hohle Wurzeln" bezeichnet. Die Verben 'AJIN"WAW und 'AJIN"JOD unterscheiden sich nur in einigen Formen des PA'AL, in den anderen BINJANIM ist aus den Verbformen nicht ersichtlich, ob der mittlere Wurzelkonsonant ein WAW oder ein JOD ist:

→ hohle Wurzel

|  |  |  |
|---|---|---|
| [קומ] | קַמְתִּי | (kamti) ich bin aufgestanden |
| [שׂימ] | שַׂמְתִּי | (samti) ich habe gestellt |

Es wird angenommen, dass die Form קַמְתִּי ursprünglich regelmäßig war: * קָוַמְתִּי (kawamti).
Die Verben dieser Klasse haben in den BINJANIM PI'EL, PU'AL, HITPA'EL verschiedene Möglichkeiten, Verbformen zu bilden:

- Sie verdoppeln den letzten Wurzelkonsonanten:

  [קומ] לְקוֹמֵם (lekomem) wiederherstellen
  קוֹמַמְתִּי (komamti)

- Sie flektieren wie vollständige Verben, behalten den mittleren Wurzelkonsonanten und vokalisieren ihn entsprechend dem BINJAN:

  [קומ] לְקַיֵּם (lekajem) aufrechterhalten, erfüllen
  קִיַּמְתִּי (kijamti)

- Sie bilden eine PILPEL-Wurzel und flektieren regelmäßig in den BINJANIM PI'EL, PU'AL, HITPA'EL:

    [כול]    לְכַלְכֵּל (lechalkel) versorgen
             כִּלְכַּלְתִּי (kilkalti)

## 'AKIF

עָקִיף /indirekt. דִּבּוּר עָקִיף (dibur 'akif)/indirekte Rede ↗ Rede
מֻשָּׂא עָקִיף (musa 'akif)/Dativobjekt ↗ Objekt

## Akkusativ

יַחֲסַת־אֶת (jachasat-'et) oder יַחַס הַפָּעוּל (jachas hapa'ul). Der vierte Fall (Kasus) auf die Frage "wen oder was"?, אֶת - Fall ('et-Fall), da er mit der Präposition אֶת gebildet wird: אֲנִי שׁוֹתֶה אֶת הַיַּיִן ('ani schote 'et hajajin)/*ich trinke den Wein*. Die Präposition אֶת ist der Akkusativ-Marker im Hebräischen. ↗ 'ET

## Akkusativobjekt

מֻשָּׂא יָשִׁיר (musa jaschir) ↗ Objekt

## Akronym

רָאשֵׁי תֵבוֹת (raschei tewot)/*Abkürzungswort, Initialwort, Buchstabenwort*. Im Deutschen gibt es wie in anderen Sprachen die Möglichkeit, aus den Anfangsbuchstaben eines Begriffs, der aus mehreren Wörtern besteht, ein neues Wort zu bilden: U.S.A. Dabei werden die Anfangsbuchstaben, die zur Bildung des neuen Ausdrucks dienen, vokalisiert: ('u'es'a). Auch aus einzelnen Silben mehrerer aufeinander folgender Wörter kann ein neues gebildet werden, oder das neue Wort entsteht durch Mischung dieser verschiedenen Techniken: GEMA (*G*esellschaft für *m*usikalische *A*ufführungs- und mechanische Vervielfältigungsrechte). Diese Wörter können auch in den Plural oder in verschiedene Fälle (Kasus) gesetzt werden: die U.S.A., die Regierung *der* U.S.A. Dabei verändert sich die Gestalt des Akronyms nicht, der Kasus ist am Artikel ablesbar. Ein Beispiel aus der hebräischen Grammatik: ETINETI, gebildet aus den Personalpräfixen des Futurs. Die Abkürzungen sind im Abkürzungswörterbuch aufgeschlüsselt.

→ Abkürzung

In der Grammatik des Hebräischen gibt es Akronyme, die als Eselsbrücken dienen: 'AHOI, BACHLAM, etc.

→ Buchstabengruppen

Das Akronym im Hebräischen wird meist mit PATACH vokalisiert wie die folgenden Beispiele berühmter jüdischer Gelehrter:

*R*abbi *M*oses *B*en *M*aimon   רַבִּי מֹשֶׁה בֶּן מַיְמוֹן ⇨ RAMBAM רַמְבַּ"ם
*R*abbi *M*oses *I*sserles   רַבִּי מֹשֶׁה אִיסֶרְלֶשׁ ⇨ RAMA רַמָ"א

Vor dem letzten Konsonanten stehen GERSCHAJIM, um das Wort als Abkürzungswort kenntlich zu machen. Manche Abkürzungen gelten grammatikalisch als ein Wort. Dies ist ersichtlich sowohl an der Vokalisierung, die sich nach den Gesetzen der Betonung richtet, als auch an dem Schluss-MEM, z.B. bei dem Namen רַמְבַּ"ם RAMBAM.
Aus Akronymen entstehen im Hebräischen zuweilen reguläre Wörter. Das Akronym "Alphabet" aus den ersten beiden griechischen Anfangsbuchstaben α und β ergab im Deutschen das Verb *alphabetisieren*. Analog gibt es

סָנוֹב

*Die Herkunft dieses englischen Wortes ist wissenschaftlich nicht gesichert; vermutlich ist es ein Akronym aus den lateinischen Wörtern: "sine nobilitate" - ohne Adel.*

im Hebräischen aus den vier ersten Buchstaben des Alphabets אבגד das Verb
לְאַבְגֵּד (le'awged)/*alphabetisieren*. Es flektiert nach dem PI'EL. Beispiele:

| | | | |
|---|---|---|---|
| ר"ת | רָאשֵׁי תֵבוֹת | (raschei tewot) | Anfangsbuchstaben |
| א"ב | אָלֶף־בֵּית | ('alef-beit) | Alphabet |
| קו"ש | קִילוֹוַט־שָׁעָה | (kilowat scha'a) | Kilowattstunde kWh |
| קמ"ש | קִילוֹמֶטֶר־שָׁעָה | (kilometer scha'a) | km/h |
| כ"א | כָּל אֶחָד | (kol 'echad) | jeder einzelne |
| אי"ש | אִם יִרְצֶה הַשֵּׁם | ('im jirtse haschem) | so Gott will |
| לסה"נ | לִסְפִירַת הַנּוֹצְרִים | (lisfirat hanotsrim) | nach christlicher Zeitrechnung |
| סכו"ם | סַכִּין, כַּף וּמַזְלֵג | (sakin, kaf 'umasleg) | (Essbesteck: Messer, Löffel und Gabel) |
| אק"ג | אֶלֶקְטְרוֹ־קַרְדְיוֹגְרָמָה | ('elektrokardiograma) | EKG |

Nicht vokalisierte Akronyme gelten nicht als Wort und bekommen deshalb keine Endbuchstaben: לסה"נ, aber: סַכּוּ"ם.

## Aktionsart

אַסְפֶּקְט ('aspekt), die Art und Weise, wie sich das Geschehen vollzieht, das im Verb ausgedrückt wird: denken ⇨ *nach*denken, d.h. intensiv denken. Die BINJANIM des Hebräischen ermöglichen es, aus einer Wurzel verschiedene Ableitungen von Verben in verschiedenen Aktionsarten, also mit verschiedenen Aspekten zu bilden. So entstehen z.B. aus der Wurzel [כתב] folgende Ableitungen:

| | | |
|---|---|---|
| כָּתַב | (kataw) | schreiben (PA'AL) |
| כִּתֵּב | (kitew) | viel schreiben (PI'EL) |
| הִכְתִּיב | (hichtiw) | diktieren (HIF'IL) |
| הִתְכַּתֵּב | (hitkatew) | korrespondieren (HITPA'EL) |

→ BINJAN  Dazu existiert meist jeweils ein Passiv.

## Aktiv

→ Passiv

פָּעִיל (pa'il), אַקְטִיב *Tätigkeitsform* des Verbs: Dan *schreibt* den Brief. Im Gegensatz dazu das Passiv סָבִיל (sawil) oder פָּסִיב: der Brief *wird geschrieben*. Im Aktiv führt das zum Verb gehörende Subjekt die Handlung aus, die im Verb genannt ist: schreibt. Im Passiv erleidet das zum Verb gehörende Subjekt die im Verb genannte Handlung: *wird* geschrieben.

√

פָּעִיל (pa'il)/*Tätigkeitsform*, *Aktiv* aus [פעל]: לִפְעוֹל (lif'ol)/*tun, handeln*. סָבִיל (sawil)/*Passiv, Leideform* aus [סבל]: לִסְבּוֹל (lisbol)/*leiden, ertragen*.

## Akzent

נְגִינָה (negina)/*Betonung*, Hervorhebung an bestimmten Stellen eines Wortes durch Steigerung der Lautstärke, Änderung der Tonhöhe oder Dehnung des Vokals. Auch das Betonungszeichen selbst heißt Akzent. ↗ Betonung

נְגִינָה (negina)/*Musik, Gesang, Akzent* aus [נגן]. Aus dieser Wurzel kommt auch das Verb לְנַגֵּן (lenagen)/*ein Instrument spielen*.

# ’ALEF

| modern-<br>hebr. | ⇨ aramäisch<br>ca. 200 | ⇨ *phönizisch* ⇨<br>ca. 1100 v.u.Z. | altgriech.<br>ca. 900 | ⇨klass.gr.<br>ca. 500 | ⇨ lateinisch |

אָלֶף ist der erste Buchstabe des hebräischen Alphabets mit dem Zahlenwert eins. Einer älteren Form des Buchstabens entsprechend bedeutet das ’ALEF: Rinderschädel. ’ALEF ist ein Kehllaut und alterniert im Hebräischen und in anderen semitischen Sprachen mit anderen Kehllauten, so z.B. mit ה־: אָמוֹן, הָמוֹן. So entspricht dem hebräischen הִפְעִיל/HIF’IL das aramäische אַפְעֵל/ ’AF’EL, dem hebräischen הִתְפַּעֵל/HITPA’EL das aramäische אִתְפַּעֵל/’ITPA’EL. ’ALEF alterniert ebenfalls mit ע und י. ’ALEF ist mit ’AJIN einer der hebräischen Konsonanten, die für einen harten Stimmeinsatz stehen. Ein isoliert artikulierter Vokal beginnt mit einem harten Stimmeinsatz. Im Gegensatz zu den semitischen Sprachen gibt es im Deutschen kein entsprechendes Buchstabenzeichen. Da ’ALEF ein Konsonant ist, kann es Vokalzeichen bekommen: אַ אָ אֶ אֱ.

→ harter Stimmeinsatz

’ALEF gehört zur Gruppe der Kehllaute א ה ח ע, Merkwort ’AHACH’A. Diese verursachen vokalische Abweichungen in ihrer Nachbarschaft, da sie nicht verdoppelt werden können und somit kein DAGESCH annehmen.
Ferner gehört ’ALEF zur Gruppe ’ETINETI, das ist das Merkwort für die Personalpräfixe des Futurs: א־, ת־, י־, נ־, ת־, י־.
’ALEF gehört zu der Gruppe der Vokalbuchstaben: א ה ו י, Merkwort ’AHOI

| א | ⇨ a |
| ה | ⇨ a, e |
| ו | ⇨ o |
| י | ⇨ i |

(’EHEWI). Die modernen hebräischen Texte haben keine Vokalzeichen, deshalb werden zur leichteren Lesbarkeit die Vokalbuchstaben (MATRES LECTIONIS) als Lesehilfen eingefügt: סאדאט Sadat, איראן Iran, מוזיון Museum, etc. Das Hebräische setzt ’ALEF als Lesehilfe vor ein Konsonantencluster mit SCHWA am Wortbeginn. Mit dem ’ALEF als Lesehilfe entsteht eine neue Silbe und das SCHWA entfällt. Vor allem bei Fremdwörtern ist das notwendig, die eine vokallose Konsonantengruppe am Wortbeginn haben: *St*rategie ⇨ אַסְטְרָטֶגְיָה (’astrategja), *St*adion ⇨ אִצְטַדְיוֹן (’itstad-jon). Bei dieser Lösung verteilen sich die SCHWA auf verschiedene Silben wie beim ersten Beispiel, oder die problematische Situation entzerrt sich durch eine entsprechende Übertragung in hebräische Konsonanten wie bei dem Wort אִצְטַדְיוֹן (’its-tad-jon).

→ ’AJIN
→ Kehllaut
→ ’AHOI
→ Buchstabengruppen

→ Lesehilfen

’ALEF als letzter Konsonant eines Wortes (Wortauslaut) ist stumm, denn ein harter Stimmeinsatz kann am Wortende nicht ohne Vokal artikuliert werden: הוּא (hu)/er, הִיא (hi)/sie, שָׁוְא (schaw)/Leere, Nichtigkeit, Aber: שְׁוָא (schwa)/SCHWA, hier ist das ’ALEF Lesezeichen.

CHOLAM vor ’ALEF wird manchmal rechts über das ’ALEF plaziert. Wenn ein SCHIN auf einen Konsonanten mit CHOLAM folgt, fällt dieses aus: מֹשֶׁה Mosche.

## Alphabet ↗ Schrift

## Anakoluth
מִשְׁפָּט כִּלְאַיִם (mischpat kil'ajim)/*verschränkter Satz, hybrider Satz.* ↗ Satz

## Analogie
הַשְׁוָאָה (haschwa'a) oder אָנָלוֹגְיָה (alalogja)/*Entsprechung, Ähnlichkeit, Übereinstimmung.* Die Wortbildung arbeitet oft mit der Technik der Analogie. So kann eine Gruppe aus drei Konsonanten in ein Wortbildungsmuster (MISCHKAL, BINJAN) eingepasst und zu einem entsprechenden Substantiv, Adjektiv oder Verb abgeleitet werden, ohne dass es dazu eine hebräische Wurzel gibt, z.B. engl. code ⇨

→ Wortbildung

    לְקַוֵד [קוד] (lekawed)   verschlüsseln
    קוֹדָן (kodan)   einer, der verschlüsselt

Das Verb ist nur im PI'EL flektierbar.

## Anführungszeichen
גְּרָשַׁיִם (gerschajim), מֵרְכָאוֹת (mercha'ot), im Deutschen auch Gänsefüßchen. Wenn im Hebräischen eine Abkürzung aus den Anfangsbuchstaben mehrerer Wörter besteht (Akronym), wird dieser Sachverhalt gekennzeichnet durch Anführungszeichen vor dem letzten Konsonanten des Akronyms: סַךְ הַכֹּל/סה"כ (sach hakol)/*alles zusammen, insgesamt.*

→ Abkürzung
→ Akronym

→ Zahlen
Dasselbe gilt für den Fall, dass eine Zahl, meist als Jahreszahl, mit den entsprechenden hebräischen Buchstaben wiedergegeben wird: תשנ"ח, (taschnach), das jüdische Jahr 5758, nach christlicher Zählung 1997/98.
Anführungszeichen stehen auch wie in den europäischen Sprachen bei direkter Rede דִּבּוּר יָשִׁיר (dibur jaschir).

√
גְּרָשַׁיִם (gerschajim), גֶּרֶשׁ (geresch)/*Apostroph, Auslassungszeichen*, die Etymologie des Begriffs ist unbekannt (möglicherweise [גרש] לְגָרֵשׁ/*wegfahren, vertreiben, scheiden*). Das GERESCH ist im Mittelhebräischen ein diakritisches Zeichen. גְּרָשַׁיִם (gerschajim)/*Anführungszeichen* ist der DUAL von GERESCH.
מֵרְכָאוֹת (mercha'ot), Plural von מֵרְכָה (mercha), ein Ausdruck aus dem Bibelhebräischen. Das MERCHA ist im Bibelhebräischen ein Betonungszeichen.
דִּבּוּר יָשִׁיר (dibur jaschir)/*direkte Rede.* דִּבּוּר Verbalsubstantiv aus dem PI'EL לְדַבֵּר [דבר] (ledaber)/*sprechen.* יָשִׁיר (jaschir)/*gerade* aus archaisch [ישר] לִישׁוֹר (lischor)/*den geraden Weg gehen* (biblisch).

## Anlaut

→ Auslaut
→ Silbe

Als Anlaut wird der erste Laut eines Wortes oder einer Silbe bezeichnet. Im Deutschen kommen bestimmte Konsonanten und Konsonantenfolgen, z.B. ß, ng, bt, im Silben- oder Wortanlaut nicht vor. Hingegen wird z.B. ein (h) nur im Anlaut artikuliert, im Auslaut ist es stumm: fro*h*, Wei*h*-nachten.
Im Hebräischen werden Konsonanten mit SCHWA im Wortanlaut vermieden. So wird z.B. bei Fremdwörtern ein 'ALEF als Lesezeichen (MATER LECTIONIS) vorgeschaltet, um eine Silbe zu erzeugen: *Str*ategie ⇨ אַסְטְרָטֶגְיָה ('astrategja), *St*adion ⇨ אִצְטַדְיוֹן ('itstadjon). Bei dieser Lösung verteilen sich die SCHWA auf verschiedene Silben: ('*as*-*t*ra-teg-ja), oder die problematische Situation

entzerrt sich durch eine entsprechende Übertragung in hebräische Konsonanten: ('its-tad-jon).
Für die Buchstaben des BEGADKEFAT gelten bestimmte Artikulationsgesetze, je nach der Position der betreffenden Buchstaben im Silben- oder Wortanlaut oder im Silben- oder Wortauslaut:

| | | | | | | |
|---|---|---|---|---|---|---|
| im Anlaut: | בּ | כּ | פּ | (b) | (k) | (p) |
| im Auslaut: | ב | כ | פ | (w) | (ch) | (f) |

→ BEGADKEFAT

Die Konsonanten ʿALEF und ʿAJIN bezeichnen einen harten Stimmeinsatz, wenn sie nicht mit einem SCHWA versehen sind, was sehr selten vorkommt. Dieser harte Stimmeinsatz an sich ist der hebräische Konsonant, der Vokal wird danach artikuliert. Im Gegensatz dazu wird im Deutschen ein Vokal im Anlaut immer mit einem harten Stimmeinsatz artikuliert, obwohl kein entsprechendes Zeichen geschrieben wird: *A*bend, *E*feu, *o*ben. Im Auslaut oder nach einem Konsonanten ist vor einem Vokal kein harter Stimmeinsatz hörbar, der Konsonant geht bei der Artikulation ohne Unterbrechung in den folgenden Vokal über: A*b*end, E*f*eu, o*b*en.

→ ʿALEF
→ ʿAJIN

## Apostroph

גֶּרֶשׁ (geresch)/*Auslassungszeichen* kennzeichnet das Fehlen eines Lautes oder einer Silbe. Im Hebräischen steht der Apostroph für ein abgekürztes Wort, bei dem nur der erste Buchstabe geschrieben wird: ׳ז anstatt זָכָר (sachar)/*maskulin*. Diese Art von Abkürzung heißt קִיצוּר (kitsur)/*Verkürzung*.

→ Abkürzung

| | |
|---|---|
| 'ג | ⇨ (dsch) |
| 'ז | ⇨ (sch) |
| 'צ | ⇨ (tsch) |

Der Apostroph dient ferner zur Kennzeichnung eines Lautes in Fremdwörtern, für den es im Hebräischen kein entsprechendes Buchstabenzeichen gibt. Drei Laute werden auf diese Weise wiedergegeben:

| | | | | |
|---|---|---|---|---|
| ג'ון | John (engl.) | | סֶנְדְוִיץ' | Sandwich |
| קוֹלֶג' | College | | צ'יריאו | cheerio (engl.) |
| פַּסָג' | Passage | | דָצ'ה | Datscha |
| ז'וּרְנָל | Journal | | ג'וֹפְרִי צ'וֹסֶר | Geoffrey Chaucer |
| | | | מִיכָאֶלאַנְג'לוֹ קָרָוָג'וֹ | Michelangelo Caravaggio |

Aber: זָ'ן דָ'רְק Jeanne d'Arc
⇧

In den Handschriften gibt es ein weiteres Auslassungszeichen, das תָג (tag)/*Krönchen*. ↗ TAG

√

גֶּרֶשׁ (geresch)/*Apostroph, Auslassungszeichen*, die Etymologie des Begriffs ist unbekannt (möglicherweise [גרש] לְגָרֵשׁ/*wegfahren, vertreiben, scheiden*). GERESCH ist im Mittelhebräischen ein diakritisches Zeichen.
קִיצוּר (kitsur)/*Verkürzung*, Verbalsubstantiv aus [קצר] לְקַצֵּר (lekatser)/*verkürzen* PI'EL.

## Apposition

תְּמוּרָה (temura) oder אַפּוֹזִיצְיָה ('apositsja)/*Apposition*, ein substantivisches Attribut zu einem Substantiv. Die Apposition kann vor oder hinter dem Substantiv stehen. Sie steht in demselben Kasus:

הָעִיר יְרוּשָׁלַיִם (ha'ir jeruschalajim) die Stadt Jerusalem
יְרוּשָׁלַיִם, בִּירַת (jeruschalajim birat Jerusalem, die Hauptstadt
יִשְׂרָאֵל jisra'el) Israels

√ תְּמוּרָה (temura)/*Gegenwert*, in der hebräischen Grammatik: *Apposition*, aus לְהָמִיר [מור] (lehamir)/*austauschen* HIF'IL. תְּמוּרָה ist Verbalsubstantiv aus dem HIF'IL.

## Artikel

תָּוִית מְיֻדַּעַת (tawit mejada'at), ה' הַיְדִיעָה (hei hajedi'a)/*HEI des Bekanntseins*.

1. תָּוִית מְיֻדַּעַת (tawit mejada'at)/*bestimmter Artikel*: -ה (ha) für beide Geschlechter und beide Numeri (Singular und Plural)
2. תָּוִית סְתָמִית (tawit stamit)/*unbestimmter Artikel*

Das Hebräische hat kein Wort für den unbestimmten Artikel:

אֲנִי קוֹרֵא סֵפֶר מְעַנְיֵן ('ani kore sefer me'anjen)
ich lese *ein* interessantes Buch

Das Zeichen für den bestimmten Artikel ist im Hebräischen -ה, meist mit PATACH vokalisiert: ה' הַיְדִיעָה (hei hajedi'a)/*HEI des Bekanntseins*. Das Artikel-HEI ist unveränderlich, wird aber je nach Qualität und Betonung des folgenden Konsonanten verschieden vokalisiert. Der bestimmte Artikel steht, wenn es sich um einen bestimmten, d.h. bekannten Gegenstand handelt. Zusätzlich zu dem Artikel-HEI bekommt der darauffolgende Buchstabe, also der erste Konsonant des Wortes, ein DAGESCH CHASAK:

הַלּוּחַ הַנָּקִי (haluach hanaki) die saubere Tafel
הַבַּיִת (habajit) das Haus

Wenn das Substantiv mit einem JOD oder einem MEM beginnt, die mit SCHWA vokalisiert sind, können diese beiden Konsonanten kein DAGESCH CHASAK erhalten:

הַיְלָדִים (hajladim) die Kinder
הַמְדַבְּרִים (hamdabrim) die Sprechenden

Ausgenommen davon sind: הַיְּהוּדִים (hajhudim)/*die Juden*, הַיְּוָנִים (hajwanim)/*die Griechen*.
Wenn ein Substantiv ein Adjektiv bei sich hat, bekommt auch das Adjektiv einen Artikel. Auch der Demonstrativbegleiter ist adjektivisch gebraucht und erhält ein Artikel-HEI: הַסֵּפֶר הַמְעַנְיֵן הַזֶּה (hasefer hame'anjen ha&e)/*dieses interessante Buch*.
Das Artikel-HEI wird mit PATACH vokalisiert und der erste Konsonant des Wortes hat ein DAGESCH CHASAK: ein Kehllaut kann kein DAGESCH bekommen, deshalb ändert sich in diesem Fall die Vokalisierung des Artikel-HEI.

## Vokalisierung des Artikel-HEI:

- mit PATACH vor Konsonanten, die keine Kehllaute sind; der darauffolgende Konsonant erhält ein DAGESCH: הַבַּיִת (habajit)/*das Haus;*

$$הַ + בּ\ 2\ 3$$

- mit PATACH vor HEI und CHET, die nicht mit KAMATS vokalisiert sind, allerdings ohne das DAGESCH CHASAK im folgenden Konsonanten: הַהוֹרִים (hahorim)/*die Eltern,* הַחַלוֹן (hachalon)/*das Fenster.* Ausgenommen davon sind: הָהֵם, הָהֵן (hahem, hahen)/*jene* (Plural maskulin und feminin).

$$הַ + ה \setminus ח$$

- mit KAMATS vor 'ALEF, 'AJIN (mit Hauptton), HEI (mit Hauptton), RESCH: הָאָדָם (ha'adam)/*der Mensch,* הָרוּחַ (haruach)/*der Wind,* הָעֶרֶב (ha'erew)/ *der Abend,* הָעִיר (ha'ir)/*die Stadt,* הָהָר (hahar)/*der Berg.*

$$הָ + א \setminus ה \setminus ע \setminus ר$$

- mit SEGOL vor unbetontem HEI, CHET und 'AJIN mit KAMATS oder CHATAF KAMATS: הֶחָכָם (hechacham)/*der Kluge,* הֶהָרִים/*die Berge,* הֶעָתִיד (he'atid)/*die Zukunft*

$$הֶ + הָ \setminus חָ \setminus עָ$$

Bei den folgenden Wörtern ändern sich die Vokale, wenn der bestimmte Artikel vorgeschaltet ist: הָהָר, הָעָם, הָאָרֶץ, הֶחָג, הַפָּר ← הַר, עַם, אֶרֶץ, חַג, פַּר.
Der Vokal des Wortes מָה (ma)/*was* ist grundsätzlich der gleiche wie der des bestimmten Artikels: מַה טוֹבוּ, מַה אַתֶּם, מַה הָיָה.
Vor dem bestimmten Artikel -ה wird das Wort מָה mit KAMATS vokalisiert, egal welchen Vokal das HEI hat: מָה הַדָּבָר, מָה הָרָעָה, מָה הֶעָרִים.
Im gesprochenen Modernhebräischen werden meist gar keine Unterschiede bei der Vokalisierung des HEI HAJEDI'A gemacht, sondern der Vokal ist ein PATACH.

*Das HEI HAJEDI'A nach Präpositionen ('OTIOT HASCHIMUSCH)*
Wie der bestimmte Artikel -ה werden auch die Präpositionen -בּ und -ל direkt an das Substantiv angekoppelt, sie können nicht alleine stehen. Wird eine dieser beiden Partikeln einem Substantiv mit dem bestimmten Artikel -ה vorgeschaltet, so entfällt das -ה und die Partikel bekommt dessen Vokal:

→ Präposition
→ 'OTIOT HA-SCHIMUSCH

בָּאוּנִיבֶּרְסִיטָה ⇨ *בְּ הָ אוּנִיבֶּרְסִיטָה ⇨ הָ אוּנִיבֶּרְסִיטָה ⇨ אוּנִיבֶּרְסִיטָה
('universita) ⇨ (ha'universita) ⇨ *(be ha'universita) ⇨ (ba'universita)

$$בְּ + הַ = בַּ \qquad לְ + הַ = לַ$$

Ausdrücke mit (ha-):

| | | |
|---|---|---|
| הַיּוֹם | (hajom) | heute |
| הָעֶרֶב | (ha'erew) | heute abend |
| הַשָּׁבוּעַ | (haschawua) | diese Woche |
| הַשָּׁנָה | (haschana) | dieses Jahr |

In diesen Fällen hat das Artikel-HEI noch heute die hinweisende Funktion des Demonstrativbegleiters.

תָּוִית (tawit)/*Zeichen*, aus תָּו (taw)/*Zeichen, Marke*; im Neuhebräischen *Note, musikalisches Zeichen*; daraus entstand im hebräischen Alphabet die Bezeichnung des Buchstabens TAW.
תָּוִית מְיֻדַּעַת (tawit mejada'at)/*bestimmter Artikel*: aus der Wurzel [ידע] לָדַעַת (lada'at)/*wissen*.
תָּוִית סְתָמִית (tawit stamit)/*unbestimmter Artikel*: סְתָמִי aus [סתמ] לִסְתּוֹם (listom)/*sich ungenau ausdrücken*.
ה' הַיְדִיעָה (hei hajedi'a)/*HEI des Bekanntseins*: יְדִיעָה (jedi'a)/*Wissen* ist Verbalsubstantiv aus [ידע] לָדַעַת (lada'at)/*wissen*.

## Artikulation

מִבְטָא (miwta), חִתּוּךְ־דִּבּוּר (chituch-dibur)/*Aussprache*, Gesamtheit der bewusst gesteuerten und koordinierten Bewegungen der Sprechwerkzeuge. Die Aussprache des Hebräischen ist sehr regelmäßig. Einen deutschen Text kann man auch ablesen, wenn man die Sprache nicht kann. Einen nicht vokalisierten modernhebräischen Text hingegen kann man nur lesen, wenn man die Sprache kann, bzw. die Wörter kennt.

Zwei Konsonanten, deren Artikulationsstellen nah beieinander liegen, können nur schwer unmittelbar nacheinander artikuliert werden. Es gibt im klassischen Hebräisch keine Verbwurzel mit gleichen Konsonanten in Position PEI HAPO'AL und 'AJIN HAPO'AL. Auch (m) und (b) oder (g) und (k) liegen artikulatorisch sehr nah beieinander. Es gibt keine originalsemitischen Wurzeln mit diesen Konsonanten in Position eins und zwei. Folgende Konsonanten haben dieselbe Artikulationsstelle: כ/ק, ח/כ, ש/ס ע/א. Bei den Konsonanten א und ע hört man von orientalischen Neueinwanderern der älteren Generation in Israel noch heute einen Unterschied in der Artikulation: sie sprechen das 'AJIN vernehmbar kehliger, d.h. tiefer aus der Kehle heraus als das 'ALEF. Zwischen CHET/KAF und SIN/SAMECH gibt es keinen hörbaren Unterschied mehr. In früheren Stadien der Entwicklung der Sprache bestanden wohl Unterschiede in der Aussprache dieser Konsonanten, sie sind aber im Modernhebräischen verlorengegangen. Eine Wurzel wie [חככ] wäre wohl anders nicht denkbar: hier wären der erste und der zweite Wurzelkonsonant gleich. Aus dieser Wurzel stammt die hebräische Bezeichnung für Reibelaut: חוֹכֵךְ (chochech).

מִבְטָא/*Aussprache* aus [בטא] לְבַטֵּא (lewate)/*aussprechen, artikulieren* PI'EL.
חִתּוּךְ־דִּבּוּר (chituch-dibur)/*Aussprache*. חִתּוּךְ: Verbalsubstantiv aus [חתכ] לְחַתֵּךְ (lechatech)/*aussprechen, artikulieren* PI'EL. דִּבּוּר (dibur)/*Reden*, Verbalsubstantiv aus [דבר] לְדַבֵּר (ledaber)/*sprechen* PI'EL.
חוֹכֵךְ (chochech)/*Reibelaut*, לַחֲכוֹךְ (lachachoch)/*reiben, kratzen*.

## Artikulationszeichen ⌐ Diakritische Zeichen

## Aspekt

אַסְפֶּקְט ('aspekt). ⌐ Aktionsart ⌐ BINJAN

## Assimilation

הִדָּמוּת (hidamut), אֲסִימִילַצְיָה (asimilatsja)/*Angleichung*, das Angleichen eines Lautes an einen anderen, z.B. bei der schwachen Verbklasse פ"נ. Wenn vor ein NUN als erstem Wurzelkonsonanten ein Präfix steht wie in den Formen des Futur, dann schiebt sich dieses NUN ans Silbenende, weil es sich mit dem Präfix zu einer Silbe verbindet. In diesem Fall wird es an den nachfolgenden Konsonanten angeglichen. Folglich sollte den Regeln entsprechend statt des NUN eigentlich derselbe Buchstabe erscheinen wie der darauffolgende, an den das NUN assimiliert wurde. Da es im Hebräischen aber keine Doppelkonsonanz gibt, fällt das NUN ganz aus und der folgende Konsonant erhält ein DAGESCH:

[נפל] * יִנְפֹּל * ⇐ *יִפְּפֹל ⇐ יִפֹּל

⇑ ⇑
*nicht existente, gedachte Zwischenstufen*

Eine weiterer Fall von Assimilation ergibt sich beim Verb im HITPA'EL bei Wurzeln, die mit ד, ט, ת beginnen: *הִתְטַמֵּר, das eigentlich die regelmäßige Form wäre, wird zu הִטַּמֵּר. Das TAW fällt aus und der folgende Konsonant hat ein DAGESCH CHASAK.

→ HITPA'EL

הִדָּמוּת (hidamut)/*Angleichung* aus [דמה] לִדְמוֹת (lidmot)/*ähneln*, Verbalsubstantiv nach dem HIF'IL (keine Verbformen im HIF'IL).

√

אֲסִימִילַצְיָה ('asimilatsja)/*Angleichung*, im Hebräischen ein Fremdwort aus dem Lateinischen.

## 'ATID

עָתִיד Zeitstufe der Zukunft: ↗ Zukunft

## Attribut

לְוַאי (lewai)/*Beifügung*. Adjektivattribut: ein *interessantes* Buch, Genitivattribut: der Inhalt *des Buches*. Das Genitivattribut ist von einem Substantiv abhängig (Genitiv-Objekt vom Verb: er geht *seiner Wege*). Es ist im Hebräischen Bestandteil des SMICHUT. ↗ STATUS
Das Adjektiv kann attributiv gebraucht sein: der *heiße* Sand, oder prädikativ: der Sand ist *heiß*.

› Adjektiv

לְוַאי (lewai)/*Begleitung, Beifügung* aus [לוה] לְלַוּוֹת (lelawot)/*verbinden, begleiten* PI'EL. 'ALEF in dem hebräischen Ausdruck ist aus der syrischen Wurzel dieses Wortes.

√

## Auslassungszeichen

גֶּרֶשׁ (geresch)/*Apostroph*. Das Auslassungszeichen, der Apostroph, bezeichnet eine Stelle, an der Buchstaben ausgelassen worden sind: *in's* Kino, anstatt *in das* Kino. Im Hebräischen hat das Auslassungszeichen die gleiche Funktion: ג' für גְרַם/*Gramm*.
GERESCH bezeichnet im Fremdwort in Kombination mit bestimmten hebräischen Konsonanten einen Laut, für den es keine exakte hebräische Entsprechung gibt.
Bei Zahlen wird der Tausender mit GERESCH gekennzeichnet: ה'תש"ח, das Jahr 5708, d.i. 1947/48 der christlichen Zeitrechnung.

→ Abkürzung

→ Fremdwort

→ Zahlen

√     גֶּרֶשׁ (geresch)/*Apostroph, Auslassungszeichen*. Die Herkunft des Wortes ist unsicher, vielleicht גרשׁ/*wegfahren, vertreiben*. GERESCH ist im Mittelhebräischen ein diakritisches Zeichen.

## Auslaut

→ BEGADKEFAT
→ DAGESCH

Als Auslaut wird der letzte Laut eines Wortes oder einer Silbe bezeichnet. Für die Buchstaben des BEGADKEFAT gelten bestimmte Artikulationsgesetze, je nach Position im Silben- oder Wortanlaut bzw. im Silben- oder Wortauslaut: Im Anlaut werden diese Konsonanten als Verschluss laute artikuliert und bekommen ein DAGESCH KAL, im Auslaut sind es Reibelaute:

ב־, כ־, פ־    Wort- oder Silbenanlaut    ־ב, ־כ, ־פ    Wort- oder Silbenauslaut

→ Anlaut
→ Silbe
→ Endbuchstabe

KAF und PEI haben im Wortauslaut eine andere Form, sie sind Endbuchstabe: ך ף. Als Endbuchstabe אוֹת סוֹפִית ('ot sofit) können sie kein DAGESCH bekommen. Fremdwörter im Hebräischen haben in bestimmten Fällen einen Verschluss laut am Ende: צִ'יפּ /*Chip*. Weil DAGESCH in diesem Fall gesetzt werden muss, wird kein Endbuchstabe geschrieben. Manchmal wird SCHWA im letzten Konsonanten gesetzt.

Diese Regeln des BEGADKEFAT werden durch bestimmte Betonungsregeln außer Kraft gesetzt: עֲלֵיכֶם (nicht: כֶם). Auch spielt es dabei eine Rolle, ob die vorhergehende Silbe offen oder geschlossen ist.

→ 'ALEF
→ 'AJIN
→ PATACH

Die Kehllaute ע ה ח im Wortauslaut haben unter bestimmten Bedingungen ein (gestohlenes) PATACH פָּתָח גְנוּבָה (patach genuwa): לִשְׁלוֹחַ (lischloach)/*schicken*, לִגְבֹּהַּ (ligboah)/*hoch sein*, לִקְרוֹעַ (likroa)/*zerreißen*. 'ALEF im Auslaut dagegen ist stumm: לְמַלֵּא (lemale)/*füllen* (PI'EL), הוּא (hu)/*er*.

SCHWA im Auslaut wird nicht geschrieben, weil es sich von selbst versteht.

## Aussagesatz
מִשְׁפַּט־חִוּוּי (mischpat-chiwui) ↗ Satz

## Aussageweise
דֶּרֶךְ (derech) ↗ Modus

## Aussprache
מִבְטָא (miwta), חִתּוּךְ־דִבּוּר (chituch-dibur) ↗ Artikulation

## Austausch

→ 'ALEF
→ HITPA'EL

Im HITPA'EL werden Konsonanten in Position PEI HAPO'AL, die dem TAW des Präfixes sehr ähnlich sind, mit diesem getauscht. In den verschiedenen semitischen Sprachen alternieren Konsonanten auch innerhalb derselben Wurzel.

## 'AWAR

→ Suffix

עָבַר ('awar), Zeitstufe der Vergangenheit: Perfekt, Imperfekt. Die Flexionsformen dieser Zeitstufe werden gebildet durch Anfügen von Personalsuffixen an die Wurzel: לִכְתּוֹב (lichtow)/*schreiben*, כָּתַבְתִּי (katawti)/*ich habe geschrieben*. (vergl. folgende Seite)

| Singular | Plural |
|---|---|
| כָּתַבְתִּי (katawti) | כָּתַבְנוּ (katawnu) |
| כָּתַבְתָּ (katawta) | כְּתַבְתֶּם (ktawtem) |
| כָּתַבְתְּ (katawt) | כְּתַבְתֶּן (ktawten) |
| כָּתַב (kataw) | כָּתְבוּ (katwu) |
| כָּתְבָה (katwa) | |

Die zweiten Personen Plural maskulin und feminin sind endungsbetont, der Hauptton liegt auf der Personalendung, deshalb verliert die erste Silbe ihren Vokal. Die Form GUF SCHLISCHI, die dritte Person Singular maskulin, hat keine Personalendung, der Hauptton liegt auf der letzten Silbe. Diese Formen sind MILRA. Die anderen Verbformen haben den Hauptakzent auf der vorletzten Silbe, sie sind MIL'EIL.

→ GUF
→ MILRA
→ MIL'EIL

Da die Verbformen dieser Zeitstufe durch Anfügen von Personalsuffixen gebildet werden, findet man in Grammatiken des Althebräischen auch die Bezeichnung Affirmativkonjugation für die Zeit der Vergangenheit. Im Gegensatz dazu werden die Formen des Futurs, die mit Hilfe von Personalpräfixen zustande kommen, als Präformativkonjugation bezeichnet.

Die dritte Person Singular der Vergangenheit ist die einfachste Form des Verbsystems: sie hat keine Personalendung und im PA'AL weder Präfix noch DAGESCH. Unter dieser Form (GUF SCHLISCHI) werden die Verben im hebräisch-deutschen Wörterbuch verzeichnet.

עָבַר ('awar) aus [עבר] לַעֲבוֹר (la'awor)/*vorübergehen*.

b

בְּכָל"מ Akronym aus den Präpositionen, mit denen der Infinitiv dekliniert werden kann. Diese Präpositionen können nicht allein stehen, es sind "gebundene" Morpheme, die an ein Wort oder an eine Personalendung angefügt werden. An den Stamm der Wurzel [כתב] angefügt, heißen die Formen je nach Kontext sinngemäß: **BACHLAM**

→ Infinitiv

| בְּ | בִּכְתוֹב | (bichtow) | *beim* Schreiben |
| כְּ | כִּכְתוֹב | (kichtow) | *wie beim* Schreiben |
| לְ | לִכְתוֹב | (lichtow) | *zum* Schreiben |
| מְ | מִכְתוֹב | (michtow) | *vom* Schreiben |

→ Buchstabengruppen

Die Konsonanten dieser Gruppe heißen in der hebräischen Grammatik אוֹתִיּוֹת הַשִּׁימּוּשׁ (*'otiot haschimusch*)/*formbildende Buchstaben*.

→ 'OTIOT HASCHIMUSCH

אוֹת (*'ot*)/*Zeichen* aus der Wurzel [אות] , שִׁימּוּשׁ ist Verbalsubstantiv aus [שמש] , לְשַׁמֵּשׁ (leschamesch)/*dienen* PI'EL.

מִשְׁפָּט־תְּנַאי בָּטֵל (mischpat-tenai batel)/*Satz mit nicht erfüllbarer Bedingung, Irrealis.* ↗ Bedingungssatz

**BATEL**

מִשְׁפָּט־תְּנַאי (mischpat-tenai)/*Bedingungssatz, Konditionalsatz.* Man unterscheidet zwei Typen von Bedingungen: realisierbare (REALIS) und nicht (mehr) realisierbare (IRREALIS). Das Bedingungsgefüge besteht aus zwei Teilen:

**Bedingungssatz**

1. Der eigentliche Bedingungssatz ist Nebensatz: מִשְׁפַּט הַתְּנַאי (mischpat hatenai). Er enthält die gestellte Bedingung.
2. Der Hauptsatz enthält das Ergebnis bzw. die Folge der Bedingung: מִשְׁפַּט תּוֹצָאָה (mischpat totsa'a).

Der Nebensatz, der eine realisierbare Bedingung enthält, heißt מִשְׁפַּט תְּנַאי קַיָּם (mischpat tenai kajem). Er wird eingeleitet mit אִם ('im), und die Verben stehen im Futur:

| אִם תִּגְמְרוּ אֶת הָעֲבוֹדָה תֵּלְכוּ לַסֶּרֶט | ('im tigmeru 'et ha'awoda telchu laseret) wenn ihr die Arbeit beendet habt, geht ihr ins Kino |
| אִם יִהְיוּ לָנוּ כַּרְטִיסִים נֵלֵךְ לַהַצָּגָה | ('im jihu lanu kartisim nelech lahatsaga) wenn wir Karten haben, gehen wir zu der Aufführung |

Wenn der Hauptsatz nicht ein Ergebnis: תּוֹצָאָה (totsa'a) enthält, sondern eine Anweisung bzw. eine Aufforderung: הוֹרָאָה (hora'a), dann steht das Verb des Nebensatzes im Präsens und das des Hauptsatzes im Imperativ:

| אִם אַתָּה לֹא מַרְגִּישׁ טוֹב לֵךְ הַבַּיְתָה | ('im 'ata lo margisch tow lech habaita) wenn du dich nicht gut fühlst, geh nach Hause |
| אִם אַתְּ עֲיֵפָה נוּחִי | ('im 'at 'ajefa nuchi) wenn du müde bist, ruh dich aus |

Der Nebensatz mit einer nicht (mehr) realisierbaren Bedingung heißt מִשְׁפַּט

תְּנַאי בָּטֵל (mischpat tenai batel). Im bejahten und verneinten Satz stehen verschiedene Konjunktionen:

bejaht: אִילוּ, לוּ / verneint: לֹא + אִילוּלֵא, אִילוּ + לֹא + לוּלֵא, לוּ

Im Nebensatz מִשְׁפַּט תְּנַאי (mischpat tenai) steht:
1. entweder Vergangenheit oder
2. eine Kombination aus dem Verb הָיָה (haja) in der Vergangenheit und dem Vollverb in der Form des Gegenwartspartizips.

Im Hauptsatz, der das Endergebnis enthält, מִשְׁפַּט תּוֹצָאָה (mischpat totsa'a), steht das Hilfsverb הָיָה (haja) in der Vergangenheit und das Vollverb in der Form des Gegenwartspartizips:

| אִילוּ הָיִינוּ קוֹנִים כַּרְטִיסִים הָיִינוּ הוֹלְכִים לַסֶּרֶט | ('ilu hajinu konim kartisim hajinu holchim laseret) Wenn wir Karten gekauft hätten, wären wir in den Film gegangen. |
|---|---|
| לוּ קָנִינוּ כַּרְטִיסִים הָיִינוּ הוֹלְכִים לַסֶּרֶט | (lu kaninu kartisim hajinu holchim laseret) Wenn wir keine Karten gekauft haben, gehen wir nicht in den Film. |

Mit einer Satzreihe lässt sich eine einfachere Konstruktion herstellen:

| לֹא קָנִינוּ כַּרְטִיסִים וְלָכֵן אֲנַחְנוּ לֹא הוֹלְכִים לַסֶּרֶט | (lo kaninu kartisim welachen 'anachnu lo holchim laseret) Wir haben keine Karten gekauft, folglich gehen wir nicht in den Film. |

Die nicht erfüllbare Bedingung in der Verneinung:

| אִילוּ לֹא בָּאת אֵלֵינוּ הָיִינוּ בָּאִים אֵלַיִךְ | ('ilu lo bat 'elenu hajinu ba'inu 'elaich) Wenn du (feminin) nicht zu uns gekommen wärst, wären wir zu dir gekommen. |

√ מִשְׁפַּט תְּנַאי (mischpat tenai)/*Konditionalsatz*. תְּנַאי (tenai) aus dem Aramäischen, daraus [תנה] לְהַתְנוֹת (lehatnot)/*Bedingungen stellen* HIF'IL. תּוֹצָאָה (totsa'a)/*Ergebnis, Folge*, substantivische Ableitung aus [יצא] לְהוֹצִיא (lehotsi)/*hervorbringen* HIF'IL. הוֹרָאָה (hora'a)/*Unterweisung* aus [ירה] לְהוֹרוֹת (lehorot)/*lehren, anweisen* HIF'IL. מִשְׁפַּט תְּנַאי קַיָּם (mischpat tenai kajem)/*realisierbare Bedingung*. קַיָּם (kajem)/*bestehend, existierend* aus [קום] לְקַיֵּם (lekajem)/*bestehen, existieren lassen* PI'EL.
מִשְׁפַּט תְּנַאי בָּטֵל (mischpat tenai batel)/*nicht realisierbare Bedingung*. בָּטֵל (batel)/*wertlos* aus [בטל] לִבְטוֹל (liwtol)/*aufhören zu sein*.

# Befehlsform ↗ Imperativ

BEGADKEFAT בֶּגַ״דְכְּפַ״ת, auch בְּגַ״ד כְּפַ״ת, Akronym aus den Konsonanten, die je nach Position im Wort verschieden ausgesprochen werden. Im Modernhebräischen kommen nur noch die Konsonanten ב׳, כ׳, פ׳ in Betracht, für die restlichen drei gibt es keine unterschiedliche Artikulation mehr. Im Anlaut werden diese Konsonanten meist als Verschlusslaute artikuliert und bekommen ein DAGESCH KAL, im Auslaut sind es Reibelaute:

    בּ־, כּ־, פּ־   (be)/(ke)/(pe)    Wort- oder Silbenbeginn
    ב־, כ־, פ־   (we)/(che)/(fe)   Wort- oder Silbenende

→ Verschlusslaut
→ Reibelaut

KAF und PEI im im Wortauslaut Endbuchstaben: ף ך. Als Endbuchstabe אוֹת סוֹפִית ('ot sofit) können sie kein DAGESCH bekommen. Ein Verschlusslaut am Ende eines Fremdwortes wird beibehalten: צִ׳יפּ /Chip. Weil DAGESCH in diesem Fall gesetzt werden muss, wird kein Endbuchstabe geschrieben. Diese Regeln des BEGADKEFAT werden durch bestimmte Betonungsregeln außer Kraft gesetzt: עֲלֵיכֶם. Auch spielt es dabei eine Rolle, ob die vorhergehende Silbe offen oder geschlossen ist. ↗ Betonung

→ Anlaut
→ Silbe

| בּ־, כּ־, פּ־ als Verschlusslaut | | |
|---|---|---|
| • am Wortbeginn | כּוֹתֵב | (*k*otew) [כתב]/*schreiben* |
| • am Silbenbeginn, wenn es nicht direkt auf eine offene Silbe folgt, also nach einem SCHWA | אֶחְכַּם | ('ech*k*am) [חכם]/*klug sein* |
| • im mittleren Wurzelkonsonanten der BINJANIM DAGUSCHIM: PI'EL, PU'AL, HITPA'EL und deren Ableitungen (hier gilt die erste Silbe als geschlossen, weil der mittlere Wurzelkonsonant verdoppelt ist) | מְחַכֶּה | (mecha*k*e) [חכה]/*warten* |

| ב־, כ־, פ־ als Reibelaut | | |
|---|---|---|
| • am Wortende, als letzter Buchstabe | שָׂרַף | (sara*f*) [שרף]/*brennen* |
| • am Silbenende | אֶכְתּוֹב | ('e*ch*tow) [כתב]/*schreiben* |
| • am Beginn der Haupttonsilbe | יָכֹל | (ja*ch*ol) [יכל]/*können* |
| • am Beginn einer offenen Silbe | כָּתְבוּ | (kat*w*u) [כתב]/*schreiben* |
| • am Beginn einer Silbe, die direkt auf eine offene Silbe folgt | לָשֶׁבֶת | (lasche*w*et) [ישב]/*sitzen* |

אוֹת ('ot)/*Zeichen*. Die Wurzel [אות] ist aus dem Substantiv אוֹת abgeleitet. Die Verbform geht nach dem Konjugationsmuster POLEL: אוֹתֵת ('otet)/*er hat signalisiert*. Eine Variante zu dieser Ableitung ist [אתת] לְאַתֵּת (le'atet)/ *signalisieren* PI'EL.

סוֹפִי (sofi)/*abschließend, End-* (in Zusammensetzungen), aus der Wurzel [סוף] לָסוּף (lasuf)/*enden*.

↗ Partizip

# BET

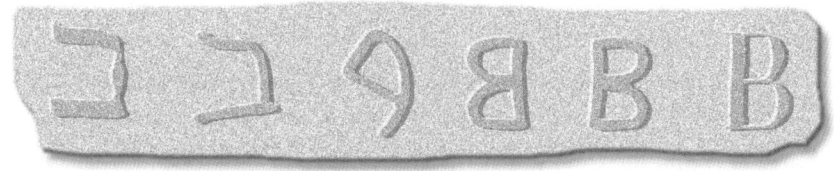

| modern-hebr. | ⇦ aramäisch ca.200 | ⇦ *phönizisch* ⇨ ca. 1100 v.u.Z. | altgriech. ca. 600 | ⇨altgriech. ca. 500 | ⇨ lateinisch |

בֵּית ist der zweite Buchstabe des hebräischen Alphabets mit dem Zahlenwert zwei. Das Wort bedeutet: *Haus* nach der Form eines älteren Buchstabens. BET ist in anderen semitischen Sprachen in manchen Wörtern mit MEM oder PEI getauscht.

→ BEGAD-KEFAT

BET gehört zur Gruppe BEGADKEFAT. Die Konsonanten werden je nach Position im Wort oder der Silbe verschieden ausgesprochen. Bei der Aussprache als Verschlusslaute erhalten sie ein DAGESCH. Ferner gehört BET zur Gruppe der 'OTIOT BUMAF, bei denen bestimmte Gesetze zur Aussprache des WAW gelten.

→ 'OTIOT HA-SCHIMUSCH
→ MOSCHE WEKELEW
→ BACHLAM

Die Präposition בְּ-/*in* ist eine Verkürzung aus בתוך (betoch)/*in, unter*. Sie gehört zur Gruppe der 'OTIOT HASCHIMUSCH: וכל"ב מש"ה (MOSCHE WEKELEW) und BACHLAM, der Präpositionen, mit denen der Infinitiv gebildet werden kann.

→ Buchstabengruppen

Die Partikel בְּ- kann nicht alleine stehen, sie wird an ein Wort als Präfix angeschlossen. Dabei kann das Trägerwort Substantiv, Name oder auch Personalsuffix etc. sein. Die Vokalisierung der Partikel בְּ- regelt sich nach den Betonungsverhältnissen des Trägerwortes.

→ Präposition
→ Steigerung

Die Partikel בְּ- wird bei der Steigerung im Hebräischen verwendet, um die Steigerungsstufe des Superlativs zu bilden.

## Betonung

הַטְעָמָה (hat'ama), נְגִינָה (negina). Unter Betonung versteht man die Hervorhebung der Silben durch Haupt- und Nebenakzent in einem Wort. Bei einem zweisilbigen Wort ist eine Silbe betont. Wenn ein Wort drei Silben hat, trägt eine davon den Hauptton, eine andere den Nebenton, und eine weitere ist unbetont:

|     0     |     ′     |     `     |
| :-------: | :-------: | :-------: |
|    be     |    ach    |    ten    |
| unbetont  | Hauptton  | Nebenton  |

Betonung kann auf verschiedene Weise erzielt werden: durch Steigerung der Lautstärke, Änderung der Tonhöhe, Dehnung des Vokals. Bei homographen Wörtern kann die Betonung differenzierende Funktion haben:

Téńor: Haltung, Sinn, Wortlaut
Tenór: hohe Männerstimme

Im Hebräischen:

| חֶרֶשׁ | (ch*é*resch) | im Geheimen |
| חֵרֵשׁ | (cher*é*sch) | taub |

בִּירָה   (b*i*ra)   Bier
בִּירָה   (bir*a*)   Hauptstadt

Der Hauptton eines Wortes liegt meist auf der letzten Silbe (Ultima): das Wort ist מִלְרַע (milra). Die auf der vorletzten Silbe (Pänultima) betonten Wörter sind מִלְעֵיל (mil'eil). Liegt der Hauptakzent eines Wortes nicht auf der letzten Silbe, steht ein MUNA links neben dem Vokalzeichen der Haupttonsilbe.  →MILRA →MIL'EIL →MUNA

Der Nebenton wird durch ein METEG gekennzeichnet, links neben dem Vokalzeichen: הָיְתָה. Im Modernhebräischen Text werden die Betonungszeichen nicht gesetzt.  →METEG

Wenn ein Wort ein Personalsuffix oder -präfix hat, entsteht eine zusätzliche Silbe. Das ändert die Betonung und infolgedessen die Vokale. Die Personalendungen der zweiten Person Plural feminin und maskulin tragen den Hauptton: ־תֶן, ־תֶם. Substantive und Verben, an die Personalendungen als Objektspronomen angefügt sind, werden auf dem letzten Buchstaben des Originalwortes betont, ausgenommen dieser Konsonant hat ein SCHWA: לָנוּ (la*nu*)/*uns*, עָלֶיךָ ('a*lecha*)/*du musst*, aber: שְׁלוֹמְךָ (schlom*cha*).  →Personalpräfix →Personalsuffix

Das Hinzufügen der Pluralendungen verschiebt den Hauptton, da diese Endungen betont sind: שָׁכֵן (scha*chen*)/*Nachbar* ⇨ שְׁכֵנִים (schchenim). Hier geht der erste Vokal verloren. Oder: פּוֹעַל (*po*'al)/*Verb* ⇨ פְּעָלִים (pe'alim), hier ändert sich die Qualität des Vokals unter dem Kehllaut 'AJIN.

הַטְעָמָה (hat'ama)/*Betonung*, Verbalsubstantiv HIF'IL aus [טעמ] לִטְעוֹם/*kosten, versuchen*, davon טַעַם (ta'am)/*Geschmack*. Im HIF'IL hat das Verb die Bedeutung von: *hervorheben, betonen*.  √

נְגִינָה (negina)/*Betonung, Musik, Gesang, Akzent* aus [נגנ] לְנַגֵּן (lenagen)/*ein Instrument spielen* PI'EL.

נְגִינוֹת (neginot), טְעָמִים (te'amim), Zeichen an einem meist althebräischen Text, die als Lesezeichen dienen: Zeichen für Haupt- und Nebentonsilben über oder unter einem Konsonanten, für die Versmitte, etc. Im Modernhebräischen werden noch zwei dieser Betonungszeichen gebraucht: MAKAF, ein Bindestrich, der an der oberen Schreibgrenze der Buchstaben plaziert ist und zwei oder mehrere Wörter als ein zusammengesetztes Wort kenntlich macht, und das METEG, ein kleiner senkrechter Strich unter einem Konsonanten oder links neben dessen Vokalzeichen, wenn dieser Konsonant die Nebentonsilbe beginnt. In modernen Wörterbüchern wird das METEG zur Bezeichnung der Haupttonsilbe verwendet.  ## Betonungszeichen

→ Bindestrich

→ METEG

נְגִינוֹת (neginot)/*Betonungszeichen, Betonung, Musik, Gesang, Akzent* aus [נגנ] לְנַגֵּן (lenagen)/*ein Instrument spielen* PI'EL.  √

טְעָמִים (te'amim)/*Betonungszeichen* aus [טעמ] לִטְעוֹם/*kosten, versuchen*, davon טַעַם (ta'am)/*Geschmack*. Im HIF'IL hat das Verb die Bedeutung von: *hervorheben, betonen*.

↗ Flexion   ↗ Konjugation   ↗ Deklination

## Beugung

## Bindestrich

→ STATUS

מַקָּף (makaf), קַו מְחַבֵּר (kaw mechaber), kurzer horizontaler, an der oberen Schreibgrenze der hebräischen Buchstaben plazierter Strich, der anzeigt, daß zwei oder mehrere Wörter zu einem Ausdruck zusammengesetzt sind: אֶרֶץ־יִשְׂרָאֵל ('erets-jisra'el). In den Texten der Bibel findet man dazu viele Beispiele. MAKAF erübrigt sich meist, da bei einer Zusammensetzung das erste Substantiv im STATUS CONSTRUCTUS steht.

ל־ד

√

מַקָּף (makaf)/Bindestrich aus [נקפ] לִנְקוֹף (linkof)/umfassen.
קַו מְחַבֵּר (kaw mechaber)/Bindestrich aus קַו (kaw)/Linie, Strich und [חבר] לְחַבֵּר (lechaber)/verbinden PI'EL.

## Bindewort ↗ Konjunktion

## BINJAN

→ MISCHKAL

בִּנְיָן Wortbildungsmuster für Verben (Verbalschema), im Gegensatz zum MISCHKAL, Wortbildungsmuster für Substantive und Adjektive (Nominalschema). Der Begriff BINJAN hat in der hebräischen Grammatik zwei verschiedene Bedeutungen:

- Konjugation, Konjugationsform, d.h. Wortbildungsmuster für Verben, die dadurch eine bestimmte Bedeutungsnuance erhalten: schreiben/diktieren/korrespondieren (sieben BINJANIM);
- feststehendes Wortbildungsmuster zur Ableitung von Verben aus einer dreikonsonantischen Wurzel: Gesamtheit der Wortbildungselemente, die eine Wurzel zu einer Verbform machen.

Die amerikanischen Grammatiken übersetzen die Bezeichnung BINJANIM mit "meaning classes". Dieser Terminus zielt auf die Bedeutung dieser Ableitungen. In deutschen Grammatiken werden sie Konjugationen bzw. Konjugationsformen genannt (auch Aspekte), wobei der Begriff Konjugationen nicht dasselbe bedeutet wie in der Grammatik der indoeuropäischen Sprachen.

Die BINJANIM sind unveränderliche Wortbildungsmuster, von denen jedes eine mehr oder weniger starke Eigenbedeutung hat: PI'EL - intensiv, HIF'IL - veranlassend, HITPA'EL - reflexiv. Im Modernhebräischen gibt es sieben BINJANIM. Ganz wenige Verben haben noch vereinzelt Formen aus anderen BINJANIM, die verlorengegangen sind, z.B. NITPA'EL, Passiv des HITPA'EL. Andere semitische Sprachen haben noch weitere BINJANIM, die das Modernhebräische nicht hat.

### Die BINJANIM

| | | | | |
|---|---|---|---|---|
| I | PA'AL | בִּנְיָן יְסוֹדִי | (binjan jesodi) | Grundbedeutung |
| | | בִּנְיָן קַל | (binjan kal) | dto. |
| II | NIF'AL | | | Passiv dazu |
| III | PI'EL | בִּנְיָן כָּבֵד | (binjan kawed) | intensive Bedeutung |
| IV | PU'AL | | | Passiv dazu |
| V | HIF'IL | בִּנְיָן גוֹרֵם | (binjan gorem) | veranlassende Bedeutung |
| VI | HUF'AL | | | Passiv dazu |
| VII | HITPA'EL | בִּנְיָן חוֹזֵר | (binjan choser) | reflexive Bedeutung |

Die Wurzel [ידע]/*wissen* z.B. hat in den BINJANIM folgende Bedeutungen:

| I   | PA'AL    | Grundbedeutung        | wissen            |
|-----|----------|-----------------------|-------------------|
| II  | NIF'AL   | Passiv dazu           | bekannt werden    |
| III | PI'EL    | intensive Bedeutung   | anordnen          |
| IV  | PU'AL    | Passiv dazu           | angeordnet werden |
| V   | HIF'IL   | veranlassende Bedeutung | bekannt machen  |
| VI  | HUF'AL   | Passiv dazu           | informiert werden |
| VII | HITPA'EL | reflexive Bedeutung   | sich kundig machen |

Die Muster:

| | | | |
|---|---|---|---|
| פ ע ל | I | PA'AL | Vokale  a - a |
| נ פ ע ל | II | NIF'AL | Vokale  i - a<br>Konsonant n- |
| פ ע ל | III | PI'EL | Vokale  i - e |
| פ ע ל | IV | PU'AL | Vokale  u - a |
| ה פ ע י ל | V | HIF'IL | Vokale  i - i<br>Konsonant HEI<br>JOD nach 'AJIN HAPO'AL |
| ה פ ע ל | VI | HUF'AL | Vokale  u - a<br>Konsonant HEI |
| ה ת פ ע ל | VII | HITPA'EL | Vokale  i - a - e<br>Vorsilbe (-hit) |

Nur wenige Verben haben in allen BINJANIM Formen ausgebildet. Auch stimmt nicht bei allen Verben das Bedeutungsmuster, wie es zu erwarten wäre. Wenn aus Fremdwörtern, die oft mehr als drei Wurzelkonsonanten haben, ein Verb gebildet wird, kann die vierkonsonantische Wurzel nur nach dem PI'EL konjugiert werden. Hier spielt die Bedeutung des BINJAN PI'EL eine untergeordnete Rolle.

→ Verb
→ Wortbildung

Die BINJANIM sind nicht veränderlich: eine Wurzel, die nicht die Anforderungen der BINJANIM erfüllt, ist im Hebräischen nicht als Verb tauglich und kann keine Formen bilden. Allerdings findet man im Wörterbuch auch hebräische Verben, deren Wurzeln aus eingewanderten Fremdwörtern erstellt worden sind, die eben gerade in dieses System der BINJANIM hineingepasst haben.

**BINJAN CHOSER**
בִּנְיָן חוֹזֵר ↗ HITPA'EL

**BINJAN DAGUSCH**
בִּנְיָן דָגוּשׁ (binjan dagusch), ein BINJAN, das grundsätzlich ein DAGESCH im

| | mittleren Wurzelkonsonanten hat: PI'EL, PU'AL, HITPA'EL. Auch die Bezeichnung בִּנְיָן כָּבֵד BINJAN KAWED, "schweres" BINJAN wird gebraucht. Das sind die drei BINJANIM: PI'EL, PU'AL, HITPA'EL. |
|---|---|
| → DAGESCH<br>→ Kehllaute | DAGESCH kann bei den Kehllauten (Laryngalen) nicht dargestellt werden, weil diese Konsonanten grundsätzlich nicht verdoppelt werden können. Auch der Buchstabe RESCH kann nicht verdoppelt werden. Deshalb verursachen diese Kehllaute Unregelmäßigkeiten in der Vokalisierung, was sich vor allem im hebräischen Verbsystem zeigt. |
| → HIF'IL | BINJAN GOREM בִּנְיָן גּוֹרֵם (binjan gorem)/*veranlassendes BINJAN*. Bezeichnung für das BINJAN HIF'IL. Das Wortbildungsmuster des HIF'IL verleiht der Verbwurzel eine veranlassende Bedeutung. |
| → Konjugation | BINJAN HAPO'AL<br>בִּנְיָן הַפֹּעַל (binjan hapo'al): Bezeichnung der hebräischen Grammatik für: Konjugation. |
| → PA'AL | BINJAN JESODI<br>בִּנְיָן יְסוֹדִי (binjan jesodi)/*Grundstamm*. Der Grundstamm des hebräischen Verbsystems ist das PA'AL oder KAL. Es ist das einfachste BINJAN der hebräischen Grammatik, auf welchem alle anderen aufbauen. |
| | BINJAN KAL בִּנְיָן קַל (binjan kal)/*Grundstamm*, andere Bezeichnung für das BINJAN PA'AL. |
| → DAGESCH<br>→ PI'EL<br>→ PU'AL<br>→ HITPA'EL | BINJAN KAWED<br>בִּנְיָן כָּבֵד (binjan kawed)/*schweres BINJAN*, auch בִּנְיָן דָּגוּשׁ (binjan dagusch), im Gegensatz zum בִּנְיָן קַל (binjan kal), dem PA'AL. Die schweren, dageschierten BINJANIM sind dienigen BINJANIM, die im mittleren Wurzelkonsonanten ein DAGESCH haben, weil dieser verdoppelt ist. DAGESCH kann bei den Kehllauten (Laryngalen) nicht dargestellt werden, da diese Konsonanten grundsätzlich nicht verdoppelt werden können. Auch der Buchstabe RESCH kann nicht verdoppelt werden. Deshalb verursachen diese Kehllaute Unregelmäßigkeiten in der Vokalisierung, was sich vor allem im hebräischen Verbsystem zeigt. |
| → Aktiv | BINJAN PA'IL בִּנְיָן פָּעִיל (binjan pa'il)/*Tätigkeitsform, Aktiv*, auch אַקְטִיב (aktiv), ein aktives BINJAN des hebräischen Verbsystems. Die aktiven BINJANIM sind: PA'AL, PI'EL, HIF'IL, HITPA'EL. |
| → Passiv | BINJAN SAWIL בִּנְיָן סָבִיל (binjan sawil)/*Leideform, Passiv*, auch פָּסִיב (pasiv), ein passives BINJAN des hebräischen Verbsystems. Die passiven BINJANIM sind: NIF'AL, PU'AL, HUF'AL (HOF'AL). |
| √ | בִּנְיָן (binjan)/*Wortbildungsmuster, Gebäude* aus [בנה] לִבְנוֹת/*bauen*.<br>בִּנְיָן יְסוֹדִי (binjan jesodi), יְסוֹדִי (jesodi)/*gründlich, elementar* aus [יסד] לְיַסֵּד/ *gründen* PI'EL.<br>בִּנְיָן קַל (binjan kal), קַל (kal)/*leicht* aus [קלל] לָקוּל (lakol)/*leicht sein*. |

בִּנְיָן כָּבֵד (binjan kawed), כָּבֵד (kawed)/*schwer* aus [כבד] לִכְבּוֹד/*schwer sein* (von Gewicht), ehren.

בִּנְיָן גּוֹרֵם (binjan gorem), גּוֹרֵם (gorem)/*veranlassend* aus [גרם] לִגְרוֹם (ligrom)/*verursachen*.

בִּנְיָן חוֹזֵר (binjan choser), חוֹזֵר (choser) aus [חזר] לַחֲזוֹר (lachasor)/*zurückkehren*.

בּוֹדֵד (boded)/*einzeln, einzig*. Die נְתִיוֹת בּדֵדוֹת (netijot bodedot) sind diejenigen Verbgruppen, die keiner Verbklasse zuzuordnen sind, auch גִּזְרָה מְיוּחֶדֶת (gisra mejuchedet)/*besondere Verbklasse*. Die amerikanischen Grammatiken nennen diese Verbgruppen "maverick" /*Einzelgängerklasse*.

**BODED**
→ Verb: Die Verbklassen

בּוֹדֵד (boded)/*einzeln, einzig* aus [בדד] לִבְדוֹד (liwdod)/*alleine sein*.

√ **Buchstabengruppen**

Bestimmte Konsonanten können wegen gemeinsamer charakteristischer Eigenschaften zu Gruppen zusammengefasst werden. Dabei haben sich Sprachwissenschaftler und Pädagogen in liebevoller und besorgter Weise darum bemüht, den Schülern das Memorieren der einzelnen Buchstabengruppen durch Eselsbrücken zu erleichtern. Diese Eselsbrücken sind meist Akronyme aus den betreffenden Buchstaben, die zu der jeweiligen Gruppe gehören. In Grammatiken des Althebräischen findet man viele solcher Eselsbrücken. In der modernen Sprachpädagogik allerdings arbeitet man nicht mehr so sehr mit Eselsbrücken, sondern man versucht, die grammatikalischen Probleme systematisch anzugehen und die Zusammenhänge zu sehen, so dass sich das Memorieren von Eselsbrücken erübrigt. Deshalb finden sich in den Grammatiken des Modernhebräischen diese Merkwörter nur noch recht vereinzelt.

— 'AHACH'A/ אהח"ע

Kehllaute, die unter bestimmten Bedingungen Abweichungen im Vokalmuster verursachen. Kehllaute können nicht verdoppelt werden, folglich findet sich im Kehllaut nie ein DAGESCH CHASAK. Um das Fehlen der Verdoppelung zu kompensieren, verändert sich der vorangehende Vokal. Im Verbsystem hat dies zur Folge, dass die Verben mit Kehllauten zu einer gesonderten Gruppe zusammengefasst werden. Die Verben mit Kehllauten sind starke Verben, denn ihre Abweichungen berühren nicht die Konsonanten der Wurzel, sondern nur das Vokalmuster. Im Modernhebräischen wird auch RESCH in der Kehle gesprochen. Auch dieser Konsonant kann nicht verdoppelt werden und unterliegt somit denselben Gesetzen wie die Kehllaute.

→ Kehllaut
→ DAGESCH

— 'AHOI/ אהו"י

Konsonanten, die bei der vollen Schreibung, d.h. in einem unvokalisierten Text, einen Vokal vertreten können; dieselbe Konsonantengruppe wie EHEWI/ אהו"י, nur anders vokalisiert.

→ RESCH
→ KETIW

— BACHLAM/ בכל"מ

Diese vier Konsonanten können als Präpositionen verwendet werden, z.B. am Stamm eines Verbs, wo sie zur Bildung der Infinitiv-Formen beitragen. Sie gehören zur Gruppe אוֹתִיוֹת הַשִּׁימוּשׁ ('otiot haschimusch)/*formbildende*

→ Präposition   *Buchstaben.* Das sind solche Präpositionen, die nicht alleine vorkommen können, sondern die immer ein Trägerelement brauchen.

— BEGADKEFAT/בְּגַדְכְּפַ"ת oder auch בְּגַ"ד כְּפַ"ת
Bei den Konsonanten dieser Gruppe variiert die Aussprache je nach ihrer Position im Wort oder in der Silbe. Im Modernhebräischen spielen dabei nur noch die drei Konsonanten ב/כ/פ eine Rolle, bei den anderen hört man keinen Unterschied mehr in der Artikulation. Drei Konsonanten ב/כ/פ werden als Verschlusslaute ausgesprochen, wenn sie am Wortbeginn oder am Anfang einer Silbe stehen oder wenn andere Gesetze der Aussprache zur Anwendung kommen, und bekommen zum Zeichen dafür im vokalisierten 

→ DAGESCH   Text ein DAGESCH. Sie werden als Reibelaute artikuliert am Wortende und als Abschluss einer Silbe und sind dann im punktierten Text nicht markiert. Eine Ausnahme von dieser Regelung erlauben sich die ins Hebräische ein

→ Fremdwort   gewanderten Fremdwörter, die oft ihre ursprüngliche Artikulation beibehalten: צִ'יפּ *Chip.*

— BUMAF/בּוּמַ"ף
Labiale, d.h. mit Hilfe der Lippen artikulierte Konsonanten. Das וְ־הַחִבּוּר

→ WAW   (waw hachibur)/*Verbindungs-WAW* vor diesen Konsonanten wird vokalisch, also ('u) ausgesprochen.

— DATLENAT/דַּטְלֶנַת
Linguale. Sie werden mit Hilfe der Zungenspitze an den Zähnen artikuliert. Dies betrifft die hebräischen Konsonanten DALET, TET, LAMED, NUN, TAW. Die Konsonanten ד/ט/ת sind von der Artikulation her gesehen sehr ähnliche Konsonanten: sie haben dieselbe Artikulationsstelle. Deshalb verursachen sie als erste Wurzelkonsonanten Abweichungen, wenn sie im HITPA'EL mit

→ HITPA'EL   dem TAW des Präfixes in Berührung kommen. Das NUN als erster Wurzelkonsonant gerät in manchen Verbformen gelegentlich in Konflikt mit dem Personalpräfix ־נ.

— Dentale/ סַזְצֶרַשׁ vergl. SASTSERASCH

— 'EHEWI/אהו"י
Dieselbe Konsonantengruppe wie 'AHOI/ אהו"י, nur anders vokalisiert.

— ETINETI/אֵתִינֵתִ"י

→ Zukunft   Personalpräfixe, die dem Verbstamm vorgeschaltet werden, um die Verbformen des Futurs zu bilden.

— GICHAK/גִּיכַ"ק
Diese Palatale werden im Bereich des harten Gaumens artikuliert: *ich, Küche,* im Gegensatz zu *Kuchen,* das zwar gleich geschrieben, aber im Gaumen weiter hinten gebildet wird. Im Modernhebräischen wird KAF als Kehllaut gesprochen.

— Gutturale/ אֲהָחַ"ע vergl. 'AHACH'A

— KAMNAFATS/כַּמְנַפַּ"ץ

→ Endbuch-   Buchstaben, die als Endbuchstaben eine andere Form haben: כ/ך, מ/ם, נ/ן

stabe   פ/ף, צ/ץ. Auch anders zusammengestellt: MANTSEPACH מַנְצְפַּ"ך

*Buchstabengruppen*

- Kehllaute (Laryngale) ע״אֲהָחַ vergl. 'AHACH'A
- Labiale/ פ״בּוּמַ vergl. BUMAF
- Linguale/ ת״דַּטְלֶנַ vergl. DATLENAT
- MANTSEPACH/ ץ״מַנְצְפַּ vergl. KAMNAFATS
- MOSCHE WEKELEW/ ב״מֹשֶׁה וְכָלֵ vergl. 'OTIOT HASCHIMUSCH
- 'OTIOT HASCHIMUSCH/ ב״מֹשֶׁה וְכָלֵ

Formbildende Partikeln, die nicht separat stehen können und die Funktion von Konjunktionen (-ו/*und*, -ש/*dass*) und Präpositionen (-ב, -ג, -ל, -מ) oder des bestimmten Artikels (-ה) übernehmen. Die Gruppe MOSCHE hat Vokale, die Gruppe WEKELEW hat ein SCHWA. Auch MOSCHE WEKELEW/ ב״מֹשֶׁה וְכָלֵ.

→ Konjunktion
→ Präposition
→ Artikel

- Palatale/ ק״גִּיכַ vergl. GICHAK
- SA$TSERASCH/ סַזְצְרֶשׁ

Die hebräischen Konsonanten SAMECH, $AJIN, TSADE, SCHIN, SIN und RESCH. Sie sind in manchen Grammatiken unter Dentale zusammengefasst. Die Konsonanten ס/ז/שׂ/שׁ werden in den modernen Grammatiken als Zischlaute bezeichnet: אוֹת שׁוֹרֶקֶת ('ot schoreket), עִצּוּר שׁוּרָק ('itsur schorek). Zischlaute als erste Wurzelkonsonanten reagieren mit dem TAW aus dem HITPA'EL-Präfix und verursachen Abweichungen. In diesem Merkwort ist das RESCH enthalten. RESCH wird im Modernhebräischen nicht mehr als Zungenspitzen-R artikuliert, sondern ist Kehllaut.

→ HITPA'EL
→ RESCH
→ Kehllaut

- Zischlaute/ זסצש vergl. SA$TSERASCH

Ein Zischlaut אוֹת שׁוֹרֶקֶת ('ot schoreket) oder עִצּוּר שׁוּרָק ('itsur schorek) als erster Wurzelkonsonant reagiert im HITPA'EL mit dem TAW des Präfixes nach bestimmten Gesetzmäßigkeiten. Je nach Charakter des Zischlautes verursacht dieser einen Stellungswechsel (Metathese) der betreffenden Konsonanten oder gar einen Austausch von Konsonanten (Substitution).

→ Zischlaut
→ HITPA'EL

Die hebräischen Buchstaben nach ihrer Zugehörigkeit zu Konsonantengruppen mit gemeinsamen Merkmalen:

| | |
|---|---|
| א | 'AHACH'A, 'AHOI, 'EHEWI, 'ETINETI |
| ב | BACHLAM, BEGADKEFAT, BUMAF, MOSCHE WEKELEW, 'OTIOT HASCHIMUSCH |
| ג | GICHAK, BEGADKEFAT |
| ד | DATLENAT, BEGADKEFAT |
| ה | 'AHACH'A, 'AHOI, 'EHEWI, MOSCHE WEKELEW, 'OTIOT HASCHIMUSCH |
| ו | 'AHOI, BUMAF, 'EHEWI, MOSCHE WEKELEW, 'OTIOT HASCHIMUSCH |
| ז | SA$TSERASCH |
| ח | 'AHACH'A |
| ט | DATLENAT |

| | |
|---|---|
| א | 'AHOI, 'EHEWI, 'ETINETI, GICHAK |
| כ | BACHLAM, BEGADKEFAT, GICHAK, KAMNAFATS (MANTSEPACH), MOSCHE WEKELEW, 'OTIOT HASCHIMUSCH |
| ל | BACHLAM, DATLENAT, MOSCHE WEKELEW, 'OTIOT HASCHIMUSCH |
| מ | BACHLAM, BUMAF, KAMNAFATS (MANTSEPACH), MOSCHE WEKELEW, 'OTIOT HASCHIMUSCH |
| נ | DATLENAT, 'ETINETI, KAMNAFATS (MANTSEPACH) |
| ס | SAṢTSERASCH |
| ע | 'AHACH'A |
| פ | BEGADKEFAT, BUMAF, KAMNAFATS (MANTSEPACH) |
| צ | KAMNAFATS (MANTSEPACH), SAṢTSERASCH |
| ק | GICHAK |
| ר | SAṢTSERASCH |
| ש | 'OTIOT HASCHIMUSCH, MOSCHE WEKELEW, SAṢTSERASCH |
| ת | BEGADKEFAT, DATLENAT, 'ETINETI |

# Buchstabenwort   ↗ Abkürzung ↗ Akronym

**BUMAF** בּוּמַ"פ, ein Akronym aus den 'OTIOT BUMAF, den Labialen, das sind diejenigen Konsonanten, die mit Hilfe der Lippen artikuliert werden: (b)/(w)/(m)/(p). Das וְֽיהַחִבּוּר (waw hachibur)/*Verbindungs-WAW* vor diesen Konsonanten wird vokalisch, also ('u) ausgesprochen. Hat der erste Konsonanten des Trägerwortes ein SCHWA, so bildet der Konsonant zusammen mit dem Verbindungs-WAW eine Silbe. Dieser Fall ist in der hebräischen Grammatik einzigartig, da es kein Wort gibt, das mit einem Vokal beginnt. Das Verbindungs-WAW ist ein Konsonant, wird aber vokalisch ausgesprochen.

C

## CHALUKA LAHAWAROT

חֲלֻקָּה לַהֲבָרוֹת ↗ Silbe

## CHASAK

חָזָק (chasak): דָּגֵשׁ חָזָק (dagesch chasak) ↗ DAGESCH

## CHASER

חָסֵר/*fehlend*. Bezeichnung für verschiedene grammatikalische Erscheinungen.
In der Orthographie bestehen zwei Möglichkeiten der Schreibung: כְּתִיב מָלֵא (ketiw male)/*volle Schreibung*, hier enthalten die Wörter die Lesezeichen (MATRES LECTIONIS) JOD, WAW und 'ALEF und keine Vokalpunkte, und כְּתִיב חָסֵר (ketiw chaser)/*defektive Schreibung*, die Vokalzeichen enthält ohne Lesezeichen.

→ KETIW

Für den Vokal (i) gibt es zwei Möglichkeiten: mit dem Vokalzeichen CHIRIK unter dem Konsonanten, חִירִיק חָסֵר (chirik chaser) בְּ/גְּ/פְּ oder mit einem nachfolgenden JOD als MATER LECTIONIS, חִירִיק מָלֵא (chirik male): בִּי/גִּי/פִּי.

→ CHIRIK

Dasselbe ist der Fall beim Vokal (o): entweder wird dieser Vokal im Text mit einem CHOLAM über dem entsprechenden Konsonanten wiedergegeben, חוֹלָם חָסֵר (cholam chaser) בֹּ/גֹּ/פֹּ oder mit einem auf den entsprechenden Konsonanten folgenden WAW, חוֹלָם מָלֵא (cholam male): בּוֹ/גּוֹ/פּוֹ.

→ CHOLAM

Bei den unvollständigen Verben gibt es eine Gruppe פְּעָלִים חָסֵרִים (pe'alim chaserim), bei denen in verschiedenen Verbformen der BINJANIM ein Konsonant der Wurzel fehlt.

→ Verb

חָסֵר (chaser) aus [חסר] לַחְסוֹר (lachsor)/*fehlen*.

√

## CHATAF

חֲטָף (chataf) oder חֲטֶף (chatef), Zeichen aus zwei Bestandteilen: einem SCHWA und einem Vokalzeichen. Gewöhnlich wird es zusammengesetztes SCHWA genannt. Es gibt folgende drei Kombinationen:

| CHATAF PATACH | חֲטָף־פַּתָח | ganz kurzes (a) | אֲ |
| CHATAF KAMATS | חֲטָף־קָמָץ | ganz kurzes (o) | אֳ |
| CHATAF SEGOL | חֲטָף־סֶגוֹל | ganz kurzes (e) | אֱ |

CHATAF ist eine Art SCHWA, das nur bei Kehllauten vorkommt, denn diese können kein reguläres SCHWA haben. Vokale mit CHATAF sind sehr kurz. Ein Konsonant mit SCHWA kann keine eigenständige Silbe bilden, denn eine Silbe ist definiert als mindestens ein Konsonant plus Vokal. SCHWA hingegen bezeichnet Vokallosigkeit. Ein Konsonant mit CHATAF unterliegt denselben Gesetzen wie ein Konsonant mit SCHWA: er gehört zur folgenden Silbe und kann keine Silbe beenden. So ist z.B. das Wort חֲטָף einsilbig, der Plural zweisilbig: חֲטָ - פִים (chata - fim).

→ Silbe
→ SCHWA

חָטָף aus [חטף] לַחְטוֹף (lachtof)/*entreißen*.

√

# CHET

| modern-hebr. | ⇦ hebr. ca. 100 | ⇦ phönizisch ⇨ ca. 1100 v.u.Z. | griech. ca. 600 | griech. ⇨ ca. 600 | lateinisch |

חָיִת ist der achte Buchstabe des hebräischen Alphabets mit dem Zahlenwert acht. Entsprechend der Form des Buchstabens in einem früheren Entwicklungsstadium bedeutet der Name des Buchstabens: Zaun.
Im Modernhebräischen hat CHET die gleiche Artikulationsqualität wie KAF. In einem früheren Stadium der Sprache wurde CHET wie das (ch) im deutschen Wort "ach" ausgesprochen, während KAF weiter vorne im Mund wie das (ch) im Wort "Küche" geklungen hat. Die Artikulation der beiden Konsonanten muss verschieden gewesen sein, sonst wäre eine Wurzel wie [חכך] לַחֲכוֹךְ (lachachoch)/*reiben* nicht möglich: drei gleiche Konsonanten in ein und derselben Wurzel kommen nicht vor.

→ Kehllaut
→ PATACH

CHET gehört zur Buchstabengruppe אהח"ע 'AHACH'A (Kehllaute). Die Kehllaute ה, ח, ע erhalten ein gestohlenes PATACH פַּתָח גְּנוּבָה (patach genuwa), wenn sie als dritter Wurzelkonsonant am Ende des Wortes auf den Vokal der Haupttonsilbe folgen:

| [גבה] | לִגְבּוֹהַּ | (ligboah) | hoch werden |
| [ברח] | לִבְרוֹחַ | (liwroach) | fliehen |
| [ידע] | יוֹדֵעַ | (jodea) | wissend |

Im Althebräischen hatte der Buchstabe CHET zwei verschiedene Qualitäten: ein hartes und ein weiches CHET. Das heutige Arabisch unterscheidet diese beiden Qualitäten noch und hat auch verschiedene Buchstaben dafür. Im Modernhebräischen gibt es nur noch einen Laut für das Zeichen CHET. Allerdings gibt es im Modernhebräischen Wurzeln, die zwei verschiedene, merkwürdig unvereinbare Bedeutungen haben. So vermutet man, dass eine solche Wurzel zusammengeschmolzen ist aus zwei verschiedenen Wurzeln mit ehemals jeweils verschiedenen Qualitäten für CHET. Da es diesen Unterschied heute nicht mehr gibt, können sich also streng genommen zwei latent verschiedene Wurzeln unter ein und demselben Lexem finden.

→ TSADE
→ SCHIN
→ SAJIN

## CHIBUR

מְלַת־חִבּוּר :חִבּוּר (milat chibur)/*Bindewort, Konjunktion* ↗ Konjunktion
וָו־הַחִבּוּר (waw hachibur)/*Verbindungs-WAW* ↗ WAW (als Konjunktion)

## CHIRIK

חִירֶק oder auch חִירִיק, Vokalzeichen: ein Punkt unter einem Konsonanten für den Vokal (i).

| חִירִיק מָלֵא | (chirik male) | |
| חִירִיק גָּדוֹל | (chirik gadol) | für langes (i) |
| חִירִיק חָסֵר | (chirik chaser) | |
| חִירִיק קָטָן | (chirik katan) | für kurzes (i) |

√ חִירִיק vermutlich aus [חרק] לַחֲרוֹק (lacharok)/*knirschen*.

## CHITUCH

חִתּוּךְ, חִתּוּךְ־דִבּוּר (chituch-dibur)/*Artikulation, deutliche Aussprache.* ↗ Artikulation

## CHIWUI

חִוּוּי/*Aussage, Feststellung.* מִשְׁפַּט־חִוּוּי (mischpat chiwui)/*Aussagesatz* ↗ Satz
דֶּרֶךְ הַחִוּוּי (derech hachiwui)/*Indikativ* ↗ Indikativ

## CHOCHECHIM

חוֹכְכִים/*Reibelaute.* ↗ Reibelaut

## CHOLAM

חוֹלָם Vokalzeichen für (o). Es steht im vokalisierten Text links über dem Konsonanten: תֹהוּ וָבֹהוּ (tohu wawohu)/*Durcheinander, Chaos* und heißt in diesem Fall חוֹלָם חָסֵר (cholam chaser). Der Vokal o kann auch als mit CHOLAM versehenes WAW wiedergegeben werden wie in dem Wort CHOLAM selbst: חוֹלָם. Im unvokalisierten Text wird der Vokal (o) mit dem Lesezeichen (MATER LECTIONIS) WAW geschrieben:

| CHOLAM CHASER | חוֹלָם חָסֵר | א , ב, ה | sehr langes o |
| CHOLAM MALE | חוֹלָם מָלֵא | וֹ | langes o |

CHOLAM vor שׁ (schin) fällt mit dem diakritischen Zeichen des שׁ zusammen: חֹשֶׁךְ (choschech)/*Dunkelheit*, מֹשֶׁה/*Moshe*. Der Konsonant davor hat dann kein Vokalzeichen. Ein auf שׂ (sin) folgendes CHOLAM fällt mit dem diakritischen Zeichen des שׂ zusammen: שֹׂנֵא (sone)/*hassend*. Wenn CHOLAM dem שׂ (sin) vorausgeht oder dem שׁ (schin) folgt, dann hat der Konsonant שׂ zwei Punkte: לִמְשֹׁל (limschol)/*herrschen*.
CHOLAM auf einem Konsonanten vor 'ALEF steht über dem 'ALEF.

לֹא

חוֹלָם aus [חלמ] לַחֲלוֹם (lachalom)/*stark sein*.

## √ CHO$ER

חוֹזֵר/*rückbezüglich.* בִּנְיָן חוֹזֵר (binjan choser)/*HITPA'EL* ↗ HITPA'EL.
פֹּעַל חוֹזֵר (po'al choser)/*reflexives Verb* ↗ Verb: reflexives Verb.

## CONSTRUCTUS

↗ STATUS ↗ Infinitiv

d

# DAGESCH

דָּגֵשׁ, ein Punkt in bestimmten hebräischen Konsonanten, nicht zu verwechseln mit dem Vokalpunkt SCHURUK im WAW und dem MAPIK, das nur unter bestimmten grammatikalischen Voraussetzungen im HEI am Wortende steht. Die Kehllaute א/ה/ח/ע haben nie DAGESCH. DAGESCH verändert die Aussprache der folgenden Konsonanten:

→ Vokalzeichen
→ MAPIK

ohne DAGESCH: ב כ פ (w/ch/f) als Reibelaut, רָפָה (rafe)/*schwach*
mit DAGESCH: בּ כּ פּ (b/k/p) als Verschlusslaut

DAGESCH hat zwei verschiedene grammatikalische Funktionen:

1. דָּגֵשׁ חָזָק (dagesch chasak)/*starkes DAGESCH*
2. דָּגֵשׁ קַל (dagesch kal)/*leichtes DAGESCH*

## 1. דָּגֵשׁ חָזָק (dagesch chasak)/*starkes DAGESCH*

Steht in Konsonanten, die verdoppelt sind, z.B. im mittleren Wurzelkonsonanten bei den BINJANIM DAGUSCHIM: PI'EL, PU'AL, HITPA'EL. Doppelkonsonanz wird im Hebräischen nicht geschrieben wie in den europäischen Sprachen, sondern durch das DAGESCH in einem Konsonanten angedeutet. DAGESCH CHASAK kann in allen Konsonanten außer Kehllauten und RESCH stehen. DAGESCH CHASAK steht:

→ BINJAN: BINJAN DAGUSCH

• nach dem bestimmten Artikel ה' הַיְדִיעָה (hei hajedi'a):

הַבַּיִת (ha*b*ajit) das Haus
הַכִּיתָה (ha*k*ita) die Schulklasse
הַפֶּלֶא (ha*p*ele) das Wunder

→ Silbe

• als mittlerer Wurzelkonsonant in den BINJANIM DAGUSCHIM PA'AL, PI'EL und HITPA'EL und den Wörtern, die aus diesen BINJANIM abgeleitet sind:

לְדַבֵּר (leda*b*er) sprechen PI'EL
דִּבּוּר (di*b*ur) Rede (Verbalsubstantiv aus dem PI'EL)
כָּבוֹד (ka*w*od) Ehre (aus dem PA'AL)
כִּיבּוּד (ki*b*ud) Ehrung (Verbalsubstantiv aus dem PI'EL)

So kommen auch Silben zustande, die mit einem dagschierten Konsonanten enden:

חִכְּתָה (chi*k* - ta) sie hat gewartet - לְחַכּוֹת (lechakot)/*warten*
יְיַבְּאוּ (jeja*b*'u) sie werden importieren (PI'EL Futur aus [בוא])
הִתְלַבְּשׁוּת (hitla*b*schut) Anziehen (Verbalsubstantiv HITPA'EL)

## 2. דָּגֵשׁ קַל (dagesch kal)/*leichtes DAGESCH* (DAGESCH LENE) steht in den Konsonanten der Konsonantengruppe BEGADKEFAT, wobei es im Modernhebräischen nur noch in den drei Konsonanten BET, KAF und PEI einen hörbaren Unterschied zu den gleichen Konsonanten ohne DAGESCH verursacht. DAGESCH KAL steht:

→ BEGADKEFAT

• am Wortbeginn

בַּיִת (*b*ajit) Haus
כּוֹתֵב (*k*otew) [כתב]/*schreiben*

- am Silbenbeginn nach einem SCHWA NACH (ruhendes SCHWA), d.h. wenn es nicht direkt auf eine offene Silbe folgt:

    מַלְכָּה (mal*k*a)    Königin
    אֶחְכַּם ('ech*k*am)   [חכמ]/*klug sein* (Futur)

- am Ende des Wortes nach einem ruhenden SCHWA, d.h. wenn der Konsonant davor auch vokallos ist und ein SCHWA hat:

    גָּמַרְתְּ (gamar*t*)    du (fem.) hast aufgehört

Kein DAGESCH steht nach einem Wort, das auf eine offene Silbe endet und an ein folgendes angeschlossen ist, das mit ב, כ, פ beginnt: לֹא־כְלוּם (lochlum)/*gar nichts*. Die oben genannten Regeln gelten nicht bei Fremdwörtern. Diese werden übernommen, wie sie aus der Herkunftssprache kommen:

אַסְפַלְט (as-*f*alt)    Asphalt     פְרֶסְקוֹ (*f*resko)    Fresco

→ Kehllaut    Kehllaute können kein DAGESCH annehmen, denn DAGESCH bezeichnet einen latente Verdoppelung des Konsonanten. Auch RESCH wird im Modernhebräischen im Rachen artikuliert und unterliegt deshalb den Gesetzen der Kehllaute.

Bei den Verben, deren dritter Wurzelkonsonant ein TAW ist, also [תת1], geht dieser dritte Wurzelkonsonant verloren in denjenigen Verbfor-men, deren Personalendung mit TAW beginnt. Stattdessen bekommt das TAW der Personalendung ein DAGESCH. [כרת] לִכְרוֹת (lichrot)/*abschneiden*:

|  | כָּרַתִּי (karati) |  | כְּרַתֶּם (kratem) |
|---|---|---|---|
|  | כָּרַתְּ (karata) |  | כְּרַתֶּן (kraten) |
|  | כָּרַתָּ (karat) | aber: | כָּרְתוּ (kartu) |
| aber: | כָּרַת (karat) |  |  |

√    לְדַגֵּשׁ [דגש] (ledagesch)/*mit DAGESCH versehen* PI'EL.
דָּגֵשׁ חָזָק (dagesch chasak)/*starkes DAGESCH*, חָזָק (chasak) aus [חזק] לַחֲזוֹק (lachasok)/*stark sein*.
דָּגֵשׁ קַל (dagesch kal)/*leichtes DAGESCH*, קַל aus [קלל] לָקוֹל (lakol)/*leicht sein*.
רָפֶה (rafe)/*schwach* aus [רפה] לִרְפּוֹת (lirpot)/*schwach werden*.

# DAGUSCH   ↗ BINJAN
# DAKA    ↗ KETIWA

## DALET

| modern-hebr. | ⇦ hebr. ca. 200 | ⇦ aramäisch 800-200 | ⇦ **phönizisch** ⇨ ca. 1100 v.u.Z. | altgriech. ⇨ ca. 500 | latein. |

דָּלֶת ist der vierte Buchstabe des hebräischen Alphabets mit dem Zahlenwert vier. Nach der Form des älteren Buchstabens in Form eines Hauses bedeutet es דָּלֶת *Tor, Tür*, zum Vergleich der griechische Buchstabe δελτα, der als Großbuchstabe die Form eines Zeltes hat: Δ. DALET alterniert in anderen semitischen Sprachen mit $AJIN, TET, TAW und LAMED. Im Griechischen heißt es z.B. O*d*ysseus, im Lateinischen U*l*ixes.

DALET gehört zur Konsonantengruppe BEGAD KEFAT, die je nach Position ein DAGESCH KAL haben, und zur Buchstabengruppe דָּטְלָנָ"ת DATLENAT, Linguale, die mit Hilfe der Zunge gebildet werden.

DALET als erster Wurzelkonsonant im HITPA'EL reagiert mit dem TAW des Präfixes -הִתְ.

→ BEGAD KEFAT
→ DAGESCH
→ HITPA'EL

## Dativ

יַחְסַת אֶל (jachsat 'el) oder auch דָּטִיב, ein Kasus: dritter Fall auf die Frage "wem"? Ein Wort im Dativ hat die Präposition -לְ:

נָתַן אֶת הַסֵּפֶר לַתַּלְמִיד (natan 'et hasefer latalmid)
er gab dem Schüler das Buch

→ Fall

Die Präposition -לְ kann nicht isoliert stehen. Sie hat sich aus dem Wort אֶל ('el)/*zu, hin, nach* entwickelt.

יַחְסַת אֶל (jachsat 'el)/*Dativ*. יַחְסָה aus [יחס] לְיַחֵס (lejaches)/*zuschreiben* PI'EL.

√

## Dativobjekt

מַשָּׂא עָקִיף (musa 'akif)/*indirektes Objekt*. ⇨ Objekt

## DATLENAT

דָּטְלָנָ"ת Merkwort für die Buchstabengruppe der Linguale, der mit Hilfe der Zunge gebildeten Konsonanten. Dieses Merkwort wird in den modernen Grammatiken des Hebräischen nicht mehr erwähnt, da die Kon-sonanten dieser Gruppe keine Schwierigkeiten verursachen.

→ Buchstabengruppen

## defektiv

### 1. Defektive Schreibung

כְּתִיב חָסֵר (ketiw chaser), auch כְּתִיב מְנֻקָּד (ketiw menukad). Bei der defektiven Schreibung werden die hebräischen Wörter ohne Vokalbuchstaben (MATRES LECTIONIS) geschrieben, aber mit dem Vokalzeichen versehen. Die hebräische Sprachakademie hat dazu eine Broschüre veröffentlicht, in der die Regeln der defektiven Schreibung zusammengefasst sind ✻. Auch in hebräischen Wörterbüchern sind Listen der häufig vorkommenden Vokabeln in der vollen und der defektiven Schreibung nebeneinandergestellt ✻✻.

→ Lesehilfen

volle Schreibung: מסוגר (mesugar) verschlossen
defektive Schreibung: מְסֻגָּר

## defektiv

√ חָסֵר aus (lichtow)/*schreiben*, לִכְתּוֹב [כתב] aus כָּתִיב (ketiw chaser), כְּתִיב חָסֵר
לַחְסוֹר [חסר] (lachsor)/*fehlen*.
מְנֻקָּד (menukad) aus [נקד] לְנַקֵּד (lenaked)/*Vokalpunkte setzen*.

📖

\* לשוננו לעם. האקדמיה ללשון העברית. ירושלים ה'תשנ"ד
   Unsere Sprache. Hebräische Sprachakademie. Jerusalem 1994.
\*\* אברהם אבן-שושן, המלון החדש. ירושלים ה'תשמ"ט
   Awraham Ewen-Shoshan, Das neue Wörterbuch. Jerusalem 1989.

מְגִלַּת הָעַצְמָאוּת שֶׁל מְדִינַת יִשְׂרָאֵל

בְּאֶרֶץ־יִשְׂרָאֵל קָם הָעָם הַיְּהוּדִי, בָּהּ עִצְּבָה דְּמוּתוֹ הָרוּחָנִית, הַדָּתִית
וְהַמְּדִינִית, בָּהּ חַי חַיֵּי קוֹמְמִיּוּת מַמְלַכְתִּית, בָּהּ יָצַר נִכְסֵי תַּרְבּוּת לְאֻמִּיִּים
וּכְלַל־אֱנוֹשִׁיִּים וְהוֹרִישׁ לָעוֹלָם כֻּלּוֹ אֶת סֵפֶר הַסְּפָרִים הַנִּצְחִי.
לְאַחַר שֶׁהָגְלָה הָעָם מֵאַרְצוֹ בְּכֹחַ הַזְּרוֹעַ, שָׁמַר לָהּ אֱמוּנִים בְּכָל אַרְצוֹת
פְּזוּרָיו וְלֹא חָדַל מִתְּפִלָּה וּמִתִּקְוָה לָשׁוּב לְאַרְצוֹ וּלְחַדֵּשׁ בְּתוֹכָהּ אֶת חֵרוּתוֹ
הַמְּדִינִית.

בארץ־ישראל קם העם היהודי, בה עוצבה דמותו הרוחנית, הדתית
והמדינית, בה חי חיי קוממיות ממלכתית, בה יצר נכסי תרבות לאומיים
וכלל-אנושיים והוריש לעולם כולו את ספר הספרים הנצחי.
לאחר שהוגלה העם מארצו בכוח הזרוע, שמר לה אמונים בכל ארצות
פזוריו ולא חדל מתפילה ומתקווה לשוב לארצו ולחדש בתוכה את חירותו
המדינית.

*Textproben aus der Unabhängigkeitserklärung 1948
aus: LESCHOSCHENU LE'AM. 1994 S. 39 (Hebräische Sprachakademie)*

### 2. Defektives Verb

→ Verb:
Verbklassen

Im Hebräischen Verbsystem gibt es eine kleine Reihe von Wurzeln, aus denen nur eine geringe Anzahl von Flexionsformen in Verwendung sind oder die nur in einem einzigen BINJAN Verbformen ausgebildet haben. Sie laufen in den Verbtabellen unter der Rubrik גִּזְרָה מְיֻחֶדֶת (gisra mejuchedet)/*Sonderform*:

    יָכוֹל (jachol) [יכל]   können   Infinitivform fehlt; Verbformen nur im PA'AL

גִּזְרָה מְיֻחֶדֶת (gisra mejuchedet)/*Sonderform* aus גִּזְרָה (gisra)/*Form, Zuschnitt* und מְיֻחָד (mejuchad)/*einzeln, besonders*.

# Deklination

נְטִיַּת הַשֵּׁם (netiat haschem) oder דֶּקְלִינַצְיָה (deklinatsja)/*Formenwechsel*. In der Grammatik der indoeuropäischen Sprachen können die deklinierbaren Wörter (Substantive, Adjektive, Artikel, Zahlwörter) in die vier Fälle (Nominativ, Genitiv, Dativ, Akkusativ) gesetzt werden und nehmen dazu eine bestimmte, festgelegte Form an: *das* Kind, *des* Kind*es*, *dem* Kind. Da das Hebräische keine Kasusendungen hat, verändert sich die Form eines Substantivs nicht in den verschiedenen Kasus.

In der hebräischen Grammatik wird Deklination anders definiert. Substantive, Präpositionen und Verben können mit einer Personalendung versehen werden und erhalten somit eine zusätzliche grammatikalische Funktion. Dieses Personalsuffix ist aus dem Personalpronomen durch Verkürzung entstanden. Es kann nicht isoliert stehen. Beim Substantiv verändern sich durch die zusätzliche Silbe die Betonungsverhältnisse.

Ein Personalsuffix am Substantiv bezeichnet ein Besitzverhältnis:

| תַּלְמִיד | (talmid) | ein Schüler | תַּלְמִידִי | (talmidi) | mein Schüler |
| אֵם | ('em) | eine Mutter | אִמּוֹ | ('imo) | seine Mutter |

Deklination eines Substantivs im Singular: שָׁלוֹם (schalom)/*Wohlbefinden*:

| שְׁלוֹמִי | (schlomi) | mein Wohlbefinden |
| שְׁלוֹמְךָ | (schlomcha) | dein (mask.) Wohlbefinden |
| שְׁלוֹמֵךְ | (schlomech) | dein (fem.) Wohlbefinden |
| שְׁלוֹמוֹ | (schlomo) | sein Wohlbefinden |
| שְׁלוֹמָהּ | (schloma) | ihr Wohlbefinden |
| שְׁלוֹמֵנוּ | (schlomeinu) | unser Wohlbefinden |
| שְׁלוֹמְכֶם | (schlomchem) | euer (mask.) Wohlbefinden |
| שְׁלוֹמְכֶן | (schlomchen) | euer (fem.) Wohlbefinden |
| שְׁלוֹמָם | (schlomam) | ihr (mask.) Wohlbefinden |
| שְׁלוֹמָן | (schloman) | ihr (fem.) Wohlbefinden |

Deklination eines Substantivs im Plural: הוֹרִים (horim)/*Eltern*. Die Pronominalsuffixe werden an die Form des STATUS CONSTRUCTUS angefügt:

| הוֹרַי | (horai) | meine Eltern |
| הוֹרֶיךָ | (horeicha) | deine (mask.) Eltern |
| הוֹרַיִךְ | (horaich) | deine (fem.) Eltern |
| הוֹרָיו | (horaw) | seine Eltern |
| הוֹרֶיהָ | (horeiha) | ihre Eltern |
| הוֹרֵינוּ | (horeinu) | unsere Eltern |
| הוֹרֵיכֶם | (horeichem) | eure (mask.) Eltern |
| הוֹרֵיכֶן | (horeichen) | eure (fem.) Eltern |
| הוֹרֵיהֶם | (horeihem) | ihre (mask.) Eltern |
| הוֹרֵיהֶן | (horeihen) | ihre (fem.) Eltern |

An einer Verbform bezeichnet das Personalsuffix das direkte Objekt (Akkusativobjekt). Das bedeutet, dass ein zusätzliches Personalsuffix an ein schon vorhandenes angefügt wird: das erste ist das Subjekt, das folgende das direkte Objekt. Beispiel: [שמר] לִשְׁמוֹר (lischmor)/*bewachen*, שָׁמַר (schamar)/

*er hat bewacht*, versehen mit Suffixen als Objektspronomen:

| | | | | | |
|---|---|---|---|---|---|
| שְׁמָרַנִי | (schmarani) | er hat mich | שְׁמָרָנוּ | (schmaranu) | er hat uns |
| שְׁמָרְךָ | (schmarcha) | er hat dich (m) | שְׁמָרְכֶם | (schmarchem) | er hat euch (m) |
| שְׁמָרֵךְ | (schmarech) | er hat dich (f) | שְׁמָרְכֶן | (schmarchen) | er hat euch (f) |
| שְׁמָרוֹ | (schmaro) | er hat ihn | שְׁמָרָם | (schmaram) | er hat sie (m) |
| שְׁמָרָהּ | (schmara) | er hat sie (f) bewacht | שְׁמָרָן | (schmaran) | er hat sie (f) bewacht |

→ Präposition   Ein Personalsuffix kann ebenso an Präpositionen und Partikeln angefügt werden. Dabei werden manche Präpositionen wie ein Substantiv im Singular, andere wie ein Substantiv im Plural dekliniert. Die Präposition בִּשְׁבִיל (bischwil)/*für* wird wie ein Substantiv im Singular dekliniert:

| | | | | | |
|---|---|---|---|---|---|
| בִּשְׁבִילִי | (bischwili) | für mich | בִּשְׁבִילֵנוּ | (bischwileinu) | für uns |
| בִּשְׁבִילְךָ | (bischwilcha) | für dich (m) | בִּשְׁבִילְכֶם | (bischwilchem) | für euch (m) |
| בִּשְׁבִילֵךְ | (bischwilech) | für dich (f) | בִּשְׁבִילְכֶן | (bischwilchen) | für euch (f) |
| בִּשְׁבִילוֹ | (bischwilo) | für ihn | בִּשְׁבִילָם | (bischwilam) | für sie (m) |
| בִּשְׁבִילָהּ | (bischwila) | für sie | בִּשְׁבִילָן | (bischwilan) | für sie (m) |

Auch die Partikeln ‎-בְּ und ‎-לְ folgen diesem Deklinationsmuster:

| | | | | | |
|---|---|---|---|---|---|
| לִי | (li) | mir | בִּי | (bi) | in mir |
| לְךָ | (lecha) | dir (m) | בְּךָ | (becha) | in dir (m) |
| לָךְ | (lach) | dir (f) | בָּךְ | (bach) | in dir (f) |
| לוֹ | (lo) | ihm | בּוֹ | (bo) | in ihm |
| לָהּ | (la) | ihr | בָּהּ | (ba) | in ihr |
| לָנוּ | (lanu) | uns | בָּנוּ | (banu) | in uns |
| לָכֶם | (lachem) | euch (m) | בָּכֶם | (bachem) | in euch (m) |
| לָכֶן | (lachen) | euch (f) | בָּכֶן | (bachen) | in euch (f) |
| לָהֶם | (lahem) | ihnen (m) | בָּהֶם | (bahem) | in ihnen (m) |
| לָהֶן | (lahen) | ihnen (f) | בָּהֶן | (bahen) | in ihnen (f) |

Die Präposition אֶל ('el)/*zu* wird wie ein Substantiv im Plural dekliniert:

| | | | | | |
|---|---|---|---|---|---|
| אֵלַי | ('elai) | zu mir | אֵלֵינוּ | ('eleinu) | zu uns |
| אֵלֶיךָ | ('elecha) | zu dir (m) | אֲלֵיכֶם | ('aleichem) | zu euch (m) |
| אֵלַיִךְ | ('elaich) | zu dir (f) | אֲלֵיכֶן | ('aleichen) | zu euch (f) |
| אֵלָיו | ('elaw) | zu ihm | אֲלֵיהֶם | ('aleihem) | zu ihnen (m) |
| אֵלֶיהָ | ('eleiha) | zu ihr | | | |
| אֲלֵיהֶן | ('aleihen) | zu ihnen (f) | | | |

Eigennamen sind im Sinn der hebräischen Definition von Deklination nicht deklinierbar.

 נְטִיָּה (netija) aus [נטה] לִנְטוֹת (lintot)/*neigen, abweichen*.

## Demonstrativbegleiter

תֹּאַר רוֹמֵז (to'ar romes)/*hinweisendes Fürwort*.
Als Demonstrativbegleiter wird das hinweisende Fürwort bezeichnet, das attributiv gebraucht ist. Das attributiv gebrauchte Fürwort (Demonstrativbegleiter) und das prädikativ gebrauchte Fürwort (Demonstrativpronomen) haben im Hebräischen die gleiche Form.

→ Demonstrativpronomen

| | | | |
|---|---|---|---|
| זֶה | (se) | dieser | Singular maskulin |
| זֹאת | (sot) | diese | Singular feminin |
| אֵלֶּה | ('ele) | diese | gemeinsame Form im Plural |
| הַהוּא | (hahu) | jener | Singular maskulin |
| הַהִיא | (hahi) | jene | Singular feminin |
| הָהֵם | (hahem) | jene | Plural maskulin |
| הָהֵן | (hahen) | jene | Plural feminin |

Der Demonstrativbegleiter ist Adjektiv und steht hinter dem Substantiv. Es stimmt mit diesem in Geschlecht (Genus) und Zahl (Numerus) überein. Wenn das Substantiv einen bestimmten Artikel hat: הֵא הַיְדִיעָה (hei hajedi'a)/*HEI des Wissens*, muss auch der Demonstrativbegleiter den bestimmten Artikel haben:

→ Pronomen

| | | |
|---|---|---|
| הַמָּלוֹן הַזֶּה | (hamalon hase) | dieses Hotel |
| הַמִּסְעָדָה הַזֹּאת | (hamis'ada hasot) | dieses Restaurant |
| הַסְּפָרִים הָאֵלֶּה | (hasfarim ha'ele) | diese Bücher |
| הַשּׁוֹטֵר הַהוּא | (haschoter hahu) | jener Polizist |
| הָאִשָּׁה הַהִיא | (ha'ischa hahi) | jene Frau |
| הָאֲנָשִׁים הָהֵם | (ha'anaschim hahem) | jene Männer |
| הַתְּמוּנוֹת הָהֵן | (hatemunot hahen) | jene Bilder |

In seltenen Fällen hat der bestimmte Artikel noch die Funktion des hinweisenden Fürwortes:

| | | |
|---|---|---|
| הַיּוֹם | (hajom) | heute |
| הַלַּיְלָה | (halaila) | heute Nacht, diese Nacht |

תֹּאַר הָרוֹמֵז (to'ar haromes)/*hinweisendes Fürwort*. תֹּאַר (to'ar)/*Adjektiv* aus [תאר] לְתָאֵר (leta'er)/*beschreiben, umkreisen* (PI'EL). רוֹמֵז (romes) aus [רמז] לִרְמוֹז (lirmos)/*hinweisen, andeuten*.

## Demonstrativpronomen

כִּנּוּי רוֹמֵז (kinui romes)/*hinweisendes Fürwort*. Das hinweisende Fürwort kann auch prädikativ gebraucht werden. In dieser Funktion hat es keinen bestimmten Artikel: זֶה הַסֵּפֶר הֶחָדָשׁ (se hasefer hechadasch)/***das ist das neue Buch***. Hier vertritt es ein Substantiv. Als prädikativ gebrauchtes Fürwort hat es grammatikalisch dieselbe Form wie als Demonstrativbegleiter.

כִּנּוּי רוֹמֵז (kinui romes)/*Demonstrativpronomen*. כִּנּוּי (kinui) aus [כנה] לְכַנּוֹת (lechanot)/*benennen* PI'EL. רוֹמֵז (romes) aus [רמז] לִרְמוֹז (lirmos)/*hinweisen, andeuten*.

## Dental

→ HITPA'EL

Ein Laut, der nach seiner Artikulationsstelle an den oberen Schneidezähnen benannt ist. Innerhalb dieser Konsonantengruppe gibt es verschiedene Untergruppen, je nachdem, mit welchem zusätzlichen Artikulationsorgan der Laut gebildet wird: unter Zuhilfenahme der Unterlippe wie bei (f), der unteren Schneidezähne wie bei (s) und (sch) oder der Zungenspitze wie bei (d), (n), (t), (l). Für die letztere Konsonantengruppen דָּטְלָן, die Apikodentale, auch Linguale genannt, die mit Hilfe der Zungenspitze gebildet werden, gibt es in der hebräischen Grammatik ein Merkwort: DATLENAT (דַּטְלֶנַ"ת). Die Konsonanten der Gruppe זַסְצָּרַ"שׁ ($ASTSERASCH), die Interdentale, die mit beiden Zahnreihen gebildet werden, und die Dentale führen als erste Wurzelkonsonanten im HITPA'EL zu Abweichungen.

## Dependenz  ↗ Abhängigkeit.

## DERECH   דֶּרֶךְ Modus, auch מוֹדוּס (modus). ↗ Modus

## Derivation   דֶּרִיוַצְיָה (deriwatsja)/*Ableitung*. ↗ Ableitung

## diakritische Zeichen

Diakritische Zeichen differenzieren die Aussprache von Buchstaben. Im Deutschen haben wir das Trema über den Vokalen (a/o/u), um sie als Umlaut zu kennzeichnen: ä/ö/ü. Die Akzente im Französischen sind ebenfalls diakritische Zeichen und regeln die Länge und Qualität eines Vokals: é/è/ê. Diakritische Zeichen im Hebräischen sind: der Punkt über שׁ, DAGESCH KAL und MAPIK.

— SCHIN/SIN

Der Konsonant SIN hat einen Punkt links oben. Steht der Punkt rechts oben, so handelt es sich um ein SCHIN. Die entsprechenden Bezeichnungen der hebräischen Grammatik dafür sind:

| | | | |
|---|---|---|---|
| שׁ | שׁ ' יְמָנִית | (schin jemanit) | rechtes SCHIN |
| שׂ | שׂ ' שְׂמָאלִית | (schin smolit) | linkes SCHIN, also SIN |

Die hebräische Sprachakademie schreibt vor, dass der Punkt über dem SIN שׂ / שׁ immer gesetzt werden soll. Ein unmarkiertes שׁ gilt als SCHIN. SCHIN kommt in der hebräischen Sprache sehr viel häufiger vor. Bei Fremdwörtern benutzt das Hebräische zur Wiedergabe der Lautqualität (s) meist SAMECH.

Ist SIN mit (o) vokalisiert, wird der Vokalbuchstabe WAW geschrieben anstelle des CHOLAM. Ein SCHIN mit CHOLAM hat zwei Punkte, einen diakritischen Punkt rechts und das CHOLAM links: שֹׁרֶשׁ (schoresch)/ *Wurzel*.

— DAGESCH KAL

→ BEGAD-
KEFAT
→ DAGESCH

DAGESCH KAL kann in den Konsonanten des BEGADKEFAT stehen. Die Verschlusslaute werden durch ein DAGESCH markiert:

| ב כ פ | Reibelaute (w) (ch) (f) | בּ כּ פּ | Verschlusslaute (b) (k) (p) |

— MAPIK

MAPIK, ebenfalls ein Punkt, kann nur im Konsonanten HEI stehen. Es zeigt an, dass das entsprechende HEI nicht Lesezeichen (MATER LECTIONIS) ist, sondern eine grammatikalische Funktion hat. So hat z.B. das Possessivsuffix der dritten Person Singular feminin ein MAPIK, um es vom HEI als Femininzeichen zu unterscheiden:

→ HEI: HEI mit MAPIK

    סֵפֶר   (sefer)   ein Buch
    סִפְרָהּ   (sifra)   ihr Buch    aber:   דּוֹדָה (doda)/*Tante*

MAPIK steht ferner als diakritisches Zeichen im Konsonanten HEI, wenn dieses ein Wurzelkonsonant ist. Hier soll es von einem HEI der schwachen Konjugation LAMED"HEI unterscheidbar sein:

[גבה]   לִגְבֹּהַּ   (ligboah)   hoch sein   starkes Verb LAMED GRONIT
[קנה]   לִקְנוֹת   (liknot)   kaufen   schwaches Verb LAMED"HEI

דִּבּוּר (dibur)/*Reden, Rede.* ↗ Rede

**DIBUR**

דִּקְדּוּק *Grammatik.* ↗ Grammatik

**DIKDUK**

Verkleinerungsform eines Wortes. Die Grammatik kennt verschiedene Möglichkeiten:

**Diminutiv**

- durch Anfügen bestimmter Suffixe:

    כִּסֵא   (kise)   Stuhl   ⇨   כִּסְאוֹן   (kis'on)   Kinderstuhl
    דֹּב   (dow)   Bär   ⇨   דֻּבּוֹן   (dubon)   Teddybär

- durch die Wiederholung des letzten Buchstabens oder der letzten Silbe eines Wortes:

    קַר   (kar)   kalt   ⇨   קָרִיר   (karir)   kühl
    כֶּלֶב   (kelew)   Hund   ⇨   כְּלַבְלַב   (kelawlaw)   junger Hund

- durch Anfügen des Suffixes ית- (Femininum-Endung):

    כַּף   (kaf)   Löffel   ⇨   כַּפִּית   (kapit)   Teelöffel
    כַּד   (kad)   Krug   ⇨   כַּדִּית   (kadit)   kleiner Krug

- durch Anfügen des Suffix לֶה- an ein vokalisch auslautendes Substantiv (oder einen Namen): אִמָּהלֶה ('imale)/*Mami,* רוּתִילֶה (rutile)/*Ruthchen.*

עֶרֶךְ־הַדִּמְיוֹן ('erech hadimjon)/*Vergleichsstufe, Komparativ.* ↗ Steigerung

**DIMION**

דּוּ־תְנוּעָה (du-tenu'a) oder דִּיפְתּוֹנְג (diftong)/*Doppelvokal, Zwielaut,* ein Vokal, dessen Lautqualität sich während der Artikulation merklich ändert. Die Konsonanten א/ה/ו/י (Buchstabengruppe AHOI) haben in ihrer Funktion als Lesehilfen vokalischen Charakter. Wenn der Konsonant, der einer MATER LECTIONIS vorausgeht, seinerseits ein Vokalzeichen trägt, kommen zwei Vokale in Folge vor, z.B. דְּלִירְיוּם Deli*ri*um, oder ein Fachausdruck aus der Musik: אוּפְטַקְט *Auf*takt.

**Diphthong**

Im Hebräischen gibt es acht Diphtonge: a/e/i/u + WAW und a/i/o/u + JOD.

Beispiele:  
e + י  אֵין  ('ein)  es gibt nicht  
o + י  אוֹי  ('oi)  oje!  
u + י  פָּנוּי  (panui)  frei, leer  

√ דוּ־תְנוּעָה (du-tenu'a)/*Doppelvokal, Zwielaut* aus דוּ (du)/*doppelt, bi-*. תְּנוּעָה (tenu'a)/*Selbstlaut, Vokal* aus [נוּעַ] לָנוּעַ (lanua)/*bewegen*.

דִיפְתוֹנְג (diftong)/*Doppelvokal, Zwielaut* ist der sprachwissenschaftliche Fachterminus aus dem Griechischen φϑογγος (ftongos)/*Klang, Ton*.

## Doppelungsstämme

→ BINJAN DAGUSCH
→ DAGESCH

Ältere Bezeichnung für die BINJANIM DAGUSCHIM mit verdoppeltem mittlerem Wurzelkonsonanten: PI'EL, PU'AL, HITPA'EL. Ein BINJAN DAGUSCH heißt auch בִּנְיָן כָּבֵד BINJAN KAWED, "schweres" BINJAN, da es immer ein DAGESCH hat.

## Doppelvokal

דוּ־תְנוּעָה (du-tenu'a) oder דִיפְתוֹנְג (diftong)/*Doppelvokal, Zwielaut*.
↗ Diphthong

## DUAL

→ Zahl
→ Betonung

רִבּוּי זוּגִי (ribui sugi)/*Zweizahl*. Die semitischen Sprachen haben drei Numeri (Zahl): Einzahl (Singular), Zweizahl (Dual), Mehrzahl (Plural). Der DUAL wird verwendet für paarweise angelegte Organe oder Gegenstände: Augen, Ohren, Waage, Hosen. Ein DUAL kann nur von Substantiven gebildet werden und von denjenigen Zahlen, die Substantive sind und eine Zweizahl ausdrücken. Die Endung des DUAL ist eine anders vokalisierte Pluralendung des Maskulin. Sie ist für maskuline und feminine Substantive gleich. Ein Wort im DUAL ist immer MIL'EIL: es ist auf der zweitletzten Silbe betont.

| | | | | | |
|---|---|---|---|---|---|
| יָד | (jad) | Hand | ⇨ | יָדַיִם (jadajim) | Hände |
| עַיִן | ('ajin) | Auge | ⇨ | עֵינַיִם ('einajim) | Augen |
| שֵׁן | (schen) | Zahn | ⇨ | שִׁנַּיִם (schinajim) | Zähne |
| | | | | מִסְפָּרַיִם (misparajim) | Schere |
| | | | | מִכְנָסַיִם (michnasajim) | Hose |
| | | | ⇨ | שְׁנַיִם (schnajim) | zwei |
| מֵאָה | (me'a) | hundert | ⇨ | מָאתַיִם (matajim) | zweihundert |
| אֶלֶף | ('elef) | tausend | ⇨ | אַלְפַּיִם ('alpajim) | zweitausend |
| פַּעַם | (pa'am) | einmal | ⇨ | פַּעֲמַיִם (pa'amajim) | zweimal |
| יוֹם | (jom) | ein Tag | ⇨ | יוֹמַיִם (jomajim) | zwei Tage |
| שָׁעָה | (scha'a) | Stunde | ⇨ | שְׁעָתַיִם (sche'atajim) | zwei Stunden |
| שָׁבוּעַ | (schawua) | Woche | ⇨ | שְׁבוּעַיִם (schwu'ajim) | zwei Wochen |
| חֹדֶשׁ | (chodesch) | Monat | ⇨ | חָדְשַׁיִם (chodschajim) | zwei Monate |
| שָׁנָה | (schana) | Jahr | ⇨ | שְׁנָתַיִם (schnatajim) | zwei Jahre |

Aber kein DUAL:

סַנְדָּלִים (sandalim)  Sandalen  (griechisches Fremdwort)

כִּלְאַיִם (kil'ajim)/*Kreuzung* ⇨ מִשְׁפָּט כִּלְאַיִם (mischpat kil'ajim)/*Anakoluth*.

In den indoeuropäischen Sprachen ist der DUAL verlorengegangen. Es gibt noch letzte Reste davon im Griechischen und in einigen slawischen Sprachen.

רִבּוּי זוּגִי (ribui sugi)/*Zweizahl.* רִבּוּי (ribui)/*Mehrzahl, Plural* aus [רבה] לִרְבּוֹת (lirbot)/*viel sein.* זוּגִי (sugi)/*paarweise* ist ein Adjektiv aus [זוג] לְזַוֵּג (lesaweg) /*paaren* PI'EL.

דּוּ־תְנוּעָה (du-tenu'a) oder דִיפְתוֹנְג (diftong)/*Doppelvokal, Zwielaut.*
↗ Diphthong

DU-TENU'A

e

# 'EHEWI
# Eigenschaftswort
# 'EIN

↗ AHOI ↗ Buchstabengruppen

שֵׁם תּוֹאַר (schem to'ar) ↗ Adjektiv

אֵין STATUS CONSTRUCTUS von אַיִן ('ajin)/*es gibt nicht*, ein Adverb zur Verneinung in Sätzen in der Zeitstufe der Gegenwart. Es verneint:

- ein Verb im Präsens:

    הַיֶּלֶד הוֹלֵךְ הַבַּיְתָה (hajeled holech habaita)
    *das Kind geht nach Hause*

    הַיֶּלֶד אֵינוֹ הוֹלֵךְ הַבַּיְתָה (hajeled 'eino holech habaita)
    *das Kind geht nicht nach Hause*

    Dieser Satz kann auch mit der Partikel לֹא (lo)/*nicht* verneint werden:

    הַיֶּלֶד לֹא הוֹלֵךְ הַבַּיְתָה (hajeled lo holech habaita)
    *das Kind geht nicht nach Hause*

- ein Substantiv, ein Adjektiv oder einen präpositionalen Ausdruck:

    הַיֶּלֶד הוּא תַּלְמִיד (hajeled hu talmid)
    *das Kind ist Schüler*

    אֵין הַיֶּלֶד תַּלְמִיד ('ein hajeled talmid)
    *das Kind ist kein Schüler*

    הַתַּלְמִיד הוּא טוֹב (hatalmid hu tow)
    *der Schüler ist gut*

    אֵין הַתַּלְמִיד טוֹב ('ein hatalmid tow)
    *der Schüler ist nicht gut*

    הַיֶּלֶד בַּבַּיִת (hajeled babajit)
    *das Kind ist zu Hause*

    אֵין הַיֶּלֶד בַּבַּיִת ('ein hajeled babajit)
    *das Kind ist nicht zu Hause*

    Diese Sätze können ebenfalls mit der Partikel לֹא (lo)/*nicht* verneint werden.

- eine allgemeine Aussage mit dem Prädikat "es gibt kein":

    יֵשׁ מִסְעָדָה טוֹבָה בָּעִיר (jesch mis'ada towa ba'ir)
    *es gibt ein gutes Restaurant in der Stadt*

    אֵין מִסְעָדָה טוֹבָה בָּעִיר ('ein mis'ada towa ba'ir)
    *es gibt kein gutes Restaurant in der Stadt*

Zur Verneinung von Prädikat oder prädikativen Ausdrücken wird die Partikel אֵין dekliniert. Sie stimmt dann in Person, Zahl und Geschlecht mit dem Subjekt des Satzes überein. Es heißt dann sinngemäß: ich bin nicht, ich nicht, etc.

Die deklinierten Formen von אֵין :

| | | |
|---|---|---|
| אֵינִי/אֵינֶנִּי | ('eini)/('eineni) | ich nicht |
| אֵינְךָ | ('eincha) | du nicht (m) |
| אֵינֵךְ | ('einech) | du nicht (f) |
| אֵינוֹ/אֵינֶנּוּ | ('eino)/('eineno) | er nicht (m) |
| אֵינָהּ/אֵינֶנָּה | ('eina)/('einena) | sie nicht (f) |

| | | |
|---|---|---|
| אֵינֶנּוּ | ('einenu) | wir nicht |
| אֵינְכֶם | ('einchem) | ihr nicht (m) |
| אֵינְכֶן | ('einchen) | ihr nicht (f) |
| אֵינָם | ('einam) | sie nicht (m) |
| אֵינָן | ('einan) | sie nicht (f) |

√ אַיִן ('ajin)/*nicht* aus [אין] לְאַיֵּן (le'ajen)/*negieren, annullieren* PI'EL.

## Einzahl

יָחִיד (jachid)/*Singular* oder לָשׁוֹן יָחִיד (laschon jachid) oder מִסְפָּר יָחִיד (mispar jachid). Das Wort יָחִיד ist Adjektiv: *einzig, einzeln*. יְחִידָה (jechida) bezeichnet ein Wort in der Form feminin Singular. Dieselbe Möglichkeit hat das Wort רַבִּים/רַבּוֹת (rabim/rabot) für maskulin/feminin Plural.
Wenige Substantive haben keinen Plural:

| | | |
|---|---|---|
| צִיבּוּר | (tsibur) | Allgemeinheit, Publikum, Öffentlichkeit |
| טַף | (taf) | kleine Kinder |
| אָדָם | ('adam) | Mensch |

√ יָחִיד (jachid)/*allein, einzig* aus [יחד] לְיַחֵד (lejached)/*einigen*.
לָשׁוֹן (laschon)/*Zunge, Sprache, Rede* aus [לשן] לְהַלְשִׁין (lehalschin)/*verleumden* HIF'IL.
מִסְפָּר (mispar)/*Zahl* aus [ספר] לִסְפּוֹר (lispor)/*zählen*.
רַבִּים/רַבּוֹת (rabim/rabot) aus [רבה] לִרְבּוֹת (lirbot)/*viel sein*.

## 'EIWAR

אֵיבָר *Teil, die einzelnen Glieder einer Satzreihe*. ⁊ Satz: Der Hauptsatz

## 'EL

אֶל /*zu, in Richtung auf*. Diese Präposition bildet im Hebräischen den Dativ ('EL-Fall) und bezieht sich auf Personen und Gegenstände. Sie wird kontrahiert und als Präfix angeschlossen:

נָתַן אֶת הַסֵּפֶר לַתַּלְמִיד
(natan 'et hasefer *la*talmid)
er gab dem Schüler das Buch

Die Präposition אֶל kann mit dem Personalsuffix versehen und wie ein Substantiv im Plural dekliniert werden:

| | | | | | |
|---|---|---|---|---|---|
| אֵלַי | ('elai) | zu mir | אֵלֵינוּ | ('eleinu) | zu uns |
| אֵלֶיךָ | ('elecha) | zu dir (m) | אֲלֵיכֶם | ('aleichem) | zu euch (m) |
| אֵלַיִךְ | ('elaich) | zu dir (f) | אֲלֵיכֶן | ('aleichen) | zu euch (f) |
| אֵלָיו | ('elaw) | zu ihm | אֲלֵיהֶם | ('aleihem) | zu ihnen (m) |
| אֵלֶיהָ | ('eleiha) | zu ihr | אֲלֵיהֶן | ('aleihen) | zu ihnen (f) |

אוֹת סוֹפִית ('ot sofit). Fünf Buchstaben des hebräischen Alphabets haben eine abweichende Form, wenn sie am Ende des Wortes stehen (Merkwort KAMNAFATS): כ/ך, מ/ם, נ/ן, פ/ף, צ/ץ. Im Phönizischen gab es die Endbuchstaben noch nicht. Auf Inschriftentafeln sind zuweilen Punkte zwischen die Wörter gesetzt, um sie leichter unterscheiden zu können. Es wird vermutet, dass die Endbuchstaben sich zur leichteren Lesbarkeit eines Textes entwickelt haben. Im Talmud existieren sie bereits. Endbuchstaben gibt es nicht nur im Hebräischen. Das Griechische hat noch einen Buchstaben, der je nach Position im Wort verschiedene Formen hat: s im Wort σ, am Wortende ς. In der deutschen Frakturschrift steht im Silbenanlaut "langes" s, im Auslaut der Silbe Schluss-s. Jedem hebräischen Konsonanten ist ein Zahlenwert zugeordnet, die Endbuchstaben haben einen eigenen Zahlenwert.

**Endbuchstabe**

*Deutsche Frakturschrift: verschiedene Formen des Buchstabens s*

→ Zahlen
→ DAGESCH

Fremdwörter, die auf einen Verschlusslaut enden, werden nicht mit Endbuchstabe geschrieben:

טֶלֶסְקוֹפּ Teleskop  סְנוֹבּ Snob
צִ'יפּ Chip

Fremdwörter können auch im letzten Konsonanten ein DAGESCH haben: סְנוֹבּ Snob. SCHWA im letzten Konsonanten wird nicht geschrieben, denn es versteht sich von selbst. Ausnahmen:

• Ist der vorangehende Konsonant vokallos (mit SCHWA), so wird das SCHWA auch unter dem letzten Konsonanten gesetzt:

כָּתַב (kataw) er hat geschrieben
כָּתַבְתְּ (katawt) du hast (f) geschrieben

• SCHWA im Endbuchstaben ך wird immer gesetzt, zur leichteren Unterscheidbarkeit vom Endbuchstaben ן: מֶלֶךְ.

אוֹת סוֹפִית ('ot sofit)/*Endbuchstabe*. [אוֹת] abgeleitet aus dem Substantiv אוֹת ('ot)/*Zeichen*. Die Verbform geht nach dem Konjugationsmuster POLEL: אוֹתֵת ('otet)/*er hat signalisiert*. Eine Variante zu dieser Ableitung ist [אתת] לְאַתֵּת (le'atet)/*signalisieren* PI'EL.
סוֹפִי aus [סוף] לָסוּף (lasuf)/*zum Ende kommen*.

√

עֶרֶךְ /*Wert*. ↗ Steigerung

**'ERECH**

תֵּאוּר (te'ur)/*Satzergänzung*. ↗ Adverbialbestimmung

**Ergänzung**

פֹּעַל־עֵזֶר (po'al 'eser)/*Hilfsverb*. ↗ Hilfsverb

**'E$ER**

## 'ET

אֶת ist eine Partikel zur Bezeichnung des Akkusativ im Hebräischen. Sie hat im Deutschen keine Entsprechung und wird nicht übersetzt. Diese Partikel ist notwendig, weil im Hebräischen oft das Subjekt hinter dem Verb steht. Wenn in diesem Fall ein Akkusativobjekt folgt, stehen zwei Substantive unmittelbar hintereinander, die als ein zusammengesetztes Substantiv gelesen werden könnten. אֶת steht vor dem direkten Objekt, wenn dieses bestimmt ist. Bei Eigennamen entfällt der bestimmte Artikel הָא הַיְדִיעָה (hei hajedi'a):

דָּוִד גּוֹמֵר אֶת הַשִּׁעוּר (dawid gomer 'et haschi'ur) David beendet die Lektion

אֲנִי רוֹאֶה אֶת דָּוִד ('ani ro'e 'et dawid) ich sehe David

Ist das direkte Objekt ein Pronomen, so wird es als Suffix mit der Partikel verbunden, die Partikel אֶת wird also dekliniert (Frage: wen? was?):

| | | | | | |
|---|---|---|---|---|---|
| אוֹתִי | ('oti) | mich | אוֹתָנוּ | ('otanu) | uns |
| אוֹתְךָ | ('otcha) | dich (m) | אֶתְכֶם | ('etchem) | euch (m) |
| אוֹתָךְ | ('otach) | dich (f) | ✻ אֶתְכֶן | ('etchen) | euch (f) |
| אוֹתוֹ | ('oto) | ihn | אוֹתָם | ('otam) | ihnen (m) |
| אוֹתָהּ | ('ota) | sie | ✻ אוֹתָן | ('otan) | ihnen (f) |

✻ *Bei zwei oder mehreren Substantiven verschiedenen Geschlechts wird die Form des Plurals maskulin gesetzt. So sind die Formen des Plural feminin sehr ungebräuchlich.*

Im Umgangshebräischen wird auch die Form der zweiten Person Plural mit CHOLAM vokalisiert.

Die Partikel אֶת dient auch zur Konstruktion des deutschen Ausdrucks "dieselbe, derselbe, dasselbe". In dieser Funktion steht die deklinierte Partikel in der dritten Person Singular oder Plural vor dem Substantiv, dem es zugeordnet ist. Dabei besteht kein Unterschied in der Bedeutung des Ausdrucks, ob der bestimmte Artikel steht oder nicht. Das Personalsuffix der Partikel אֶת richtet sich in Geschlecht (Genus) und Zahl (Numerus) nach dem folgenden Substantiv:

אוֹתוֹ הָאִישׁ/אוֹתוֹ אִישׁ ('oto ha'isch/'oto 'isch) derselbe Mann

אוֹתָהּ הָאִשָּׁה/אוֹתָהּ אִשָּׁה ('ota ha'ischa/'ota 'ischa) dieselbe Frau

אוֹתָם הָאֲנָשִׁים/אוֹתָם אֲנָשִׁים ('otam ha'anaschim/'otam 'anaschim) dieselben Leute

אוֹתָן הַיְלָדוֹת/אוֹתָן יְלָדוֹת ('otan hajeladot/'otan jeladot) dieselben Mädchen

An die Partikel können Präpositionen angefügt werden: בְּאוֹתוֹ זְמָן (ba'oto sman)/*zur gleichen Zeit*.

## 'ET-Fall

יַחֲסַת־אֶת (jachasat 'et)/*Akkusativ*. ↗ Akkusativ

## 'ETINETI

אֶתִינֶתִ", Akronym aus den Personalpräfixen des Futurs.
↗ Akronym ↗ Zukunft

עֶצֶם ('etsem)/*Knochen, Gegenstand, Ding, Kern*. Als grammatikalischer Ausdruck ist dieses Wort Bestandteil des Terminus שֵׁם עֶצֶם (schem 'etsem)/*Substantiv*. In Verbindung mit dem Personalsuffix bildet es das Reflexivpronomen im Hebräischen. ↗ Verb: reflexives Verb

'ETSEM

↗ EIWAR

'EWAR

↗ Verschlusslaut

Explosivlaut

f
___

## Fall

יַחֲסָה (jachasa)/*Fall, Kasus*. Sowohl im Deutschen als auch im Hebräischen gibt es deklinierbare Wörter: Substantive, Adjektive, Zahlwörter. "Deklinierbar" heißt in der Grammatik der indoeuropäischen Sprachen: diese Wörter können in verschiedene Fälle (Kasus) gesetzt werden:

| erster Fall | Nominativ | יַחֲסָה רִאשׁוֹנָה | (jachasa rischona) |
| zweiter Fall | Genetiv | יַחֲסַת שֶׁל | (jachasat schel) |
| dritter Fall | Dativ | יַחֲסַת אֶל | (jachasat 'el) |
| vierter Fall | Akkusativ | יַחֲסַת אֶת | (jachasat 'et) |
| | | od. יַחַס הַפָּעוּל | (jachas hapa'ul) |

→ Deklination

יַחֲסָה רִאשׁוֹנָה (jachasa rischona)/*Nominativ*. יַחֲסָה Substantiv aus [יחס] לְיַחֵס (lejaches)/*zuordnen* PI'EL. יַחֲסַת (jachasat) ist STATUS CONSTRUCTUS. פָּעוּל (pa'ul) aus [פעל] ist die Bezeichnung für das Passivpartizip des PA'AL. Als Bezeichnung für den Akkusativ ist es SOMECH im zusammengesetzten Ausdruck.

√

## Femininum

נְקֵבָה (nekewa). ⇗ Substantiv ⇗ Geschlecht

## Finalbuchstabe

אוֹת סוֹפִית ('ot sofit) ⇗ Endbuchstabe

## Finalsatz

מִשְׁפַּט הַתַּכְלִית (mischpat hatachlit)/*Finalsatz, Absichtssatz*. Konjunktionen: כְּדֵי שֶׁ- (kedei sche-), לְמַעַן (lema'an)/*damit;* פֶּן (pen), כְּדֵי שֶׁלֹּא (kedei schelo)/*damit nicht:*

תִּלְפַנְתִּי אוֹתוֹ כְּדֵי שֶׁיָּבוֹא מָחָר. (tilfanti 'oto kedei schejawo machar)
ich habe ihn angerufen, damit er morgen kommt

מִשְׁפַּט הַתַּכְלִית (mischpat hatachlit)/*Finalsatz, Absichtssatz*. מִשְׁפָּט (mischpat) aus [שפט] לִשְׁפּוֹט (lischpot)/*richten, Recht sprechen*. תַּכְלִית (tachlit)/*Zweck, Ziel* aus [כלה] לִכְלוֹת (lichlot)/*vollendet sein*.

## finit

Eine "finite" Verbform ist eine konjugierte Verbform, d.h. sie ist mit Personalpräfixen bzw. -suffixen versehen, an welchen Person, Zahl (Numerus), Geschlecht (Genus) und Zeit (Tempus) ablesbar sind. Infinitive und Partizipien sind "infinite" Verbformen. An ihnen sind diese grammatikalischen Informationen nicht ablesbar. Sie sind im grammatikalischen Sinn "unbestimmt":

| bestimmt | כָּתַבְתִּי | (katawti) | ich habe geschrieben<br>erste Person Singular Vergangenheit, ersichtlich am Personalsuffix (definiert) |
| unbestimmt | לִכְתּוֹב | (lichtow) | schreiben<br>Infinitiv (undefiniert) |
| unbestimmt | כָּתוּב | (katuw) | geschrieben<br>Partizip der Vergangenheit, Passivpartizip (undefiniert) |
| unbestimmt | כּוֹתֵב | (kotew) | schreibend<br>Partizip der Gegenwart, Aktiv-Partizip (undefiniert) |

## Flexion

נְטִיָּה (netija)/*Neigung, Tendenz, Flexion*, Veränderung der Wortform nach bestimmten grammatikalischen Gesetzen und festen Mustern. Ein Substantiv z.B. wird dekliniert, d.h. in verschiedene Fälle (Kasus) gesetzt: Nominativ, Genitiv, Dativ, Akkusativ. Dadurch bekommt das Substantiv im Satz eine bestimmte syntaktische Funktion. Ein Verb wird konjugiert, es bekommt Personalsuffixe bzw. Personalpräfixe (Flexionsmorpheme), das sind spezifische Merkmale für Zahl, Zeit, Modus. Diese Merkmale sind feste grammatikalische Größen, so dass ein Wort im Text genau und eindeutig anhand dieser Flexionsmerkmale bestimmbar ist nach Wortart, Form und Funktion im Satz: כָּתְבוּ (katwu)/*sie haben geschrieben*. Diese Verbform ist dritte Person Plural maskulin und feminin, Vergangenheit. Als Verb kann es das Prädikat eines Satzes sein, das Subjekt ist als Personalsuffix in die Verbform integriert. Innerhalb der Grammatik beschäftigt sich die Morphologie (Formenlehre) mit den Flexionsklassen und -möglichkeiten.

→ Deklination
→ Konjugation

√ נְטִיָּה (netija)/*Neigung, Tendenz, Flexion* aus [נטה] לִנְטוֹת (lintot)/*neigen, abweichen*.

## Folgesatz

מִשְׁפָּט תּוֹצָאָה (mischpat totsa'a)/*Konsekutivsatz* ↗ Konsekutivsatz

## Formantien

→ Affix
→ Präfix
→ Suffix

Unselbständige, d.h. gebundene Wortbildungssilben (Morpheme), die zur Flexion oder zur Wortbildung dienen (Singular: Formans oder auch Formativ): Präfixe (Vorsilben), Suffixe (Endungen), Infixe (Vokale). MISCHKAL und BINJAN im Hebräischen haben die Funktion von Formantien, sie sind Muster zur Ableitung von Substantiven und Verben.

## Formenlehre

תּוֹרַת הַצּוּרוֹת (torat hatsurot), מוֹרְפוֹלוֹגְיָה (morfologja) Morphologie. ↗ Grammatik

## Formgruppe

גִּזְרָה (gisra)/*Gestalt, Schnitt*. Die hebräischen Verben werden unterteilt in regelmäßige, starke Verben und unregelmäßige, schwache Verben. Ein regelmäßiges Verb behält seine Wurzelkonsonanten, in der Regel drei, in allen BINJANIM und allen Konjugationsformen unverändert bei, während hingegen ein schwaches, unregelmäßiges Verb in bestimmten Verbformen oder BINJANIM einen seiner Wurzelkonsonanten verliert oder verändert. Bei den sogenannten "doppelt schwachen" Verben verändern sich zwei Konsonanten der Wurzel. Diese Unregelmäßigkeiten vollziehen sich nach bestimmten Gesetzmäßigkeiten und lassen sich danach in verschiedene Gruppen mit den gleichen Abweichungen systematisieren.
Die verschiedenen Verbgruppen werden in den Grammatiken als גְּזָרוֹת (gsarot)/*Formgruppen* bezeichnet. In den verschiedenen Verbtabellen werden regelmäßige und unregelmäßige Verben nach ihren gemeinsamen Merkmalen zusammengefasst und aufgelistet.

→ Verb

√ גִּזְרָה (gisra)/*Gestalt, Schnitt* aus [גזר] לִגְזוֹר (ligsor)/*schneiden*. In der Grammatik hat es auch die Bedeutung *ableiten*.

# FORTE

## Fragesatz

↗ DAGESCH

מִשְׁפַּט שְׁאֵלָה (mischpat sche'ela). Es gibt je nach Intention des Fragenden verschiedene Konstruktionstypen: die Entscheidungsfrage ist so formuliert, dass nur die Antwort "ja" oder "nein" erwartet wird, während hingegen die Ergänzungsfrage eine präzisere Erklärung von dem Gefragten erfordert.

Im Hebräischen gibt es zwei Möglichkeiten, eine Entscheidungsfrage zu konstruieren: auf die einfachste Weise durch Veränderung des Intonationsmusters, indem der Sprecher am Satzende die Stimme hebt:

| Aussage | אַתָּה בָּטוּחַ. | ('ata batuach) | du bist sicher. | ⇨⇨⇨⇨ ↘ . |
| Frage | אַתָּה בָּטוּחַ? | ('ata batuach) | bist du sicher? | ⇨⇨⇨⇨ ↗ ? |

Ein hebräischer Aussagesatz kann ferner durch Voranstellen der Partikel הַאִם (ha'im) vor das Subjekt in einen Fragesatz (Entscheidungsfrage) umgeformt werden. Das Wort הַאִם ist nicht übersetzbar und entspricht somit der französischen Fragepartikel "est-ce que", d.h. an der Wortstellung des Aussagesatzes ändert sich im Vergleich zum Fragesatz nichts:

הַסֵּפֶר עַל הַשֻּׁלְחָן.
(hasefer 'al haschulchan)
das Buch ist auf dem Tisch

הַאִם הַסֵּפֶר עַל הַשֻּׁלְחָן?
(ha'im hasefer 'al haschulchan)
ist das Buch auf dem Tisch?

Auf diese Weise wird auch der Fragesatz gebildet, wenn das Verb fehlt:

הַאִם הוּא בַּבַּיִת?
(ha'im hu babajit)
ist er zu Hause?

Das Voranstellen eines הֲ vor das erste Wort eines Aussagesatzes bildet diesen zu einem Fragesatz um. Dieses Wort kann ein Substantiv, ein Verb oder eine Partikel sein. Es wird dann nach diesem Wort gefragt:

פֹּה מוּתָּר לְעַשֵּׁן
(mutar le'aschen po)
hier ist Rauchen erlaubt

הֲמוּתָּר לְעַשֵּׁן פֹּה?
(hamutar le'aschen po)
ist es erlaubt, hier zu rauchen?

הֲרוֹצֶה אַתָּה אֶת הַמָּקוֹם שֶׁלִּי?
(harotse 'ata 'et hamakom scheli)
möchtest du meinen Platz?

Dieses HEI heißt in den Grammatiken des Althebräischen HEI INTERROGATIVUM/*HEI der Frage*, das ist im Hebräischen das הַשְׁאֵלָה 'ה (hei hasche'ela)/*HEI der Frage*. Die Vokalisierung des HEI der Frage richtet sich nach dem folgenden Konsonanten.

Die Ergänzungsfragen werden mit einem Fragepronomen: wer? was? oder mit einem Frageadverb: wann? wohin? eingeleitet und erfordern eine genauere Antwort als die oben genannten Frageformen (Entscheidungsfragen):

אֵיפֹה תַחֲנַת הָרַכֶּבֶת?
('eifo tachanat harakewet)
wo ist die Bahnhaltestelle?

מָה הַהֶבְדֵּל?
(ma hahewdel)
was ist der Unterschied?

→ HEI:
HEI der Frage

→ Fragewort

→ Satzzeichen   Am Ende des direkten Fragesatzes steht ein Fragezeichen סִימָן שְׁאֵלָה (siman sche'ela).
Ein Fragesatz kann ein Hauptsatz (direkter Fragesatz) oder ein abhängiger Satz (indirekter Fragesatz) sein.
Direkt geäußerte Aussagen, Fragen und Anordnungen (Befehle) דִּבּוּר יָשִׁיר (dibur jaschir) sind in Anführungszeichen gesetzt. Es sind Hauptsätze:

דָּן אָמַר: "אֲנִי רוֹצֶה לֶאֱכוֹל."   (dan 'amar: 'ani rotse le'echol)
Dan sagte: "Ich möchte essen."

Indirekt geäußerte Aussagen, Fragen und Anordnungen (Befehle) sind abhängig von einem übergeordneten Satz. Diese Nebensätze werden im Deutschen durch Komma vom Hauptsatz getrennt. Im Hebräischen muss kein Komma stehen:

דָּן אָמַר שֶׁהוּא רוֹצֶה לֶאֱכוֹל.   (dan 'amar schehu rotse le'echol)
Dan sagte, dass er essen möchte

Der Nebensatz hat die Partikel שֶׁ־ als Verbindung zum Hauptsatz. Das Subjekt von Haupt- und Nebensatz bezieht sich auf dieselbe Person. Die Konstruktion ist die gleiche wie im Deutschen.
Wird eine Entscheidungsfrage in eine indirekte Rede umgeformt, so wird das Fragewort הַאִם (ha'im) zu אִם ('im):

דָּן שָׁאַל: "הַאִם יֵשׁ כַּרְטִיסִים?"   (dan scha'al: ha'im jesch kartisim)
Dan fragte: "Gibt es noch Karten?"
דָּן שָׁאַל אִם יֵשׁ כַּרְטִיסִים.   (dan scha'al 'im jesch kartisim)
Dan fragte, ob es noch Karten gibt.

Die Konjunktion im Deutschen ist *ob* und es steht der Konjunktiv. Im Deutschen steht im Nebensatz das finite Verb am Ende, im Hebräischen ändert sich die Reihenfolge der Satzteile nicht. Die anderen Fragewörter bleiben im direkten und indirekten Fragesatz gleich:

שָׁאַלְתִּי: "מָה הַשָּׁעָה?"   (scha'alti: ma hascha'a)
Ich fragte: "Wieviel Uhr ist es?"
שָׁאַלְתִּי מָה הַשָּׁעָה.   (scha'alti ma hascha'a)
Ich fragte, wieviel Uhr es ist.

√   מִלַּת שְׁאֵלָה (milat sche'ela)/*Fragepronomen, Fragewort.* מִלַּת STATUS CONSTRUCTUS von מִלָּה (mila)/*Wort*, שְׁאֵלָה (sche'ela) Substantiv aus [שאל] לִשְׁאוֹל (lisch'ol)/*fragen*.
מִשְׁפַּט שְׁאֵלָה (mischpat sche'ela)/*Fragesatz*. מִשְׁפָּט (mischpat) aus [שפט] לִשְׁפּוֹט (lischpot)/*richten, verurteilen*.
סִימָן שְׁאֵלָה (siman sche'ela)/*Fragezeichen*. סִימָן (siman) aus [סמן] לְסַמֵּן (lesamen)/*bezeichnen* PI'EL.

Fragewort   מִלַּת שְׁאֵלָה (milat sche'ela)/*Fragepronomen, Fragewort.* Bei den Fragewörtern ist zu unterscheiden zwischen Fragepronomen und Frageadverbien. Die Fragepronomen *wer? wem? was?* fragen nach einer Person oder Sache und können im Hebräischen mit Kasusmarkern und Präpositionen in die verschiedenen Fälle gesetzt werden. Die Frageadverbien hingegen sind unveränderlich: *Worüber habt ihr gesprochen? Wo hast du geparkt? Wie hat sie das gemacht?*

| Frage-pronomen | מִי | (mi) | wer | | | |
|---|---|---|---|---|---|---|
| | מָה <sup>1)</sup> | (ma) | was | | | |
| | אֵיזֶה | ('eise) | welcher | | | |
| | אֵיזוֹ | ('eiso) | welche (Frage nach Singular feminin) | | | |
| | אֵילוּ | ('eilu) | welche (Frage nach Plural) | | | |
| Frage-adverbien | לָמָה | (lama) | warum | אֵיפֹה | ('eifo) | wo |
| | אֵיךְ | ('eich) | wie | אַיֵּה | ('aje) | wo ist |
| | מַדּוּעַ | (madua) | warum | לְאָן | (le'an) | wohin |

<sup>1)</sup> Zur Vokalisierung des Fragewortes מָה:

Das Fragewort מָה wird im Regelfall mit PATACH vokalisiert. Der darauffolgende Konsonant hat ein DAGESCH CHASAK. Die Kehllaute haben kein DAGESCH. Das führt zu folgenden Abweichungen:

1. ה und ח bekommen kein DAGESCH. Der Ausfall des DAGESCH wird nicht kompensiert: מָה הַשָּׁעָה? (ma hascha'a)/ *wieviel Uhr ist es?*
2. Das PATACH des Fragewortes wird zu KAMATS vor א, ע und ר: מָה אֵלֶה? (ma 'ele)/*wer sind diese?* מָה אַתָּה רוֹצֶה (ma ata rotse)/*was willst du?*
3. Das PATACH des Fragewortes wird zu segol vor הַ, חַ und עַ: מֶה עָשִׂיתָ? (me 'asita)/*was hast du gemacht?* מֶה חָדָשׁ (me chadasch)/ *was gibt es Neues?*

Das Fragewort מָה untersteht denselben Vokalisationsregeln wie der bestimmte Artikel הַ' הַיְדִיעָה (hei hajedi'a).

Die Fragepronomen können mit den Kasusmarkern oder mit entsprechenden Präpositionen in die verschiedenen Fälle gesetzt werden:

| Nominativ | מִי הוּא? | (mi hu) |
|---|---|---|
| Genitiv | שֶׁל מִי זֶה? | (schel mi se) |
| Dativ | לְמִי שָׁלַחְתָּ אֶת זֶה? | (lemi schalachta 'et se) |
| | | wem hast du das geschickt? |
| *Akkusativ | אֶת מִי אַתָּה מְבַקֵּשׁ? | ('et mi 'ata mewakesch) |
| | | wen suchst du? |
| mit Präposition | אֶל מִי אַתָּה רוֹצֶה לְדַבֵּר? | ('el mi 'ata rotse ledaber) |
| | | wen möchtest du sprechen? |

מִלַּת שְׁאֵלָה (milat sche'ela)/*Fragepronomen, Fragewort*. מִלַּת STATUS CONSTRUCTUS von מִלָּה (mila)/*Wort*, שְׁאֵלָה (sche'ela) Substantiv aus [שאל] לִשְׁאוֹל (lisch'ol)/*fragen*. √

מִלָּה לוֹעֲזִית (mila lo'asit). Das Fremdwort unterscheidet sich im Gegensatz zum völlig assimilierten Lehnwort in Lautung, Schreibung und Flexion von der Grammatik der Gastgebersprache. Doppelvokale, typisch slawische Konsonantengruppen oder die charakteristischen Nasale französischer Provenienz können nicht adäquat mit hebräischen Buchstaben wiedergegeben werden.

# Fremdwort

WAW wird als Vokalbuchstabe punktiert, da es zwei Vokale vertritt, ein וֹ (o) und ein וּ (u). Als Konsonant kann es unbezeichnet bleiben:

סְטָטוּס קוּוֹ        Status quo
אָאוֹרְטָה (a'orta)    Aorta, Hauptschlagader
                      (Diphthong)
רַוְיוֹלִי (rawjoli)   Ravioli, italienische Teigware
                      (Diphthong)

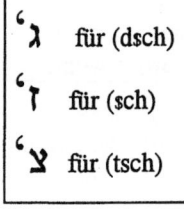

Fremdwörter, die mit Reibelaut beginnen, behalten diesen bei: פְּרֶסְקוֹ Fresco. Hier hat der erste Konsonant kein DAGESCH KAL. Bei Fremdwörtern, die auf Verschlusslaut enden, wird dieser beibehalten: סְנוֹבּ Snob. Hier hat der letzte Konsonant ein DAGESCH. In diesem Fall wird kein Endbuchstabe geschrieben: ג'יפּ Jeep, צִ'יפּ Chip. Konsonanten, die das Hebräische nicht hat, werden durch eine Kombination mit GERESCH wiedergegeben:

ג'ין (dschin)         Jean (engl.)
ז'וּרִי (schüri)      Jury (ein ü gibt es im Hebräischen nicht)
בּוֹרְשְׁטשׁ (borschtsch) Borschtsch, russische Kohlsuppe
                      (die Konsonantengruppe (tsch) gibt es nicht im
                      Hebräischen)

Die Nasale des Französischen können nicht wiedergegeben werden, hier muss man raten bzw. das entsprechende Wort kennen.

שַׁנְסוֹן (schanson)   Chanson, Lied (verschiedene Nasale)

Der Apostroph des Französischen wird ins Hebräische übernommen, er kommt mit den drei Ersatzkonsonanten 'ג, 'ז, 'צ nicht in Konflikt, da im Französischen diese Kombination von Buchstaben und Apostroph nicht vorkommt. Im Französischen wird nur der Konsonant l vor Vokalen und vor nicht aspiriertem h apostrophiert:

לֶ'אטָה סֶ'אה מוּאָה       l'état c'est moi
לֶ'אר פּוּר לֶ'אר          l'art pour l'art
לֶ'אפֶּטִי וְיֶן אָן מַנְזָ'ן l'appétit vient en mangeant

Aus bestimmten Fremdwörtern können Ableitungen gebildet werden. Allerdings werden hier drei aufeinanderfolgende SCHWA in Kauf genommen:

גֶ'נְטְלְמֶן            Gentleman
גֶ'נְטְלְמֶנִי          (Adjektiv daraus)
בְּצוּרָה גֶ'נְטְלְמֶנִית (betsura gentlemenit) gentlemanlike

Bei den modernen Fremdwörtern, die ins Hebräische kommen, wird der Konsonant (k) meist mit ק geschrieben. Dieser Konsonant hat im Gegensatz zu KAF/CHAF כ/כּ in jeder Position eines Wortes oder einer Silbe den gleichen Lautwert. Ein (s) in einem hebräischen Fremdwort wird meist mit SAMECH/ס wiedergegeben, so dass für den Laut (sch) das SCHIN/שׁ reserviert ist und sich der diakritische Punkt erübrigt.

# Fürwort
↗ Pronomen

# FURTIVUM
PATACH FURTIVUM פַּתָח גְנוּבָה (patach genuwa). ↗ PATACH

# Futur
עָתִיד ('atid)/*Zukunft*. ↗ Zukunft

g

*Gegenwart*

↗ CHIRIK ↗ KAMATS

גֵּרְשַׁיִם (gerschajim)/*Anführungszeichen*. ↗ Anführungszeichen

כְּתִיבָה גָּסָה (ketiwa gasa)/*große Schrift, Druckschrift*. ↗ Schrift

הוֹוֶה (howe)/*Präsens*. Das Tempus der Gegenwart wird in verschiedenen Funktionen verwendet: zum Ausdruck von eben sich abspielenden Vorgängen und Ereignissen: "Wir lernen die Vokabeln"; allgemeingültigen, nicht zeitgebundenen Sachverhalten: "Gut Ding will Weile haben" oder für zukünftige Ereignisse: "Wir gehen heute Abend ins Theater".
Im Hebräischen gibt es für diese Zeitstufe keine analogen Personalformen wie für die Zeitstufen Vergangenheit und Zukunft:

**GADOL**

**Gänsefüßchen**

**GASA**

**Gegenwart**

→ Zeiten
→ Partizip

Vergangenheit mit Personalsuffixen:     כָּתַבְ תִּי    (kataw *ti*)
Zukunft mit Personalpräfixen:     אֶ כְתֹב    ('*e* chtow)

Die Verbformen des Präsens werden gebildet mit Hilfe des Partizips (Mittelwort) Aktiv: בֵּינוֹנִי פּוֹעֵל (beinoni po'el):

| | | |
|---|---|---|
| לִפְעוֹל (lif'ol) | handeln | ⇨ |
| לִלְמוֹד (lilmod) | lernen | ⇨ |
| לִכְתּוֹב (lichtow) | schreiben | ⇨ |

פּוֹעֵל
לוֹמֵד
כּוֹתֵב

Die Verbform Partizip ist nicht "bestimmt", es ist eine "infinite" Verbform. Daran sind also weder Person, Zahl noch Geschlecht ablesbar. Um als finite Verbform tauglich zu sein, bekommt dieses Partizip die grammatikalischen Marker des Substantivs, nämlich die Endungen für maskulin/feminin (Ge-nus, Geschlecht) und für Singular/Plural (Numerus, Zahl). Die Information für Geschlecht und Zahl ist im Hebräischen in einem einzigen Morphem enthalten:

→ unbestimmt

     Singular maskulin (ohne Endung)

ים     Plural maskulin

ת     Singular feminin
(auch Femininumformen auf ה‎ָ)

וֹת     Plural feminin

| Singular | Plural |
|---|---|
| כּוֹתֵב (kotew) | כּוֹתְבִים (kotwim) |
| כּוֹתֶבֶת (kotewet) | כּוֹתְבוֹת (kotwot) |

## Gematrie

Zur Definition der Person werden die Personalpronomen hinzugefügt:

| | | |
|---|---|---|
| אֲנִי כּוֹתֵב | ('ani kotew) | ich schreibe |
| אַתָּה כּוֹתֵב | ('ata kotew) | du schreibst (m) |
| אַתְּ כּוֹתֶבֶת | ('at kotewet) | du schreibst (f) |
| הוּא כּוֹתֵב | (hu kotew) | er schreibt |
| הִיא כּוֹתֶבֶת | (hi kotewet) | sie schreibt |
| אֲנַחְנוּ כּוֹתְבִים | ('anachnu kotwim) | wir schreiben |
| אַתֶּם כּוֹתְבִים | ('atem kotwim) | ihr schreibt (m) |
| אַתֶּן כּוֹתְבוֹת | ('aten kotwot) | ihr schreibt (f) |
| הֵם כּוֹתְבִים | (hem kotwim) | sie schreiben (m) |
| הֵן כּוֹתְבוֹת | (hen kotwot) | sie schreiben (f) |

√ הוֶוה (howe)/*Präsens* aus [היה] לִהְיוֹת (lihjot)/*sein*. Die Verbform הוֶוה ist das Präsenspartizip (Aktivpartizip).

## Gematrie

גִימַטְרִיָה (gimatrija), Deutung von Wörtern mit Hilfe des Zahlenwertes ihrer Buchstaben, besonders in der Kabbala. Das Studium der Zahlensymbolik wird seit dem 2. Jh. unserer Zeitrechnung betrieben. Jedem hebräischen Konsonanten ist ein bestimmter Zahlenwert zugeordnet. Die Zahl Null ist dabei nicht vertreten, da die hebräischen Buchstaben schon existiert haben, bevor die Inder eine Vorstellung von Null entwickelt haben. Der Konsonant 'ALEF z.B. kann als aus drei Buchstabenelementen zusammengesetzt angesehen werden: zwei JOD und ein WAW, das etwas geneigt ist. Der Zahlenwert dieser Einzelbestandteile ist: JOD = 10, WAW = 6. Die Summe daraus ergibt: 10 + 6 + 10 = 26. Das ist dieselbe Summe wie die aus den Konsonanten des Gottesnamens JOD HEI WAW HEI: 10 + 5 + 6 + 5 = 26.

→ Zahlen

## Gemination

→ Konsonant
→ DAGESCH

Konsonantenverdoppelung. Im Hebräischen gibt es keine Gemination wie z.B. im Deutschen. Der Rest einer Konsonantenverdoppelung ist das DAGESCH CHASAK im mittleren Wurzelkonsonanten der BINJANIM DAGUSCHIM (PI'EL, PU'AL, HITPA'EL). Es ist Zeichen dafür, dass hier eine sprachgeschichtlich bedingte, latente Doppelkonsonanz vorliegt:

| PI'EL | [דבר] | לְדַבֵּר | (ledaber) | sprechen |
|---|---|---|---|---|
| | | דִבֵּר | (di*b*er) | GUF SCHLISCHI des PI'EL |

Das Muster:   3 2 1 → 3 2 1

Auch der fehlende erste Wurzelkonsonant NUN bei den Verben der Klasse PEI"NUN hinterlässt ein DAGESCH im darauffolgenden Konsonanten: das NUN ist in einem Zwischenstadium seiner Entwicklung zunächst an den darauffolgenden Konsonanten assimiliert worden, so dass Doppelkonsonanz bestand:

| [נפל] | Aktivpartizip: | נוֹפֵל | (nofel) | fallend |
| | Futur: | יִפֹּל | (jipol) | er wird fallen |

*Genitiv* 83

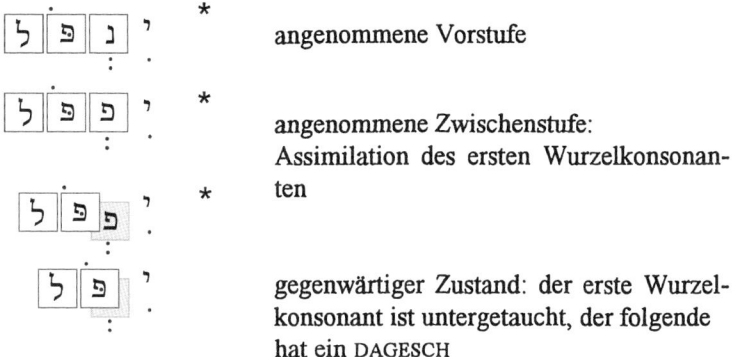

* angenommene Vorstufe

* angenommene Zwischenstufe: Assimilation des ersten Wurzelkonsonanten

* gegenwärtiger Zustand: der erste Wurzelkonsonant ist untergetaucht, der folgende hat ein DAGESCH

Die erste Silbe gilt in diesem Fall als geschlossen:

In bestimmten Wortformen, bei denen zwei gleiche Konsonanten aufeinander folgen, z.B. bei den Verben der schwachen Klasse ʿAJIN‴AJIN oder bei der Verbklasse mit einer "hohlen" Wurzel, handelt es sich nicht um Konsonantenverdoppelung:

| ʿAJIN‴AJIN | [כלל] | כָּלַל | enthalten sein |
| ʿAJIN‴WAW/ "hohle" Wurzel | [זוז] | זָז | bewegen |

יַחֲסַת שֶׁל (jachasat schel), יַחֲסַת הַקִּנְיָן (jachasat hakinjan), zweiter Fall in der Grammatik des Deutschen auf die Frage "wessen?": das Buch *des Lehrers*. Grammatikalisch ist der Genitiv in diesem Beispiel ein Attribut zu dem Substantiv "das Buch". Attribut heißt "Beifügung" und ist die nähere Bestimmung, die einem Substantiv, einem Adjektiv oder einem Adverb "beigefügt" ist. Das Attribut und das Wort, dem es beigefügt ist, bilden zusammen einen Satzteil. Ein substantivisches Attribut im Genitiv heißt Genetivattribut:

## Genitiv

das Buch *des Lehrers* ist neu
       *Genitivattribut*

Der Genitiv-Marker im Hebräischen ist שֶׁל (schel):

הַסֵּפֶר שֶׁל הַמּוֹרֶה (hasefer schel hamore)     das Buch *des Lehrers*

Im Deutschen haben wir die Möglichkeit, diese beiden Substantive zusammenzusetzen, so dass ein neuer Ausdruck entsteht. Er wird grammatikalisch behandelt wie ein einziges Wort: das Buch *des Lehrers* ⇨ das *Lehrer*buch. Der Hauptbestandteil des neuen Begriffs ist der zweite Teil, der differenzierende Bestandteil ist der erste Teil des Begriffs. Grammatikalisch relevant ist der zweite Bestandteil: das Lehrerbuch, des Lehrerbuchs, die Lehrer-

→ STATUS

bücher etc. Eine ähnliche Möglichkeit hat das Hebräische mit dem סְמִיכוּת (smichut):

רְשִׁימַת־מִלִים  (reschimat-milim)   Wörter + verzeichnis

Der neu entstandene Begriff wird nicht zusammengeschrieben. Bei einer Zusammensetzung stehen alle Bestandteile außer dem letzten im STATUS CONSTRUCTUS.

→ STATUS

Im Deutschen ist ein Substantiv im Genitiv, wenn es direkt vom Verb abhängig ist, Genitivobjekt: *seiner Wege* gehen, *seines Lebens* froh werden. Im Hebräischen gibt es kein Genitivobjekt. Es gibt kein Verb, das mit שֶׁל angeschlossen wird.

√

יַחַסת שֶׁל (jachasat schel), יַחַסת הַקִּנְיָן (jachasat hakinjan)/*zweiter Fall, Genitiv*. יַחַסת aus [יחס] לְיַחֵס (lejaches)/*zuordnen*, daraus das Substantiv יַחָסה (jachasa)/*Fall, Kasus*. יַחַסת (jachasat) ist STATUS CONSTRUCTUS.
יַחַסת הַקִּנְיָן (jachasat hakinjan)/*zweiter Fall, Genitiv*. קִנְיָן (kinjan)/*Eigentum* aus [קנה] לִקְנוֹת (liknot)/*kaufen, besitzen*.
סְמִיכוּת (smichut)/*Genitiv, Dichtheit, Assoziation* aus [סמך] לִסְמוֹךְ (lismoch)/*stützen*.

# Genus
מִין (min)/*Geschlecht*. ↗ Geschlecht

# Genus verbi
↗ Aktiv ↗ Passiv

# GENUWA
פַּתָח גְּנוּבָה (patach genuwa)/*gestohlenes PATACH*. ↗ PATACH

# GERESCH
גֶּרֶשׁ. ↗ Auslassungszeichen

# GERSCHAJIM
גֵּרְשַׁיִם. ↗ Anführungszeichen

# Gerundium
↗ Verbalsubstantiv

# Geschlecht
מִין (min)/*Genus*, grammatikalische Kategorie für Substantive, Adjektive, Zahlwörter, Verben, im Hebräischen auch für Personalsuffixe. Die europäischen Sprachen kennen drei Geschlechter:

| | | | | | |
|---|---|---|---|---|---|
| זָכָר | (sachar) | מַסְקוּלִין | (maskulin) | maskulin |
| נְקֵבָה | (nekewa) | פֶמִינִין | (feminin) | feminin |
| סְתָמִי | (stami) | נֵאוּטֶר | (neuter) | neutrum |

Die Kategorie מִין סְתָמִי (min stami)/*Neutrum* kommt im Hebräischen nicht vor. In einigen Fällen entspricht das grammatikalische Geschlecht nicht dem natürlichen. Meist sind die Namen von Elementen (Erde, Stein), paarig angelegten Körperorganen (Hand, Beine), Utensilien, etc. feminin, auch wenn sie keine Feminin-Endung haben. Auch Länder, Kontinente und Städte sind feminin. Viele feminine Substantive enden im Singular auf ָה oder ת, im Plural auf וֹת ־ :

| Singular feminin | (a + ה) | מוֹרָה | (mora) | Lehrerin | → Verbalsub- |
| | (e + ת) | דֶּלֶת | (delet) | Tür | stantiv |
| Plural feminin | (-ot) | יְלָדוֹת | (jeladot) | Mädchen | |

Die maskulinen Substantive haben im Singular meist keine Endung, im Plural ים (-im). Die DUAL-Endung ist für Substantive beider Geschlechter:

$$\text{םִיַ}^{*} \text{ (-ajim)}$$

Adjektive und Verben, die sich auf ein Substantiv beziehen, richten sich nach diesem in Person, Zahl (Numerus) und Geschlecht (Genus). Bezieht sich ein Adjektiv oder ein Verb auf zwei oder mehrere Substantive verschiedenen Geschlechts, so haben sie die Form des Plural maskulin:

דָן וְחַיָה הֵם חַבֵרִים    (dan wechaja hem chaverim)
*Dan und Chaja (feminin) sind Freunde*

Das Hebräische hat nur *einen* Artikel für die beiden Geschlechter und die beiden Numeri, das ה' הַיְדִיעָה (hei hajedi'a)/*HEI des Bekanntseins*. Es wird als Partikel vor dasjenige Wort geschaltet, das es bestimmt. Meist ist das HEI mit PATACH vokalisiert. Manche Personalpronomen stehen für maskulin und feminin, z.B.:

→ Artikel

1. Person Singular:     אֲנִי     ('ani)      ich
1. Person Plural:       אֲנַחְנוּ  ('anachnu)  wir

Auch die dritte Person der Vergangenheit: אָמְרוּ (amru)/*sie haben gesagt* hat nur eine Verbform für feminin und maskulin.

→ Substantiv

מִין (min)/*Art, Geschlecht*. Daraus [מין] לְמַיֵּן (lemajen)/*sortieren* PI'EL.
זָכָר (sachar)/*maskulin, männlich* aus [זכר] לְזַכֵּר (lesaker)/*als Maskulinum gebrauchen* (Grammatik) PI'EL.
נְקֵבָה (nekewa)/*feminin, weiblich* [נקב] לְנַקֵּב (lenakew)/*als Femininum gebrauchen* (Grammatik) PI'EL.
סְתָמִי (stami)/*neutrum, sächlich* [סתמ] לִסְתּוֹם (listom)/*sich allgemein, ungenau ausdrücken*.

√

גִיכַּק, die Konsonantengruppe der Palatale. Diese werden im Bereich des harten Gaumens artikuliert: *ich, Küche,* im Gegensatz zu *Kuchen*, das zwar gleich geschrieben, aber im Gaumen weiter hinten artikuliert wird.

## GICHAK
→ Buchstabengruppen

## GIMEL

| modern-hebr. | ⇐ aramäisch ca. 450 | ⇐ *phönizisch* ⇒ ca. 1100 v.u.Z. | klass.gr. ca. 500 | ⇒ lateinisch |

גִימֶל ist der dritte Buchstabe des hebräischen Alphabets und bedeutet: Kamel. Der Konsonant GIMEL hat den Zahlenwert drei. Im Hebräischen und in anderen semitischen Sprachen ist zuweilen GIMEL mit KAF und KUF getauscht. Der Laut wird im Bereich des harten Gaumens artikuliert. Er gehört zur Buchstabengruppe GICHAK (Palatale) und BEGADKEFAT, die je nach Position im Wort oder der Silbe als Verschlußlaute bzw. Reibelaute ausgesprochen werden.

## GIŞRA

גִּזְרָה (gişra)/*Gestalt, Schnitt*, Plural: גְּזָרוֹת (gşarot). Die hebräischen Verben werden unterteilt in regelmäßige/starke Verben und unregelmäßige/schwache Verben. Die verschiedenen Verbgruppen werden als גְּזָרוֹת (gşarot)/ *Formgruppen* bezeichnet. In den verschiedenen Verbtabellen werden regelmäßige und unregelmäßige Verben nach ihren gemeinsamen Merkmalen zusammengefaßt und aufgelistet.
GIŞRA MEJUCHEDET ↗ Verb: Das Verbsystem
GIŞRAT HAKFULIM ↗ 'AJIN"'AJIN- Verben
GIŞRAT HASCHLEMIM ↗ Verb: Das Verbsystem

√ גִּזְרָה (gişra)/*Gestalt, Schnitt* aus [גזר] לִגְזוֹר (ligşor)/*schneiden*. In der Grammatik hat es auch die Bedeutung *ableiten*.

## Glottal
↗ Kehllaut

## GOREM
בִּנְיָן גּוֹרֵם (binjan gorem)/*veranlassendes BINJAN*. ↗ HIF'IL

## Grammatik
דִּקְדּוּק (dikduk), auch: גְרֶמֶר (engl.). Die Grammatik ist in drei Teilbereiche unterteilt:

| | | |
|---|---|---|
| תּוֹרַת הַהִגּוּי | (torat hahigui) | Lautlehre |
| פוֹנֶטִיקָה | (fonetika) | |
| תּוֹרַת הַצּוּרוֹת | (torat hatsurot) | Formenlehre |
| מוֹרְפוֹלוֹגְיָה | (morfologja) | |
| תַּחְבִּיר | (tachbir) | Satzbau, Syntax |
| סִינְטַכְּסִיס | (sintaksis) | |

√ דִּקְדּוּק *Grammatik* aus [דיק] לְדַיֵּק (ledajek)/*genau sein, es genau nehmen*. Aus der Wurzel wurde eine PILPEL-Form gebildet, die im PI'EL konjugiert wird. Das Verbalsubstantiv daraus ist das Wort דִּקְדּוּק.
תּוֹרַת הַהִגּוּי (torat hahigui)/*Lautlehre*. תּוֹרָה (tora)/*Lehre* aus [ירה] לְהוֹרוֹת (lehorot)/*lehren, anleiten* HIF'IL. Die Form תּוֹרַת (torat) ist STATUS CONSTRUCTUS. הַגּוּי: הָגָה (hege) aus [הגה] לַהֲגוֹת (lahagot)/*aussprechen*.
תּוֹרַת הַצּוּרוֹת (torat hatsurot)/*Formenlehre, Morphologie*. צוּרָה (tsura)/*Form, Aussehen* aus [צור] לָצוּר (latsur)/*formen, Form geben*.
תַּחְבִּיר (tachbir)/*Lehre vom Satzbau, Syntax* aus [חבר] לְחַבֵּר (lechaber)/*verbinden* PI'EL.
פוֹנֶטִיקָה (fonetika)/*Lautlehre*, מוֹרְפוֹלוֹגְיָה (morfologja)/*Formenlehre, Morphologie*, סִינְטַכְּסִיס (sintaksis)/*Satzbau, Syntax* sind Fremdwörter.

## GRONIT
גְּרוֹנִי (groni), גְּרוֹנִית (gronit)/*in der Kehle artikuliert*. ↗ Kehllaut

שֵׁם הַפֹּעַל (schem hapo'al), מָקוֹר (makor)/*Infinitiv, Nennform.*
↗ Infinitiv

# Grundform

בִּנְיָן יְסוֹדִי (binjan jesodi)/*Grundstamm*, PA'AL, KAL. ↗ PA'AL

# Grundstamm

עֶרֶךְ הַפְּשִׁיטוּת ('erech hapeschitut)/*Positiv, Grundstufe.* ↗ Steigerung

# Grundstufe

גּוּף (guf)/*Person*, eine Kategorie des Verbs zur Kennzeichnung der finiten Formen in Singular und Plural:

# GUF

|  | | |
|---|---|---|
| 1. Person | גּוּף רִאשׁוֹן | (guf rischon) |
| 2. Person | גּוּף שֵׁנִי | (guf scheini) |
| 3. Person | גּוּף שְׁלִישִׁי | (guf schlischi) |

Oder:
| | | | |
|---|---|---|---|
| 1. Person | Sprecher: | מְדַבֵּר | (medaber) |
| 2. Person | Angesprochener: | נוֹכֵחַ | (nocheach) |
| 3. Person | Verborgener: | נִסְתָּר | (nistar) |

Diese Bezeichnungen ermöglichen eine genauere Definition:

Erste Person:
| | | |
|---|---|---|
| מְדַבֵּר | (medaber) | Singular maskulin |
| מְדַבֶּרֶת | (medaberet) | Singular feminin |
| מְדַבְּרִים | (medabrim) | Plural maskulin |
| מְדַבְּרוֹת | (medabrot) | Plural feminin |

Zweite Person:
| | | |
|---|---|---|
| נוֹכֵחַ | (nocheach) | Singular maskulin |
| נוֹכַחַת | (nochachat) | Singular feminin |
| נוֹכְחִים | (nochechim) | Plural maskulin |
| נוֹכְחוֹת | (nochechot) | Plural feminin |

Dritte Person:
| | | |
|---|---|---|
| נִסְתָּר | (nistar) | Singular maskulin |
| נִסְתֶּרֶת | (nisteret) | Singular feminin |
| נִסְתָּרִים | (nistarim) | Plural maskulin |
| נִסְתָּרוֹת | (nistarot) | Plural feminin |

GUF SCHLISCHI
גּוּף שְׁלִישִׁי (guf schlischi)/*dritte Person*. Die Verbform GUF SCHLISCHI des PA'AL enthält die drei Wurzelkonsonanten eines Verbs ohne weitere morphologische Zusätze. Unter dieser Form ist ein Verb im hebräisch-deutschen Wörterbuch zu suchen.

גּוּף (guf)/*Person* aus [גוף] לָגוּף (laguf)/*schließen*.
מְדַבֵּר (medaber)/*Sprecher* aus [דבר] לְדַבֵּר (ledaber)/*sprechen* PI'EL.
נוֹכֵחַ (nocheach)/*der Anwesende, Angesprochene* aus [נכח] לִנְכּוֹחַ (linkoach)/ *anwesend sein*.
נִסְתָּר (nistar)/*verborgen* aus [סתר] לְהִסָּתֵר (lehisater)/*verborgen sein* NIF'AL. Das Verb wird in dieser Bedeutung im NIF'AL konjugiert.

# √

↗ Kehllaut

# Guttural

h

| | |
|---|---|
| הֲכִי ↗ Steigerung | **HACHI** |
| הַדְרָגָה/*Stufung, allmählicher Übergang*. ↗ Steigerung<br>HADRAGAT HATO'AR הַדְרָגַת הַתּוֹאָר/*Steigerung des Adjektivs*.<br>↗ Steigerung | **HADRAGA** |
| עֶרֶךְ הַהַפְלָגָה ('erech hahaflaga)/*Höchststufe, Superlativ*. ↗ Steigerung | **HAFLAGA** |
| הַאִם. ↗ Fragesatz | **HA'IM** |
| עֶרֶךְ הַיִתְרוֹן ('erech hajitron)/*Komparativ, Vergleichsstufe*.<br>↗ Steigerung | **HAJITRON** |
| PE'ALIM HAKEFULIM פְּעָלִים הַכְּפוּלִים ↗ 'AJIN'''AJIN-Verben | **HAKFULIM** |

## Halbvokal

Ein Vokal, der nicht silbenbildend ist. Eine Silbe besteht mindestens aus einem Konsonanten und einem Vokal: מֶלֶךְ (me - lech)/*König*. Die erste Silbe dieses Wortes besteht aus dem Konsonanten MEM + dem Vokal SEGOL. Die Silbe ist offen, sie endet auf einen Vokal. Im Gegensatz zum SCHWA NACH, dem ruhenden SCHWA, das absolute Vokallosigkeit anzeigt, hört man beim SCHWA NA, dem beweglichen SCHWA, ein ganz schwaches, sehr kurzes (e): מְלָכִים (mela - chim)/*Könige*. Dieses SCHWA NA alleine kann keine Silbe bilden, es lehnt sich deshalb an die folgende an. Halbvokale sind auch die CHATUFOT, d.h. diejenigen Konsonanten, die mit CHATAF PATACH, CHATAF SEGOL oder CHATAF KAMATS vokalisiert sind. Diese Vokale sind sehr kurz und stehen nur unter Kehllauten. Ein Kehllaut kann kein SCHWA haben, da er ohne Vokal nicht artikulierbar ist.

→ Silbe

→ SCHWA

| einfaches SCHWA | אְ | | |
|---|---|---|---|
| zusammengesetztes SCHWA | אֲ | חֲטַף פַּתָּח | CHATAF PATACH |
| | אֱ | חֱטַף סֶגוֹל | CHATAF SEGOL |
| | אֳ | חֳטַף קָמַץ | CHATAF KAMATS |

Diese Halbvokale stehen immer unter einem Konsonanten am Wort- oder Silbenbeginn. Die Konsonanten ע und ח sind meist mit חֲטַף פַּתָּח/CHATAF PATACH vokalisiert, das א meist mit חֲטַף סֶגוֹל/CHATAF SEGOL:

| עֲבוֹדָה | ('awoda) | Arbeit |
|---|---|---|
| חֲטָף | (chataf) | Halbvokal |
| אֶכְתֹּב | ('echtow) | ich werde schreiben |

Am Silbenende steht unter den Kehllauten ein SCHWA NACH (ruhendes SCHWA):

| שָׁלַחְתִּי | (schalachti) | ich habe geschickt |
|---|---|---|
| שָׁמַעְתִּי | (schamati) | ich habe gehört |
| שָׁמַע | (schama) | er hat gehört |

שְׁוָא (schwa) aus dem Syrischen שְׁוַיָא (schwaja)/*die sieben Punkte*, literarisch: *gleich*. חֲטָף (chataf)/*Halbvokal* aus [חטף] לַחְטוֹף (lachtof)/*entreißen*.

**HAMGAMA** הָא־הַמְגַמָה/*HEI der Richtung, HEI des Ziels*. ⬈ HEI: HEI der Richtung

**Handlung** ⬈ Zeiten

**Hapaxlegomenon** Ein Wort (bzw. eine Wortform), das in einer nicht mehr gesprochenen Sprache nur ein einziges Mal belegt ist. Von den ca. 8000 Wörtern der Bibel sind ca. 2000 Hapaxlegomena: גָּלְמִי (Psalmen 139,16): der Golem. Darunter fallen im Fall der Bibel auch Verbformen, die nur einmal vorkommen. Da eine Hapaxform nur in einem einzigen Kontext vorkommt, ist die genaue Definition ihrer Bedeutung zuweilen erschwert.

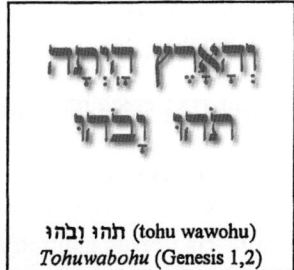

תֹהוּ וָבֹהוּ (tohu wawohu)
*Tohuwabohu* (Genesis 1,2)

**HAPESCHITUT** עֶרֶךְ הַפְּשִׁיטוּת ('erech hapeschitut)/*Grundstufe, Positiv*.
⬈ Steigerung

**harter Stimmeinsatz** Bei der Artikulation eines isolierten Vokals oder eines Vokals am Wort- bzw. Silbenbeginn entsteht ein harter Stimmeinsatz: 'a 'e 'i 'o 'u, '*E*hre, be'*e*hren. Es handelt sich dabei um zwei artikulatorische Einheiten, den harten Stimmeinsatz plus den darauffolgenden Vokal: '+ a. Wenn ein Konsonant vorangeht, wird er mit dem folgenden Vokal verbunden: ma/me/mi/mo/mu. Hier ist kein harter Stimmeinsatz hörbar: ne*h*men, aber: be'*e*hren, *M*aus, aber: be'*a*uftragen.
Die semitischen Sprachen haben im Gegensatz zu den indoeuropäischen Sprachen eigene Buchstabenzeichen für den harten Stimmeinsatz. Im Hebräischen stehen dafür die Konsonanten 'ALEF und 'AJIN, die sich in ihrer akustischen Qualität nicht mehr unterscheiden. Da dieser harte Stimmansatz im Hebräischen ein vollwertiger Konsonant ist, kann er auch vokalisiert werden:

עַ עֶ עֵ עָ    אַ אֶ אֵ אָ

Ein Konsonant, der einen harten Stimmeinsatz bezeichnet, kann nicht verdoppelt werden, weil die Verdoppelung eines Kehllautes nicht artikulierbar ist. Folglich wird in einen solchen Kehllaut nie ein DAGESCH geschrieben.

**HASCHEMA** דֶּרֶךְ הַשְׁמָא (derech haschema)/*Konjunktiv*. ⬈ Konjunktiv

**HASCHWA'A** מִשְׁפָּט הַשְׁוָאָה (mischpat haschwa'a)/*Vergleichssatz, Komparativsatz*. ⬈ Vergleichssatz

**HATACHLIT** לָמֶד הַתַּכְלִית (lamed hatachlit)/*LAMED des Ziels, Infinitiv-LAMED*.
⬈ LAMED.

מִשְׁפָּט הַתַּכְלִית (mischpat hatachlit)/*Final-, Absichtssatz*. ⬈ Finalsatz

**HAT'AMA** הַטְעָמָה (hat'ama)/*Betonung*. ⬈ Betonung

מִשְׁפָּט עִקָרִי (mischpat 'ikari). ↗ Satz → **Hauptsatz**

↗ Betonung → **Hauptton**

הֲבָרָה (hawara)/*Silbe*. ↗ Silbe → **HAWARA**

הֶגֵה גְרוֹנִי (hege groni)/*Kehllaut*. ↗ Kehllaut → **HEGE**

**HEI**

| modern-hebr. | ⇦ hebr. ca. 200 | ⇦ aram. ca. 200 | ⇦ **phönizisch** ⇨ ca. 1100 v.u.Z. | griech. ⇨ ca. 600 | griech. ⇨ ca. 500 | lateinisch |

| Allgemeines | Übersicht |
|---|---|
| HEI als MATER LECTIONIS | |
| HEI als Femininumzeichen | HEI als Kollektivsuffix |
| HEI mit MAPIK | HEI der Frage |
| HEI als dritter Wurzelkonsonant | HEI der Richtung |
| HEI am Substantiv als Possessiv-Marker | HEI des Bekanntseins |
| HEI am Verb als Objektspronomen | HEI im Relativsatz |
| HEI beim Futur und Imperativ | Andere |

– *Allgemeines*

הֵא ist der fünfte Konsonant des hebräischen Alphabets mit dem Zahlenwert fünf. Die Etymologie dieser Bezeichnung ist ungewiss. Das HEI gehört zur Gruppe der Kehllaute (Gutturale) א ה ח ע ('AHACH'A) und zur Gruppe MOSCHE WEKELEW ('OTIOT HASCHIMUSCH): משב וכלב.  → Kehllaute

HEI ist in den semitischen Sprachen gelegentlich mit anderen Kehllauten getauscht: ה/א, ה/ח. Das hebräische BINJAN HIF'IL z.B. entspricht dem aramäischen BINJAN 'AF'EL: הִפְעִיל/אַפְעֵל. Bei den Verben der Klasse ע"ו alterniert ה mit ו: → 'OTIOT HASCHIMUSCH

[כון] ⇨ כהן (kohen) Priester
[קול] ⇨ קהל (kahal) Versammlung

– *HEI als MATER LECTIONIS*

HEI gehört zu der Gruppe 'AHOI, die als MATER LECTIONIS (Lesehilfe) dienen können: אהוי. In dieser Funktion steht HEI am Ende des Wortes, meist nach einem Konsonanten mit KAMATS: הָ. → Lesehilfen → 'AHOI

– *HEI als Femininumzeichen*

HEI ist das häufigste Zeichen für Femininum bei Substantiven und Adjektiven:

תְּנוּעָה (tenu'a) Bewegung (feminin)
גָּדוֹל/גְּדוֹלָה (gadol)/(gdola) groß (maskulin/feminin)

הָ

Die Form des STATUS CONSTRUCTUS, die Wortform vor der Endung des DUAL und vor Pronominalsuffixen endet auf TAW statt auf HEI, der vorhergehende Konsonant wird mit PATACH, nicht mit KAMATS vokalisiert. Die gleiche Erscheinung zeigt sich im Aramäischen und im Arabischen:

|  |  |  |  |
|---|---|---|---|
| Substantiv | עֲבוֹדָה | ('awoda) | Arbeit |
|  | עֲבוֹדַת יָד | ('awodat jad) | Handarbeit |
| DUAL | שָׁנָה | (schana) | ein Jahr |
|  | שְׁנָתַיִם | (schnatajim) | zwei Jahre |
| Verb | שָׁאֲלָה | (scha'ala) | sie hat gefragt |
|  | שְׁאָלַתְנוּ | (sche'alatnu) | sie hat uns gefragt |

Das Femininum-HEI wird in bestimmten Fällen durch TAW ersetzt:

- in der Form des STATUS CONSTRUCTUS: רְשִׁימָה (reschima)/*Liste* ⇨ רְשִׁימַת שִׁינְדְלֶר (reschimat schindler)/*Schindlers Liste,*
- beim DUAL wird die charakteristische DUAL-Endung an die Form des STATUS CONSTRUCTUS angeschlossen: שָׁנָה (schana)/*Jahr* שְׁנָתַיִם ⇨ (schnatajim)/*zwei Jahre,*
- beim Objektspronomen: שָׁאֲלָה (scha'ala)/*sie hat gefragt,* aber: שְׁאָלַתְנוּ (sche'alatnu)/*sie hat uns gefragt.*

— *HEI mit MAPIK*

HEI mit MAPIK steht ausschließlich am Ende eines Wortes. Es gibt drei Möglichkeiten:

- HEI als dritter Wurzelkonsonant

Verben mit HEI in Position drei können starke, regelmäßige oder schwache, unregelmäßige Verben sein. Sind es schwache Verben, so flektieren sie wie die Verben LAMED"HEI. Sind es starke Verben, dann gehören sie zur Verbklasse LAMED GRONIT, die einen Kehllaut in dritter Position haben. Bei diesen Verben wird in bestimmten Verbformen das PATACH **vor** dem Konsonanten artikuliert (PATACH GENUWA/*gestohlenes PATACH*). Davon gibt es im Hebräischen nur ganz wenige. Um sie von den Verben der schwachen Gruppe LAMED"HEI unterscheiden zu können, wird in dieses HEI ein MAPIK geschrieben.

→ LAMED"HEI
→ LAMED GRONIT
→ PATACH

→ MAPIK

| | | | |
|---|---|---|---|
| [תמה] | לִתְמוֹהַּ | (litmoha) | staunen |
| [גבה] | לִגְבּוֹהַּ | (ligboha) | hoch sein |
| [כמה] | לִכְמוֹהַּ | (lichmoha) | sich sehnen |
| [נגה] | לִנְגּוֹהַּ | (lingoha) | strahlen |

In den Verbtabellen sind diese Wurzeln charakterisiert als: Verbklasse LAMED GRONIT Untergruppe HEI KAJEMET, d.h. bleibendes HEI. Die Wurzel [גבה] z.B. kommt im Hebräischen zweimal vor mit zwei verschiedenen Bedeutungen:

| | | | |
|---|---|---|---|
| LAMED GRONIT (stark) | [גבה] | לִגְבּוֹהַּ | (ligboha) | hoch sein |
| LAMED"HEI (schwach) | [גבה] | לִגְבּוֹת | (ligbot) | einkassieren |

- HEI am Substantiv als Possessiv-Marker

Ein Personalsuffix am Substantiv drückt ein Besitzverhältnis aus. Das Substantiv ist dann dekliniert. Die feminine Form des Personalsuffixes z.B. endet auf HEI. Um diese Form von der Femininform des Substantivs zu unterscheiden, hat das HEI als Personalsuffix ein MAPIK:

→ Deklination

| | | | |
|---|---|---|---|
| HEI ist Femininum-Marker: | תַּלְמִידָה | (talmida) | eine Schülerin |
| HEI ist Personalsuffix: | תַּלְמִידָהּ | (talmida) | ihr Schüler |

- HEI am Verb als Objektspronomen

Das Personalsuffix an einer finiten Verbform, d.h. an der Personalform eines Verbs, ist direktes Objekt (Akkusativobjekt). Es hat die Funktion eines Objektspronomens. Auch hier kann das Objektspronomen des Femininums im Singular mit einer einfachen Femininumendung verwechselt werden. HEI in der Funktion als Objektspronomen bekommt deshalb ein MAPIK:

| | | | |
|---|---|---|---|
| | שָׁאַל | (scha'al) | er hat gefragt |
| HEI ist Femininum-Marker: | שָׁאֲלָה | (scha'ala) | sie hat gefragt |
| HEI ist Objektspronomen: | שְׁאָלָהּ | (sche'ala) | er hat *sie* gefragt |

— *HEI beim Futur und Imperativ*

Das biblische Hebräisch hat Futur- und Imperativformen mit einem Suffix HEI. Im biblischen Hebräisch existierte noch eine Nebenform des Futurs mit dem Suffix ה ָ , das deshalb als עָתִיד מָאֳרָךְ ('atid mo'orach)/*gedehntes Futur* bezeichnet wird. Es hat die Bedeutung von *lasst uns gehen*: נֵלְכָה (nelcha). Die gleiche Endung kann an den Imperativ der zweiten Person maskulin treten: הַגִּידָה (hagida)/*sag*.

— *HEI als Kollektivsuffix*

HEI kann an ein Substantiv angefügt werden und verändert dessen Sinn, so dass das Substantiv die Bedeutung eines Kollektivums erhält:

| | | |
|---|---|---|
| גּוֹלָה | (gola) | das Exil allgemein (Kollektiv) |
| דָּגָה | (daga) | Fisch (allgemein als Speise) |

— *HEI der Frage*

הָא הַשְּׁאֵלָה (hei hasch'ela). Um einen Fragesatz zu bilden (direkte Frage), kann ein HEI an das erste Wort des Satzes als Präfix angefügt werden. Dabei kann das Trägerwort Substantiv, Verb oder Partikel sein. Dieses Präfix hat die gleiche Funktion wie in den europäischen Sprachen das Fragewort. Das HEI HASCHE'ELA heißt nichts und ist somit vergleichbar dem französischen "est-ce que". Der Konsonant, der auf HEI folgt, hat kein DAGESCH. HEI HASCHE'ELA kann im Fragesatz auf zwei Arten verwendet werden:

- HEI HASCHE'ELA + das Wort אִם ('im):
  הַאִם הִיא תָּבוֹא? (ha'im hi tawo)/*wird sie kommen?*
- allein (mehr literarisch)
  הֲשָׁמַעְתָּ? (haschamata)/*hast du gehört?*

Im Umgangshebräischen wird häufig der Aussagesatz zum Fragesatz durch

→ Fragesatz

Anheben der Stimme am Satzende. HEI der Frage wird folgendermaßen vokalisiert:

| הֲ | normalerweise mit CHATAF PATACH vor einem Konsonanten, der kein Kehllaut ist und der einen vollen Vokal nach sich hat, |
|---|---|
| הַ | vor allen Konsonanten (auch Kehllauten), die ein SCHWA NA (SCHWA MOBILE) haben (egal ob einfaches oder zusammengesetztes SCHWA), und vor einem Kehllaut, der einen vollen Vokal nach sich hat außer KAMATS und CHATAF KAMATS, |
| הֶ | vor einem Kehllaut mit KAMATS und CHATAF KAMATS. |

— *HEI der Richtung*

הֵא הַמְגַמָה (hei hamgama)/*HEI des Ziels, der Richtung* wird an das Ende eines Substantivs oder eines Ortsnamens angefügt. Der Begriff entspricht einer Richtungsangabe mit der Präposition *nach* im Deutschen. Substantive haben den bestimmten Artikel, Eigennamen wie z.B. der Name אֶרֶץ ('erets) für Israel oder der Stadt Jerusalem haben keinen Artikel. Bei Personen steht das HEI der Richtung nicht. Dieses Endungs-HEI ist niemals betont:

| הַבַּיְתָה | (habaita) | nach Hause | allgemeine Richtung |
| הַחוּצָה | (hachutsa) | hinaus | (mit Artikel) |
| מִזְרָחָה | (misracha) | nach Osten | bestimmter Ort |
| אַרְצָה | ('artsa) | nach Israel | (ohne Artikel) |
| יְרוּשָׁלַיְמָה | (jeruschalajma) | nach Jerusalem | |

Wenn ein Substantiv schon auf HEI endet, wird diese Endung HEI vor dem HEI HAMGAMA zu TAW: חֵיפָה ⇨ חֵיפָתָה (cheifata)/*nach Haifa*. Allerdings ist diese Form literarisch, und es heißt im modernen Hebräisch eher לְחֵיפָה (lecheifa)/*nach Haifa*. Es existieren noch einige Adverbien mit HEI HAMGAMA:

| שָׁמָה | (schama) | dorthin |
| הֵנָה | (hena) | hierher |

— *HEI des Bekanntseins*

ה' הַיְדִיעָה (hei hajedi'a)/*HEI des Bekanntseins* oder auch תָּוִית מְיַדַעַת (tawit mejada'at)/*bestimmter Artikel*. Dieses HEI ist im Hebräischen der bestimmte Artikel. ⇦ Artikel

— *HEI im Relativsatz*

→ Relativsatz

Der Relativsatz מִשְׁפָּט לְוַאי (mischpat lewai) ist ein Nebensatz, der ein Substantiv, eine Gruppe von Substantiven (Nominalgruppe) oder ein Pronomen näher erläutert. Er wird folgendermaßen eingeleitet:

• mit der Relativpartikel אֲשֶׁר ('ascher) oder deren Kurzform שֶׁ־ (sche-). Dies ist der Fall, wenn das Verb des Relativsatzes im Futur oder in der Vergangenheit steht.

- mit der Relativpartikel -ה, wenn der Relativsatz im Präsens steht:
  הַסֵּפֶר הַנִּמְצָא עַל הַשֻּׁלְחָן הוּא מְעַנְיֵן
  (hasefer hanimtsa 'al haschulchan hu me'anjen)
  das Buch, das auf dem Tisch liegt, ist interessant

— *Andere*

| | |
|---|---|
| HEI des Wissens ⬈ Artikel | HEI HAJEDI'A ⬈ Artikel |
| HEI HAMGAMA ⬈ HEI der Richtung | HEI HASCHE'ELA ⬈ HEI der Frage |

*HEI KAJEMET*

הֵא קַיֶּמֶת ist ein HEI in dritter Position der Wurzel, das nicht wie bei den Verben der schwachen Verbklasse ל"ה in bestimmten Verbformen verlorengeht. Die Verben mit HEI KAJEMET sind starke, vollständige Verben mit Kehllaut in Position LAMED HAPO'AL. Sie behalten in sämtlichen Verbformen aller BINJANIM ihren gesamten Konsonantenbestand, zeigen allerdings Abweichungen im Vokalismus wegen des Kehllautes in der Wurzel. Um die Verben dieser Verbklasse von den schwachen Verben ל"ה zu unterscheiden, bekommt das HEI KAJEMET ein MAPIK. Der Kehllaut als dritter Wurzelkonsonant hat ein PATACH, das *vor* dem Kehllaut ausgesprochen wird: gestohlenes PATACH. ⬈ HEI: HEI mit MAPIK, Abschnitt: HEI als dritter Wurzelkonsonant.

→ PATACH

עָתִיד ('atid)/*Zukunft* aus [עתד] לְעַתֵּד (le'ated)/*bereit machen* PI'EL. עָתִיד מֻאֲרָךְ ('atid mo'orach)/*gedehntes Futur*. מֻאֲרָךְ (mo'orach) aus [ערכ] לְהַאֲרִיךְ (leha'arich)/*schätzen, bewerten* HOF'AL.

הֵא הַשְּׁאֵלָה (hei hasche'ela)/*HEI der Frage* aus [שאול] לִשְׁאֹל (lisch'ol)/*fragen*.

הֵא הַמְּגַמָּה (hei hamgama)/*HEI des Ziels, der Richtung*. מְגַמָּה aus מְגַמָּה (megama)/*Richtung, Tendenz*, in der Bibel ein Hapaxlegomenon, die Herkunft ist ungeklärt.

תָּוִית (tawit)/*Zeichen*, aus תָּו (taw)/*Zeichen, Marke*; im Neuhebräischen *Note, musikalisches Zeichen*; daraus entstand im hebräischen Alphabet die Bezeichnung des Buchstabens TAW. תָּוִית מְיֻדַּעַת (tawit mejada'at)/*bestimmter Artikel*: מְיֻדַּעַת aus [ידע] לָדַעַת (lada'at)/*wissen*.

הֵ' הַיְדִיעָה (hei hajedi'a)/*HEI des Bekanntseins*: יְדִיעָה (jedi'a)/*Wissen* ist Verbalsubstantiv aus [ידע] לָדַעַת (lada'at)/*wissen*.

מִשְׁפָּט לְוַאי (mischpat lewai)/*Relativsatz*. מִשְׁפָּט aus [שפט] לִשְׁפּוֹט (lischpot)/*richten, urteilen*. לְוַאי (lewai)/*Nebenerscheinung, Begleiterscheinung, Attribut*.

הֵא קַיֶּמֶת (hei kajemet)/*beständiges, bleibendes HEI* aus [קומ] לְקַיֵּם (lekajem)/*erhalten, bestehen lassen* PI'EL.

√

בִּנְיָן גּוֹרֵם (binjan gorem), הִפְעִיל. Das HIF'IL ist das fünfte BINJAN in der üblichen Numerierung. Das Wortbildungsmuster des HIF'IL besteht aus einer Kombination aus Vokalen und Konsonanten: charakteristisch sind das JOD zwischen dem zweiten und dem dritten Wurzelkonsonanten und das Präfix HEI bei den starken, vollständigen Verben:

HIF'IL

☐ִי ☐ְ ☐ַה

| | | | |
|---|---|---|---|
| PA'AL | לִכְתּוֹב | (lichtow) | schreiben |
| | כָּתַב | (kataw) | GUF SCHLISCHI PA'AL |
| HIF'IL | לְהַכְתִּיב | (lehachtiw) | diktieren (= zum Schreiben veranlassen) |
| | הִכְתִּיב | (hichtiw) | GUF SCHLISCHI HIF'IL |

**Gegenwart**   מַ ☐ ☐ ִי ☐

| | | | |
|---|---|---|---|
| מַכְתִּיב | (machtiw) | מַכְתִּיבִים | (machtiwim) |
| מַכְתִּיבָה | (machtiwa) | מַכְתִּיבוֹת | (machtiwot) |

**Vergangenheit**   הִ ☐ ☐ ִי ☐

| | | | |
|---|---|---|---|
| הִכְתַּבְתִּי | (hichtawti) ich habe diktiert | הִכְתַּבְנוּ | (hichtawnu) wir haben diktiert |
| הִכְתַּבְתָּ | du hast diktiert (m) (hichtawta) | הִכְתַּבְתֶּם | (hichtawtem) ihr habt diktiert (m) |
| הִכְתַּבְתְּ | (hichtawt) du hast diktiert (f) | הִכְתַּבְתֶּן | (hichtawten) ihr habt diktiert (f) |
| הִכְתִּיב | (hichtiw) er hat diktiert | הִכְתִּיבוּ | (hichtiwu) sie haben diktiert |
| הִכְתִּיבָה | (hichtiwa) sie hat diktiert | | |

JOD zwischen dem zweiten und dritten Wurzelkonsonanten bleibt erhalten in denjenigen Verbformen, die mit einem vokalisch anlautenden Personalsuffix gebildet werden oder die gar kein Personalsuffix haben wie die Form GUF SCHLISCHI:

| | | | |
|---|---|---|---|
| | הִכְתִּיבָה | (hichtiwa) | sie hat diktiert |
| | הִכְתִּיבוּ | (hichtiwu) | sie haben diktiert |
| | הִכְתִּיב | (hichtiw) | er hat diktiert |
| aber: | הִכְתַּבְנוּ | (hichtawnu) | wir haben diktiert |

In diesen Verbformen trägt die vorletzte Silbe mit JOD den Hauptton, das Wort ist MIL'EIL. Das Femininum wird mit HEI gebildet:

⇩ ⇩
הִכְתִּיבָה   (hichtiwa)   sie hat diktiert

**Zukunft**   ַי ☐ ☐ ִי ☐

| | | | |
|---|---|---|---|
| אַכְתִּיב | ('achtiw) ich werde diktieren | נַכְתִּיב | (nachtiw) wir werden diktieren |
| תַּכְתִּיב | (tachtiw) du wirst diktieren (m) | תַּכְתִּיבוּ | (tachtiwu) ihr werdet diktieren |
| תַּכְתִּיבִי | (tachtiwi) du wirst diktieren (f) | יַכְתִּיבוּ | (jachtiwu) sie werden diktieren |
| יַכְתִּיב | (jachtiw) er wird diktieren | | |
| תַּכְתִּיב | (tachtiw) sie wird diktieren | | |

Bei den Wurzeln der schwachen Verbklassen machen sich die verschiedenen Abweichungen an der Wurzel im HIF'IL bemerkbar.

| Verben פ"נ | [נפל] | fallen | הִפִּיל | (hipil) | das NUN fehlt |
| Verben פ"י | [ישב] | sitzen | הוֹשִׁיב | (hoschiw) | JOD wird zu WAW |
| Verben ע"ו | [בוא] | kommen | הֵבִיא | (heiwi) | WAW fällt weg |

Das HIF'IL kann nur dreikonsonantische Wurzeln konjugieren (Ausnahme → BINJAN
לְהַשְׂמִאיל lehasmil)/*sich nach links wenden*). Es verleiht einer Wurzel veranlassende, kausative Bedeutung:

| PA'AL | לִכְתּוֹב | (lichtow) | schreiben |
| HIF'IL | לְהַכְתִּיב | (lehachtiw) | diktieren = zum Schreiben veranlassen |
| PA'AL | לַעֲמוֹד | (la'amod) | stehen |
| HIF'IL | לְהַעֲמִיד | (leha'amid) | stellen, aufstellen |
| PA'AL | יָשַׁב | (jaschaw) | er ist gesessen (selbst) |
| HIF'IL | הוֹשִׁיב | (hoschiw) | er hat gesetzt (zum Sitzen veranlasst) |
| PA'AL | לָקוּם | (lakum) | aufstehen (selbst) |
| HIF'IL | לְהָקִים | (lehakim) | aufstellen |

Gelegentlich werden auch intransitive Verben im HIF'IL konjugiert:

| אָדוֹם | ('adom) | rot | ⇨ | לְהַאֲדִים | (laha'adim) | rot werden |
| לָבָן | (lawan) | weiß | ⇨ | לְהַלְבִּין | (lehalwin) | weiß werden |
| אָפוֹר | ('afor) | grau | ⇨ | לְהַאֲפִיר | (leha'afir) | grau werden |

Das HIF'IL einer hohlen Wurzel mit zwei verschiedenen Möglichkeiten:

| [נוע] | לָנוּעַ | (lanua) | bewegen PA'AL |
| | תְּנוּעָה | (tenu'a) | Bewegung<br>substantivische Ableitung |
| | לְהָנִיעַ | (lehania) | veranlassen<br>regelmäßige Form des HIF'IL |
| | לְהַתְנִיעַ | (lehatnia) | anlassen (Motor) HIF'IL<br>sekundäre Bildung eines HIF'IL aus dem Substantiv תְּנוּעָה (tenu'a)/*Bewegung* |

→ Wortbildung

בִּנְיָן גּוֹרֵם (binjan gorem)/HIF'IL. בִּנְיָן (binjan)/*Wortbildungsmuster, Gebäude* aus [בנה]/לִבְנוֹת/*bauen*. גּוֹרֵם (gorem)/*veranlassend* aus [גרם] לִגְרוֹם (ligrom)/*verursachen*.

√

תּוֹרַת הַהִגּוּי (torat hahigui)/*Lautlehre*. ↗ Grammatik

# HIGUI

# Hilfsverb

פֹּעַל־עֵזֶר (po'al-'eser). Ein Hilfsverb ermöglicht einem Vollverb die Bildung bestimmter Verbformen bzw. Zeiten. Im Deutschen z.B.: *sein, haben, werden*. Das Vollverb trägt die eigentliche Bedeutung des betreffenden verbalen Ausdrucks:

| ich | *habe* | gelesen |
| ⇧ | ⇧ | ⇧ |
| Personal-<br>pronomen | *Hilfsverb* | *Vollverb* |

→ Vollverb
→ modales Hilfsverb

Das Hilfsverb dient:

1. zur zeitlichen Einstufung des Vollverbs:

   ich *habe* gearbeitet    (Vergangenheit)
   ich *werde* arbeiten    (Zukunft)

2. zur Modifizierung des Vollverbs:

   אֲנִי רוֹצֶה לַעֲבוֹד    ('ani *rotse* la'awod)    ich *will* arbeiten
   אֲנִי צָרִיךְ לַעֲבוֹד    ('ani *tsarich* la'awod)    ich *muß* arbeiten
   אֲנִי יָכוֹל לַעֲבוֹד    ('ani *jachol* la'awod)    ich *kann* arbeiten

3. zur Kennzeichnung der Aussageweise:

   es *wird* gearbeitet    (Passiv)

Diejenigen Hilfsverben, die ein Vollverb modifizieren, heißen *modale* Hilfsverben: *sollen, können, dürfen, müssen,* etc.

√    פֹּעַל עֵזֶר (po'al 'eser)/*Hilfsverb.* פֹּעַל (po'al)/*Tätigkeitswort, Zeitwort* aus [פעל] לִפְעוֹל (lif'ol)/*handeln.* עֵזֶר aus [עזר] לַעֲזוֹר (la'asor)/*helfen.*

# HIPUCH

WAW HAHIPUCH ה WAW: WAW im Althebräischen

# HITPA'EL

בִּנְיָן חוֹזֵר (binjan choser) oder הִתְפַּעֵל, das siebte BINJAN des Verbsystems mit meist reflexiver Bedeutung. Charakteristisch ist das Präfix (mit-) in den Formen des Präsenspartizips und das Präfix (hit-) in der Vergangenheit. Das BINJAN gehört zu den BINJANIM DAGUSCHIM, die ein DAGESCH im zweiten Konsonanten der Wurzel haben.

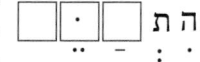

Gegenwart

מִתְכַּתֵּב (mitkatew)    מִתְכַּתְּבִים (mitkatewim)
מִתְכַּתֶּבֶת (mitkatewet)    מִתְכַּתְּבוֹת (mitkatewot)

Vergangenheit

הִתְכַּתַּבְתִּי (hitkatawti)    הִתְכַּתַּבְנוּ (hitkatawnu)
ich habe korrespondiert    wir haben korrespondiert
הִתְכַּתַּבְתָּ (hitkatawta) (m)    הִתְכַּתַּבְתֶּם (hitkatawtem) (m)
du hast korrespondiert    ihr habt korrespondiert
הִתְכַּתַּבְתְּ (hitkatawt) (f)    הִתְכַּתַּבְתֶּן (hitkatawten) (f)
du hast korrespondiert    ihr habt korrespondiert
הִתְכַּתֵּב (hitkatew)    הִתְכַּתְּבוּ (hitkatwu)
er hat korrespondiert    sie haben korrespondiert
הִתְכַּתְּבָה (hitkatwa)
sie hat korrespondiert

HITPA'EL                                                                 101

Zukunft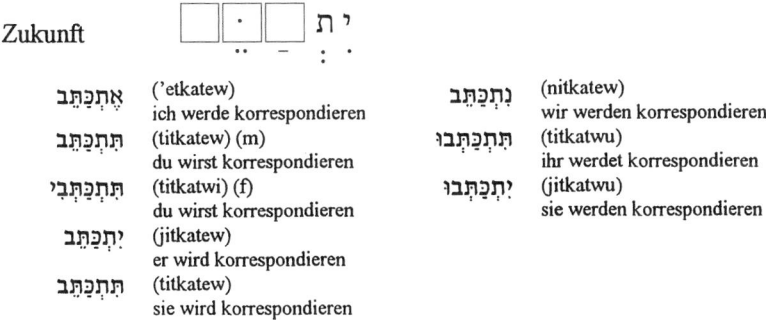

אֶתְכַּתֵּב   ('etkatew)                            נִתְכַּתֵּב   (nitkatew)
              ich werde korrespondieren                        wir werden korrespondieren
תִּתְכַּתֵּב   (titkatew) (m)                       תִּתְכַּתְּבוּ   (titkatwu)
              du wirst korrespondieren                          ihr werdet korrespondieren
תִּתְכַּתְּבִי   (titkatwi) (f)                      יִתְכַּתְּבוּ   (jitkatwu)
              du wirst korrespondieren                          sie werden korrespondieren
יִתְכַּתֵּב   (jitkatew)
              er wird korrespondieren
תִּתְכַּתֵּב   (titkatew)
              sie wird korrespondieren

Vom Präfix des HITPA'EL bleibt in den Futurformen nur TAW erhalten. Daran werden die Personalpräfixe des Futurs angefügt. Wurzeln mit einem Zischlaut oder einem Dental als erstem Wurzelkonsonanten erfahren bestimmte Veränderungen, da diese Konsonanten nach dem Präfix-TAW schwer zu artikulieren sind. Wenn der darauffolgende erste Wurzelkonsonant ein SCHIN oder SAMECH ist, tauscht dieser mit TAW des Präfixes die Position (Metathese, Stellungswechsel):

[שלמ]   לִשְׁלוֹם   (lischlom)    vollständig sein   PA'AL
         לְהִשְׁתַּלֵּם   (lehischtalem)   sich lohnen        HITPA'EL

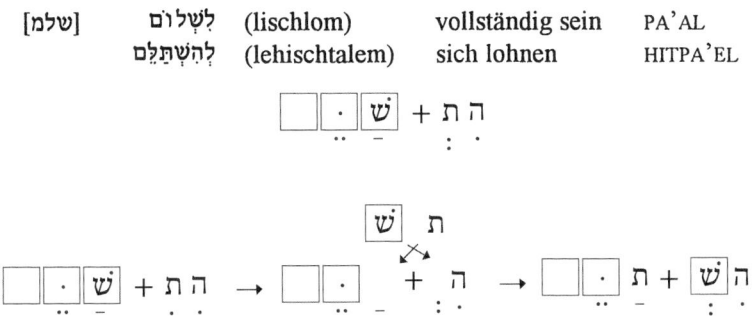

Ist der erste Wurzelkonsonant SAJIN oder TSADE, so vollzieht sich der gleiche Vorgang eines Stellungswechsels, in diesem Fall werden zusätzlich SAJIN durch DALET und TSADE durch TET ersetzt:

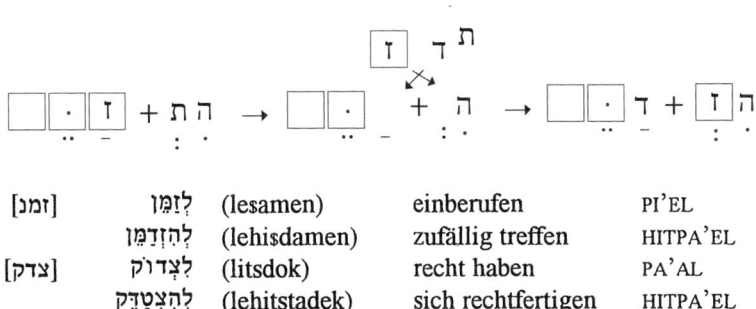

[זמנ]   לְזַמֵּן   (lesamen)     einberufen        PI'EL
         לְהִזְדַּמֵּן   (lehisdamen)   zufällig treffen    HITPA'EL
[צדק]   לִצְדּוֹק   (litsdok)      recht haben        PA'AL
         לְהִצְטַדֵּק   (lehitstadek)   sich rechtfertigen   HITPA'EL

Ist der erste Wurzelkonsonant ת, ט, ד, wird das TAW des Präfixes (hit-) an den folgenden Konsonanten assimiliert. Dieser erste Konsonant erhält dann ein DAGESCH. TET und DALET sind Dentale wie TAW selbst, d.h. an den Zähnen artikulierte Konsonanten, die dem TAW des Präfixes eng verwandt sind. Sie sind kaum nacheinander artikulierbar.

# HITPA'EL

|  |  |  |  |
|---|---|---|---|
|  |  | לְהִתְכַּתֵּב (lehit-katew) | korrespondieren |
| aber: | [טמא] | לְהִטַּמֵּא (lehi-tame) | sich verunreinigen |
|  | [דבר] | לְהִדַּבֵּר (lehi-daber) | übereinkommen |
|  | [תמם] | לְהִתַּמֵּם (lehi-tamem) | redlich verfahren |

→ Assimilation
→ BINJAN

Das hebräische Wort für *Assimilation* ist dafür ein Beispiel: [דמה] הִדָּמוּת (hidamut)/*Angleichung*, eine Bildung aus den MISCHKAL des HITPA'EL, obwohl es das Verb im HITPA'EL nicht gibt. Das jeweilige GUF SCHLISCHI der Wurzel [תמם] z.B. ist:

| Gegenwart | מִתַּמֵּם | (mi-tamem) |
| Vergangenheit | הִתַּמֵּם | (hi-tamem) |
| Zukunft | יִתַּמֵּם | (ji-tamem) |

Alle diese Abweichungen bedeuten nicht den Verlust eines Wurzelkonsonanten. Verben, deren erster Wurzelkonsonant nur im HITPA'EL diesen Abweichungen unterliegt, bleiben vollständig und sind somit starke Verben.

Übersicht:

| מִתְ+שׁ = מִשְׁ+ת | הִתְ+ז = הִזְ+ד | הִתְ+ט = הִטְ |
|---|---|---|
| מִתְ+ס = מִסְ+ת | הִתְ+צ = הִצְ+ט | הִתְ+ד = הִדְּ |
|  |  | הִתְ+ת = הִתְּ |

Unvollständige Verben im HITPA'EL:

| Verben פ"נ | [נפל] | fallen | הִתְנַפֵּל | (hitnapel) |
| Verben פ"י | [ישב] | sitzen | הִתְיַשֵּׁב | (hitjaschew) |
| Verben ל"ה | [ענה] | antworten | הִתְעַנָּה | (hit'ana) |
| Verben ע"ו | [קום] | aufstehen | הִתְקוֹמֵם | (hitkomen) |
|  | [קום] | aufstehen | הִתְקַיֵּם | (hitkajem) |

Wegen des doppelten mittleren Wurzelkonsonanten kann das BINJAN HITPA'EL genau wie das PI'EL vier- und mehrkonsonantische Wurzeln flektieren. Die Position des mittleren Wurzelkonsonanten 'AJIN HAPO'AL wird in diesem Fall doppelt besetzt:

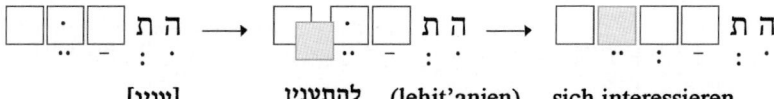

[ענין]  לְהִתְעַנְיֵן (lehit'anjen)  sich interessieren

Analog zu diesem Muster entstehen auch Wörter, die den Gesetzen der Grammatik nicht ganz entsprechen:

| [דזנגף] | לְהִזְדַּנְגֵּף | (lehisdangef) | auf dem Dizengoff-Boulevard (Tel Aviv) spazierengehen |
| [שקף] | לְהִתְמַשְׁקֵף | (lehitmaschkef) | sich die Brille aufsetzen |
| aber: | לְהִשְׁתַּקֵּף | (lehischtakef) | sich widerspiegeln |

√ בִּנְיָן חוֹזֵר (binjan choser), חוֹזֵר aus [חזר] לַחֲזוֹר (lachasor)/*zurückkehren*.

עֶרֶךְ הַהַפְלָגָה ('erech hahaflaga)/*Superlativ.* ⬈ Steigerung

# Höchststufe

# HOF'AL

Das HOF'AL ist eine Variation des BINJAN HUF'AL, in dem diejenigen Wurzeln konjugiert werden, die mit einem Kehllaut beginnen. Das HEI des BINJAN HUF'AL wird normalerweise mit KUBBUTS vokalisiert, vor Kehllaut mit KAMATS KATAN. Der Kehllaut selbst erhält ein CHATAF:

| [אשם] | PA'AL | לֶאְשׁוֹם | (le'eschom) | schuldig sein | |
|---|---|---|---|---|---|
| | HIF'IL | לְהַאֲשִׁים | (lehe'eschim) | beschuldigen | |
| | HOF'AL | הָאֳשַׁם | (ho'ascham) | er ist beschuldigt worden | → HUF'AL |

# hohle Wurzel

Als hohle Wurzeln werden Wurzeln der Gruppe 'AJIN"JOD/ 'AJIN"WAW bezeichnet, deren mittlerer Konsonant JOD oder WAW ist. Bei diesen Wurzeln verschwindet JOD bzw. WAW in manchen Verbformen, so dass von den drei ursprünglichen Konsonanten der Wurzel nur noch zwei sichtbar sind. Das ergibt eine einzige Silbe:

→ 'AJIN"JOD
→ 'AJIN"WAW

| [קום] | לָקוּם | (lakum) | aufstehen | vollständige Form |
|---|---|---|---|---|
| | אֲנִי קָם | ('ani kam) | ich *stehe* auf | hohle Form |
| | אֲנִי קָם | ('ani kam) | ich *stand* auf | hohle Form |
| [שים] | לָשִׂים | (lasim) | legen | vollständige Form |
| | אֲנִי שָׂם | ('ani sam) | ich lege | hohle Form |
| | אֲנִי שָׂם | ('ani sam) | ich legte | hohle Form |

In den Formen der Gegenwart liegt der Hauptton auf der zweiten Silbe, d.h. die Formen sind מִלְרַע (milra)/*endungsbetont*. In den Formen der Vergangenheit liegt der Hauptton auf der ersten Silbe, diese Formen sind מִלְעֵיל (mil'eil)/*auf der vorletzten Silbe betont*:

→ MILRA
→ MIL'EIL

| [שוב] | | לָשׁוּב | (laschuw) | zurückkommen |
|---|---|---|---|---|
| Gegenwart | | שָׁבָה | (scha*w*a) | sie kommt zurück |
| endungsbetont | | שָׁבִים | (scha*w*im) | sie kommen zurück |
| Vergangenheit | | שָׁבָה | (*scha*wa) | sie ist zurückgekommen |
| stammbetont | | שָׁבוּ | (*scha*wu) | sind sind zurückgekommen |

Es wird angenommen, dass die hohlen Formen wie קַמְתִּי (kamti)/*ich bin aufgestanden*, bei der der mittlere Wurzelkonsonant WAW ausgefallen ist, im Laufe der Sprachentwicklung einmal eine regelmäßige Verbform war: *קָוַמְתִּי (kawamti).

An den hohlen Verbformen ist nicht festzustellen, ob der mittlere Wurzelkonsonant ein JOD oder ein WAW ist. Da die Form GUF SCHLISCHI zu den hohlen Verbformen gehört, werden die Verben dieser Klasse in den Wörterbüchern unter der Wurzel, nicht unter der Form GUF SCHLISCHI lexikalisiert. Bei den Verben 'AJIN"WAW wird im PI'EL der letzte Wurzelkonsonant verdoppelt, nicht der mittlere wie bei den starken Verben:

| starkes Verb | [דבר] | דִּבֵּר | (diber) | er hat gesagt |
|---|---|---|---|---|
| schwaches Verb | [קום] | קוֹמֵם | (komem) | er hat wiederhergestellt |

Beispiel: [עוף] *fliegen*

| לָעוּף | (la'of) | fliegen PA'AL |
| עָף | ('af) | Vergangenheit PA'AL, hohle Form |
| לְעוֹפֵף | (le'ofef) | fliegen PI'EL, Verdoppelung LAMED HAPO'AL |
| עוֹפֵף | ('ofef) | Vergangenheit PI'EL |
| לְהָעִיף | (leha'if) | hinauswerfen HIF'IL |
| הֵעִיף | (he'if) | Vergangenheit HIF'IL, hohle Form |
| לְהִתְעוֹפֵף | (lehit'ofef) | hin- und herfliegen HITPA'EL |
| הִתְעוֹפֵף | (hit'ofef) | Vergangenheit HITPA'EL Verdoppelung LAMED HAPO'AL |

Hier ist in manchen Verbformen der letzte Wurzelkonsonant PEI verdoppelt. Bei diesen Wurzeln haben die BINJANIM DAGUSCHIM PI'EL, PU'AL und HITPA'EL kein DAGESCH.

Bei den hohlen Wurzeln entstehen Ableitungen mit den entsprechenden Abweichungen, z.B. das Verbalsubstantiv aus dem HIF'IL:

| [קדמ] | הַקְדָּמָה | (ha*kdam*a) | Vorwort | vollständige Wurzel |
| [קומ] | הֲקָמָה | (ha*kam*a) | Aufstellen | hohle Wurzel |

Eine hohle Wurzel mit zwei verschiedenen Formen im HIF'IL:

| [נוע] | לָנוּעַ | (lanua) | bewegen PA'AL |
| | תְּנוּעָה | (tenu'a) | Bewegung substantivische Ableitung mit Präfix TAW |
| | לְהָנִיעַ | (lehania) | veranlassen regelmäßige Form des HIF'IL |
| | לְהַתְנִיעַ | (lehatnia) | anlassen (Motor) HIF'IL sekundäre Bildung eines HIF'IL aus dem Substantiv תְּנוּעָה (tenu'a)/*Bewegung* |

# Homonym

שֵׁם מְשֻׁתָּף (schem meschutaf), zwei Wörter verschiedener Herkunft und Bedeutung, die gleich geschrieben werden:

אַשְׁפָּה ('aschpa) 1. Müll
2. Köcher

√ שֵׁם מְשֻׁתָּף (schem meschutaf)/*Homonym*. מְשֻׁתָּף aus [שתפ] לְשַׁתֵּף (leschatef)/*beteiligen* PI'EL. מְשֻׁתָּף ist das Partizip des PU'AL.

# HOWE

הֹוֶה *Zeitstufe der Gegenwart, Präsens.* ↗ Gegenwart ↗ Zeiten

# HUF'AL

הֻפְעַל, vor Kehllauten הָפְעַל (hof'al). Das HUF'AL ist das sechste BINJAN des Verbsystems. Es ist das Passiv zum HIF'IL. Das charakteristische HEI des BINJAN HUF'AL erhält ein KUBBUTS, vor Kehllauten ein KAMATS KATAN. Vom HUF'AL gibt es keine Infinitive.

# HUF'AL

**Gegenwart** מְ ־ ִ ־

| | | | |
|---|---|---|---|
| מָכְתָּב | (muchtaw) | מָכְתָּבִים | (muchtawim) |
| מָכְתֶּבֶת | (muchtewet) | מָכְתָּבוֹת | (muchtawot) |

Die Bedeutung der Wurzel ist etwa: diktiert, bestimmt werdend.

**Vergangenheit** הָ ־ ְ ־

| | | | |
|---|---|---|---|
| הָכְתַּבְתִּי | (huchtawti) ich bin bestimmt worden | הָכְתַּבְנוּ | (huchtawnu) wir sind bestimmt worden |
| הָכְתַּבְתָּ | (huchtawta) (m) du bist bestimmt worden | הָכְתַּבְתֶּם | (huchtawtem) (m) ihr seid bestimmt worden |
| הָכְתַּבְתְּ | (huchtawt) (f) du bist bestimmt worden | הָכְתַּבְתֶּן | (huchtawten) (f) ihr seid bestimmt worden |
| הָכְתַּב | (huchtaw) er ist bestimmt worden | הָכְתְּבוּ | (huchtwu) sie sind bestimmt worden |
| הָכְתְּבָה | (huchtwa) sie ist bestimmt worden | | |

**Zukunft** יְ ־ ְ ־

| | | | |
|---|---|---|---|
| אֻכְתַּב | ('uchtaw) ich werde bestimmt werden | נֻכְתַּב | (nuchtaw) wir werden bestimmt werden |
| תֻּכְתַּב | (tuchtaw) (m) du wirst bestimmt werden | תֻּכְתְּבוּ | (tuchtewu) ihr werdet bestimmt werden |
| תֻּכְתְּבִי | (tuchtewi) (f) du wirst bestimmt werden | יֻכְתְּבוּ | (juchtewu) sie werden bestimmt werden |
| יֻכְתַּב | (juchtaw) er wird bestimmt werden | | |
| תֻּכְתַּב | (tuchtaw) sie wird bestimmt werden | | |

Im Futur werden die Personalpräfixe mit KUBBUTS vokalisiert.
Die Formen des Partizips sind im PU'AL und HUF'AL ähnlich:

PU'AL  מְ ־ ָ ־ ְ        HUF'AL  מְ ־ ָ ־ ְ

i

מִילַת אִיחוּי (milat 'ichui)/*Bindewort, Konjunktion.* ↗ Konjunktion

מִשְׁפָּט עִקָּרִי (mischpat 'ikari)/*Hauptsatz.* ↗ Satz

**'ICHUI**

**'IKARI**

אִמּוֹת הַקְּרִיאָה, Singular: אֵם הַקְּרִיאָה ('em hakri'a), Lesehilfen, MATRES LECTIONIS, die als Vokal-Stellvertreter dienen können. Wenn ein Text mit Vokalzeichen versehen ist, können die Lesehilfen entfallen. Es handelt sich um die Konsonanten der Buchstabengruppe אהוי ('AHOI).

**'IMOT HAKRI'A**

→ Lesehilfen
→ Buchstabengruppen

צִוּוּי (tsiwui), דֶּרֶךְ הַצִּוּוּי (derech hatsiwui)/*Befehlsmodus, Befehlsform*. Der Imperativ ist eine Aussageweise (Modus), welche die subjektive Einstellung des Sprechers zu dem Gesagten ausdrückt. Im Hebräischen gibt es drei Modi: Indikativ, Imperativ und Infinitiv. Vom Imperativ sind nur die Formen der zweiten Person Singular und Plural in positiver Form gebräuchlich. Das Genus der Verbform richtet sich dabei nach dem Geschlecht des Angesprochenen. Im Singular wird zwischen maskulin und feminin unterschieden, der Plural hat eine gemeinsame Form:

**Imperativ**

→ Modus

| Imperativ PE'OL | כְּתֹב | (ktow) | schreibe (m) |
| | כִּתְבִי | (kitwi) | schreibe (f) |
| | כִּתְבוּ | (kitwu) | schreibt |
| Imperativ PE'AL | לְמַד | (lemad) | lerne (m) |
| | לִמְדִי | (limdi) | lerne (f) |
| | לִמְדוּ | (limdu) | lernt |

Im gesprochenen Hebräisch wird meist die zweite Person des Futurs verwendet, um einen Wunsch oder Befehl zu artikulieren:

| תִּכְתֹּב | (tichtow) | schreibe | (maskulin) |
| תִּכְתְּבִי | (tichtewi) | schreibe | (feminin) |
| תִּכְתְּבוּ | (tichtewu) | schreibt | (gemeinsame Form) |

Ein negativer Befehl, ein Verbot, wird artikuliert durch Voranstellen von לֹא (lo) oder אַל ('al) an die Futurform:

אַל תִּסְתַּכֵּל בְּקַנְקַן אֶלָּא בְּמַה שֶׁיֵּשׁ בּוֹ
('al tiskakel bekankan 'ela bema schejesch bo)
"Schau nicht auf den Krug, sondern darauf, was darin ist!"

Für den Plural feminin gab es eine spezielle Form: כְּתֹבְנָה (ktowna)/*schreibt*. Diese Form wird nicht mehr benutzt. In den Verbtabellen ist sie aufgeführt, da sie in literarischen Texten vorkommt. Im Althebräischen gab es eine weitere Art der Befehlsform in der dritten Person, den Jussiv: "Er möge schreiben!" Oder: יְהִי אוֹר (jehi 'or)/*es werde Licht!* Ebenfalls ungebräuchlich sind im Modernhebräischen die beiden Varianten des *gedehnten* Imperativs und des *verkürzten* Imperativs: beim *gedehnten* Imperativ צִוּוּי מָאֳרָךְ (tsiwui mo'orach) soll zum Ausdruck gebracht werden, daß der Sprechende sich selbst in die Aufforderung einbezieht: *laßt uns schreiben!* Hier wird ein ־ה an die reguläre Imperativform angefügt:

*Imperfekt*

|  |  |  |  |  |
|---|---|---|---|---|
| Imperativ PE'OL | שְׁמֹר | (schemor) | ⇨ שָׁמְרָה | (schamra) |
| Imperativ PE'AL | שְׁמַע | (schema) | ⇨ שִׁמְעָה | (schim'a) |

Beim verkürzten Imperativ צִוּוּי מְקֻצָּר (tsiwui mekutsar) fällt der letzte Konsonant weg: הַכֵּה ⇨ הַךְ (hach)/*schlage*!
In jedem BINJAN außer den BINJANIM PU'AL und HUF'AL gibt es Imperative.

√ צִוּוּי (tsiwui), דֶּרֶךְ הַצִּוּוּי (derech hatsiwui)/*Befehlsmodus, Befehlsform, Imperativ*. צִוּוּי (tsiwui) aus [צוה] לְצַוּוֹת (letsawot)/*befehlen* PI'EL. צִוּוּי ist das Verbalsubstantiv aus dem PI'EL.

צִוּוּי מֻאֲרָךְ (tsiwui mo'orach)/*gedehnter Imperativ*. מֻאֲרָךְ aus [ארכ] לְהַאֲרִיךְ (leha'arich)/*dehnen* HIF'IL.

צִוּוּי מְקֻצָּר (tsiwui mekutsar)/*verkürzter Imperativ*. מְקֻצָּר Präsenspartizip aus dem PU'AL von [קצר] לְקַצֵּר (lekatser)/*verkürzen* PI'EL.

# Imperfekt ↗ Zeiten

# Indefinitpronomen
כִּנּוּי סְתָמִי (kinui stami)/*unpersönliches Fürwort*.
↗ Pronomen

# Indikativ
→ Modus

דֶּרֶךְ הַחִוּוּי (derech hachiwui) oder דֶּרֶךְ הַיִּעוּד (derech haji'ud)/*Wirklichkeitsform*. Der Indikativ ist ein Modus, eine Aussageweise, die Form der neutralen, sachlichen Aussage: הוּא כּוֹתֵב (hu kotew)/*er schreibt*, im Gegensatz zu: er soll schreiben; er sagte, er habe geschrieben. etc.

√ דֶּרֶךְ (derech)/*Modus* aus [דרכ] לִדְרוֹךְ (lidroch)/*treten, spannen*. Eine Segolatform daraus ist דֶּרֶךְ (derech)/*Weg*, in der Grammatik mit der Bedeutung *Aussageweise, Modus*. מוֹדוּס (modus)/*Aussageweise* ist in der hebräischen Grammatik ein Fachterminus aus dem Lateinischen.

דֶּרֶךְ הַחִוּוּי (derech hachiwui)/*Indikativ*. הַחִוּוּי (chiwui)/*Anzeige, Aussage* aus [חוה] לְחַוּוֹת (lechawot)/*aussagen, ausdrücken* PI'EL. חִוּוּי ist das Verbalsubstantiv aus dem PI'EL.

דֶּרֶךְ הַיִּעוּד (derech haji'ud)/*Indikativ*. יִעוּד (ji'ud)/*Bestimmung* aus [יעד] לִיעוֹד (li'od)/*bestimmen, zuteilen*. יִעוּד ist das Verbalsubstantiv aus dem PI'EL לְיַעֵד (leja'ed)/*bestimmen, zuteilen*. Das Verb hat im PA'AL und im PI'EL dieselbe Bedeutung.

# infinit ↗ unbestimmt

# Infinitiv
→ Modus

שֵׁם הַפֹּעַל (schem hapo'al), מָקוֹר (makor) oder אִינְפִינִיטִיב *Grundform, Nennform des Verbs*, eine der drei Aussageweisen (Modi) neben dem Indikativ und dem Imperativ. Der Infinitiv ist eine unbestimmte Verbform, an der keine Person, Zahl und Zeit ablesbar ist. Er kann Verb und Nomen sein, vergleichbar dem Deutschen: *kommen* (Verb im Infinitiv) ⇨ *das Kommen* (Substantiv). Da diese Substantive aus Verben abgeleitet sind, heißen sie Verbalsubstantive.

## Infinitiv

Die hebräische Grammatik kennt zwei Infinitivformen:

INFINITIVUS ABSOLUTUS    מָקוֹר מֻחְלָט    (makor muchlat)
INFINITIVUS CONSTRUCTUS    מָקוֹר נָטוּי    (makor natui)

Der absolute Infinitiv ist unveränderlich und wird nicht mehr benutzt. Der konstruierte (konjugierte) Infinitiv, das Gerundium, kann mit den Partikeln der Buchstabengruppe BACHLAM (בכלמ) und mit Personalsuffixen versehen werden. Am häufigsten steht der Infinitiv in Verbindung mit der Präposition LAMED: לָמֶד הַתַּכְלִית (lamed hatachlit)/*LAMED des Ziels, Infinitiv-LAMED*. Beim INFINITIVUS CONSTRUCTUS sind die Vokale veränderlich. Diese Form drückt eine Handlung aus. Die Partikeln geben dem Infinitiv eine bestimmte Bedeutung:

→ Verbal-substantiv

בְּ־    Gleichzeitigkeit von Haupt- und Nebensatz:

בְּבוֹאִי לְבֵית־סֵפֶר פָּגַשְׁתִּי אֶת דָּן.
(bewo'i leweit-sefer pigaschti 'et dan)
Als ich an der Schule ankam, traf ich Dan.

כְּ־    die unmittelbare Folge zweier Handlungen:

כְּשְׁמוֹעַ הַיֶּלֶד אֶת הַחֲדָשָׁה הוּא שָׂמַח.
(kischmoa hajeled 'et hachadascha hu samach)
Als das Kind die Nachricht hörte, freute es sich.

מִ־    Beginn einer Handlung

מִשְּׁמוֹעַ אֶת הַחֲדָשָׁה הוּא שָׂמֵחַ.
(mischmoa 'et hachadascha hu samach)
Seit er die Nachricht gehört hat, ist er froh.

לְ־    eine Absicht; daher heißt diese Partikel לָמֶד הַתַּכְלִית (lamed hatachlit)/*LAMED der Absicht, des Zwecks*:

הוֹלְכִים לְדַבֵּר עִבְרִית.
(holchim ledaber 'iwrit)
Wir kommen um Hebräisch zu lernen.

Der Infinitiv wird im Hebräischen wie im Deutschen auch benutzt, um Anordnungen und Aufforderungen auszudrücken, also als Imperativ:

לֹא לַעֲלוֹת עַל הַדֶּשֶׁא    (lo la'alot 'al hadesche)    den Rasen nicht betreten!

Infinitiv-LAMED, לָמֶד הַתַּכְלִית (lamed hatachlit), wird verschieden vokalisiert je nach der Qualität des folgenden Konsonanten:

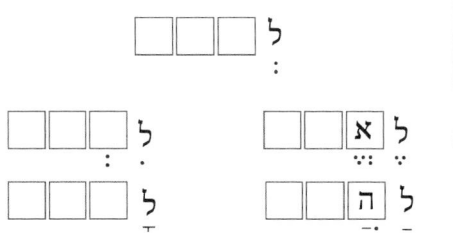

| | |
|---|---|
| לְ | In den meisten Fällen hat LAMED HATACHLIT ein SCHWA. Vor einem Substantiv ohne bestimmten Artikel:<br>לְכַתֵּב (lechatew)/*intensiv schreiben* PI'EL<br>בְּסֵדֶר (beseder)/*in Ordnung*<br>In den Infinitiven aller BINJANIM außer PA'AL:<br>לְהִכָּתֵב (lehikatew)/*geschrieben werden* NIF'AL<br>לְכַתֵּב (lechatew)/*viel schreiben* PI'EL<br>לְהַכְתִּיב (lehachtiw)/*diktieren* HIF'IL<br>לְהִתְכַּתֵּב (lehitkatew)/*korrespondieren* HITPA'EL<br>aber: לִכְתֹּב (lichtow)/*schreiben* PA'AL |
| לִ | Vor einem Konsonanten mit SCHWA ist der Vokal des LAMED ein CHIRIK:<br>לִכְתּוֹב (lichtow)/*schreiben*<br>לִלְמוֹד (lilmod)/*lernen*<br>לַסְטוּדֶנְט (listudent)/*dem Studenten* |
| לָ | LAMED hat ein KAMATS, wenn die darauffolgende Silbe den Hauptton trägt, z.B. bei einsilbigen Substantiven ohne bestimmten Artikel:<br>לָאִישׁ (la'isch)/*dem Mann*<br>לָקוּם (lakum)/*aufstehen*<br>לָלֶכֶת (lalechet)/*gehen*<br>לָשֶׁבֶת (laschewet)/*sitzen* |
| לֶ | LAMED nimmt den Vokal des folgenden Kehllauts mit CHATEF an: SEGOL, wenn der folgende Konsonant ein CHATAF-SEGOL hat, das ist der Kehllaut א am Wortbeginn,<br>לֶאֱכֹל (le'echol)/*essen*<br>לֶאֱמוֹץ (le'emots)/*stark sein*<br>לֶאֱסוֹף (le'esof)/*sammeln* |
| לַ | PATACH vor folgendem CHATAF-PATACH, das sind die Kehllaute ה ח ע am Wortbeginn:<br>לַעֲבוֹד (la'awod)/*arbeiten*<br>לַחֲלוֹם (lachalom)/*träumen*<br>לַהֲרוֹג (laharog)/*töten* |

Der bestimmte Artikel nach den Partikeln -בְּ und -לְ fällt aus, die Partikel übernimmt dessen Vokal:

$$לְ + הַ = לַ$$
$$בְּ + הַ = בַּ$$

בָּ אוּנִיבֶּרְסִיטָה → *בְּ הָ אוּנִיבֶּרְסִיטָה → הָ אוּנִיבֶּרְסִיטָה → אוּנִיבֶּרְסִיטָה
(ba'universita) → *(be ha'universita) → (ha'universita) → ('universita)

| | | | |
|---|---|---|---|
| בְּ+הַ+בַּיִת | ⇨ | בַּבַּיִת (babajit) | zu Hause |
| לְ+הֶ+הָרִים | ⇨ | לֶהָרִים (lehorim) | zu den Bergen |
| בְּ+הָ+רְחוֹבוֹת | ⇨ | בָּרְחוֹבוֹת (barchowot) | in den Straßen |

LAMED als Partikel vor einem Autorennamen bedeutet *verfasst von*: מִזְמוֹר לְדָוִד (mismor ledawid)/*Psalm von David*. Der lateinische grammatikalische Fachausdruck dafür ist: LAMED AUCTORIS.

Die Infinitivformen mit Infinitiv-LAMED, לָמֶד הַתַּכְלִית (lamed hatachlit), in den BINJANIM:

starkes Verb [גתב]

| | | | |
|---|---|---|---|
| PA'AL | לִכְתּוֹב | (lichtow) | schreiben |
| NIF'AL | לְהִכָּתֵב | (lehikatew) | geschrieben werden |
| PI'EL | לְכַתֵּב | (lechatew) | viel schreiben |
| HIF'IL | לְהַכְתִּיב | (lehachtiw) | diktieren |
| HITPA'EL | לְהִתְכַּתֵּב | (lehitkatew) | korrespondieren |

Die streng passiven BINJANIM PU'AL und HUF'AL haben keine Infinitive.
Schwache Verben:

Verben פ"נ

| | | | |
|---|---|---|---|
| PA'AL | לִפֹּל | (lipol) | fallen |
| NIF'AL | לְהִנָּפֵל | (lehinafel) | wegfallen |
| PI'EL | - | - | - |
| HIF'IL | לְהַפִּיל | (lehapil) | niederwerfen |
| HITPA'EL | לְהִתְנַפֵּל | (lehitnapel) | überfallen |

Verben פ"י

| | | | |
|---|---|---|---|
| PA'AL | לָשֶׁבֶת | (laschewet) | sitzen |
| NIF'AL | לְהִוָּשֵׁב | (lehiwaschew) | siedeln |
| PI'EL | לְיַשֵּׁב | (lejaschew) | kolonisieren |
| HIF'IL | לְהוֹשִׁיב | (lehoschiw) | jem. ansiedeln |
| HITPA'EL | לְהִתְיַשֵּׁב | (lehitjaschew) | sich wohl fühlen |

Verben ל"א

| | | | |
|---|---|---|---|
| PA'AL | לִקְרֹא | (likro) | lesen |
| NIF'AL | לְהִקָּרֵא | (lehikare) | gelesen werden |
| PI'EL | - | - | - |
| HIF'IL | לְהַקְרִא | (lehakri) | diktieren |
| HITPA'EL | לְהִתְקָרֵא | (lehitkare) | benannt werden |

Verben ל"ה

| | | | |
|---|---|---|---|
| PA'AL | לִקְרוֹת | (likrot) | geschehen |
| NIF'AL | לְהִקָּרוֹת | (lehikarot) | passieren, treffen |
| PI'EL | לְקָרוֹת | (lekarot) | bedachen |
| HIF'IL | לְהַקְרוֹת | (lehakrot) | ein Treffen herbeiführen |
| HITPA'EL | - | - | - |

Verben ע"ו/ע"י

| | | | |
|---|---|---|---|
| PA'AL | לָרוּם | (larum) | stolz, hoch sein |
| NIF'AL | לְהֵרוֹם | (leherom) | sich absetzen |
| PI'EL | לְרוֹמֵם | (leromem) | erheben |
| HIF'IL | לְהָרִים | (leharim) | hochheben |
| HITPA'EL | לְהִתְרוֹמֵם | (lehitromem) | sich erheben |

שֵׁם הַפֹּעַל (schem hapo'al)/*Grundform, Nennform.* שֵׁם (schem)/*Name,* פָּעַל (po'al)/*Verb, Tätigkeitswort, Zeitwort* aus [פעל] לִפְעוֹל (lif'ol)/*handeln.*
מָקוֹר (makor)/*Grundform, Nennform, Quelle* aus [קור] לָקוֹר (lakor)/*nach Wasser graben.* מָקוֹר מֻחְלָט (makor muchlat)/*absoluter Infinitiv,* מֻחְלָט ist HUF'AL aus [חלט] לְהַחְלִיט (lehachlit)/*entscheiden, bestimmen* HIF'IL.
מָקוֹר נָטוּי (makor natui)/*verbundener, konstruierter Infinitiv.* נָטוּי aus [נטה] לִנְטוֹת (lintot)/*konjugiert werden.*
לָמֶד הַתַּכְלִית (lamed hatachlit)/*LAMED des Ziels.* תַּכְלִית (tachlit)/*Zweck, Ziel* aus [כלה] לִכְלוֹת (lichlot)/*vollendet sein.*

## Infix
→ Suffix
→ Präfix

תּוֹכִית (tochit). Das Hebräische ist eine Konsonantensprache. Die Grundbedeutung eines Wortes ist mit der Wurzel definiert, die nur aus Konsonanten besteht. Wenn Vokale eingefügt werden, so bewirken sie lediglich eine Modifikation dieser Grundbedeutung. Die Vokale dienen der Wortbildung. Da sie zwischen die Wurzelkonsonanten eingefügt werden, nennt man sie "Infix".

תּוֹכִית (tochit)/*Infix,* eine neuere Wortprägung aus תָּוֶךְ (tawech) oder תּוֹךְ (toch)/*Mitte, Inneres,* daraus die denominale Verbwurzel [תוכ] לְתַוֵּךְ (letawech)/*vermitteln* PI'EL.

## Initialwort ↗ Akronym ↗ Abkürzung

## Inkompatibilität ↗ Wurzel

## Intensivstämme
בִּנְיָנִים דְּגוּשִׁים (binjanim daguschim), diejenigen BINJANIM, bei denen der mittlere Wurzelkonsonant ein DAGESCH hat, falls er nicht ein Kehllaut ist: PI'EL, PU'AL, HITPA'EL. Dieses DAGESCH ist der Rest eines verdoppelten Konsonanten. ↗ DAGESCH ↗ PI'EL

√ בִּנְיָנִים דְּגוּשִׁים (binjanim daguschim), דָּגוּשׁ (dagusch) aus [דגש] לְדַגֵּשׁ (ledagesch)/*dageschieren, mit DAGESCH versehen* PI'EL.

## Interpunktion ↗ Satzzeichen

## Interrogativpronomen
מִילַת הַשְּׁאֵלָה (mila hasche'ela)/*Fragewort, Interrogativpronomen.* ↗ Fragewort

## Interrogativsatz ↗ Fragesatz

## Intonation
↗ Betonung

## intransitiv
פֹּעַל עוֹמֵד (po'al 'omed)/*intransitives Verb*. ↗ Verb

## INVERSIVUM
WAW inversivum ↗ WAW: WAW HAHIPUCH im Althebräischen

## irreal
מִשְׁפַּט־תְּנַאי בָּטֵל (mischpat-tenai batel)/*Bedingungssatz mit nicht erfüllbarer Bedingung, Irrealis*. ↗ Bedingungssatz

## iterativ
Eine Aktionsart, die sich häufig wiederholende Vorgänge ausdrückt: *grübeln, kränkeln*. Im Hebräischen hat das BINJAN PI'EL einen iterativen Aspekt. ↗ PI'EL

## 'ITSUR
עִצּוּר, קוֹנְסוֹנַנְט *Konsonant, Mitlaut*. ↗ Konsonant
'ITSUR SCHOREK עִצּוּר שׁוּרֶק *Zischlaut*. ↗ Zischlaut

j

יַחַס הַפָּעוּל *Akkusativ, vierter Fall.* ↗ Akkusativ **JACHAS**

יַחֲסָה *Fall, Kasus.* ↗ Fall **JACHASA**

לְשׁוֹן יָחִיד (leschon jachid) oder nur יָחִיד (jachid)/*Einzahl maskulin, Singular maskulin.* ↗ Einzahl **JACHID**

כִּנּוּי יָשָׁר (kinui jaschar)/*Personalpronomen.* ↗ Pronomen **JASCHAR**

מֻשָּׂא יָשִׁיר (musa jaschir)/*direktes Objekt, Akkusativobjekt* auf die Frage "wen?" oder "was?" ↗ Objekt **JASCHIR**

הֵא הַיְדִיעָה (hei hajedi'a)/*HEI des Wissens, bestimmter Artikel.* ↗ Artikel **JEDI'A**

שִׁין יְמָנִית (schin jemanit)/*rechtes SCHIN.* ↗ diakritische Zeichen **JEMANIT**

בִּנְיָן יְסוֹדִי (binjan jesodi)/*Grundstamm, PA'AL, KAL.* ↗ PA'AL **JESODI**

עֶרֶךְ הַיִּתְרוֹן ('erech hajitron)/*Komparativ, Vergleichsstufe.* ↗ Steigerung **JITRON**

דֶּרֶךְ הַיִּעוּד (derech haji'ud)/*Indikativ, Wirklichkeitsform.* ↗ Indikativ **JI'UD**

**JOD**

| modern-hebr. | ⇐ aramäisch ca.600 | ⇐ aramäisch ca. 800 | ⇐ **phönizisch** ⇒ ca. 1100 v.u.Z. | griechisch ⇒ ca. 700 | lateinisch |

JOD ist der zehnte Buchstabe des Alphabets mit dem Zahlenwert zehn. Das Buchstabenzeichen bedeutet *Hand*. Der Buchstabe JOD alterniert mit dem Konsonanten 'ALEF, z.B. in den Wurzeln wie [יחד] *eins sein, einigen* und [אחד] mit der gleichen Grundbedeutung. → Buchstabengruppen

JOD ist ein Palatal und gehört zur Buchstabengruppe גִּיכַּק GICHAK. Es kann als Vokalbuchstabe für (i) gebraucht werden und gehört in dieser Eigenschaft zu der Buchstabengruppe אהוי 'AHOI (MATRES LECTIONIS). Am Wortende kann JOD in beiden Funktionen stehen, als Konsonant und als Vokalstellvertreter: → Lesehilfen

| כָּתַבְתִּי | (katawti) | ich habe geschrieben | Vokal |
| עָשׂוּי | ('asui) | getan | hier ist JOD dritter Wurzelkonsonant eines schwachen Verbs der Gruppe ל"ה |

In Texten mit voller Schreibung ohne die Vokalzeichen ist JOD doppelt geschrieben, wenn es als Konsonant steht. Es wird dann artikuliert wie unser deutsches JOT. Als Vokalstellvertreter kann ein hebräisches JOD kein Vokalzeichen bekommen: חוויה = חֲוָיָה (chawaja)/*Erlebnis*.

Als Konsonant kann es in der defektiven Schreibung Vokalzeichen, SCHWA und DAGESCH haben. Auch wenn ein Wort mit dem Konsonanten WAW endet, dient in Texten mit voller Schreibung, bei denen man sich nicht an Vokalzeichen orientieren kann, ein JOD als Lesehilfe. WAW kann im Gegensatz zu JOD am Wortende sowohl Vokalstellvertreter als auch Konsonant sein. Um im unpunktierten Text die eindeutige Funktion dieses WAW zu übermitteln, wird ein JOD als Lesezeichen vor WAW geschaltet. Im punktierten Text ist dieses Lesezeichen nicht notwendig:

| | | | |
|---|---|---|---|
| עכשיו | עַכְשָׁו | ('achschaw) | jetzt |
| סתיו | סְתָו | (staw) | Herbst |
| ויו | וָו | (waw) | WAW |

JOD kann am Wortbeginn und am Wortende stehen. Am Wortbeginn ist es nie Vokalstellvertreter, da es im Hebräischen kein Wort gibt, das mit Vokal beginnt. Die Vokalstellvertreter stehen hinter dem Konsonanten, den sie vokalisieren, analog zu den Vokalzeichen, die hinter dem Konsonanten gesprochen werden, unter dem sie plaziert sind. Am Wortende kann es nicht als Vollkonsonant dienen.

Als Wurzelkonsonant kann JOD in allen drei Positionen der Wurzel vorkommen. In allen drei Positionen gibt es eine Anzahl schwacher Verben:

JOD als erster Wurzelkonsonant [ישן] לִשׁוֹן (lischon)/*schlafen*
Verbgruppe פ"י
JOD als zweiter Wurzelkonsonant [שימ] לָשִׂים (lasim)/*legen*
Verbgruppe ע"י
JOD als dritter Wurzelkonsonant [בנה] לִבְנוֹת (liwnot)/*bauen*
Verbgruppe (ל"ה) ל"י

Die Buchstabengruppe 'ETINETI fasst die Personalpräfixe zusammen, die an der Verbstamm angefügt werden, um das Tempus der Zukunft zu bilden. Hier ist JOD Präfix und steht jeweils für die dritte Person. Die dritte Person Plural hat zur Unterscheidung von der dritten Person Singular zusätzlich noch eine Endung:

| | | |
|---|---|---|
| יִכְתֹּב | (jichtow) | er wird schreiben |
| יִכְתְּבוּ | (jichtewu) | sie werden schreiben |
| יִלְמַד | (jilmad) | er wird schreiben |
| יִלְמְדוּ | (jilmedu) | sie werden schreiben |

JOD als Suffix dient an Substantiven zur Wortbildung auf der Grundlage bereits existenter Wörter:

| | | | | | | |
|---|---|---|---|---|---|---|
| יָם | (jam) | See | ⇨ | יַמַּאי | (jamai) | Seemann |
| קִיבּוּץ | (kibuts) | Kibbuz | ⇨ | קִיבּוּצַאי | (kibutsai) | Kibbuz-mitglied |

Substantive und Adjektive mit JOD als Suffix bezeichnen die Zugehörigkeit zu einem Volk, einem Ort oder Land oder zu einer Religion. Das gleiche Phänomen haben das Arabische und das Äthiopische: עִבְרִי ('iwri)/*hebräisch*, יִשְׂרְאֵלִי (jisre'eli)/*Israeli, israelisch*.

Singular:  ◻ִית   ◻ִיָּה

Plural:  ◻ִיּוֹת   ◻ִיִּים

Die Ordinalzahlen werden mit dem Suffix (-i) gebildet: שֵׁנִי (scheini)/*zweiter*, שְׁלִישִׁי (schlischi)/*dritter*.  → Zahlen

Bei Fremdwörtern dient das Suffix (-i) zur Ableitung von Adjektiven:

| | | |
|---|---|---|
| תֵּיאוֹרֶטִי | (te'oreti) | theoretisch |
| פְּרַקְטִי | (prakti) | praktisch |
| פְּרוֹגְרֶסִיבִי | (progresivi) | fortschrittlich |

יוֹתֵר (joter)/*mehr* (Adverb). Mit dem Adverb יוֹתֵר wird im Hebräischen die zweite Steigerungsstufe (Komparativ) gebildet: טוֹב (tow)/*gut*, יוֹתֵר טוֹב (joter tow)/*besser* (Komparativ). ↗ Steigerung  **JOTER**

פֹּעַל יוֹצֵא (po'al jotse)/*transitives Verb*. ↗ Verb  **JOTSE**

Der Jussiv ist eine Kategorie des Imperativs, eine Aufforderung an die dritten Personen Singular und Plural. Im Deutschen existiert der Jussiv noch in dem Wunsch: "Er lebe hoch!" Im Bibelhebräischen z.B. Genesis I,3: "וַיֹּאמֶר אֱלֹהִים יְהִי אוֹר" (wajomer 'elohim jehi 'or)/*und es sprach der Herr: es werde Licht!*  **Jussiv**

→ Imperativ

k

# KAF

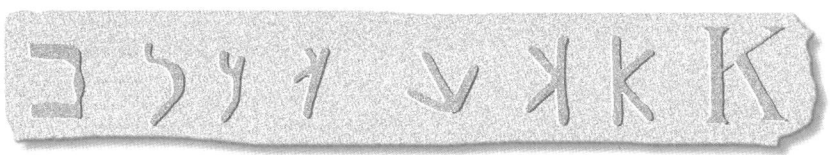

| modern-hebr. | ⇦ aramäisch ca. 800-200 | ⇦ *phönizisch* ⇨ ca. 1100 v.u.Z. | griechisch ⇨ ca. 600-500 | lateinisch |

כַּף ist der elfte Buchstabe des Alphabets. Der Name bedeutet: "Höhle, Loch in der Hand" nach der Form des älteren Buchstabens. KAF hat den Zahlenwert zwanzig. Wenn KAF am Ende des Wortes steht, hat es eine andere Form, es ist אוֹת סוֹפִית ('ot sofit)/*Endbuchstabe* und hat den Zahlenwert fünfhundert. Da Schluss-KAF gewisse Ähnlichkeit mit Schluss-NUN hat, wird im Schluss-KAF ein SCHWA grundsätzlich gesetzt. Normalerweise steht es im letzten Buchstaben des Wortes nicht, da die Vokallosigkeit sich hier von selbst versteht. KAF ist gelegentlich mit GIMEL und KUF ausgetauscht: כּוֹבָה (kowa) und קוֹבָה (kowa)/*Helm*.
KAF wird im heutigen Hebräisch gleich ausgesprochen wie CHET. Die ursprüngliche Artikulationsqualität dieser beiden hebräischen Konsonanten war zu einem bestimmten Zeitpunkt der Sprachentwicklung verschieden:

→ Endbuchstabe

    כ    wie in deutsch:    ich, Küche
    ח    wie in deutsch:    ach, Dach

KAF wurde weiter vorne in der Mundhöhle artikuliert als CHET. Es gehört zur Buchstabengruppe גִּיכַק GICHAK (Palatale), die im Bereich des harten Gaumens artikuliert werden. In der Buchstabengruppe כַּמְנַפַּ"ץ KAMNAFATS ist KAF einer der Konsonanten, die als Endbuchstaben eine gesonderte Form haben. KAF gehört ferner zur Buchstabengruppe בַּכְלַ"ם BACHLAM. Diese vier Konsonanten können als Präpositionen verwendet werden, z.B. am Wortstamm, wo sie zur Bildung der Infinitiv-Formen beitragen.
Als Buchstabe des BEGADKEFAT (בְּגַדְכְּפַ"ת oder בְּגַ"ד כְּפַ"ת ) wird KAF je nach Position im Wort oder in der Silbe verschieden ausgesprochen.
כְּ als Partikel ist die kontrahierte Form aus der Präposition כְּמוֹ (kemo)/*so* und drückt einen Vergleich aus. Die Partikel kann im Gegensatz zur Präposition nicht dekliniert werden. Gelegentlich wird diese Partikel auch herangezogen, um ein Adverb zu bilden: כַּהֲלָכָה (kahalacha)/*wie es sich gehört, gehörig*.

→ Buchstabengruppen

→ BEGADKEFAT

## KAFUL

כָּפוּל (kaful)/*doppelt*, פְּעָלִים כְּפוּלִים (pe'alim kefulim) ↗ 'AJIN"'AJIN-Verben
רִיבּוּי כָּפוּל (ribui kaful)/*doppelter Plural*. ↗ Mehrzahl

## KAJEM

מִשְׁפַּט־תְּנַאי קַיָם (mischpat-tenai kajem)/*Bedingungssatz mit erfüllbarer Bedingung, Potential*. ↗ Bedingungssatz

## KAJEMET

הֵא קַיֶמֶת (hei kajemet)/*beständiges HEI*. ↗ HEI: HEI mit MAPIK

**KAL** קַל (kal)/*leicht,* בִּנְיָן קַל (binjan kal) ⇗ PA'AL
תְּנוּעָה קַלָּה (tenu'a kala)/*leichter Vokal.* ⇗ SCHWA

**KAMATS** קָמַץ (kamats), Vokalzeichen für (a). קָמַץ גָּדוֹל (kamats gadol) ist ein langes KAMATS, קָמַץ קָטָן (kamats katan) ein kurzes. Es steht für ein kurzes (o). KAMATS kann mit SCHWA kombiniert werden zu CHATAF KAMATS und steht dann für sehr kurzes (o). Da KAMATS KATAN und KAMATS GADOL für verschiedene Vokale stehen, ist es nicht ganz einfach, sie zu unterscheiden. Einige Anhaltspunkte:

- In einer geschlossenen, unbetonten Silbe ist der Vokal kurz. Folglich handelt es sich bei einem KAMATS in einer solchen Silbe um ein KAMATS KATAN: אָזְ - נַיִם ('osnajim)/*Ohren.*
- Das KAMATS KATAN ist abgeleitet aus einem fehlenden CHOLAM: חֹדֶשׁ (chodesch)/*Monat* ⇨ חָדְשִׁי (chodschi)/*monatlich.*
- KAMATS vor CHATAF KAMATS ist immer kurz, also KAMATS KATAN: צָהֳרַיִם (tsohorajim)/*Mittag.* Deshalb wird im HUF'AL das HEI vor einem Kehllaut mit KAMATS KATAN vokalisiert: הָעֳבַד (ho'awad)/*er ist beschäftigt worden.*
- Es kann auch anstelle eines CHATAF KAMATS stehen.

√ קָמַץ (kamats) aus [קמץ] לִקְמוֹץ (likmots)/*zusammenpressen.*

**KAMNAFATS** כַּמְנַפַּ״ץ, Akronym aus den Endbuchstaben אוֹת סוֹפִית ('ot sofit): כ ך/ מ ם/ נ ן/ פ ף/ צ ץ.

**Kardinalzahlen** מִסְפָּרִים יְסוֹדִיִּים (misparim jesodijim). ⇗ Zahlen

**Kasus** יַחְסָה (jachsa)/*Fall, Kasus.* ⇗ Fall

**KATAN** ⇗ CHIRIK ⇗ KAMATS

**Kausalsatz** מִשְׁפַּט סִבָּה (mischpat siba), Nebensatz, der eine Begründung enthält. Der Kausalsatz wird eingeleitet mit folgenden Konjunktionen, alle mit derselben Bedeutung *da, weil*:

| | | | |
|---|---|---|---|
| כִּי | (ki) | הֱיוֹת שֶׁ־ | (heijot sche-) |
| יַעַן כִּי | (ja'an ki) | הוֹאִיל וְ־ | (ho'il we-) |
| מִפְּנֵי שֶׁ־ | (mipnei sche-) | מִשּׁוּם שֶׁ־ | (mischum sche-) |
| מִכֵּיוָן שֶׁ־ | (mikewan sche-) | בַּאֲשֶׁר | (ba'ascher) |

Die Konjunktion כִּי kann nur verwendet werden, wenn der Hauptsatz dem Kausalsatz vorangeht:

עָבַדְתִּי קָשֶׁה, כִּי רָצִיתִי לְהַרְוִיחַ כֶּסֶף.
('awadeti kasche ki ratsiti leharwiach kesef)
Ich arbeitete hart, weil ich Geld verdienen wollte.

Aber:

מִפְּנֵי שֶׁרָצִיתִי לְהַרְוִיחַ כֶּסֶף, עָבַדְתִּי קָשֶׁה.
(mipnei sche ratsiti leharwiach kesef, 'awadeti kasche)
Weil ich Geld verdienen wollte, arbeitete ich hart.

Kausativ: *veranlassend.* ↗ HIF'IL

**kausativ**

קַו (kaw)/*Strich, Linie, Leitung.*
KAW MAFRID קַו מַפְרִיד (kaw mafrid)/*Trennungsstrich.* Da es im Hebräischen keine Trennung von Wörtern in unserem Sinn gibt, erübrigt sich auch ein Trennungsstrich. Der Querstrich zwischen zwei zusammengesetzten Wörtern im Hebräischen ist ein Bindestrich.
↗ Trennung ↗ Satzzeichen

**KAW**

KAW MECHABER קַו מְחַבֵּר (kaw mechaber) oder auch מַקָּף (makaf).
↗ Bindestrich

קַו (kaw)/*Strich, Linie* aus [קוה] לִקְווֹת (likwot)/*sammeln* (seltenes Wort).
מַפְרִיד (mafrid) aus [פרד] לִפְרוֹד (lifrod)/*teilen.*
מְחַבֵּר (mechaber) aus [חבר] לְחַבֵּר (lechaber)/*verbinden, zusammenzählen* PI'EL.
מַקָּף (makaf) aus [נקף] לִנְקוֹף (linkof)/*kreisen.* Im HIF'IL bedeutet das Wort *einschließen.*

√

בִּנְיָן כָּבֵד (binjan kawed) schweres BINJAN. ↗ BINJAN: BINJAN KAWED

**KAWED**

פְּעָלִים כְּפוּלִים (pe'alim kefulim). ↗ 'AJIN" 'AJIN-Verben

**KEFULIM**

אוֹת גְּרוֹנִית ('ot gronit), הֶגֶה גְּרוֹנִי (hege groni), עִצּוּר הַגָּרוֹן ('itsur hagaron). Diese Konsonanten sind von verschiedener Natur und haben je nach Qualität und Artikulationsstelle verschiedene Bezeichnungen: Laryngal, Glottal, Guttural. Die Konsonanten א/ה/ח/ע (Buchstabengruppe 'AHACH'A) sind Kehllaute. Die Abweichungen, die diese Konsonanten verursachen, sind bei allen Kehllauten die gleichen: sie beeinflussen die Qualität des vorausgehenden Vokals.

**Kehllaut**

Diese Konsonanten können nicht verdoppelt werden, ebensowenig wie das RESCH, das im Modernhebräischen im hinteren Teil des Rachens artikuliert wird. Im hebräischen Verbsystem gibt es Verbformen, die Doppelkonsonanz repräsentieren. Das Phänomen der Doppelkonsonanz gibt es im Hebräischen nicht, ein Konsonant kann nicht im Sinn der europäischen Sprachen zweimal geschrieben werden. Deshalb hat er, wenn er aus sprachgeschichtlichen Gründen als doppelt gilt, ein DAGESCH. Dies ist der Fall in den BINJANIM PI'EL, PU'AL und HITPA'EL. Wenn der mittlere Wurzelkonsonant ein Kehllaut ist, kann die Verdoppelung also nicht dargestellt werden. Um dies zu kompensieren, wird ein vorangehender kurzer Vokal länger ausgesprochen. Dies führt zu Unregelmäßigkeiten und Abweichungen.
Kehllaute können kein bewegliches SCHWA (SCHWA NA) haben, stattdessen haben sie ein zusammengesetztes SCHWA (CHATAF). Ein Kehllaut kann keine

Silbe abschließen. Silben, die auf die Konsonanten der Gruppe 'AHACH'A enden, gelten als offen. Nur in sehr seltenen Fällen haben sie ein SCHWA NACH (ruhendes SCHWA).
Meist sind die Kehllaute mit (a) vokalisiert und haben auch als vorangehenden Vokal ein (a). Die Verben mit Kehllauten sind starke Verben und flektieren regelmäßig. Sie behalten ihren Bestand an Wurzelkonsonanten unversehrt in allen Verbformen und allen BINJANIM. Sie sind zur Verbklasse פְּעָלִים גְּרוֹנִיִּים (pe'alim gronijim) zusammengefasst.

*Kehllaut als erster Wurzelkonsonant*
Ein Kehllaut als erster Wurzelkonsonant kommt in der Verbform des Infinitiv mit dem Infinitiv-LAMED in Berührung und beeinflusst dessen Vokal. 'ALEF in Position eins hat ein CHATAF SEGOL, das Infinitiv-LAMED hat folglich ein SEGOL. HEI, CHET und 'AJIN in erster Position haben ein CHATAF PATACH, das Infinitiv-LAMED hat somit ein PATACH:

| | | |
|---|---|---|
| PEI GRONIT 'ALEF | לֶאֱסוֹף | (le'esof) sammeln |
| PEI GRONIT HEI | לַהֲרוֹג | (laharog) töten |
| PEI GRONIT CHET | לַחֲלוֹם | (lachalom) träumen |
| PEI GRONIT 'AJIN | לַעֲמוֹד | (la'amod) stehen |

Im Futur kommen in der ersten Person Singular zwei 'ALEF zusammen, eines als erster Wurzelkonsonant und das Personalpräfix: אֶאֱסוֹף (e'esof)/*ich werde sammeln*. Die drei Konsonanten der Wurzel bleiben also bei den Verben mit Kehllauten erhalten, es sind starke Verben. Bei den schwachen Verben, die ein 'ALEF in Position eins haben, fällt in dieser Futurform das 'ALEF der Wurzel aus: [אמר] אֹמַר ('omar)/*ich werde sprechen*. 'ALEF in dieser Verbform ist Personalpräfix der ersten Person Singular.
Bei den Verben PEI GRONIT HEI kommen im BINJAN HIF'IL zwei HEI in unmittelbare Nachbarschaft, eines von der Wurzel und eines vom BINJAN HIF'IL: לְהַהְדִּיר (lehadir)/*eine Buchedition redigieren*. Das HEI der Wurzel hat hier ein SCHWA. Verben PEI GRONIT HEI kommen im BINJAN HIF'IL nur sehr selten vor.

*Kehllaut als zweiter Wurzelkonsonant*
In den BINJANIM DAGUSCHIM (PI'EL, PU'AL, HITPA'EL) hat der mittlere Wurzelkonsonant DAGESCH: er ist verdoppelt. Wenn dieser Konsonant ein Kehllaut ist, kann er nicht verdoppelt werden, folglich hat ein Kehllaut nie DAGESCH. Daraus ergeben sich geringfügige Abweichungen im Vokalismus:

| | | |
|---|---|---|
| regelmäßiges Verb | לְדַבֵּר | (ledaber) sprechen |
| 'AJIN GRONIT | לְבָרֵךְ | (lewarech) begrüßen |
| regelmäßiges Verb | דִּבַּרְתִּי | (dibarti) ich habe gesprochen |
| 'AJIN GRONIT | בֵּרַכְתִּי | (berachti) ich habe begrüßt |

| regelmäßiges Verb | אֲדַבֵּר | ('adaber) | ich werde sprechen |
| 'AJIN GRONIT | אֲבָרֵךְ | ('awarech) | ich werde begrüßen |

*Kehllaut als dritter Wurzelkonsonant*

In dritter Position sind nur die Kehllaute HEI, CHET und 'AJIN von Interesse. RESCH verursacht keine Abweichungen, und 'ALEF als dritter Wurzelkonsonant ist stumm: לָבוֹא (lawo)/*gehen*.
Verben mit HEI in Position drei können starke, regelmäßige oder schwache, unregelmäßige Verben sein. Sind es schwache Verben, so flektieren sie nach den Gesetzen der Verben ל"ה. Sind es starke, dann gehören sie zur Verbklasse LAMED GRONIT, die einen Kehllaut in dritter Position haben. Bei diesen Verben wird in bestimmten Verbformen das PATACH **vor** dem Konsonanten artikuliert (PATACH GENUWA/*gestohlenes PATACH*). Davon gibt es im Hebräischen nur sehr wenige. Um sie von den Verben der schwachen Gruppe LAMED"HEI zu unterscheiden, wird in dieses HEI ein MAPIK geschrieben.

→ PATACH

| [תמה] | לִתְמוֹהַּ | (litmoha) | staunen |
| [גבה] | לִגְבּוֹהַּ | (ligboha) | hoch sein |
| [כמה] | לִכְמוֹהַּ | (lichmoha) | sich sehnen |
| [נגה] | לִנְגוֹהַּ | (lingoha) | strahlen |

In den Verbtabellen sind diese Wurzeln charakterisiert als: Verbklasse LAMED GRONIT Untergruppe HEI KAJEMET, d.h. bleibendes HEI. Die Wurzel [גבה] z.B. kommt im Hebräischen zweimal vor mit zwei verschiedenen Bedeutungen. Die beiden gleichen Wurzeln gehören jedoch zwei verschiedenen Verbklassen an, je nachdem, ob HEI in dritter Position in den Verbformen erhalten bleibt wie bei den starken Verben oder verlorengeht wie bei den schwachen:

| LAMED GRONIT (stark) | [גבה] | לִגְבּוֹהַּ | (ligboha) | hoch sein |
| LAMED"HEI (schwach) | [גבה] | לִגְבּוֹת | (ligbot) | einkassieren |

Auch bei den Kehllauten CHET und 'AJIN am Wortende wird das PATACH *vor* dem Kehllaut artikuliert:

לִשְׁלוֹחַ (lischloach) schicken   לִשְׁמוֹעַ (lischmoa) hören

Die Präsenspartizipien sind:

| שׁוֹלֵחַ | (scholeach) | schickend | Singular maskulin |
| שׁוֹלַחַת | (scholachat) | schickend | Singular feminin |
| שׁוֹמֵעַ | (schomea) | hörend | Singular maskulin |
| שׁוֹמַעַת | (schoma'at) | hörend | Singular feminin |

Anstatt mit HEI werden die Femininum-Formen mit TAW gebildet. Die vorletzte Silbe bekommt dann ein PATACH, und das PATACH unter dem Kehllaut wird jetzt regulär hinter dem Kehllaut artikuliert, weil dieser nicht mehr letzter Buchstabe des Wortes ist.

Wurzeln mit zwei gleichen Kehllauten:

| | | | | |
|---|---|---|---|---|
| [שוח] / [שחח] | לָשׁוּחַ | (laschuach) | sinken | ע"ע KEFULIM |
| [כהה] | לִכְהוֹת | (lichhot) | dunkel werden | ל"ה Gruppe |
| [רעע]. | לְהִתְרוֹעֵעַ | (lehitro'ea) | Freunde werden | ע"ע KEFULIM |

Es gibt nur ganz seltene Fälle, bei denen die Kehllaute ’ALEF und ’AJIN in einer Wurzel der Gruppe ע"ע vorkommen, die Wurzel [רעע] ist einer dieser seltenen Fälle. Im Modernhebräischen sind diese Wurzeln zu PILPEL-Wurzeln geworden und flektieren nach dem PI'EL.

→ CHET CHET als Kehllaut unterscheidet sich im Modernhebräischen in der Aussprache nicht mehr von KAF. Da es im Hebräischen keine Wurzel mit drei gleichen Konsonanten gibt, ist naheliegend, dass ח/כ bis zu einem bestimmten Zeitpunkt verschieden artikuliert worden sind [חכך].

Der Kehllaut nimmt Einfluss auf den vorhergehenden Vokal. Dabei gelten folgende Anhaltspunkte:

* Wenn der Vokal vor dem Kehllaut, der eigentlich verdoppelt werden sollte, ein PATACH ist, wandert der DAGESCH-Punkt anstatt in den Kehllaut unter das PATACH. Das ergibt ein KAMATS:

  | | | |
  |---|---|---|
  | לְדַבֵּר | (ledaber) | sprechen |
  | לְבָרֵךְ | (lewarech) | begrüßen |

  Bei Substantiven wird das PATACH vor ע und ח auch zu SEGOL.

* Wenn der Vokal vor dem Kehllaut ein CHIRIK ist, wird ihm der gedachte DAGESCH-Punkt hinzugefügt. Es entsteht TSERE.

  | | | | |
  |---|---|---|---|
  | דִּבֵּר | (diber) | er hat gesagt | PI'EL |
  | מִהֵר | (meher) | er hat sich beeilt | |

* Wenn der Vokal ein KUBBUTS ist, wird er durch CHOLAM oder SCHURUK ersetzt.

  | | | |
  |---|---|---|
  | כֻּבַּד | (kubad) | er wurde geehrt PU'AL |
  | צֹרַף | (tsoraf) | beigefügt |

Nach diesen Regeln wird verständlich, warum die Vokale KAMATS, TSERE, SEGOL, CHOLAM und SCHURUK niemals vor einem Konsonanten mit DAGESCH zu finden sind.

√ גְּרוֹנִי (groni) aus גָּרוֹן (garon)/*Kehle*, daraus abgeleitet [גרן] לְגָרֵן (legaren)/*als Kehllaut aussprechen* PI'EL.
אוֹת (’ot) aus [אות] bzw. [אתת] לְאוֹתֵת *signalisieren* PI'EL.
הֶגֶה (hege) aus [הגה] לַהֲגוֹת (lahagot)/*aussprechen*.
עִצּוּר הַגָּרוֹן (’itsur hagaron), עִצּוּר (’itsur)/*Konsonant* aus [עצר] לַעֲצוֹר (la’atsor)/*anhalten*. גָּרוֹן (garon)/*Kehle*, daraus abgeleitet [גרן] לְגָרֵן (legaren)/*als Kehllaut aussprechen* PI'EL.

KETAW כְּתָב הַמִּזְרָחִי (ketaw hamisrachi)/*Kursivschrift* ↗ Schrift
כְּתָב מְרֻבָּע (ketaw meruba)/*hebräische (assyrische )Quadratschrift* ↗ Schrift

כְּתִיב (ketiw)/*Rechtschreibung, Orthographie, Schreibweise.* Im Hebräischen gibt es zwei Schreibweisen:

**KETIW**

- Die volle Schreibung: כְּתִיב מָלֵא (ketiw male)/SCRIPTIO PLENA ohne Vokalzeichen. Hier werden nur Konsonanten geschrieben. Um das Lesen zu erleichtern, werden die Buchstaben der Gruppe 'AHOI als Lesehilfen (MATRES LECTIONIS) eingefügt:

  → Lesehilfen

  א   für den Vokal (a)
  ה   am Ende eines Wortes um anzuzeigen, dass das Wort auf eine offene Silbe endet; meist ausgesprochen wie (a)
  ו   für den Vokal (o)
  י   für den Vokal (i)

  → WAW

  Obwohl im Hebräischen alle Buchstabenzeichen für Konsonanten stehen, gelten die Lesezeichen der Gruppe 'AHOI in diesem Fall als Stellvertreter für Vokale. In Israel sind Bücher, Zeitungen, Anweisungen, Plakate, Erlasse, Formulare und das "Kleingedruckte" ohne Vokalzeichen geschrieben.

- Die defektive Schreibung, כְּתִיב חָסֵר (ketiw chaser)/SCRIPTIO DEFECTIVA enthält keine Vokalbuchstaben, weil die Vokalzeichen und -punkte gesetzt sind. Dieser Modus heißt auch כְּתִיב מְנֻקָּד (ketiw menukad). In diesem Modus sind die Texte der Thora geschrieben, damit eine absolute Eindeutigkeit beim Lesen der Texte gewährleistet ist. Am Thoratext darf nichts verändert werden, deshalb ist hier eine minutiöse, eindeutig abgesicherte Schreibart unerlässlich.

כְּתִיב מָלֵא (ketiw male). כְּתָב aus [כתב] לִכְתּוֹב (lichtow)/*schreiben.*מָלֵא (male)/*voll* aus [מלא] לְמַלֵּא (lemale)/*füllen* PI'EL.

√

כְּתִיב חָסֵר (ketiw chaser). חָסֵר (chaser) aus [חסר] לַחְסוֹר (lachsor)/*fehlen.*

כְּתִיב מְנֻקָּד (ketiw menukad). מְנֻקָּד (menukad) aus [נקד] לְנַקֵּד (lenaked)/*punktieren, vokalisieren,* d.h. die Vokalzeichen setzen PI'EL.

כְּתִיבָה גַּסָה (ketiwa gasa)/*grobe Schrift, Druckschrift,* כְּתִיבָה דַּקָּה (ketiwa daka)/*kleine Schrift, Handschrift, Kursive.* ↗ Schrift

**KETIWA**

קִדוֹמֶת (kidomet)/*Präfix.* ↗ Präfix

**KIDOMET**

מִשְׁפַּט כִּלְאַיִם (mischpat kil'ajim)/*Satzbruch, Anakoluth.* ↗ Satz

**KIL'AJIM**

קִנְיָן (kinjan)/*Besitz, Eigentum.*
כִּנּוּי־קִנְיָן (kinui-kinjan)/*Possessivsuffix* ↗ Possessivpronomen
יַחֲסַת הַקִּנְיָן (jachasat hakinjan)/*Genitiv.* ↗ Genitiv

**KINJAN**

כִּנּוּי (kinui)/*Benennung, Beiname, Pronomen, Fürwort.* Das Pronomen ist "Anzeigewort", Fürwort, Stellvertreter des Nomens. ↗ Pronomen

**KINUI**

| | | |
|---|---|---|
| כִּנּוּי־שֵׁם | (kinui-schem) | Fürwort, Personalpronomen |
| כִּנּוּי יָשָׁר | (kinui jaschar) | Personalpronomen |
| כִּנּוּי־גּוּף | (kinui-guf) | Personalpronomen |
| כִּנּוּי אִישִׁי | (kinui 'ischi) | Personalpronomen |
| כִּנּוּי קִנְיָן | (kinui kinjan) | Possessivpronomen |
| כִּנּוּי שַׁיָּכוּת | (kinui schajachut) | Possessivpronomen |
| כִּנּוּי־זִקָה | (kinui sika) | Relativpronomen |
| כִּנּוּי רוֹמֵז | (kinui romes) | Demonstrativpronomen |
| כִּנּוּי סְתָמִי | (kinui stami) | Indefinitpronomen |
| כִּנּוּי הַפָּעוּל | (kinui hapa'ul) | Objektspronomen am Verb |

√ כִּנּוּי (kinui)/*Benennung, Beiname, Pronomen, Fürwort* aus [כנה] לְכַנּוֹת (lechanot)/*benennen* PI'EL.

**KISCHUR** מִלַת קִשּׁוּר (milat kischur)/*Bindewort, Konjunktion.* ⁊ Konjunktion

**KITSUR** קִצּוּר (kitsur)/*Abkürzung.* ⁊ Abkürzung

**KLALEI HAPISUK** כְּלָלֵי־הַפִּסּוּק *Satzzeichenregeln.* ⁊ Satzzeichen

**Klammer** סוֹגֵר (soger), Plural: סוֹגְרַיִם (sograjim)/*Klammern.* ⁊ Satzzeichen

**KOLEL** מִשְׁפָּט כּוֹלֵל (mischpat kolel). ⁊ Satz

**Komma** פְּסִיק (pesik)/*Komma.* ⁊ Satzzeichen

**Komparation** הַדְרָגַת הַתֹּאַר ('hadragat hato'ar), *Komparation, Steigerung des Adjektiv* ⁊ Steigerung

**Komparativ** עֶרֶךְ הַיִתְרוֹן ('erech hajitron) oder עֶרֶךְ־הַדִּמְיוֹן ('erech hadimjon)/ *Komparativ, Vergleichsstufe.* ⁊ Steigerung

**Komparativsatz** מִשְׁפָּט הַשְׁוָאָה (mischpat haschwa'a)/*Vergleichssatz.* ⁊ Vergleichssatz

**Kompatibilität** Verträglichkeit der Wurzelkonsonanten. ⁊ Wurzel

**Komposition** ⁊ Wortbildung

**Konditional** דֶרֶךְ הַתְּנַאי (derech hatenai)/*Konditional, Bedingungsmodus.* ⁊ Modus

**Konditionalsatz** מִשְׁפָּט תְּנַאי (mischpat tenai)/*Bedingungssatz, Konditionalsatz.* ⁊ Bedingungssatz

# Konjugation

נְטִיַת הַפֹּעַל (netijat hapo'al), בִּנְיָן הַפֹּעַל (binjan hapo'al), קוֹנְיוּגַצְיָה (konjugatsja), diejenigen morphologischen Veränderungen am Verb, die dessen Handlungsaspekt betreffen. Die Möglichkeiten der verschiedenen Handlungsaspekte beim hebräischen Verb sind in den BINJANIM vorgegeben, die feststehende Muster sind. Das BINJAN diktiert einer Verbwurzel eine bestimmte Zusatzbedeutung, die deren Grundbedeutung variiert: aus der Grundbedeutung *schreiben* macht das PI'EL *intensiv schreiben*, das HIF'IL *schreiben lassen, diktieren* und das HITPA'EL *sich gegenseitig schreiben, korrespondieren*.

→ BINJAN

> *Der Terminus "Konjugation" stammt von Johannes Reuchlin (1455-1522). Er veröffentlichte 1506 in Pforzheim eine Grammatik plus Wörterbuch "De rudimentis Hebraicis". Weitere grammatikalische Fachausdrücke der hebräischen Grammatik stammen von ihm.*

נְטִיַת (netijat) aus [נטה] לִנְטוֹת (lintot)/*beugen, konjugieren, deklinieren*.
בִּנְיָן (binjan)/*Wortbildungsmuster, Gebäude* aus [בנה] לִבְנוֹת/*bauen*.

# Konjunktion

חִבּוּר מִלַת (milat chibur), קִשּׁוּר מִלַת (milat kischur), מִילַת אִיחוּי (milat 'ichui)/*Bindewort, Konjunktion*. Konjunktionen sind nicht flektierbar. Sie verbinden Wörter, Wortgruppen oder Sätze miteinander. Die Konjunktionen *und* und *oder* verbinden Wörter der gleichen Wortart: טוֹב וְיָפֶה (tow wejafe)/*gut und schön*! וְ־ (we-)/*und* ist eine Partikel. Sie wird an das folgende Wort angeschlossen, von dessen erstem Konsonanten die Vokalisierung dieses WAW abhängt. ↗ WAW: WAW als Konjunktion
Die Konjunktionen *und* und *oder* verbinden auch zwei oder mehrere Hauptsätze bzw. gleichartige Nebensätze: *die Kinder hoffen, **dass** die Großeltern kommen **und dass** sie ihnen etwas mitbringen*. Hier werden zwei Nebensätze (Objektsätze) durch die Konjunktion *und* miteinander verbunden. Die Konjunktionen *und* und *oder* sind gleichordnend, sie koordinieren die zu verbindenden Satzteile bzw. Sätze. Die Konjunktionen *weil* oder *dass* z.B. binden einen Nebensatz an einen Hauptsatz: אֲנִי חוֹשֵׁב שֶׁיֵּשׁ בְּעָיוֹת ('ani choschew schejesch be'ajot)/*ich denke, dass es Probleme gibt*. Es sind unterordnende (subordinierende) Konjunktionen.

| Gleichordnende Konjunktionen: | | | Unterordnende Konjunktionen: | | |
|---|---|---|---|---|---|
| וְ־ | (we-) | und | אֲשֶׁר | ('ascher) | dass |
| אוֹ | ('o) | oder | מִפְּנֵי שֶׁ־ | (mipnei sche-) | weil |
| גַם | (gam) | auch | כִּי | (ki) | weil |
| אַךְ | ('ach) | aber | כְּדֵי שֶׁ־ | (kedei sche-) | damit |
| אֲבָל | ('awal) | aber | אִלּוּ | ('ilu) | wenn |
| לָכֵן | (lachen) | folglich | כַּאֲשֶׁר | (ka'ascher) | wenn |
| אֶלָּא | ('ela) | aber | גַם כִּי | (gam ki) | obwohl |

חִבּוּר (chibur)/*Verbindung, Aufsatz, Addition*, Verbalsubstantiv aus [חבר] לְחַבֵּר (lechaber)/*verbinden* PI'EL. קִשּׁוּר (kischur)/*Binden, Festmachen*, Verbalsubstantiv aus [קשר] לְקַשֵּׁר (lekascher)/*verbinden* PI'EL.
מִילַת אִיחוּי (milat 'ichui)/*Bindewort, Konjunktion*. אִיחוּי ('ichui) aus [אחה] לְאַחוֹת (le'achot)/*zusammenfügen, überbrücken* PI'EL.

# Konjunktiv

דֶּרֶךְ הַשְׁמָא (derech haschema)/*Möglichkeitsform* ↗ Modus

# Konsekutivsatz

מִשְׁפַּט־תּוֹצָאָה (mischpat-totsa'a)/*Folgesatz*. Der Folgesatz, der untergeordnet ist, enthält die Aussage über die Folge bzw. Wirkung des Geschehens oder Sachverhaltes, die im übergeordneten Satz genannt sind. Konjunktionen, die einen Konsekutivsatz einleiten:

| | | |
|---|---|---|
| כְּדֵי־כָּךְ | (kedei-kach) | so... dass |
| כֹּל כָּךְ .... עַד שֶׁ־ | (kol kach ... 'ad sche-) | so (sehr) ... dass |
| כֹּה .... עַד כִּי | (ko ... 'ad ki) | so... dass |

אֲנִי עָסוּק כֹּל כָּךְ עַד שֶׁשָּׁכַחְתִּי לָבוֹא.
('ani 'asuk kol kach 'ad scheschachachti lawo)
Ich bin so sehr beschäftigt, dass ich vergessen habe zu kommen.

√

מִשְׁפַּט־תּוֹצָאָה (mischpat-totsa'a)/*Folgesatz, Konsekutivsatz*. מִשְׁפָּט aus [שפט] לִשְׁפּוֹט (lischpot)/*richten, Recht sprechen*. תּוֹצָאָה aus [יצא] לְהוֹצִיא (lehotsi)/*hervorbringen* HIF'IL.

# Konsonant

עִצּוּר ('itsur) oder קוֹנְסוֹנַנְט (konsonant)/*Mitlaut, Konsonant*. Um einen Konsonanten zu artikulieren, ist ein Vokal erforderlich, daher die Bezeichnung *Mitlaut*. Beim Artikulieren eines Konsonanten wird auf verschiedene Weise und an verschiedenen Stellen des Mundes und Rachens der Luftstrom angehalten bzw. eingeengt, so dass Konsonanten verschiedener Qualität entstehen. Im Englischen heißt der Konsonant deshalb *stop*, und daher rührt auch der hebräische Name: עִצּוּר aus [עצר] לַעֲצוֹר (la'atsor)/*anhalten*.

→ Vokal

Die Konsonanten werden je nach Artikulationsstelle in fünf Hauptgruppen eingeteilt:

| | | | |
|---|---|---|---|
| Gutturale | אהחע | Merkwort: | 'AHACH'A |
| Labiale | בומפ | | BUMAF |
| Palatale | גיכק | | GICHAK |
| Linguale | דטלנת | | DATLENAT |
| Dentale | זסצרש | | $ASTSERASCH |

RESCH wird im Modernhebräischen nicht mehr als Dental (Zungenspitzen-R) artikuliert.

Stimmhafte Konsonanten werden durch Mitschwingen der Stimmbänder erzeugt: זַיִן (sajin). Das Hebräische hat nur Buchstabenzeichen für Konsonanten. Doppelkonsonanz wie in den europäischen Sprachen, z.B. in dem Wort *doppelt*, gibt es im Hebräischen nicht, obwohl es Fälle gibt, in denen zwei gleiche Konsonanten in Folge vorkommen. Auch wird im Hebräischen vermieden, dass mehrere Konsonanten ohne dazwischen liegenden Vokal artikuliert werden müssen. Mehr als zwei SCHWA in Folge gibt es nur sehr selten. Bei Fremdwörtern, deren Aussprache ins Hebräische übernommen wird, finden sich gelegentlich solche Bildungen:

→ Vokalzeichen
→ Gemination

| | | |
|---|---|---|
| אֶכְּסְפְּלוֹטַצְיָה | ('eksplotatsja) | Nutzbarmachung |
| אַלְטִימֵיט סְטְרֶנְגְּת | ultimate strength | (in der Materialforschung) |

Bestimmte Konsonanten kommen nicht zusammen in derselben Wurzel vor, weil ihre Artikulationsstellen zu nahe benachbart sind und das Wort deshalb schwer auszusprechen wäre.
Die Konsonanten 'ALEF und 'AJIN nehmen eine Sonderstellung ein: sie sind die Buchstabenzeichen für einen harten Stimmeinsatz. In den europäischen Sprachen gibt es dafür kein entsprechendes Zeichen.
↗ harter Stimmeinsatz  ↗ Vokal

→ Wurzel

עִצּוּר ('itsur)/*Mitlaut, Konsonant* Verbalsubstantiv des PI'EL aus [עצר] לַעֲצוֹר (la'atsor)/*anhalten*.

↗ Gemination

## Konsonantenverdoppelung

Unter Kontamination versteht man eine bestimmte Form der Wortbildung. Dabei wird aus Teilen zweier Wörter ein neues gebildet: *Demokra*tie + Dikta*tur* = Demokratur. Im Hebräischen:

## Kontamination

רַכֶּבֶת + כֶּבֶל = רַכֶּבֶל
(rakewet)/*Bahn*  (kewel)/*Kabel*  (rakewel)/*Drahtseilbahn*

Auch das Ergebnis dieser Wortkreuzung wird als Kontamination bezeichnet. Stammen die beiden neu kombinierten Teile aus verschiedenen Sprachen, handelt es sich um eine hybride Bildung: in dem deutschen Wort *Schlamassel*, jiddisch שלימזל (schlimasel), stammt der erste Teil aus dem deutschen Adjektiv *schlimm* und der zweite Teil aus dem hebräischen Wort מַזָל (masal)/*Glück*. Desgleichen ist das Wort *Automobil* zusammengesetzt aus dem griechischen Bestandteil αυτος/*selbst, von selbst* und dem lateinischen Adjektiv mobilis/*beweglich, schnell*. Im hebräischen Fremdwörterbuch von Pines* findet sich das Fremdwort וֶרְטִיפּוֹרְט (vertiport) aus den englischen Wörtern *vertic*al *air*port. In der Werbung wird die Wortbildung mit der Technik der Kontamination häufig bemüht: *spar*en + Pa*radies* = Sparadies.

→ Wortbildung

* דן פינס/קפאי פינס,מילון לועזי עברי המורחב.
Dan Pines, (mīlon lo'asi 'iwri hamurchaw). Tel Aviv o.J.

הֶקְשֵׁר (hekscher)/*Kontext, Zusammenhang*, der Text, der einen bestimmtes Wort oder eine Wortform umgibt. Bei gleich geschriebenen Wörtern aus verschiedenen Wurzeln gibt der Kontext Aufschluss über die Form und damit über die definitive Bedeutung des Wortes. In Texten ohne Vokalzeichen finden sich Wörter bzw. Verbformen, die nur anhand ihres Kontextes eindeutig grammatikalisch zu definieren sind:

## Kontext

| | | | | | |
|---|---|---|---|---|---|
| רצו | רְצוּ | 1. לָרוּץ | (laruts) | laufen | Verbklasse ע"ו |
| | (ratsu) | 2. לִרְצוֹת | (lirtsot) | wollen | Verbklasse ל"ה |
| גבה | גָּבְהָ | 1. לִגְבּוֹהַּ | (ligboha) | hoch sein | Verbklasse ל ג' |
| | גָּבְה | 2. לִגְבּוֹת | (ligbot) | einkassieren | Verbklasse ל"ה |
| לשאול | לִשְׁאוֹל | 1. לִשְׁאוֹל | (lisch'ol) | fragen | Verbform |
| | | 2. לִשְׁאוֹל | (lisch'ol) | in die Unterwelt | Substantiv mit Präposition ל- |

# Konzessivsatz

מִשְׁפָּט וִתּוּר (mischpat witur)/*Einräumungssatz, Konzessivsatz.* Der Konzessivsatz ist ein abhängiger Satz (Nebensatz). Er enthält einen Gegensatz: *obwohl sie sich angestrengt hat, hat sie nichts erreicht.* Der Konzessivsatz wird mit folgenden Konjunktionen eingeleitet:

| | | |
|---|---|---|
| אַף כִּי | ('af ki) | wenn auch |
| אַף אִם | ('af 'im) | wenn auch |
| אַף עַל פִּי שֶׁ- | ('af 'al pi sche-) | obwohl |
| אֲפִלּוּ | ('afilu) | sogar |
| גַּם אִם | (gam 'im) | auch wenn |
| אִם גַּם | ('im gam) | wenn auch |

aber: Präpositionen
עַל אַף ('al 'af)/*trotz*
לַמְרוֹת (lamrot)/*trotz*

√ מִשְׁפָּט וִתּוּר (mischpat witur)/*Einräumungssatz, Konzessivsatz.* מִשְׁפָּט (mischpat)/*Satz* aus [שפט] לִשְׁפּוֹט (lischpot)/*richten, Recht sprechen, urteilen.* וִתּוּר (witur)/*Verzicht,* Verbalsubstantiv aus [ותר] לְוַתֵּר (lewater)/*verzichten, nachgeben* PI'EL.

# Kopula

אוֹגֵד ('oged)/*verbindend, Verbindung,* eine Satzkonstruktion, bei der das Prädikat des Satzes ein bedeutungsschwaches Verb, meist ein Hilfsverb ist, das die Verbindung zwischen dem Subjekt des Satzes und dem Prädikatsnomen herstellt: *sie ist Lehrerin.* In diesem Satz gibt es zwei Subjekte, die durch das Verb miteinander verbunden sind. Das Personalpronomen *sie* ist das Subjekt des Satzes, das Verb *ist* ist das Prädikat, und zu diesem Prädikat gehört ein zweites Subjekt: *Lehrerin.* Dieses zweite Subjekt heißt Prädikatsnomen oder Prädikativ(um). Prädikatsnomen kann ein Substantiv, ein unflektiertes Adjektiv oder ein Name sein: *das Wasser ist **lauwarm**; wir bleiben **cool**, ich sehe **schwarz**; sie heißt **Ruthi**.* In diesen Beispielen ist das Prädikatsnomen Subjekt, steht also im Nominativ. Das Prädikatsnomen kann sich auch auf ein Objekt beziehen: *er schätzt sich **glücklich*** (Akkusativ); *sie sind sich **spinnefeind*** (Dativ).

Im Hebräischen heißt diese Satzkonstruktion מִשְׁפָּט שְׁמָנִי (mischpat schemani)/*Nominalsatz.* Ewen-Schoschan* gibt folgende Beispiele: וְהַנָּחָשׁ הָיָה עָרוּם (wehanachasch haja 'arum)/*und die Schlange war listig* (1. Mos. 3,1). Das Verb הָיָה ist hier Kopula. Oder: כִּי הַדָּם הוּא הַנֶּפֶשׁ (ki hadam hu hanefesch)/*denn das Blut ist die Seele* (5. Mos. 12,23). Hier ist das Personalpronomen die Kopula.

√ אוֹגֵד ('oged)/*verbindend* aus [אגד] לֶאֱגוֹד (le'egod)/*zusammenbinden.* Aus dieser Wurzel kommt auch der Name: אֶגֶד ('eged) für die Autobus-Kooperative in Israel.

מִשְׁפָּט שְׁמָנִי (mischpat schemani)/*Nominalsatz.* מִשְׁפָּט (mischpat) aus [שפט] לִשְׁפּוֹט (lischpot)/*richten, Recht sprechen.* שְׁמָנִי (schemani)/*substantivisch* aus שֵׁם (schem)/*Name.* Das Wort hat keine hebräische Wurzel. Die Herkunft des Wortes ist ungewiss, es existiert allerdings in verschiedenen semitischen Sprachen.

---

* *Awraham Ewen-Shoshan,* אברהם אבן־שושן, המלון החדש. ירושלים התשמ"ט *(hamilon hechadasch). Jerusalem 1989*

## KUBBUTS

□ קִבּוּץ Vokalzeichen für ein kurzes (u). Es besteht aus drei versetzt untereinander stehenden Punkten unter dem Konsonanten, hinter dem der Vokal artikuliert wird.

קִבּוּץ aus [קבצ] לְקַבֵּץ (lekabets)/*sammeln, einsammeln* PI'EL. Das Wort קִבּוּץ (kubuts) ist entstanden aus קִבּוּץ (kibuts), Verbalsubstantiv aus dem PI'EL. Die Bezeichnung ist abgekürzt aus קִבּוּץ שְׂפָתַיִם (kibuts sfatajim)/*Zusammenziehen (Sammeln) der Lippen*, was wohl die Lippenstellung während der Artikulation des Vokals (u) beschreibt.

## KUF

| modern-hebr. | ⇦ aramäisch ca. 600 | ⇦ *phönizisch* ⇨ ca. 1100 v.u.Z. | altital. ⇨ ca. 400-200 | lateinisch |

קוּף ist der neunzehnte Buchstabe des Alphabets mit dem Zahlenwert 100. Der Name bedeutet Nadelöhr, bzw. קוֹף (kof)/*Affe*. In den semitischen Sprachen wechselt KUF mit GIMEL, CHET und KAF, seltener auch mit TSADE. KUF gehört zur Buchstabengruppe גיכק GICHAK (Palatale).
KUF steht als Ersatz für HEI im Gottesnamen אֱלֹהִים ('elohim), wenn dieser Name im profanen Bereich wie Liedertexten oder Redewendungen gebraucht wird: אֱלֹקִים ('elokim).

*אֵין זֶה כִּי אִם־בֵּית אֱלֹקִים* ('ein še ki 'im-beit 'elokim)/*hier ist nichts anderes als das Haus Gottes* (Genesis 28,17). Glasierter Ziegel, Isfahan 18. Jh.

## KWEDIM

בִּנְיָנִים כְּבֵדִים (binjanim kwedim)/*schwere BINJANIM*, auch בִּנְיָנִים דְּגֵשִׁים (binjanim daguschim), die im mittleren Wurzelkonsonanten ein DAGESCH haben, weil dieser Konsonant verdoppelt ist: PI'EL, PU'AL und HITPA'EL.

# 1

## Labial

Ein mit Hilfe der Lippen artikulierter Laut, im Hebräischen die Konsonanten der Gruppe בּוּמַ"פ (b)/(w)/(m)/(p)/(f), Merkwort: BUMAF. WAW vor diesen Konsonanten wird וּ ('u) ausgesprochen und bildet mit dem folgenden ersten Konsonanten des Wortes eine Silbe. Dieser Fall ist in der hebräischen Grammatik einzigartig, da es kein Wort gibt, das mit einem Vokal beginnt.

## LAMED

| modern-hebr. | ⇦ aramäisch ca. 200 | ⇦ *phönizisch* ⇨ ca. 1100 v.u.Z. | griechisch ⇨ ca. 700-500 | lateinisch |

לָמֶד ist der zwölfte Buchstabe des Alphabets mit dem Zahlenwert dreißig. Das Buchstabenzeichen bedeutet *Stachel zum Antreiben*, die Grundbedeutung der Wurzel ist *anstacheln*. Daraus kommt auch die Bedeutung *lernen*. LAMED alterniert in den semitischen Sprachen mit NUN und RESCH. Klein gibt dafür folgendes Beispiel: das biblische Wort שַׁרְשֶׁרֶת (scharscheret)/*Kette* wird im nachbiblischen Hebräisch שַׁלְשֶׁלֶת (schalschelet) mit der gleichen Bedeutung. Klein bringt Beispiele für die Alternation von l und r auch in den indoeuropäischen Sprachen: latein. arbor ⇨ italien. albero/*Baum*, latein. prunum/*Pflaume* ⇨ engl. plum. LAMED erscheint gelegentlich als zusätzlicher Konsonant an einer Wurzel: כֶּרֶם (kerem)/*Weinberg* ⇨ כַּרְמֶל (karmel)/*Obstgarten, Gartenland* (biblisch).

LAMED gehört zu den Buchstabengruppen דטלנ"ת (Merkwort DATLENAT), משה וְכֵלֵ"ב ('OTIOT HASCHIMUSCH), בַּכְלַ"ם (Merkwort BACHLAM). LAMED kann Präposition sein. Die Partikel ל kann nicht alleine stehen, sondern wird einem Wort vorgeschaltet. Sie ist eine Verkürzung aus der selbständigen Präposition אֶל ('el), die eine Richtung anzeigt wie HEI HAMGAMA ·

→ Buchstabengruppen

→ HEI: HEI der Richtung

| נָתַתִּי סֵפֶר לַתַּלְמִיד | (natati sefer latalmid) | ich gab dem Schüler ein Buch |
| נָסַעְתִּי לַגֶּרְמָנְיָה | (nasati lagermania) | ich reiste nach Deutschland |

Zur Vokalisierung des LAMED vor Artikel-HEI ↗ Artikel
Als Präfix kann LAMED Adverbien bilden:

| [בטל] | לְבַטָּלָה | (lewatala) | vergebens |
| | לִבְטוֹל | (liwtol) | nicht mehr sein |
| [ריק] | לָרִיק | (larik) | vergebens |
| | לְהָרִיק | (leharik) | leeren HIF'IL |
| [כבר] | לְמַכְבִּיר | (lemachbir) | in Hülle und Fülle |
| | לְהַכְבִּיר | (lehachbir) | multiplizieren HIF'IL |

LAMED am Infinitiv heißt לָמֶד הַתַּכְלִית (lamed hatachlit)/*LAMED des Ziels*. Die Vokalisierung des LAMED als Partikel richtet sich nach dem darauffolgendem Konsonanten und den Betonungsverhältnissen des Wortes. ↗ Infinitiv
LAMED als Partikel vor einem Autorennamen bedeutet *verfasst von*: מִזְמוֹר לְדָוִד (mismor ledawid)/*Psalm von David*. Der lateinische grammatikalische

Fachausdruck dafür ist: LAMED AUCTORIS.

> ✽ Ernest Klein, *A Comprehensive Etymological Dictionary of the Hebrew Language for Readers of English.* Haifa 1987

## LAMED" 'ALEF

→ harter Stimmeinsatz

Verbklasse von schwachen, unvollständigen Verben mit 'ALEF als drittem Wurzelkonsonanten. 'ALEF ist in bestimmten Verbformen stumm, hat also weder Vokal noch SCHWA. In den betreffenden Verbformen ist 'ALEF folglich nicht als harter Stimmeinsatz wahrzunehmen:

| | | |
|---|---|---|
| אֲנִי יָרֵא | ('ani jare) | ich fürchte mich |
| לִירוֹא | (liro) | sich fürchten |
| יָרֵאתִי | (jareti) | ich habe mich gefürchtet |

Also: (ja*re*), nicht (*jar'*e). Wenn eine einsilbige Endung hinzukommt, verbindet sich der dritte Wurzelkonsonant mit diesem einsilbigen Endungsmorphem zu einer Silbe, und so heißt es:

| | | |
|---|---|---|
| יָרְאוּ | (jar'u) | sie haben sich gefürchtet |

Hier wird das 'ALEF wieder hörbar. Da der dritte Wurzelkonsonant in manchen Verbformen ruht, heißt diese Verbklasse auch נָחֵי ל"א (nachei lamed" 'alef). Das 'ALEF als dritter Wurzelkonsonant ruht in all denjenigen Verbformen, in denen es ein SCHWA NACH (ein ruhendes SCHWA) hätte. Das sind z.B. die drei oben zitierten Verbformen. Infolgedessen ist die zweite Silbe dieser schwachen Verben offen, während sie bei den starken Verben geschlossen ist. Deshalb hat das TAW im Personalsuffix kein DAGESCH. Wo der zweite Wurzelkonsonant der starken Verben einen kurzen Vokal hat, steht bei dieser Verbgruppe ein langer Vokal, ein KAMATS oder ein TSERE:

→ SCHWA

| | | | |
|---|---|---|---|
| starkes Verb: | כָּתַבְתִּי | (katawti) | ich schrieb |
| schwaches Verb: | מָצָאתִי | (matsati) | ich fand |
| starkes Verb: | אֶשְׁלַח | ('eschlach) | ich werde schicken |
| schwaches Verb: | אֶמְצָא | ('emtsa) | ich werde finden |
| starkes Verb: | שְׁלַח | (schelach) | schicke |
| schwaches Verb: | מְצָא | (metsa) | finde |

Das Femininum des Partizips der Gegenwart wird mit TSERE vokalisiert:

| | | | |
|---|---|---|---|
| starkes Verb: | כּוֹתֶבֶת | (kotewet) | sie schreibt |
| schwaches Verb: | מוֹצֵאת | (motset) | sie findet |

→ DAGESCH

In der Vergangenheit hat das TAW des Personalsuffixes der ersten Person Singular kein DAGESCH, in der zweiten Person Singular hat es kein SCHWA:

| | | |
|---|---|---|
| מָצָאתִי | (matsati) | ich habe gefunden |
| מָצָאת | (matsat) | du hast gefunden |

## LAMED GRONIT

ל"ג: Abkürzung für ל' הַפֹּעַל גְּרוֹנִית, ('ot gronit) גְרוֹנִית als drittem Wurzelkonsonanten (LAMED HAPO'AL): Wurzeln mit Kehllaut אוֹת

| ע | 2 | 1 | ח | 2 | 1 | ה | 2 | 1 | א | 2 | 1 |

Wenn LAMED HAPO'AL ein CHET, HEI oder 'AJIN ist, wird das PATACH unter diesem dritten Wurzelkonsonanten *vor* dem Konsonanten artikuliert anstatt normalerweise dahinter: שָׂמֵחַ (sameach)/*froh*.  → PATACH

Wurzeln mit LAMED HAPO'AL ה gehören zu verschiedenen Verbklassen. Bei Verben der Klasse LAMED GRONIT ist HEI unveränderlicher Wurzelkonsonant und hat im vokalisierten Text ein MAPIK. Dieses ה wird deutlich hörbar ausgesprochen: כָּמֵהַּ (kame*ah*) oder sogar (kame*ha*). Bleibt das HEI als dritter Wurzelkonsonant nicht in allen Flexionsformen erhalten, sondern findet sich mit JOD vertauscht oder fehlt ganz, handelt es sich um ein Verb der schwachen Verbklasse LAMED"HEI. Starke Verben mit ה als dritten Wurzel-  → LAMED"HEI
konsonanten gibt es nur ganz wenige:

| | | | |
|---|---|---|---|
| [תמה] | לִתְמוֹהַּ | (litmoha) | staunen |
| [גבה] | לִגְבּוֹהַּ | (ligboha) | hoch sein |
| [כמה] | לִכְמוֹהַּ | (lichmoha) | sich sehnen |
| [נגה] | לִנְגוֹהַּ | (lingoha) | strahlen |
| [מהה] | לְמַהְמֵהַּ | (lemameha) | hinauszögern PILPEL |

In den Verbtabellen sind diese Wurzeln charakterisiert als: Verbklasse 'ל גְרוֹנִית (lamed gronit) Untergruppe הֵא קַיֶּמֶת (hei kajemet), d.h. bleibendes HEI. Die Wurzel [גבה] z.B. kommt im Hebräischen zweimal vor mit zwei verschiedenen Bedeutungen. Die beiden gleichen Wurzeln gehören jedoch zwei verschiedenen Verbklassen an, je nachdem, ob HEI in dritter Position in den Verbformen erhalten bleibt wie bei den starken Verben oder verlorengeht wie bei den schwachen:

| | | | | |
|---|---|---|---|---|
| LAMED GRONIT (stark) | [גבה] | לִגְבּוֹהַּ | (ligboha) | hoch sein |
| LAMED"HEI (schwach) | [גבה] | לִגְבּוֹת | (ligbot) | einkassieren |

| | | | | |
|---|---|---|---|---|
| LAMED GRONIT HEI | גָּבוֹהַּ | (gawoa) | גְּבוֹהִים | (gwohim) |
| | גְּבוֹהָה | (gwoha) | גְּבוֹהוֹת | (gwohot) |
| LAMED"HEI | גּוֹבֶה | (gowe) | גּוֹבִים | (gowim) |
| | גּוֹבָה | (gowa) | גּוֹבוֹת | (gowot) |

Verbwurzeln, bei denen der zweite und der dritte Konsonant gleich sind, gehören zur schwachen Verbgruppe פְּעָלִים כְּפוּלִים (pe'alim kefulim)/'AJIN" 'AJIN-Verben oder zu den Verben ל"ה:

| | | | | |
|---|---|---|---|---|
| [רעע] | לְהִתְרוֹעֵעַ | (lehitro'ea) | Freunde werden HITPA'EL | Verben ע"ע |
| [זהה] | לְזַהוֹת | (lesahot) | identifizieren PI'EL | Verben ל"ה |

Eine Verbwurzel [הה1] gibt es im Hebräischen nicht.

גְּרוֹנִית (gronit), גְּרוֹנִי (groni)/*kehlig*, גָּרוֹן (garon)/*Kehle*, daraus [גרנ] לְגָרֵן (legaren)/*als Kehllaut aussprechen* PI'EL.  √

פְּעָלִים כְּפוּלִים (pe'alim kefulim): כָּפוּל (kaful)/*verdoppelt*, Partizip der Vergangenheit aus [כפל] לְהַכְפִּיל (lehachpil)/*verdoppeln* HIF'IL.

→ PEI HAPO'AL

# LAMED HATACHLIT

לְמֵד הַתַּכְלִית (lamed hatachlit)/*LAMED des Ziels, Infinitiv-LAMED.* ⌐ Infinitiv

## LAMED"HEI

Die schwachen Verben, die ein HEI als dritten Wurzelkonsonanten haben, werden zusammengefasst als Verbklasse LAMED"HEI bzw. LAMED"JOD. Diese Verben sind aus zwei ehemaligen Gruppen LAMED"JOD und LAMED"WAW hervorgegangen, wobei die Gruppe LAMED"WAW aus dem Hebräischen verschwunden ist. JOD wird in den Formen, die keine Personalendung haben, durch HEI ersetzt, beide Konsonanten spielen also die Rolle eines Wurzelkonsonanten. JOD ist stumm: קָנִיתִי (kaniti)/*ich habe gekauft*. Aus dieser Verbform ist ferner zu ersehen: der mittlere Wurzelkonsonant hat ein CHIRIK und das TAW der Personalendung hat kein DAGESCH. Auch in der zweiten Person Singular feminin hat das TAW der Personalendung weder DAGESCH noch SCHWA. In denjenigen Formen, die auf HEI enden, ist der mittlere Wurzelkonsonant abweichend vokalisiert. In der dritten Person Singular maskulin der Vergangenheit mit KAMATS: קָנָה (kana)/*er hat gekauft*; im Imperativ Singular maskulin mit TSERE: קְנֵה (kene)/*kaufe*; im Singular der Gegenwart und im Futur mit SEGOL: קוֹנֶה (kone)/*kaufend* und אֶקְנֶה ('ekne)/*ich werde kaufen*.

| | | | | |
|---|---|---|---|---|
| Gegenwart | אֲנִי קוֹנֶה | ('ani kone) ich kaufe | אֲנַחְנוּ קוֹנִים | ('anachnu konim) wir kaufen |
| | אַתָּה קוֹנֶה | ('ata kone) du kaufst (m) | אַתֶּם קוֹנִים | ('atem konim) ihr kauft (m) |
| | אַתְּ קוֹנָה | ('at kona) du kaufst (f) | אַתֶּן קוֹנוֹת | ('aten konot) ihr kauft (f) |
| | הוּא קוֹנֶה | (hu kone) er kauft | הֵם קוֹנִים | (hem konim) sie kaufen |
| | הִיא קוֹנָה | (hi kona) sie kauft | הֵן קוֹנוֹת | (hen konot) sie kaufen |
| Vergangenheit | קָנִיתִי | (kaniti) ich habe gekauft | קָנִינוּ | (kaninu) wir haben gekauft |
| | קָנִיתָ | (kanita) (m.) du hast gekauft | קְנִיתֶם | (knitem) (m.) ihr habt gekauft |
| | קָנִית | (kanit) (f.) du hast gekauft | קְנִיתֶן | (kniten) (f.) ihr habt gekauft |
| | קָנָה | (kana) er hat gekauft | קָנוּ | (kanu) sie haben gekauft |
| | קָנְתָה | (kanta) sie hat gekauft | | |
| Zukunft | אֶקְנֶה | ('ekne) ich werde kaufen | נִקְנֶה | (nikne) wir werden kaufen |
| | תִּקְנֶה | (tikne) (m.) du wirst kaufen | תִּקְנוּ | (tiknu) ihr werdet kaufen |
| | תִּקְנִי | (tikni) (f.) du wirst kaufen | יִקְנוּ | (jiknu) sie werden kaufen |
| | יִקְנֶה | (jikne) er wird kaufen | | |
| | תִּקְנֶה | (tikne) sie wird kaufen | | |

Die Endung des Infinitivs ist וֹת- (-ot). Im Femininum der Form GUF SCHLISCHI der Vergangenheit wird HEI durch TAW ersetzt:

| | | | |
|---|---|---|---|
| maskulin | קָנָה | (kana) | er hat gekauft |
| feminin | קָנְתָה | (kanta) | sie hat gekauft |

*Lautlehre*

Die Verben mit HEI als letztem Wurzelkonsonanten, die dieses HEI in allen Flexionsformen behalten, sind starke Verben. Dieses HEI hat ein MAPIK. Sie gehören zu den starken Verben der Gruppe לׂ' גְרוֹנִית (lamed gronit):

| | | | | |
|---|---|---|---|---|
| LAMED GRONIT (stark) | [גבה] | לִגְבּוֹהַּ | (ligboha) | hoch sein |
| LAMED"HEI (schwach) | [גבה] | לִגְבּוֹת | (ligbot) | einkassieren |

Die Abweichungen bei der Konjugation der unregelmäßigen Wurzeln zeigen sich auch in den Ableitungen:

→ LAMED GRONIT

| | | | |
|---|---|---|---|
| לְצַוּוֹת [צוה] | (letsawot) | befehlen PI'EL | im Infinitiv fehlt der letzte Wurzelkonsonant |
| צִוָּה | (tsiwa) | er hat befohlen | GUF SCHLISCHI ist vollständig |
| צַו | (tsaw) | Befehl | bei der substantivischen Ableitung fehlt der letzte Wurzelkonsonant |
| לִקְנוֹת [קנה] | (liknot) | kaufen PA'AL | im Infinitiv fehlt der letzte Wurzelkonsonant |
| קָנָה | (kana) | er hat gekauft | GUF SCHLISCHI ist vollständig |
| קַנְיָן | (kanjan) | Einkäufer | das HEI ist durch JOD ersetzt |

Es gibt Wurzeln, die nach der Gruppe לׂ"ה flektieren und als mittleren Wurzelkonsonanten ebenfalls ein HEI haben:

| | | | | |
|---|---|---|---|---|
| [כהה] | לִכְהוֹת | (lichhot) | dunkel werden | PA'AL |
| [להה] | לִלְהוֹת | (lilhot) | müde sein | PA'AL |
| [זהה] | לְזַהוֹת | (lesahot) | identifizieren | PI'EL |

Im Gegensatz dazu gibt es keine starke Wurzel LAMED GRONIT HEI mit einem HEI als mittleren Wurzelkonsonanten: [והה] .

Die Verbgruppe לׂ"י ist dieselbe wie die Gruppe לׂ"ה. Das ist aus den Abweichungen dieser Verbklasse selbst ersichtlich: der dritte Wurzelkonsonant HEI ist bei den meisten Verbformen ein JOD, so dass man davon ausgeht, dass diese Konjugation ursprünglich eine לׂ"י - Klasse war.

## LAMED"JOD

→ LAMED"HEI

Es gibt nur ganz wenige Wurzeln לׂ"ו, weil sich das WAW als dritter Wurzelkonsonant schon früh zu JOD entwickelt hat. Die Gruppe לׂ"י ist dieselbe wie die Verbgruppe לׂ"ה.

## LAMED"WAW

| | | | |
|---|---|---|---|
| [שלו] | לִשְׁלוֹ | (lischlow) | ruhig sein |
| | שָׁלַו | (schalaw) | (GUF SCHLISCHI) |
| | שָׁלֵו | (schalew) | ruhig, sorglos |
| | שֶׁלֶו | (schelew) | Ruhe |
| | שַׁלְוָה | (schalwa) | Sorglosigkeit |

↗ Kehllaut

תּוֹרַת הַהִגּוּי (torat hahigui) oder פוֹנֶטִיקָה (fonetika). ↗ Grammatik

## Laryngal
## Lautlehre

## Lehnwort

→ Fremdwort

מִלָּה שְׁאוּלָה (mila sche'ula). Als Lehnwort wird ein Wort bezeichnet, das aus einer anderen Sprache übernommen wurde und sich in Lautung, Schriftbild und Flexion ganz und gar an die diejenige Sprache angeglichen hat, in die es aufgenommen wurde. Dem Sprachteilnehmer, dem die Herkunft der betreffenden Wörter nicht bewusst ist, fällt ein Lehnwort nicht auf: im Deutschen z.B. das Wort "Fenster" aus dem Lateinischen fenestra. Das Wort "Fenster" ist vollständig an das Deutsche assimiliert. Im Gegensatz dazu steht das Fremdwort, dem man seine Herkunft noch ansieht: Jeans, Steak, Sphäre, Café. Das Hebräische z.B. hat entlehnt:

| | | | |
|---|---|---|---|
| aus dem Ägyptischen | סוּף | (suf) | Schilf |
| aus dem Assyrischn | דֶּגֶל | (degel) | Fahne |

√

מִלָּה שְׁאוּלָה (mila sche'ula)/*Lehnwort*. שָׁאוּל (scha'ul) ist Passiv-Partizip aus [שאל] לִשְׁאוֹל (lisch'ol)/*fragen, bitten, borgen, ausleihen*, in der Linguistik: *entlehnen*.

## Leideform ↗ Passiv

## LENE ↗ DAGESCH

## LESCHON JACHID ↗ Einzahl

## LESCHON RABOT ↗ Mehrzahl

## Lesehilfen

→ WAW
→ Buchstaben gruppen

אִמּוֹת הַקְּרִיאָה ('imot hakri'a)/*Vokalstellvertreter*, MATRES LECTIONIS. Bevor das vollständige System der Vokalzeichen im Hebräischen, so wie wir es aus der Thora kennen, entwickelt war, wurden folgende Konsonanten als Vokalzeichen verwendet (Merkwort 'AHOI):

א für den Vokal (a)
ה am Ende eines Wortes um anzuzeigen, dass das Wort auf eine offene Silbe endet; meist ausgesprochen wie (a)
ו für die Vokale (o) und (u)
י für die Vokale (i) und (e)

Ein Text, der diese Lesezeichen enthält, liegt vor in voller Schreibung: מָלֵא כְּתִיב (ketiw male), lateinisch SCRIPTIO PLENA. Ein Text, der keine MATRES LECTIONIS enthält, dafür aber Vokalzeichen nach dem später entwickelten Vokalisierungssystem, liegt in defektiver Schreibung vor: כְּתִיב חָסֵר (ketiw chaser), SCRIPTIO DEFECTIVA, oder כְּתִיב מְנֻקָּד (ketiw menukad). Moderne Texte, Literatur- und Zeitungstexte, sind nicht mit Vokalzeichen versehen und enthalten deshalb die Vokalbuchstaben. In den Zeitungen sind Namen und Fremdwörter vokalisiert.

In einigen Wörtern wird der Vokal (o) nicht mit WAW wiedergegeben, z.B.:

| | | | | | | |
|---|---|---|---|---|---|---|
| פֹּה | (po) | dort | | כֹּל | (kol) | alles |
| אֵיפֹה | ('eifo) | wo | | לֹא | (lo) | nein |
| זֹאת | (sot) | diese | | צֹאן | (tson) | Kleinvieh |
| כֹּה | (ko) | so | | שְׂמֹאל | (smol) | links |

*Lesehilfen*

Die Vokalstellvertreter können keine Silbe abschließen, diese Silben sind offen und haben kein SCHWA NACH (ruhendes SCHWA) am Ende. Die Vokalstellvertreter stehen wie die Vokalzeichen hinter demjenigen Konsonanten, den sie vokalisieren.

Fremdwörter bringen häufig ein Konsonanten- und vor allem ein Vokalmaterial mit sich, das vom Hebräischen nur mit Hilfe bestimmter Tricks zu bewältigen ist. Bei der Transliteration von Fremdwörtern spielen die Lesehilfen der Gruppe אהוי eine wichtige Rolle. Einige Buchstabensequenzen der europäischen Sprachen können nur mit Hilfe von eingefügten MATRES LECTIONIS im Hebräischen wiedergegeben werden:

→ 'ALEF

| | | | |
|---|---|---|---|
| io | a priori | אַ פְּרִיוֹרִי | |
| u'i | horror vacui | הוֹרוֹר וָקוּאִי | hier ist 'ALEF Konsonant mit hartem Stimmeinsatz |
| o'i | Alkaloide | אַלְקָלוֹאִידִים | hier ist 'ALEF Konsonant mit hartem Stimmeinsatz |
| ö | ökonomisch | אֶקוֹנוֹמִי | das deutsche ö kann nur notdürftig transliteriert werden |
| ü | lyrisch | לִירִי | auch ü wird mit einer Lesehilfe transliteriert |
| ai | high life | הַי לַיְף | JOD ist Lesehilfe |
| au | how do you do | הָאוּ דוּ יוּ דוּ | 'ALEF und WAW sind Lesehilfen |
| ou | bowling | בּוֹאוּלִינְג | Ohne die Lesehilfe 'ALEF wären hier die beiden Vokale (o) und (u) in Folge nicht realisierbar. |
| oa | grande toilette | גְרַן טוּאָלֶט | die französischen Nasale können nicht adäquat wiedergegeben werden |

Die Buchstaben der Gruppe אהוי können in einem Wort in verschiedener Funktion gebraucht sein, sowohl als Vollkonsonant als auch als Vokalbuchstabe:

| | | | |
|---|---|---|---|
| ו | après vous | אַפְּרֶה וּוּ | WAW als Vokal hat SCHURUK, WAW als Konsonant bleibt unmarkiert |
| | vuota (Mus.) | וּואוֹטָה | das erste WAW ist Konsonant und bleibt unmarkiert; die beiden anderen sind verschiedene Vokalbuchstaben, 'ALEF ist Konsonant |
| א | blackout | בְּלֶקְאָאוּט | 'ALEF als Konsonant ist hörbar als harter Stimmeinsatz, 'ALEF als Lesehilfe ist unmarkiert. Ohne die Lesehilfe wären hier die beiden Vokale (a) und (u) in Folge nicht realisierbar. |

Als Konsonanten können zwei 'ALEF aufeinander folgen: אָאֶרוֹבִּיק/ Aerobic.

אִמּוֹת הַקְּרִיאָה ('imot hakri'a)/*Lesehilfen*. אֵם ('em)/*Mutter*, קְרִיאָה aus [קרא] לִקְרוֹא (likro)/*rufen, lesen*.

כְּתִיב מָלֵא (ketiw male). כָּתַב aus [כתב] לִכְתּוֹב (lichtow)/*schreiben*. מָלֵא (male)

/voll aus [מלא] לְמַלֵּא (lemale)/*füllen* PI'EL.
כְּתִיב חָסֵר (ketiw chaser). חָסֵר (chaser) aus [חסר] לַחְסוֹר (lachsor)/*fehlen*.
כְּתִיב מְנֻקָּד (ketiw menukad). מְנֻקָּד (menukad) aus [נקד] לְנַקֵּד (lenaked)/*punktieren, vokalisieren*, d.h. die Vokalzeichen setzen PI'EL.

## LEWAI

לְוַאי (lewai)/*Beifügung*. ↗ Attribut
מִשְׁפָּט לְוַאי (mischpat lewai)/*Relativsatz*. ↗ Relativsatz

## Lingual

Ein mit Hilfe der Zunge artikulierter Laut. Im Hebräischen sind die Konsonanten דְטָלֶנֶת Merkwort: DATLENAT Linguale. ↗ Buchstabengruppen

## Lippenlaute

Labiale, mit Hilfe der Lippen artikulierte Laute. Im Hebräischen sind die Konsonanten בּוּמָ"פ Lippenlaute (Merkwort BUMAF).
↗ Buchstabengruppen

## LO'A$I

מִלָּה לוֹעֲזִית (mila lo'asit)/*Fremdwort*. ↗ Fremdwort

## Lokalsatz

מִשְׁפָּט מָקוֹם (mischpat makom). ↗ Satz

m

קַו מַפְרִיד (kaw mafrid)/*Trennungsstrich*. ↗ Trennung **MAFRID**

מַקֵּף oder מַקָּף (makef), קַו מְחַבֵּר (kaw mechaber)/*Bindestrich*. ↗ Bindestrich **MAKAF**

מִשְׁפַּט מָקוֹם (mischpat makom)/*Nebensatz des Ortes, Lokalsatz*. ↗ Satz **MAKOM**

מָקוֹר (makor)/*Grundform, Nennform, Infinitiv*. ↗ Infinitiv **MAKOR**

מָלֵא (male)/*voll, vollständig, voll ausgeschrieben* im Gegensatz zu חָסֵר (chaser). ↗ KETIW ↗ CHOLAM ↗ TSERE ↗ CHIRIK **MALE**

מַפִּיק. MAPIK wird in ein HEI am Ende eines Wortes eingefügt: ה, wenn dieses nicht als Lesehilfe (MATER LECTIONIS), sondern als vollwertiger Konsonant zu verstehen ist. ↗ HEI: HEI mit MAPIK **MAPIK**
→ Lesehilfen

מָשְׁקִיט. Eine mittelalterliche Kursivschrift des Hebräischen. ↗ Schrift **MASCHKIT**

זָכָר (sachar) oder מַסְקוּלִין (maskulin), Abkürzung: 'ז. **Maskulinum**
זָכָר זוּגִי (sachar sugi)/*maskulin DUAL*, Abkürzung ז"ז ↗ DUAL
זָכָר רִבּוּי (sachar ribui)/*maskulin Plural*, Abkürzung ז"ר oder רַבִּים (rabim).
זָכָר וּנְקֵבָה (sachar 'unkewa)/*maskulin und feminin*, Abkürzung זו"נ.
↗ Geschlecht ↗ Substantiv

↗ Lesehilfen **MATRES LECTIONIS**

תֵּאוּר־הַמַּצָּב (te'ur-hamatsaw)/*Adverbialbestimmung der Art und Weise*, auch תֵּאוּר־הָאֹפֶן (te'ur-ha'ofen). ↗ Adverbialbestimmung **MATSAW**

Die amerikanischen Grammatiken des Modernhebräischen nennen **MAVERICK**
Verben, die sich wegen ihrer unsystematischen Abweichungen unter keine Verbklasse einordnen lassen, *maverick*, im Hebräischen בּוֹדֵד (boded)/*einzeln, einzig*, נְתִיוֹת בְּדֵדוֹת (netijot bodedot)/*Einzelgängerklassen*. Eine einzelne Verbklasse heißt auch גִּזְרָה מְיֻחֶדֶת (gisra mejuchedet)/*beson-dere Verbklasse*. Verbwurzeln, die Einzelgänger sind:
→ GISRA

```
[יכל]    פ"י    [היה]    ל"ה
[מות]    ע"ו    [חיי]    ל"ה
```

בּוֹדֵד (boded)/*einzig, einzeln* aus [בדד] לִבְדּוֹד (liwdod)/*alleine sein*, לְבוֹדֵד √
(lewoded)/*isolieren* PI'EL.

גִּזְרָה (gisra)/*Gestalt, Schnitt* aus [גזר] לִגְזוֹר (ligsor)/*schneiden*, in der Grammatik: *ableiten*.

מְיֻחֶדֶת (mejuchedet), מְיֻחָד (mejuchad)/*ausgegrenzt* aus [יחד] לְיַחֵד (lejached)/*aussondern* PI'EL.

Englische Bezeichnung für die hebräischen BINJANIM, im **MEANING**
Gegensatz zu den *sound classes*, den גְּזָרוֹת (gsarot)/*Verb-* **CLASSES**
*klassen*. ↗ GISRA ↗ BINJAN ↗ Verb

**MECHABER** קַו מְחַבֵּר (kaw mechaber) oder מַקָף (makaf). ↗ Bindestrich

**MECHUBAR** מִשְׁפָּט מְחֻבָּר (mischpat mechubar)/*Satzreihe, gleichgeordnete Sätze.* ↗ Satz

**MECHUMASCHIM** פְּעָלִים מְחֻמָּשִׁים (pe'alim mechumaschim)/*Verben mit fünf Wurzelkonsonanten.* ↗ Verb: Verben mit vier und fünf Wurzelkonsonanten

**MEDABER** מְדַבֵּר (medaber)/*Sprecher.* ↗ GUF

**Mehrzahl**
→ Substantiv

רַבִּים (rabim) oder רִבּוּי (ribui) oder לְשׁוֹן רַבִּים (leschon rabim)/*Plural*, mit den entsprechenden Femininum-Markern: רַבּוֹת (rabot), רִבּוּית (ribuit), לְשׁוֹן רַבּוֹת (leschon rabot). Mehrzahl ist eine Kategorie bei Substantiven und Verben zur Bezeichnung von mehr als einem Element. Der Begriff רַבּוֹת (rabot) ist die analoge feminine Pluralform. Die Bezeichnung für Einzahl wird auf die gleiche Weise gebildet: יָחִיד (jachid)/*Singular maskulin*, יְחִידָה (jechida)/*Singular feminin*. Die Pluralmarker des Hebräischen sind Portemanteau-Morpheme, sie enthalten je zwei grammatikalische Informationen:

-יִם (-im)    für Plural + maskulin     -וֹת (-ot)    für Plural + feminin

Die Substantive des Hebräischen sind meist MILRA. Diejenigen, deren vorletzte Silbe SEGOL hat, sind MIL'EIL. Fremdwörter werden angepaßt:

→ Zahl
→ DUAL
→ MILRA
→ MIL'EIL
→ Betonung

| | | | | |
|---|---|---|---|---|
| אֶבֶן | ('*e*wen) | Stein | אֲבָנִים | ('awa*nim*) |
| מֶלֶךְ | (*me*lech) | König | מְלָכִים | (mela*chim*) |
| הוֹמוֹנִים | (homo*nim*) | Homonym | הוֹמוֹנִימִים | (homo*nimim*) |
| פוֹנְט | (*font*) | Zeichensatz | פוֹנְטִים | (*font*im) |
| | (PEI am Wortbeginn hat im Fremdwort kein DAGESCH) | | | |

Einige Substantive haben die Pluralendung וֹת- (-ot), obwohl sie maskulin sind:

| | | | | | |
|---|---|---|---|---|---|
| אָב | ('aw) | Vater | ⇨ | אָבוֹת | ('awot) |
| לַיְלָה | (laila) | Nacht | ⇨ | לֵילוֹת | (leilot) |
| מָקוֹם | (makom) | Platz | ⇨ | מְקוֹמוֹת | (mekomot) |
| כִּסֵּא | (kise) | Stuhl | ⇨ | כִּסְאוֹת | (kis'ot) |
| שֵׁם | (schem) | Name | ⇨ | שֵׁמוֹת | (schemot) |

Andere haben Pluralendung יִם- (-im), obwohl sie feminin sind:

| | | | | | |
|---|---|---|---|---|---|
| אִשָּׁה | ('ischa) | Frau | ⇨ | נָשִׁים | (naschim) |
| מִלָּה | (mila) | Wort | ⇨ | מִלִּים | (milim) |
| שָׁנָה | (schana) | Jahr | ⇨ | שָׁנִים | (schanim) |

Das Hebräische kennt noch eine weitere Art von Plural, den DUAL: רִבּוּי זוּגִי (ribui sugi)/*Zweizahl* für Gegenstände, die paarweise vorkommen: Augen, Ohren, Brille, Hose. Das Endungsmorphem ist יִם ('ajim):

| | | | | | |
|---|---|---|---|---|---|
| עֵינַיִם | ('einajim) | Augen | מִשְׁקָפַיִם | (mischkafajim) | Brille |
| אָזְנַיִם | ('osnajim) | Ohren | מִכְנָסַיִם | (nichnasajim) | Hose(n) |

Manche Substantive haben keine Singularform. Begriffe aus der Sprachebene des Slang haben fälschlicherweise einen doppelten Plural רִיבּוּי כָּפוּל (ribui kaful):

→ Substantiv

breaks (engl.): Bremsen   בְּרֶקְס ⇨ Plural: בְּרֶקְסִים (breksim)
Eskimo   אֶסְקִימוּ ⇨ אֶסְקִימוֹסִים ('eskimosim)

רַבִּים (rabim) und (ribui)/*Mehrzahl, Plural* aus [רבה] לִרְבּוֹת (lirbot)/*viel sein*.
רִבּוּי זוּגִי (ribui sugi)/*Zweizahl*. זוּגִי (sugi)/*paarweise* aus [זוג] לְזַוֵּג (lesaweg)/ *paaren* PI'EL.

√

גִּזְרָה מְיֻחֶדֶת (gisra mejuchedet)/*Einzelgängerklasse*. ↗ GISRA

מְקֻצָּר (mekutsar)/*verkürzt*. ↗ Imperativ

## MEJUCHEDET
## MEKUTSAR

# MEM

| modern-hebr. | ⇦ aramäisch ca. 800-200 | ⇦ phönizisch ⇨ ca. 1100 v.u.Z. | griechisch ⇨ ca. 500 | lateinisch |

מֵם ist der dreizehnte Buchstabe des Alphabets mit dem Zahlenwert vierzig, als Endbuchstabe sechshundert. Das Wort מֵם ist vermutlich eine Kontraktion aus מַיִם (majim)/*Wasser*.
MEM ist Labial (mit den Lippen artikuliert) und gehört zur Buchstabengruppe בּוּמַ״ף BUMAF. Ein וּ /*und* vor diesen Konsonanten wird vokalisch, also ('u) ausgesprochen. MEM ist einer der hebräischen Buchstaben, die als Endbuchstabe eine gesonderte Form haben: Buchstabengruppe כַּמְנַפֵּ״ץ KAMNAFATS. מ־ ist eine der Partikeln, mit denen der Infinitiv dekliniert wird: Buchstabengruppe בְּכָלֵ״ם BACHLAM.
Als Wortbildungselement alterniert MEM mit TAW: מוֹצָא (motsa)/*Ausgang* ⇔ תּוֹצָא (totsa)/*Wirkung, Effekt*. Substantive mit dem Präfix מ־ haben meist abstrakten Sinn: מַדָּע (mada)/*Kenntnis*, oder sie bezeichnen Gegenstände: מָגֵן (magen)/*Schild*.
Als Präfix gehört MEM zur Buchstabengruppe מֹשֶׁה וְכָלֵ״ב MOSCHE WEKELEW. Die Präposition מִין (min)/*von* ist eher literarisch gebraucht. In der Umgangssprache wird deren verkürzte Form als Präfix an das darauffolgende Wort angehängt:

→ Buchstabengruppen

→ 'OTIOT HASCHIMUSCH

מִין (min) ⇨ מִ־ (mi-)   bei der verkürzten Form ist das NUN weggefallen, das CHIRIK steht unter dem MEM.

Zur Vokalisierung des MEM ↗ 'OTIOT HASCHIMUSCH
Die älteste Art, im Hebräischen Adverbien zu bilden, ist das Anfügen eines MEM an ein Substantiv oder ein Adjektiv. ↗ Adverb
Die Vergleichsstufe der Steigerung (Komparativ) wird mit der Präposition מִין bzw. deren Kurzform gebildet. ↗ Steigerung

**MENUKAD** →KETIW  כְּתִיב מְנֻקָּד (ketiw menukad)/*punktierte Schreibart*, d.h. der Schreibmodus mit voller Vokalisierung. Vokalisierte Texte enthalten keine MATRES LECTIONIS (Lesehilfen). Deshalb heißt diese Schreibart im Hebräischen auch כְּתִיב חָסֵר (ketiw chaser)/*defektive Schreibung*.

**MERACHEF**  שְׁוָא מְרַחֵף (schwa merachef)/*schwebendes SCHWA*. ↗ SCHWA

**MERCHA'OT**  מֶרְכָאוֹת (mercha'ot) oder גֵּרְשַׁיִם (gerschajim)/*Anführungszeichen, Gänsefüßchen*. ↗ Anführungszeichen

**MERUBA'IM**  פְּעָלִים מְרֻבָּעִים (pe'alim meruba'im)/*Verben mit vier Wurzelkonsonanten*. ↗ Verb: Verben mit vier und fünf Wurzelkonsonanten

**MESCHUBAD**  מִשְׁפָּט מְשֻׁעְבָּד (mischpat meschubad) ↗ Satz

**MESCHUTAF**  שֵׁם מְשֻׁתָּף (schem meschutaf)/*Homonym*. ↗ Homonym

**Metathese** →Zischlaut  Stellungswechsel zweier Konsonanten innerhalb eines Wortes oder eines Wortbildungselementes (Morphem): z.B. im HITPA'EL, wenn der erste Wurzelkonsonant ein Zischlaut ist: ש/צ/ז/ס. ↗ HITPA'EL

**METEG**  מֶתֶג Meteg ist ein Betonungszeichen. Bei einem zweisilbigen Wort ist eine Silbe betont und eine unbetont. Wenn ein Wort drei Silben hat, trägt eine davon den Hauptton, eine andere den Nebenton, eine weitere ist unbetont:

|  0  |  ′  |  ˋ  |
|---|---|---|
| be | ach | ten |
| unbetont | Hauptton | Nebenton |

תַּל מִי דִים

| ⇩ | ⇧ | ⇩ |
|---|---|---|
| Hauptton | unbetont | Nebenton |

→ Betonung
→ Betonungszeichen

Die Nebentonsilbe wird in den Texten durch METEG gekennzeichnet. Es ist ein kleiner vertikaler Strich normalerweise links vom Vokalzeichen, in manchen Texten auch rechts davon plaziert. Es bezeichnet den ersten Konsonanten der Nebentonsilbe in einem Wort. Man findet METEG in manchen modernhebräischen Wörterbüchern anders gebraucht, so dass es sich dringend empfiehlt, die Zeichenerklärung zu studieren.

√  מֶתֶג (meteg)/*Zaum* aus [מתג] לְמַתֵּג (lemateg)/*zäumen* (archaisch) PI'EL.

**METO'ARIM**  פְּעָלִים מְתֹאָרִים (pe'alim meto'arim) ↗ Adjektiv ↗ Partizip

# MILA

| | | |
|---|---|---|
| מִלָּה זָרָה | (mila sara) | Fremdwort |
| מִלָּה לוֹעֲזִית | (mila lo'asit) | Fremdwort |
| מִלָּה נִרְדֶּפֶת | (mila nirdefet) | Synonym |
| מִלָּה רִבּוּאִית | (mila ribu'it) | Pluraletantum |
| מִלַּת־יַחַס | (milat jachas) | Verhältniswort, Präposition |
| מִלַּת־גּוּף | (milat guf) | Fürwort, Pronomen |
| מִלַּת־חִבּוּר | (milat chibur) | Bindewort, Konjunktion |
| מִילַת אִיחוּי | (milat 'ichui) | Bindewort, Konjunktion |
| מִלַּת־קִשּׁוּר | (milat kischur) | Bindewort, Konjunktion |
| מִלַּת־קְרִיאָה | (milat kri'a) | Ausrufewort |
| מִלַּת־שְׁאֵלָה | (milat sche'ela) | Fragewort |
| מִלַּת־שְׁלִילָה | (milat schelila) | Verneinungspartikel |
| מִלַּת הַקִּנְיָן | (milat hakinjan) | Possessivpronomen |
| כִּנּוּי הַקִּנְיָן | (kinui hakinjan) | Possessivpronomen |
| תֹּאַר הַקִּנְיָן | (to'ar hakinjan) | Possessivbegleiter |
| כִּנּוּי הָרֹמֶז | (kinui haromes) | Demonstrativpronomen |
| תֹּאַר הָרֹמֶז | (to'ar haromes) | Demonstrativbegleiter |
| כִּנּוּי הָאִישִׁי | (kinui ha'ischi) | Personalpronomen |
| כִּנּוּי הַזִּקָה | (kinui hasika) | Relativpronomen |
| כִּנּוּי הַסְּתָמִי | (kinui hastami) | Indefinitpronomen |

מִלָּה (mila)/*Wort* aus [מלל] לְמַלֵּל (lemalel)/*sprechen* PI'EL (biblisch).

## √ MIL'EIL

מִלְעֵיל Dieses Wort ein Adverb und bedeutet: von oben, bzw. in der Grammatik: auf der vorletzten Silbe des Wortes betont. In diesem Fall trägt bei einem mehrsilbigen Wort die vorletzte Silbe den Haupton. Das Zeichen für die Pänultima, also die vorletzte Silbe eines Wortes, ist in der Schrift (in der Bibel) "oben" situiert.
Da der hebräische Terminus ein Adverb ist, heißt es also im deutschen Sprachgebrauch: "Ein Wort ist MIL'EIL." Im Hebräischen gibt es dazu ein Adjektiv: מִלְעֵילִי (mil'eili)/*auf der vorletzten Silbe betont*.

→ Betonung
→ MILRA
→ Silbe

Das Wort מִלְעֵיל ist zusammengesetzt aus den Elementen מִן (min)/*von*, eine Präposition, und לְעֵיל (le'eil)/*oben* aus der Wurzel [עיל]. Das LAMED ist eine weitere Präposition. Diese Wurzel hat die Grundbedeutung *Höhe, hoch sein* und kommt nur vor in Verbindung mit der Präposition LAMED als Adverb mit der Bedeutung: לְעֵיל (le'eil)/*oben*.

√

## MILIT

מָלִית oder אוֹת הַשִּׁמּוּשׁ ('ot haschimusch)/*formbildender Buchstabe, Partikel*.
→ 'OTIOT HASCHIMUSCH

## MILRA

מִלְרַע (milra)/*endungsbetont*. Dieses Wort ist Adverb und bedeutet: von unten, bzw. in der Grammatik: auf der letzten Silbe des Wortes betont. In diesem Fall liegt bei einem mehrsilbigen Wort der Haupton auf der letzten Silbe. Das Betonungszeichen für die Ultima, d.h. die letzte Silbe eines Wortes, befindet sich unterhalb der Schreiblinie. Da der hebräische Terminus ein Adverb ist, heißt es: " Ein Wort ist MILRA", Adjektiv: מִלְרָעִי (milra'i)/*auf der*

→ Betonung
→ MIL'EIL
→ Silbe

*letzten Silbe betont.*

√ Die Etymologie des hebräischen Wortes ist ungewiss, das Wort מִלְרַע kommt aus dem Aramäischen und ist dort zusammengesetzt aus מִן (min)/*von*, לְ (le)/*zu* und der aramäischen Wurzel [ארע] mit der Grundbedeutung *Erde*.

**MIN** מִין *Geschlecht, Genus.* ↗ Geschlecht
מִין als Präposition ↗ 'OTIOT HASCHIMUSCH ↗ Präposition

**MISCHKAL** מִשְׁקָל Wortbildungsmuster für Substantive (Nominalschema) und Adjektive, im Plural MISCHKALIM. Ein hebräisches Wort besteht aus zwei Grundbestandteilen: der Wurzel שֹׁרֶשׁ (schoresch) und dem Wortbildungsmuster: מִשְׁקָל (mischkal) für Substantive und Adjektive, בִּנְיָן (binjan) für Verben. Das Wortbildungsmuster heißt תַּבְנִית (tawnit)/*Model, Gussform*.
Die Wurzel besteht nur aus Konsonanten, im Normalfall sind es drei. Sie ist kein Wort und kann nicht ausgesprochen werden, da sie keine Vokale beinhaltet.

eine Wurzel aus drei Konsonanten

Dieses Wortbildungsmuster ist angelegt für eine Wurzel aus drei Konsonanten. Es stehen folglich zwei Plätze für Vokale zur Verfügung: מֶלֶךְ (melech)/*König*.

Dieses Muster fasst ebenfalls eine Wurzel aus drei Konsonanten. Hinzu kommt das Suffix ת־ . Wörter nach diesem Bildungsmuster haben durch den zusätzlichen Konsonanten drei Plätze für Vokale: אֲדֶמֶת ('ademet)/*Röteln*.

Modell eines Wortes: dreikonsonantische Wurzel und Wortbildungsmuster aus zwei Vokalen

Modell eines Wortes aus einer dreikonsonantischen Wurzel und einem Wortbildungsmuster aus zwei Vokalen und einem Suffix

Ein MISCHKAL hat meist eine gewisse Eigenbedeutung, die sich auf mehr oder weniger dominierende Weise in ein Wort einbringt. Die Grundbedeutung eines Wortes wird von dessen Wurzel diktiert. Aus der Wurzel [כתב] kann folglich kein MISCHKAL ein anderes Wort herstellen als eines, das mit *schreiben* zu tun hat. Die MISCHKALIM variieren und differenzieren diese Grundbedeutung auf vielfältige Weise. Die Eigenbedeutung der MISCHKALIM hilft beim Verstehen eines Wortes.

Ein MISCHKAL zur Bezeichnung von Krankheiten: Dieses MISCHKAL hat ein TAW als festes Suffix. Auch das Vokalmuster ist fest: der erste Wurzelkonsonant hat PATACH, der zweite SEGOL und DAGESCH CHASAK, der dritte ebenfalls SEGOL.

Das Vokalmuster ist in den unterschiedlichen Deklinationsformen verschiedenen Veränderungen unterworfen, die von der Betonung und von den Anfangskonsonanten angehängter Personalsuffixe abhängig sind. Auch sind die Formen des STATUS CONSTRUCTUS manchmal von denen des ABSOLUTUS und die des Singular von denen des Plurals verschieden. Angaben über das MISCHKAL beziehen sich deshalb in der wissenschaftlichen Literatur auf den STATUS ABSOLUTUS im Singular. Zwei Beispiele:

| | | | | |
|---|---|---|---|---|
| | [אדם] | לֶאֱדוֹם | (le'edom) | rot sein |
| | | אַדֶּמֶת | ('ademet) | Röteln |
| | [צהב] | לְהַצְהִיב | (lehats-hiw) | gelb werden (HIF'IL) |
| | | צַהֶבֶת | (tsahewet) | Gelbsucht |
| | [דלק] | לִדְלוֹק | (lidlok) | brennen |
| | | דַּלֶּקֶת | (daleket) | Entzündung |
| | [דמם] | לְדַמֵּם | (ledamem) | bluten PI'EL |
| | | דַּמֶּמֶת | (damemet) | Hämophilie |

Das folgende MISCHKAL hat ein den drei Wurzelkonsonanten vorgeschaltetes TAW mit PATACH und ein charakteristisches Vokalmuster:

| | | | | |
|---|---|---|---|---|
| | [זכר] | לִזְכּוֹר | (liskor) | sich erinnern |
| | | תַּזְכִּיר | (taskir) | Memorandum |
| | [חבר] | לַחֲבוֹר | (lachawor) | sich zusammentun |
| | | תַּחְבִּיר | (tachbir) | Satzbau, Syntax |
| | [רגל] | לְהַרְגִּיל | (lehargil) | gewöhnen HIF'IL |
| | | תַּרְגִּיל | (targil) | Übung |
| | [כשר] | לִכְשׁוֹר | (lichschor) | passend sein |
| | | תַּכְשִׁיר | (tachschir) | Präparat |

Das TAW hat ein DAGESCH. Der erste Wurzelkonsonant hat ein SCHWA, der zweite ein CHIRIK. Zwischen dem zweiten und dem dritten Wurzelkonsonanten steht ein JOD. In den Deklinationsformen bleiben CHIRIK und JOD erhalten.

Verschiedene MISCHKALIM dienen zur Ableitung von Adjektiven aus einer Wurzel. Die Formen der Partizipien können als Verben, Substantive oder Adjektive dienen. Sehr viele Adjektive sind nach dem Wortbildungsmuster eines Partizips entstanden. Ein solches Muster ist z.B. das Partizip der Vergangenheit (Passiv-Partizip):

| | | | | |
|---|---|---|---|---|
| | [סגר] | סָגוּר | (sagur) | geschlossen |
| | [בנה] | בָּנוּי | (banui) | gebaut |

Die erste Verbform stammt aus einem vollständigen Verb, die zweite aus einer Wurzel der Gruppe LAMED"HEI: diese sind aus einer Gruppe LAMED"

JOD entstanden, was in dieser Verbform (Partizip der Vergangenheit, Passiv-Partizip) ersichtlich ist. Aus dem Partizip der Gegenwart, dem Aktiv-Partizip, werden gebildet:

|  |  |  |
|---|---|---|
| רוֹגֵז [רגז] | (roges) | zornig |
| צוֹדֵק [צדק] | (tsodek) | gerecht |

|  |  |  |
|---|---|---|
| כָּבֵד [כבד] | (kawed) | schwer |
| יָבֵשׁ [יבש] | (jawesch) | trocken |
| שָׂמֵחַ [שמח] | (sameach) | froh |

→ PATACH

Das letzte Beispiel hat einen Kehllaut als letzten Wurzelkonsonanten, folglich ein PATACH GENUWA. Diese Beispiele sind aus dem PA'AL. Auch die Partizipien der anderen BINJANIM werden als Adjektive genutzt. Das folgende MISCHKAL dient ausschließlich zur Ableitung von Adjektiven:

|  |  |  |
|---|---|---|
| סָבִיר [סבר] | (sawir) | verständlich |
| סָבִיל [סבל] | (sawil) | leidend |
| פָּעִיל [פעל] | (pa'il) | tätig |

Die Vokabeln סָבִיל (sawil)/*leidend* und פָּעִיל (pa'il)/*tätig* sind auch die grammatikalischen Bezeichnungen für Passiv (סָבִיל) und Aktiv (פָּעִיל).

Die BINJANIM unterliegen strengen Gesetzmäßigkeiten mit relativ wenigen, systematisierbaren Abweichungen. Jedes der BINJANIM verleiht der Wurzel einen bestimmten Bedeutungsaspekt. Die zahlreichen MISCHKALIM sind im Vergleich zu den BINJANIM sehr viel flexibler. Hier sind die Anforderungen an eine Wurzel bedeutend geringer: Substantive und Adjektive müssen jeweils die Formen des Singular und Plural sowie maskuline und feminine Formen bilden können. Viele Fremdwörter aus den verschiedensten Lebens- und Wissenschaftsbereichen sind von der hebräischen Sprachakademie akzeptiert worden. Eine verschwindend geringe Anzahl davon ist zu einer Verbwurzel geworden.

In der sprachwissenschaftlichen Literatur sind die Begriffe MISCHKAL und BINJAN nicht immer genau gegeneinander abgegrenzt, so dass zuweilen auch im Zusammenhang mit Verben von deren MISCHKAL die Rede ist. Um der Klarheit willen sollte man allerdings den Begriff MISCHKAL nur für Wortbildungsmodelle von Substantiven und Adjektiven verwenden. Gleichbedeutend mit dem Begriff MISCHKAL liest man in der modernen Sprachforschung auch: *Schema* (Werner[*]) bzw. *Modellstruktur* (Blohm/Stillmann)[**].

√

מִשְׁקָל (mischkal)/*Gewicht, Metrum, Rhythmus* (in der Poesie) aus [שקל] לִשְׁקוֹל (lischkol)/*wiegen*.
תַּבְנִית (tawnit)/*Model, Form* aus [בנה] לִבְנוֹת (liwnot)/*bauen*.

---

[*] Fritz Werner, *Die Wortbildung der hebräischen Adjektiva*. Wiesbaden 1983
[**] Dieter Blohm/Rachel Stillmann, *Modernes Hebräisch*. 2 Bde. Wiesbaden 1992

*Modus*

**MISCHPAT**

מִשְׁפָּט ↗ Satz.
מִשְׁפָּט שְׁמָנִי (mischpat schemani)/*Nominalsatz.* ↗ Kopula
מִשְׁפָּט כִּלְאַיִם (mischpat kil'ajim)/*Satzbruch, Anakoluth.* ↗ Satz

**MISPAR**

מִסְפָּר *Zahl, Numerus.* ↗ Zahl

**MI$RACHI**

כְּתָב הַמִזְרָחִי (ketaw hamisrachi)/*Kursivschrift,* das ist die orientalische Version der hebräischen Schreibschrift. ↗ Schrift

**Mitlaut**

עִצּוּר ('itsur) oder קוֹנְסוֹנַנְט (konsonant)/*Mitlaut, Konsonant.* ↗ Konsonant

**Mittelwort**

בֵּינוֹנִי (beinoni)/*Mittelwort, Partizip.* ↗ Partizip

**MIWTA**

מִבְטָא (miwta)/*Aussprache, Artikulation.* ↗ Artikulation

**MOBILE**

SCHWA MOBILE, שְׁוָא נָע (schwa na)/*bewegliches SCHWA.* ↗ SCHWA

**modales Hilfsverb**

→ Hilfsverb

Ein modales Hilfsverb (wollen, sollen, können, müssen, dürfen, mögen) modifiziert die Bedeutung des Vollverbs: ich *will* arbeiten, ich *kann* arbeiten, ich *muss* arbeiten, ich *darf* arbeiten. Das Hebräische kennt die gleiche Konstruktion:

    אֲנִי רוֹצֶה לַעֲבוֹד    ('ani *rotse* la'awod)    ich *will* arbeiten
    אֲנִי צָרִיךְ לַעֲבוֹד    ('ani *tsarich* la'awod)    ich *muss* arbeiten
    אֲנִי יָכוֹל לַעֲבוֹד    ('ani *jachol* la'awod)    ich *kann* arbeiten

**Modalsatz**

↗ Satz

**Modus**

→ Imperativ

דֶּרֶךְ (derech)/*Modus,* auch מוֹדוּס (modus)/*Aussageweise,* eine grammatikalische Kategorie des Verbs, an der die subjektive Einstellung des Sprechers zum Ausdruck kommt: "Das wäre schön!" (Konjunktiv: Sprecher distanziert sich, weil er nicht überzeugt ist); "komm schnell!" (Imperativ, eine Aufforderung). Modi sind:

1. Indikativ, Wirklichkeitsform (neutrale Aussagekategorie): דֶּרֶךְ הַיִּעוּד (derech haji'ud), דֶּרֶךְ הַחִוּוּי (derech hachiwui),
2. Konjunktiv, Möglichkeitsform zum Ausdruck irrealer Sachverhalte: דֶּרֶךְ הַשְׁמָא (derech haschema),
3. Imperativ, Befehlsform als Aussagekategorie der Aufforderung: דֶּרֶךְ הַצִּוּוּי (derech hatsiwui).

Für die verschiedenen Modi gibt es verbale Bildungsmuster, so dass der Modus an der jeweiligen Verbform ablesbar ist. Einen Konjunktiv in unserem Sinn gibt es im Hebräischen nicht.

√

דֶּרֶךְ (derech)/*Modus* aus [דרכ] לִדְרוֹךְ (lidroch)/*treten, spannen.* Eine Segolatform daraus ist דֶּרֶךְ (derech)/*Weg,* in der Grammatik mit der Bedeutung *Aussageweise, Modus.* מוֹדוּס (modus)/*Aussageweise* ist in der hebräischen Grammatik ein Fachterminus aus dem Lateinischen.

דֶּרֶךְ הַיִּעוּד (derech haji'ud)/*Indikativ.* יְעוּד (ji'ud)/*Bestimmung* aus [יעד] לִיעוּד (li'od)/*bestimmen, zuteilen*. יְעוּד ist Verbalsubstantiv aus dem PI'EL לְיַעֵד (leja'ed)/*bestimmen, zuteilen* PI'EL. Das Verb hat im PA'AL und im PI'EL dieselbe Bedeutung.

דֶּרֶךְ הַחִוּוּי (derech hachiwui)/*Indikativ.* חִוּוּי (chiwui)/*Anzeige, Aussage* aus [חוה] לְחַוּוֹת (lechawot)/*aussagen, ausdrücken* PI'EL. Das Substantiv חִוּוּי ist Verbalsubstantiv aus dem PI'EL.

דֶּרֶךְ הַשֶּׁמָא (derech haschema)/*Konjunktiv.* שֶׁמָא (schema)/*vielleicht, damit nicht etwa.* Dieses Wort kommt in verschiedenen semitischen Sprachen vor, im Modernhebräischen allerdings nur noch als Konjunktion.

דֶּרֶךְ הַצִּוּוּי (derech hatsiwui)/*Imperativ.* צִוּוּי (tsiwui) aus [צוה] לְצַוּוֹת (letsawot)/*befehlen* PI'EL. Die grammatikalische Bezeichnung צִוּוּי ist Verbalsubstantiv aus dem PI'EL.

## Möglichkeitsform

דֶּרֶךְ הַשֶּׁמָא (derech haschema)/*Konjunktiv* ↗ Modus

## Monophthong

מוֹנוֹפְתּוֹנְג, im Gegensatz zum Diphthong (Doppelvokal) ein einzelner Vokal, dessen Lautqualität sich während der Artikulation nicht hörbar verändert. ↗ Diphthong

## MO'ORACH

עָתִיד מֹאֳרָךְ ('atid mo'orach)/*gedehntes Futur.* ↗ Zukunft
צִוּוּי מֹאֳרָךְ (tsiwui mo'orach)/*gedehnter Imperativ.* ↗ Imperativ

## Morphem

צוּרָן (tsuran)/*Wortbildungselement, Morphem.* Entsprechend ihrer Ankoppelungsstelle am Wort haben sie verschiedene Bezeichnungen:

*Präfix* am Wortbeginn    *Suffix* am Wortende    *Infix* im Wortcorpus

Im Hebräischen z.B. werden die Verbformen für die Zeitstufen Vergangenheit und Zukunft (Tempora) durch Anfügen von Präfixen und Suffixen gebildet. Diese sind im Hebräischen unselbständige Morpheme, die aus den selbständigen Personalpronomen entstanden sind:

Präfix:       אֶכְתֹּב    ('echtow)     ich werde schreiben
Suffix:       כָּתַבְתִּי  (katawti)     ich habe geschrieben

Das Vokalmuster eines hebräischen Wortes ist ein Infix. Die Vokale werden zwischen die Konsonanten eingefügt und erzeugen so eine bestimmte Wortform, z.B. eine Segolatform, ein Substantiv, dessen MISCHKAL nur aus zwei SEGOLIM besteht: מֶלֶךְ (melech)/*König*, oder ein Partizip der Vergangenheit, das als Adjektiv verwendet werden kann: כָּתוּב (katuw)/*geschrieben*. An einem Trägerelement können mehrere Präfixe und Suffixe nach bestimmten Gesetzmäßigkeiten hintereinander geschaltet werden und erfüllen so bestimmte syntaktische Funktionen. ↗ Objektspronomen

Ein Morphem als selbständiges Wort ist unabhängig. Präfixe, Suffixe und Infixe sind "gebundene" Morpheme, d.h. abhängig von Wortteilen oder einer Wurzel. Die Personalpronomen des Hebräischen z.B. können einerseits als ungebundene, freistehende Wörter (Pronomen) existieren, und sie können andererseits als gebundene Morpheme, als Präfixe oder Suffixe

(Personalpräfixe und Personalsuffixe), an ein anderes Element angeheftet werden:

| אֲנִי כּוֹתֵב | ('ani kotew) ich schreibe | אֲנִי ist ein ungebundenes Personalpronomen |
| כָּתַבְתִּי | (katawti) ich habe geschrieben | Die Personalendung תִי ist ein gebundenes Morphem |
| אָבִי | ('awi) mein Vater | JOD als Possessivsuffix ist gebunden an ein Substantiv |

צוּרָן (tsuran)/*Wortbildungselement, Morphem*. Ableitung mit Hilfe des Suffix ָן (-an) aus צוּרָה (tsura)/*Form, Aussehen*, [צוּר] לָצוּר (latsur)/*formen, Form geben*. √

## Morphologie

תּוֹרַת הַצּוּרוֹת (torat hatsurot) oder מוֹרְפוֹלוֹגְיָה (morfologja)/*Formenlehre*, ein Teilgebiet der Grammatik neben der Lautlehre (Phonetik): תּוֹרַת הַהִגּוּי (torat hahigui) oder פוֹנֵטִיקָה (fonetika) und der Satzlehre (Syntax): תַחְבִּיר (tachbir) oder סִינְטַקְסִיס (sintaksis). Die Morphologie hat die Wortbildung und Flexion und deren Gesetzmäßigkeiten zum Gegenstand.

→ Grammatik

## MOSCHE WEKELEW

מֹשֶׁה וְכֶלֵ"ב: Akronym aus den 'OTIOT HASCHIMUSCH, formbildende Partikel, die nicht separat stehen können, aber die Funktion von Konjunktionen (-ו/*und*, -שֶׁ/*dass*) und Präpositionen (ב-, כ-, ל-, מ-) oder des bestimmten Artikels (-ה) übernehmen können. Die Gruppe MOSHE hat Vokale, die Gruppe WEKELEW hat ein SCHWA. ↗ 'OTIOT HASCHIMUSCH

## MUCHLAT

מָקוֹר מֻחְלָט (makor muchlat)/*absoluter Infinitiv*. ↗ Infinitiv

## MUNA

מוּנָה, ein Betonungszeichen. In den meisten Fällen liegt der Haupton der hebräischen Wörter auf der letzten Silbe, der Ultima. Sie sind MILRA. Andernfalls steht links neben dem Vokalzeichen der Haupttonsilbe ein MUNA. MUNA findet sich in Handschriften und Bibeltexten. Moderne Texte sind ohne Vokalzeichen geschrieben.

מוּנָה aus [מנה] לִמְנוֹת (limnot)/*zählen*. √

## MURKAW

מֻרְכָּב *zusammengesetzt*, Gegenteil von נִפְרָד (nifrad)/*getrennt, alleinstehend*.

פְּעָלִים מֻרְכָּבִים (pe'alim murkawim)/*doppelt schwache Verben*. ↗ Verb.

מִשְׁפָּט מֻרְכָּב (mischpat murkaw)/*zusammengesetzter Satz, Satzgefüge*. ↗ Satz

מֻרְכָּב *zusammengesetzt* aus [רכב] לְהַרְכִּיב (leharkiw)/*zusammensetzen, montieren* HIF'IL. √

נִפְרָד (nifrad)/*getrennt, alleinstehend* aus [פרד] לְהִפָּרֵד (lehipared)/*teilen, trennen* NIF'AL.

**MUSA** מָשָׂא (musa)/*Objekt.* מָשָׂא יָשִׁיר (musa jaschir)/*direktes Objekt, Akkusativobjekt*; מָשָׂא עָקִיף (musa 'akif)/*indirektes Objekt, Dativobjekt*; מָשָׂא פְּנִימִי (musa penimi)/*internes Objekt.* ↗ Objekt
מִשְׁפַּט מָשָׂא (mischpat musa)/*Objektsatz* ↗ Objektsatz

**MUT'AM** מֻטְעָם (mut'am)/*betont.* ↗ Betonung

n

נָע (na)/*beweglich.* שְׁוָא נָע (schwa na)/*bewegliches SCHWA* ↗ SCHWA — **NA**

נָח (nach)/*ruhend.* שְׁוָא נָח (schwa nach)/*ruhendes SCHWA.* ↗ SCHWA
אוֹת נָחָה ('ot nacha)/*ruhender Buchstabe* (ruhender Wurzelkonsonant).
↗ LAMED" 'ALEF ↗ Verb
פְּעָלִים נָחִים (pe'alim nachim) ↗ Verb — **NACH**

נָשׂוּא (nasu)/*Satzaussage, Prädikat des Satzes.* ↗ Prädikat
נָשׂוּא (nasu)/*prädikativ gebrauchtes Adjektiv.* ↗ Adjektiv — **NASU**

מָקוֹר נָטוּי (makor natui)/*verbundener, konstruierter Infinitiv.* ↗ Infinitiv — **NATUI**

↗ Betonung — **Nebenton**

שְׁלִילָה (schelila)/*Verneinung, Negation.* ↗ Verneinung — **Negation**

נְגִינָה (negina)/*Betonung.* ↗ Betonung — **NEGINA**

נְגִינוֹת (neginot)/*Betonungszeichen.* ↗ Betonungszeichen — **NEGINOT**

נְקֵבָה (nekewa)/*feminin,* auch פְּמִינִין (feminin), Abkürzung 'נ. ↗ Geschlecht
נְקֵבָה זוּגִית (nekewa sugit)/*feminin DUAL.* ↗ Geschlecht — **NEKEWA**

נְקֻדָּה (nekuda)/*Punkt.* ↗ Satzzeichen — **NEKUDA**

נְקֻדָּה וּפְסִיק *Strichpunkt.* ↗ Satzzeichen — **NEKUDA 'UFSIK**

נְקֻדָּתַיִם *Doppelpunkt.* ↗ Satzzeichen — **NEKUDATAJIM**

שֵׁם הַפֹּעַל (schem hapo'al) oder מָקוֹר (makor)/*Grundform, Nennform, Infinitiv.* ↗ Infinitiv — **Nennform**

נְטִיָּה (netija)/*Neigung, Tendenz, Flexion.* Beugung eines Wortes, Flexion, Veränderung der Wortform nach den Regeln der Grammatik in Genus, Numerus, Tempus, Person. נְטִיַּת הַפְּעָלִים (netijat hape'alim)/*Konjugation,* נְטִיַּת הַשֵּׁמוֹת (netijat haschemot)/*Deklination.*
↗ Flexion ↗ Deklination ↗ Konjugation — **NETIJA**

מִין סְתָמִי (min stami), נֶאוּטֶר (neuter)/*sächlich.* ↗ Geschlecht ↗ Substantiv — **Neutrum**

נִפְעַל (nif'al), zweite Konjugationsform. Viele hebräische Wurzeln erhalten in diesem BINJAN die Bedeutung: Passiv des PA'AL, manche auch reflexive Bedeutung. Es wird angenommen, dass das NIF'AL noch im Bibelhebräischen eher reflexive Funktion hatte. Das NIF'AL ist auch das einzige moderne passivische BINJAN, das ein Verbalsubstantiv שֵׁם הַפְּעֻלָּה (schem hape'ula) bilden kann. Ferner wird vermutet, dass ein BINJAN existiert hat, welches das Passiv zum PA'AL war und verlorengegangen ist, und dass die übrig geblie- — **NIF'AL**

→ Verbalsubstantiv

## NIF'AL

benen Verbformen später nach dem PU'AL und dem HUF'AL konjugiert wurden. So wäre z.B. das PA'UL, das Passiv-Partizip zu erklären, das es nur im PA'AL gibt: ein Relikt aus einem verschollenen Passiv zum PA'AL.

Das auffallendste Merkmal des NIF'AL ist das NUN vor der Wurzel. Es erscheint in den Verbformen der Gegenwart und der Vergangenheit und geht verloren in den Formen des Futur und des Imperativs. Um diesen Verlust zu kompensieren, bekommt der erste Wurzelkonsonant DAGESCH CHA$AK:

אֶנְשמר * * ('enschamer)   ⇨   אֶשָּׁמֵר ('eschamer)

Imperativ und Infinitiv haben ein zusätzliches ה als Präfix:

הִכָּנֵס (hikanes)   komm herein
לְהִכָּנֵס (lehikanes)   eintreten

Das Verb [כנס] לִכְנוֹס (lichnos)/*zusammenrufen, einsammeln* kommt vor allem im NIF'AL vor: לְהִכָּנֵס (lehikanes)/*eintreten*. Aus dem PA'AL ist das Wort כְּנֶסֶת (kneset)/*israelisches Parlament* abgeleitet. Die Verbformen:

| Gegenwart | נִכְנָס (nichnas) | נִכְנָסִים (nichnasim) |
|---|---|---|
| | נִכְנֶסֶת (nichneset) | נִכְנָסוֹת (nichnasot) |

Das NUN wird mit CHIRIK vokalisiert:

[שבר]   נִשְׁבָּר (nischbar)   zerbrochen
[כנס]   נִכְנָס (nichnas)   eintretend

Ist der erste Wurzelkonsonant ein Kehllaut א/ה/ח/ע, hat NUN ein SEGOL: [אבד] נֶאֱבַד (ne'ewad)/*verloren*. Die Konsonanten ב/כ/פ als erste Wurzelkonsonanten sind Reibelaute, da sie am Silbenende stehen: נִכְנָס (nichnas)/*eintretend*. Die Konsonanten ב/כ/פ als mittlere Wurzelkonsonanten sind Verschlusslaute am Beginn einer Silbe: נִשְׁבָּר (nischbar)/*zerbrochen*.

| Vergangen-heit | נִכְנַסְתִּי | (nichnasti) ich bin eingetreten | נִכְנַסְנוּ | (nichnasnu) wir sind eingetreten |
|---|---|---|---|---|
| | נִכְנַסְתָּ | (nichnasta) du bist eingetreten (m) | נִכְנַסְתֶּם | (nichnastem) (m) ihr seid eingetreten |
| | נִכְנַסְתְּ | (nichnast) du bist eingetreten (f) | נִכְנַסְתֶּן | (nichnasten) (f) ihr seid eingetreten |
| | נִכְנַס | (nichnas) er ist eingetreten | נִכְנְסוּ | (nichnesu) sie sind eingetreten |
| | נִכְנְסָה | (nichnesa) sie ist eingetreten | | |
| Zukunft | אֶכָּנֵס | ('ekanes) ich werde eintreten | נִכָּנֵס | (nikanes) wir werden eintreten |
| | תִּכָּנֵס | (tikanes) (m) du wirst eintreten | תִּכָּנְסוּ | (tikansu) ihr werdet eintreten |
| | תִּכָּנְסִי | (tikansi) (f) du wirst eintreten | יִכָּנְסוּ | (jikansu) sie werden eintreten |
| | יִכָּנֵס | (jikanes) er wird eintreten | | |
| | תִּכָּנֵס | (tikanes) sie wird eintreten | | |

In der vollen Schreibung כְּתִיב מָלֵא (ketiw male) wird in den Formen des Futurs, des Imperativ und des Infinitiv ein JOD nach dem NUN eingefügt, um Verwechslungen mit Verbformen des PA'AL, PI'EL und PU'AL zu vermeiden:

|  |  |  |  |
|---|---|---|---|
| Futur | אכנס | Imperativ | היכנס! |
|  | תיכנס |  | היכנסי! |
|  | ייכנס |  | היכנסו! |
|  | ניכנס |  |  |
|  | תיכנסו | Infinitiv | להיכנס |
|  | ייכנסו |  |  |

Die Vergangenheit des NIF'AL entspricht dem deutschen Vorgangspassiv. Das Passiv-Partizip des PA'AL, das PA'UL, entspricht dem deutschen Zustandspassiv: → Passiv

הַחֲנוּת נִפְתְחָה (hachanut niftecha) der Laden wurde geöffnet
(Vorgang: NIF'AL)

הַחֲנוּת פְּתוּחָה (hachanut petucha) der Laden ist geöffnet
(Zustand: PA'UL)

נִפְרָד *getrennt, abgesondert.* שֵׁם נִפְרָד (schem nifrad)/*Substantiv im* STATUS ABSOLUTUS. ⁊ STATUS **NIFRAD**

נִיקוּד (nikud)/*Punktierung, Vokalisierung.* ⁊ Vokalzeichen **NIKUD**

שֵׁם נִרְדָּף (schem nirdaf)/*Synonym.* ⁊ Synonym **NIRDAF**

נִסְמָךְ (nismach)/*gestützt.* ⁊ STATUS **NISMACH**

נִסְתָּר (nistar)/*verborgen, geheim.* ⁊ GUF **NISTAR**

נִתְפָּעֵל, Passiv zum HITPA'EL. Dieses BINJAN ist nicht mehr gebräuchlich. Die Verbtabelle von A. Halkin* verzeichnet einige Formen, so z.B.: **NITPA'EL**

| [עלה] | לְהִתְעַלּוֹת | (lehit'alot) | sich erheben |
|---|---|---|---|
|  | הִתְעַלֵּיתִי | (hit'aleiti) | ich habe mich erhoben |
|  | נִתְעַלֵּיתִי | (nit'aleiti) | ich bin erhoben worden |

Die Verbtabelle von Bolozky** erwähnt das BINJAN NITPA'EL nicht. Die Verbformen dieses BINJAN werden im Modernhebräischen durch elegantere und einfachere Konstruktionen abgelöst.

---

\* Abraham S. Halkin, *201 Hebrew Verbs fully conjugated in all tenses.* New York 1970
\** Shmuel Bolozky, *501 Hebrew Verbs fully conjugated in all tenses in a new easy-to-learn format alphabetically arranged by root.* New York 1996

נוֹכֵחַ (nocheach)/*Anwesender, Angesprochener.* ⁊ GUF **NOCHEACH**

שֵׁם עֶצֶם (schem 'etsem) oder סוּבְּסְטַנְטִיבוּם *Hauptwort.* ⁊ Substantiv **Nomen**

שֵׁם הַפְעֻלָה (schem hape'ula)/*Verbalabstraktum, Verbalsubstantiv.* ⁊ Verbalsubstantiv **NOMEN ACTIONIS**

## Nominalsatz

מִשְׁפָּט שְׁמָנִי (mischpat schemani)/*Nominalsatz*. ↗ Kopula

## Nominalschema

→ MISCHKAL
→ BINJAN

Die hebräische Grammatik unterscheidet zwei Arten von Wortbildungsmustern: das MISCHKAL, das mit einer Wurzel zusammen Substantive und Adjektive ergibt, und das BINJAN, das mit einer Wurzel zusammen ein Verb ergibt. Manche Grammatiker nennen das MISCHKAL Nominalschema, weil es ein Muster für Substantive (Nomen) ist.

## Nominativ

יַחֲסָה רִאשׁוֹנָה (jachasa rischona), נוֹמִינָטִיב *Nominativ*, erster Fall auf die Frage "wer?", "was?". Ein Satzteil im Nominativ ist Subjekt des Satses. Im Hebräischen ist der Nominativ der einzige der vier Fälle, der keine Präposition hat. ↗ Fall

√

יַחֲסָה רִאשׁוֹנָה (jachasa rischona)/*Nominativ*. יַחֵס aus [יחס] לְיַחֵס (lejaches)/ zuordnen PI'EL. יַחֲסַת (jachasat) ist STATUS CONSTRUCTUS.

## NOSE

נוֹשֵׂא (nose)/*Thema, Gegenstand, Subjekt*. ↗ Subjekt

## Numerus  ↗ Zahl

## NUN

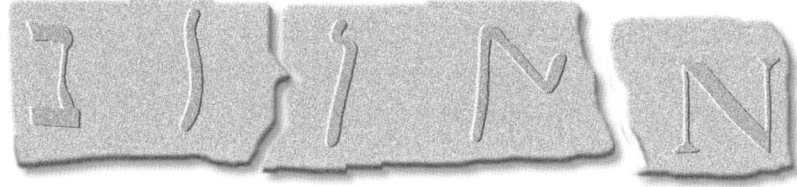

| modern- hebr. | ⇦ aramäisch ca. 200 | ⇦ *phönizisch* ⇨ ca. 1100 v.u.Z. | griechisch ⇨ ca. 900 | lateinisch |

→ Endbuchstabe

→ PEI"NUN

נון ist der 14. Buchstabe des hebräischen Alphabets und bedeutet *Fisch*. Es gehört zur Buchstabengruppe KAMNAFATS, die am Wortende eine andere Form haben. Das Buchstabenzeichen NUN hat den Zahlenwert fünfzig, als Endbuchstabe 700. Der Buchstabe alterniert in den semitischen Sprachen mit den Buchstaben LAMED, MEM und RESCH: בֵּן (ben)/*Sohn*, aber Bar-Mizwa: בַּר־מִצְוָה.

Als erster Wurzelkonsonant fällt NUN bei den schwachen Verben der Gruppe פ"נ in einigen Flexionsformen aus.

NUN ist ein Lingual, d.h. er wird mit Hilfe der Zunge artikuliert und gehört somit zur Buchstabengruppe DATLENAT. Im Futur ist NUN das Personalpräfix der ersten Person Plural. Es gehört zu den Futur-Präfixen ETINETI.

NUN dient als Ableitungssuffix für Substantive mit abstrakter Bedeutung: מִנְיָן (minjan)/*eine Anzahl von zehn*, עִנְיָן ('injan)/*Angelegenheit*. Dieses Suffix erscheint in allen semitischen Sprachen. Auch Bezeichnungen für Personen, die eine Tätigkeit gewohnheitsmäßig ausüben, werden mit NUN als Suffix abgeleitet: לַמְדָן (lamdan)/*Gelehrter*, כַּתְבָן (katwan)/*Schreiber*.

0

## Objekt

מַשָּׂא (musa) oder אוֹבְּיֶקְט. Das Objekt ist ein Satzteil, die Ergänzung des Verbs. Zu unterscheiden sind:

| | |
|---|---|
| Genitivobjekt: | Er rühmt sich *seiner Taten*. |
| Dativobjekt: | Wir helfen *dem Kind*. |
| Akkusativobjekt: | Wir sehen *ihn*. |
| Präpositionalobjekt: | Er wendet sich *an ihn*. |

Einen Sonderfall bildet dabei das "innere bzw. interne Objekt" bei Verben, die normalerweise intransitiv sind. Es präzisiert die Aussage des Verbs, von dem es abhängt, und ist von der Geschichte oder der Bedeutung des Wortes her mit ihm verwandt: *er träumte einen seltsamen Traum; er schlief den Schlaf des Gerechten*. Die Objekte:

| | | |
|---|---|---|
| מַשָּׂא יָשִׁיר | (musa jaschir) | direktes Objekt, Akkusativobjekt |
| מַשָּׂא עָקִיף | (musa 'akif) | indirektes Objekt, Dativobjekt |
| מַשָּׂא פְּנִימִי | (musa penimi) | inneres Objekt |

Welcher Kasus jeweils erforderlich ist, hängt vom Verb ab: sich rühmen (wessen?), helfen (wem?), sehen (wen?), sich wenden (an wen?): Genitiv mit שֶׁל (schel), Dativ mit לְ־ (l-), Akkusativ mit אֶת ('et) oder eine Präposition wie בְּ־ (b-): לְהִסְתַּכֵּל בַּטֶלֶוִיזְיָה (lehistakel batelewisja)/*fernsehen*.
Das Akkusativobjekt wird durch die Präposition אֶת ('et) markiert, wenn es sich um ein bekanntes Objekt handelt: אֲנַחְנוּ לוֹמְדִים אֶת הַשִּׁיר ('anachnu lomdim 'et haschir)/*wir lernen das Lied*. In diesem Fall steht auch im Hebräischen der bestimmte Artikel ־ה, das הֵא הַיְדִיעָה (hei hajedi'a). Bei einem unbestimmten Gegenstand steht beim Akkusativobjekt weder הֵא הַיְדִיעָה (hei hajedi'a) noch die Präposition אֶת ('et): קָנִיתִי סֵפֶר (kaniti sefer)/*ich habe ein Buch gekauft*. Eigennamen als Akkusativobjekt haben nie den bestimmten Artikel ־ה, bekommen allerdings den Akkusativ-Marker אֶת ('et): פִּגַשְׁתִּי אֶת מֹשֶׁה (pigashti 'et moshe)/*ich habe Moshe getroffen*.
Ein Genitivobjekt wie im Deutschen gibt es im Hebräischen nicht. Ein Objekt des Hauptsatzes kann zu einem ganzen Satz erweitert sein und ist dann Objektsatz.

→ Objektsatz

יָשִׁיר מַשָּׂא (musa jaschir): מַשָּׂא (musa) ist HUF'AL aus [נשא] לָשֵׂאת (laset)/*heben, tragen*. יָשִׁיר (jaschir)/*direkt* aus יָשָׁר (jaschar)/*gerade* von [ישר] לִישׁוֹר (lischor)/*den geraden Weg gehen* (biblisch). עָקִיף ('akif) aus [עקף] לַעֲקוֹף (la'akof)/*umgehen, überholen (Auto)*.
פְּנִימִי (penimi)/*innere* aus [פנמ] הַפְּנִים לְהַפְנִים (lehafnim)/*nach innen kehren* HIF'IL.

## Objekt-Marker

Objekt-Marker sind charakteristische Endungen bzw. Präpositionen, an denen ersichtlich ist, in welchem Fall (Kasus) das Objekt steht. Im Deutschen z.B.: *des* Kind*es*. Hier ist der Kasus, in dem das Objekt steht, zusätzlich am Artikel zu ersehen. Im Hebräischen haben die drei Objektskasus jeweils charakteristische Präpositionen, der Nominativ ist unmarkiert:

→ Objekt

| | | |
|---|---|---|
| Genitiv: | שֶׁל | (schel) |
| Dativ: | לְ־ | (l-) |
| Akkusativ: | אֶת | ('et) |

## Objektsatz

מִשְׁפָּט מֻשָׂא (mischpat musa)/*Objektsatz*. Der Objektsatz, ein Nebensatz, ist das Objekt des Verbs aus dem übergeordneten Satz, d.h. der ganze Nebensatz hat die Funktion eines Objekts. Der Objektsatz als direktes Objekt z.B. wird im Deutschen mit *dass* eingeleitet, im Hebräischen mit שֶׁ- (Umgangssprache) oder mit כִּי (literarische Sprache). Die Konjunktion שֶׁ- kann in diesem Fall nicht durch אֲשֶׁר ('ascher) ersetzt werden.

| Ich | sehe, | dass du froh bist. |
|---|---|---|
| *Subjekt* | *Prädikat* | *direktes Objekt als Satz* |
| *wer? was?* | *was geschieht?* | *wen? was?* |

| Ich | frage mich, | was das soll. |
|---|---|---|
| *Subjekt* | *Prädikat* | *direktes Objekt als Fragesatz* |
| *wer? was?* | *was geschieht?* | *wen? was?* |

| Ich | weiß nicht, | wieviel Zeit verging. |
|---|---|---|
| *Subjekt* | *Prädikat* | *direktes Objekt als Fragesatz* |
| *wer? was?* | *was geschieht?* | *wen? was?* |

| Ich | freue mich, | euch zu sehen. |
|---|---|---|
| *Subjekt* | *Prädikat* | *direktes Objekt als Infinitiv* |
| *wer? was?* | *was geschieht?* | *wen? was?* |

| Ich | wollte, | ich wäre reich. |
|---|---|---|
| *Subjekt* | *Prädikat* | *direktes Objekt als Infinitiv* |
| *wer? was?* | *was geschieht?* | *wen? was?* |

רָאִינוּ אֶת מַה שֶׁהוּא צִיֵּיר (ra'inu 'et ma schehu tsijer)
wir haben gesehen, was er gezeichnet hat
לִמַּדְנוּ אֶת מִי שֶׁרָצָה לִלְמוֹד (limadnu 'et mi scheratsa lilmod)
wir haben jeden belehrt, der lernen wollte

## Objektspronomen

כִּנּוּי הַפָּעוּל (kinui hapa'ul)/*Personalpronomen im Akkusativ*. Eine verkürztes Personalpronomen an der Personalform des Verbs hat die Funktion eines Akkusativobjekts (direktes Objekt): Objektspronomen. Wenn eine Verbform schon eine Personalendung hat, z.B. die Verbformen der Vergangenheit oder einige Verbformen des Futurs, wird das Objektspronomen, welches das Akkusativobjekt darstellt, an diese Personalendung angeschlossen. Eine solche Verbform hat zwei Personalendungen: ein Personalsuffix (Subjekt des Satzes) und ein Pronominalsuffix (Akkusativobjekt):

שָׁאַלְתִּי (scha'alti) ich habe gefragt
שְׁאַלְתִּיךָ (sche'al-ti-cha) ich habe dich gefragt

Durch Hinzufügen einer Silbe ändert sich die Betonung und infolgedessen die Vokalisierung. Die letztere Verbform des Beispiels oben enthält also den ganzen Satz mit Subjekt, Prädikat und direktem Objekt.

*Objektspronomen*

Subjekt (Personalsuffix): *ich*
Akkusativobjekt (Objektspronomen): *dich*

Da das angefügte Personalsuffix das direkte Objekt darstellt, ist diese Konstruktion nur möglich, wenn das Verb transitiv ist, d.h. ein Akkusativobjekt nach sich haben kann. Ferner müssen sich Subjekt und Objekt auf verschiedene Personen beziehen: *ich* täusche *dich*. Wenn Subjekt und Objekt sich auf die gleiche Person beziehen, liegt ein reflexives Verhältnis vor: *ich* täusche *mich*. Reflexive Verben werden meist im HITPA'EL und im NIF'AL konjugiert.

| *ich* täusche *dich* | | *ich* täusche *mich* | |
|---|---|---|---|
| Subjekt | Objekt | Subjekt | Objekt |

Die passiven BINJANIM PU'AL und HUF'AL kommen für diese Konstruktion nicht in Frage, weil das Passiv kein Akkusativobjekt hat. Es bleiben also letztlich die BINJANIM PA'AL, PI'EL, HIF'IL.

| שְׁאָלַנִי | (sche'alani) | er hat mich gefragt |
| שְׁאָלוֹ | (sche'alo) | er hat ihn gefragt |
| שְׁאָלוּךָ | (sche'alucha) | sie haben dich gefragt |
| שְׁאָלָהּ * | (sche'ala) | er hat sie gefragt |
| יִשְׁמָרְכֶם | (jischmarchem) | er wird euch behüten |

\* HEI ist hier Pronomen, nicht Lesehilfe, deshalb hat es ein MAPIK.

Die Personalendungen des Objektspronomens sind aus den Personalpronomen durch Verkürzung hervorgegangen.

| Singular | | | Plural | | |
|---|---|---|---|---|---|
| -נִי | (-ni) | mich | -נוּ | (-nu) | uns |
| -ךָ | (-cha) | dich (m) | -כֶם | (-chem) | euch (m) |
| -ךְ | (-ech) | dich (f) | -כֶן | (-chen) | euch (f) |
| -הוּ/ו | (-hu/-w) | ihn | -ם | (-am) | sie |
| -הָ | (-ha) | sie | -ן | (-an) | sie |

Wenn das Objektspronomen an die Verbform Singular feminin angeschlossen werden soll, wird das Feminin-HEI zu -ת: שְׁאָלָה (scha'ala)/*sie hat gefragt*, שְׁאָלַתְנוּ (sche'alatnu)/*sie hat uns gefragt*.

כִּנּוּי הַפָּעוּל (kinui hapa'ul)/*Personalpronomen im Akkusativ*. כִּנּוּי (kinui)/*Benennung, Beiname, Pronomen, Fürwort* aus [כנה] לְכַנּוֹת (lechanot)/*benennen* PI'EL. פָּעוּל (pa'ul) aus [פעל] לִפְעוֹל (lif'ol)/*handeln*.

## ʼOFEN

מִשְׁפָּט אֹפֶן (mischpat ʼofen)/*Modalsatz* (Art und Weise). ↗ Satz
תֵּאוּר הָאֹפֶן (teʼur haʼofen)/*Adverbialbestimmung der Art und Weise.* ↗ Adverbialbestimmung

## ʼOGED

אוֹגֵד (ʼoged)/*verbindend.* ↗ Kopula

## ʼOMED

פֹּעַל עוֹמֵד (poʼal ʼomed)/*intransitives Verb.* ↗ Verb

## Ordinalzahl

מִסְפָּר סִדּוּרִי (mispar siduri)/*Ordnungszahl.* ↗ Zahlen

## Orthographie

כְּתִיב (ketiw)/*Rechtschreibung, Orthographie, Schreibweise.* Die Gesetzmäßigkeiten der vollen und defektiven Schreibung (SCRIPTIO PLENA und SCRIPTIO DEFECTIVA) bilden ein Teilgebiet der Orthographie in der hebräischen Grammatik. ↗ KETIW

## ʼOT

אוֹת/אוֹתִיּוֹת (ʼot/ʼotiot)/*Buchstabe.* Einzelne Buchstaben oder Buchstabengruppen haben bestimmte Funktionen und Eigenheiten oder lösen bestimmte Abweichungen aus, so z.B. die Kehllaute oder die Gruppe BEGADKEFAT.
↗ Buchstabengruppen

ʼOT GRONIT אוֹת גְּרוֹנִית /*Kehllaut.* ↗ Kehllaut
ʼOT HASCHORESCH אוֹת הַשּׁוֹרֶשׁ /*Wurzelkonsonant.* ↗ Wurzel
ʼOT NACHA אוֹת נָחָה /*ruhender Wurzelkonsonant.* ↗ LAMED″ʼALEF
ʼOT SCHIMUSCH אוֹת שִׁימּוּשׁ ↗ ʼOTIOT HASCHIMUSCH
ʼOT SCHOREKET אוֹת שׁוֹרֶקֶת /*Zischlaut* ↗ Zischlaut
ʼOT SOFIT אוֹת סוֹפִית /*Endbuchstabe* ↗ Endbuchstabe

√ Die Wurzel [אות] ist aus dem Substantiv אוֹת (ʼot)/*Zeichen* abgeleitet. Die Verbform geht nach dem Konjugationsmuster POLEL: אוֹתֵת (ʼotet)/*er hat signalisiert.* Eine Variante zu dieser Ableitung ist [אתת] לְאַתֵּת (leʼatet)/*signalisieren* PIʼEL.

## ʼOTIOT BUMAF

אוֹתִיּוֹת בּוּמָ״פ ʼOTIOT BUMAF
↗ BUMAF ↗ Buchstabengruppen

## ʼOTIOT HASCHIMUSCH

אוֹת הַשִּׁימּוּשׁ, auch מִלִּית (milit)/ *Partikel.* Die Buchstaben dieser Gruppe sind Konjunktionen und Präpositionen mit verschiedenen grammatikalischen Funktionen. Allen gemeinsam ist, dass es keine Wörter sind, die alleine stehen können: Merkwort מש״ה וכל״ב, MOSCHE WEKELEW. Die beiden Gruppen ergeben sich aus der verschiedenen Vokalisierung der Partikel: die Buchstaben der Gruppe מש״ה haben verschiedene Vokale, die Buchstaben der Gruppe וכל״ב haben jeweils ein SCHWA.

→ Präposition

*Die Gruppe* כל״ב
Diese drei Konsonanten haben ein SCHWA. Die drei Partikel sind Verkürzungen aus selbständigen Präpositionen:

| כְּמוֹ ⇦ כְּ־ | בְּתוֹךְ ⇦ בְּ־ | אֶל ⇦ לְ־ |

לְ־ Richtung לְחֲנוּת סְפָרִים (lechanut sfarim) in einen Buchladen
בְּ־ Ort בְּדִירָה (bedira) in einer Wohnung
כְּ־ Vergleich כְּמוֹרֶה (kemore) wie ein Lehrer

Hat der erste Konsonant des Wortes, an das die Präposition angeschlossen werden soll, ein SCHWA, bekommen die Präpositionen CHIRIK:

| טְבֶרְיָה | (twerja) | Tiberias | ⇨ | לִטְבֶרְיָה | (litwerja) | nach Tiberias |
| מְצָדָה | (metsada) | Massada | ⇨ | לִמְצָדָה | (limtsada) | nach Massada |
| סְפָרִים | (sfarim) | Bücher | ⇨ | בִּסְפָרִים | (bisfarim) | in Büchern |
| דְבוֹרִים | (dworim) | Bienen | ⇨ | כִּדְבוֹרִים | (kidworim) | wie Bienen |

Ist der erste Konsonant JOD mit SCHWA, hat die Präposition ein CHIRIK und SCHWA entfällt:

| יְרִיחוֹ | (jericho) | Jericho |
| לִירִיחוֹ | (liricho) | nach Jericho |
| יְרוּשָׁלַיִם | (jeruschalajim) | Jerusalem |
| בִּירוּשָׁלַיִם | (biruschalajim) | in Jerusalem |
| יְלָדִים | (jeladim) | Kinder |
| כִּילָדִים | (kiladim) | wie Kinder |

Hat der erste Konsonant des Wortes ein zusammengesetztes SCHWA (CHATAF bei Kehllauten), übernimmt die Präposition den Vokal des Kehllautes:

| בְּ + עֲבוֹדָה | ⇨ | בַּעֲבוֹדָה | (ba'awoda) | bei der Arbeit |
| בְּ + אֱמֶת | ⇨ | בֶּאֱמֶת | (be'emet) | in Wirklichkeit |
| לְ + אֲמֶרִיקָה | ⇨ | לַאֲמֶרִיקָה | (la'amerika) | nach Amerika |

Hat das Substantiv einen bestimmten Artikel, entfällt das Artikel-ה und dessen Vokal steht unter der Präposition:

בָּ אוּנִיבֶרְסִיטָה ⇨ *בְּ הָ אוּנִיבֶרְסִיטָה ⇨ הָ אוּנִיבֶרְסִיטָה ⇨ אוּנִיבֶרְסִיטָה
('universita) ⇨ (ha'universita) ⇨ *(be ha'universita) ⇨ (ba'universita)

| כְּ + הַ = כַּ | לְ + הַ = לַ | בְּ + הַ = בַּ |

| בְּ + הַכִּתָּה | ⇨ | בַּכִּתָּה | (bakita) | in der Klasse |
| כְּ + הַמּוֹרֶה | ⇨ | כַּמּוֹרֶה | (kamore) | als Lehrer |
| לְ + הָאֳנִיָּה | ⇨ | לָאֳנִיָּה | (la'onia) | auf das Schiff |

Im literarischen Hebräischen verlieren die Konsonanten ב/כ/פ nach den Präpositionen בְּ/כְּ/לְ das DAGESCH KAL, weil sie nach Vorschalten der Partikel nicht mehr am Beginn des Wortes stehen. Sie bilden auch nicht mehr den Silbenbeginn, denn die Präpositionen בְּ/כְּ/לְ haben SCHWA und können somit keine Silbe bilden:   → Silbe

בַּיִת (bajit)   לְבַיִת (lewajit)   zu einem Haus

→ Deklination  Im gesprochenen Hebräisch wird darauf nicht immer geachtet.
Die Partikeln בְּ und לְ können mit den Personalendungen dekliniert werden:

| לְ | | | | בְּ | | | |
|---|---|---|---|---|---|---|---|
| לִי | (li) mir | לָנוּ | (lanu) uns | בִּי | (bi) in mir | בָּנוּ | (banu) in uns |
| לְךָ | (lecha) dir (m) | לָכֶם | (lachem) euch (m) | בְּךָ | (becha) in dir (m) | בָּכֶם | (bachem) in euch (m) |
| לָךְ | (lach) dir (f) | לָכֶן | (lachen) euch (f) | בָּךְ | (bach) in dir (f) | בָּכֶן | (bachen) in euch (f) |
| לוֹ | (lo) ihm | לָהֶם | (lahem) ihnen (m) | בּוֹ | (bo) in ihm | בָּהֶם | (bahem) in ihnen (m) |
| לָהּ* | (la) ihr | לָהֶן | (lahen) ihnen (f) | בָּהּ* | (ba) in ihr | בָּהֶן | (bahen) in ihnen (f) |

\* הּ: Der Punkt im HEI ist ein MAPIK.

## Das WAW

וָו־הַחִבּוּר (waw hachibur)/*Verbindungs-WAW* ist eine koordinierende Konjunktion. ↗ WAW: WAW als Konjunktion

## Die Gruppe מש״ה

→ Relativsatz  Das hebräische שֶׁ־ entspricht dem deutschen *dass* und dem Relativpronomen *der, die, das*. Die Partikel ist eine zusammengezogene Form aus אֲשֶׁר ('ascher), das nur Konjunktion ist und nicht für die deutschen Relativpronomen stehen kann. Die Partikel wird mit SEGOL vokalisiert, der darauffolgende Konsonant erhält DAGESCH CHASAK. Ein Kehllaut als erster Konsonant hat kein DAGESCH CHASAK, der Ausfall wird nicht kompensiert.

Die Präposition מִין (min)/*von* ist eher literarisch gebraucht. In der Umgangssprache wird deren verkürzte Form als Präfix an das darauffolgende Wort angehängt:

מִין (min)  ⇨  מִ־ (mi-)    bei der verkürzten Form ist NUN weggefallen

Da beim Präfix der letzte Buchstabe ausgefallen ist, hat der erste Buchstabe des Trägerwortes ein DAGESCH CHASAK:

מִבֵּית־סֵפֶר (mi*b*eit sefer)    von (aus) der Schule

Ist der erste Konsonant des Trägerwortes ein Kehllaut אהח״ע oder ר, so ist der Vokal der Präposition ein TSERE. Eselsbrücke: das DAGESCH, das nicht in einen Kehllaut gesetzt werden kann, wandert zum CHIRIK und ergibt ein TSERE:

ח □ ← · □

מֵעִיר (me'ir)      aus einer Stadt
מֵאֲמֶרִיקָה (me'amerika)  aus Amerika

Steht die Partikel מִ־ vor JOD mit SCHWA, geht das SCHWA verloren:

מִירוּשָׁלַיִם  ⇨  מִ־ + יְרוּשָׁלַיִם

Eine Ausnahme davon: מִחוּץ (michuts)/*von draußen*. Hier bleibt der ursprüngliche Vokal CHIRIK auch vor einem Kehllaut erhalten.

| Normalfall | vor י | vor אהחע und ר |
|---|---|---|
| מִ־ + ◌ּ | מִי־ | מֵ־ |

Ist das Substantiv definiert, tritt MEM an das Artikel-HEI הֵא הַיְדִיעָה (hei hajedi'a), das sein PATACH behält:

    מֵהַסְטוּדֶנְטִים    (mehastudentim)    von den Studenten
    מֵהָאוּנִיבֶרְסִיטָה    (meha'universita)    von der Universität

וָו־הַחִבּוּר (waw hachibur)/*Verbindungs-WAW*. חִבּוּר aus [חבר] לְחַבֵּר (lechaber)/ *verbinden* PI'EL.
אוֹת הַשִּׁימוּשׁ ('ot haschimusch)/*formbildender Buchstabe*. Die Wurzel [אות] ist aus dem Substantiv אוֹת ('ot)/*Zeichen* abgeleitet. Die Verbform geht nach dem Konjugationsmuster POLEL: אוֹתֵת ('otet)/*er hat signalisiert*. Eine Variante zu dieser Ableitung ist [אתת] לְאַתֵּת (le'atet)/*signalisieren* PI'EL.
שִׁימוּשׁ (schimusch)/*Gebrauch*, Verbalsubstantiv aus [שמש] לְשַׁמֵּשׁ (leschamesch)/*dienen* PI'EL.
מִלִּית (milit)/*formbildender Buchstabe, Partikel*, abgeleitet aus dem Substantiv מִלָּה (mila)/*Wort*. Dieses Wort kommt aus [מלל] לְמַלֵּל (lemalel)/ *sprechen, aussprechen* PI'EL.

# p-q

# PA'AL

בִּנְיָן יְסוֹדִי (binjan jesodi) oder קַל (kal)/*Grundstamm, PA'AL, KAL*. Das PA'AL ist die einfachste Konjugationsform des hebräischen Verbsystems. Die Verbformen des PA'AL haben keine weiteren Zusätze wie Präfixe (HIF'IL), DAGESCH (PI'EL). Vom PA'AL werden die anderen BINJANIM abgeleitet. Die Verbform der dritten Person Singular maskulin der Vergangenheit enthält, weil sie kein Endungsmorphem hat, nur die Wurzelkonsonanten ohne weiteren konsonantischen Zusätze. Unter dieser Form, GUF SCHLISCHI der Vergangenheit, wird im hebräischen Wörterbuch ein Verb lexikalisiert. Nach der Form GUF SCHLISCHI des Verbs לִפְעוֹל (lif'ol)/*handeln, funktionieren* ist das ganze BINJAN benannt: PA'AL. Es gibt zwei Paradigmen für das Partizip der Gegenwart, PO'EL und PA'EL:

→ Partizip

Paradigma PO'EL: לִכְתּוֹב (lichtow)/*schreiben*
Paradigma PA'EL: לִכְבּוֹד (lichbod)/*schwer sein*

| Gegenwart | כּוֹתֵב (kotew) | כּוֹתְבִים (kotwim) |
| --- | --- | --- |
|  | כּוֹתֶבֶת (kotewet) | כּוֹתְבוֹת (kotwot) |
| Gegenwart | כָּבֵד (kawed) | כְּבֵדִים (kwedim) |
|  | כְּבֵדָה (kweda) | כְּבֵדוֹת (kwedot) |

Die Verben mit dem Bildungsmuster PA'EL haben meist statische Bedeutung und werden oft als Adjektive verwendet.

GUF SCHLISCHI der Vergangenheit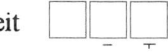

| Vergangenheit | כָּתַבְתִּי | (katawti) ich habe geschrieben | כָּתַבְנוּ | (katawnu) wir haben geschrieben |
| --- | --- | --- | --- | --- |
|  | כָּתַבְתָּ | (katawta) (m) du hast geschrieben | כְּתַבְתֶּם | (ketawtem) (m) ihr habt geschrieben |
|  | כָּתַבְתְּ | (katawt) (f) du hast geschrieben | כְּתַבְתֶּן | (ketawten) (f) ihr habt geschrieben |
|  | כָּתַב | (kataw) er hat geschrieben | כָּתְבוּ | (katwu) sie haben geschrieben |
|  | כָּתְבָה | (katwa) sie hat geschrieben |  |  |

Die zweiten Personen Plural maskulin und feminin sind endungsbetont, deshalb verliert die erste Silbe ihren Vokal und hat ein SCHWA:

כְּתַבְתֶּם    כְּתַבְתֶּן

Für das Futur gibt es zwei Paradigmen, 'EF'OL und 'EF'AL:

Paradigma 'EF'OL: לִכְתּוֹב (lichtow)/*schreiben*
Paradigma 'EF'AL: לִלְמוֹד (lilmod)/*lernen*

## PA'EL

| | | | | |
|---|---|---|---|---|
| Zukunft | אֶכְתֹּב | ('echtow) ich werde schreiben | נִכְתֹּב | (nichtow) wir werden schreiben |
| ◻◻◻ אֶ | תִּכְתֹּב | (tichtow) (m) du wirst schreiben | תִּכְתְּבוּ | (tichtewu) (m) ihr werdet schreiben |
| | תִּכְתְּבִי | (tichtewi) (f) du wirst schreiben | יִכְתְּבוּ | (jichtewu) sie werden schreiben |
| | יִכְתֹּב | (jichtow) er wird schreiben | | |
| | תִּכְתֹּב | (tichtow) sie wird schreiben | | |
| Zukunft | אֶלְמַד | ('elmad) ich werde lernen | נִלְמַד | (nilmad) wir werden lernen |
| ◻◻◻ אֶ | תִּלְמַד | (tilmad) (m) du wirst lernen | תִּלְמְדוּ | (tilmedu) (m) ihr werdet lernen |
| | תִּלְמְדִי | (tilmedi) (f) du wirst lernen | יִלְמְדוּ | (jilmedu) sie werden lernen |
| | יִלְמַד | (jilmad) er wird lernen | | |
| | תִּלְמַד | (tilmad) sie wird lernen | | |

→ Wortbildung
Das PA'AL hat als einziges BINJAN ein Partizip der Vergangenheit (Passiv-Partizip). Es kann allerdings nicht von allen Verben gebildet werden. Da das BINJAN PA'AL nur für Wurzeln mit drei Konsonanten kalkuliert ist, können Wurzeln mit vier und mehr Konsonanten, wie sie z.B. aus Fremdwörtern ableitbar sind, nicht im PA'AL konjugiert werden. Dafür steht das PI'EL zur Verfügung.

√
בִּנְיָן יְסוֹדִי (binjan jesodi)/*Grundstamm, PA'AL, KAL.* יְסוֹדִי (jesodi)/*gründlich, elementar, Grund-* (in Zusammensetzungen) aus [יסד] לִיסוֹד (lisod)/*gründen, den Grund legen.*

קַל (kal)/*leicht* aus [קלל] לָקֹל (lakol)/*leicht sein.*

**PA'EL** Form eines Präsenspartizips. Nach diesem Muster wird z.B. das Gegenwartspartizip des Verbs לִכְבּוֹד (lichbod)/*schwer sein* gebildet. ↗ PA'AL

**PA'IL** בִּנְיָן פָּעִיל (binjan pa'il) oder אַקְטִיב /*Tätigkeitsform, Aktiv.* ↗ Aktiv

**PALAL** BINJAN der Verben mit zwei gleichen Wurzelkonsonanten in Position zwei und drei: [סבב]. Diese Verben gehören zur Verbklasse ע"ע der schwachen Verben. ↗ 'AJIN"'AJIN-Verben

**Palatal** Kehllaute von bestimmter Artikulationsqualität, die im harten Gaumen gebildet werden: die Konsonanten ג/י/כ/ק (GICHAK).

**Pänultima** Vorletzte Silbe eines Wortes. ↗ MIL'EIL ↗ MILRA ↗ Betonung

**Partikel** אוֹת הַשִּׁימוּשׁ ('ot haschimusch) oder מִלִּית (milit)/*formbildende Buchstaben.* ↗ 'OTIOT HASCHIMUSCH

# Partizip

בֵּינוֹנִי (beinoni), *Mittelwort*. Das Partizip nimmt sowohl im Hebräischen als auch im Deutschen eine Mittelstellung ein zwischen Verb und Substantiv. Die deutsche Bezeichnung "Mittelwort" betont diesen Sachverhalt, das Hebräische nennt das Mittelwort בֵּינוֹנִי (beinoni), von בֵּין (bein)/*zwischen*. Das Wort "Partizip" kommt aus dem lateinischen participere/*teilhaben*. Das Partizip ist eine infinite Verbform: es hat keine Personalendungen und keine Marker für Geschlecht (maskulin/feminin) und Zahl (Singular/Plural). Ein Partizip wird durch entsprechende grammatikalische Marker dem Verbal- bzw. dem Nominalsystem zugeordnet. Im Präsens, das im Hebräischen keine eigenen Verbformen hat und das deshalb mit dem Aktivpartizip gebildet wird, sind die Marker für feminin/maskulin und für Singular/Plural dieselben wie im Nominalsystem, d.h. wie bei Substantiven und Adjektiven:

בֵּינוֹנִי פּוֹעֵל (beinoni po'el)  Partizip der Gegenwart, Aktivpartizip
בֵּינוֹנִי פָּעוּל (beinoni pa'ul)  Partizip der Vergangenheit, Passivpartizip

— *Partizip der Gegenwart/ Aktivpartizip des PA'AL*

im Deutschen: schreibend, machend, träumend
im Hebräischen: כּוֹתֵב (kotew) schreibend
עוֹשֶׂה ('ose) machend
חוֹלֵם (cholem) träumend

Das Partizip der Gegenwart steht für eine Handlung, die sich gerade abspielt, oder für einen Zustand, der gerade andauert.
Diejenigen Partizipien im Deutschen, die wie ein Adjektiv gebraucht werden, können auch substantiviert werden:

der *schlafende* Hund   der *Schlafende*
der *arbeitende* Mensch der *Arbeitende*
der *träumende* Schüler der *Träumende*

Im Hebräischen dient die Form des Gegenwartspartizips als Satzaussage in der Gegenwart, denn eine finite Verbform fehlt für die Zeitstufe des Präsens. Das Gegenwartspartizip kann als Verb und als Adjektiv verwendet werden:

הַתַּלְמִידָה כּוֹתֶבֶת (hatalmida kotewet)  die Schülerin *schreibt*
הַתַּלְמִידָה הַכּוֹתֶבֶת (hatalmida hakotewet) die *schreibende* Schülerin

Für eine sich eben abspielende Handlung hat das Hebräische folgendes Muster:

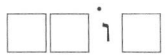

Verben, die ihr Präsenspartizip nach diesem Muster bilden, sind meist transitiv. Dieses Präsenspartizip wird im Satz meist als Verb benutzt:

הוּא כּוֹתֵב מִכְתָּב (hu kotew michtaw)  er schreibt einen Brief
הִיא קוֹרֵאת עִיתּוֹן (hi koret 'iton)  sie liest eine Zeitung

Ein weiteres Muster für das Präsenspartizip:

Verben, die ihr Präsenspartizip nach diesem Muster bilden, haben meist statische Bedeutung, d.h. sie drücken einen Zustand aus. Diese Verben heißen פְּעָלִים מְתָאֲרִים (pe'alim meto'arim)/*beschreibende Verben*. Dieses Partizip wird mit dem Hilfsverb לִהְיוֹת (lihjot)/*sein* gebildet wie im Deutschen und ist in dieser Konstruktion ein Adjektiv:

[רעב]   לִהְיוֹת רָעֵב   (lihjot ra'ew)   hungrig sein

Der Infinitiv לִרְעוֹב (lir'ow)/*hungern* hat eine andere Bedeutungsnuance. Weitere Verben dieser Gruppe:

[צמא]   לִהְיוֹת צָמֵא   (lihjot tsame)   durstig sein
[שבע]   לִהְיוֹת שָׂבֵעַ   (lihjot sawea)   satt sein
[עיף]   לִהְיוֹת עָיֵף   (lihjot 'ajef)   müde sein

Die Zeitstufen der Vergangenheit und der Zukunft werden gebildet, indem das Hilfsverb [היה] in die jeweilige Zeitstufe gesetzt wird. Das Adjektiv, d.h. ursprünglich das eigentliche Vollverb, richtet sich in Zahl und Geschlecht nach dem Subjekt:

| Gegenwart | | | |
|---|---|---|---|
| | דָן רָעֵב | (dan ra'ew) | Dan ist hungrig |
| | רִינָה רְעֵבָה | (rina re'ewa) | Rina ist hungrig |
| Vergangenheit | דָן הָיָה רָעֵב | (dan haja ra'ew) | Dan war hungrig |
| | רִינָה הָיְתָה רְעֵבָה | (rina haita re'ewa) | Rina war hungrig |
| Zukunft | דָן יִהְיֶה רָעֵב | (dan jihje ra'ew) | Dan wird hungrig sein |
| | רִינָה תִּהְיֶה רְעֵבָה | (rina tihje re'ewa) | Rina wird hungrig sein |

Die anderen BINJANIM haben ebenfalls Präsenspartizipien. Die Muster:

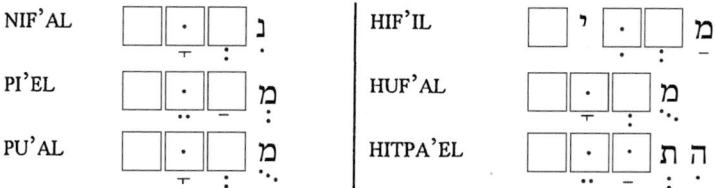

— *Partizip der Vergangenheit/ Passivpartizip des PA'AL*

im Deutschen:   geschrieben, gemacht, geträumt
im Hebräischen:   כָּתוּב   (katuw)   geschrieben
                   עָשׂוּי   ('asui)   getan

Das Partizip der Vergangenheit bezeichnet eine abgeschlossene Handlung oder einen zu Ende gegangenen Zustand. Das BINJAN PA'AL hat als einziges BINJAN auch ein Passiv-Partizip (Partizip der Vergangenheit/PA'UL) mit folgendem Muster:

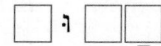

Nicht alle hebräische Verben können ein Passiv-Partizip bilden. Die Verben der schwachen Klasse ע"ו/ע"י z.B. haben diese Verbform nicht. Auch folgende Verben haben kein Passiv-Partizip:

| | | | |
|---|---|---|---|
| [נסע] | לִנְסוֹעַ | (linsoa) | reisen |
| [הלכ] | לָלֶכֶת | (lalechet) | gehen |
| [חזר] | לַחֲזוֹר | (lachasor) | zurückkehren |
| [ישנ] | לִישׁוֹן | (lischon) | schlafen |
| [עלה] | לַעֲלוֹת | (la'alot) | aufsteigen |

Dies sind intransitive Verben, die kein persönliches Passiv bilden können, weil sie kein direktes Objekt (Akkusativobjekt) bei sich haben. Trotzdem ist das Wortbildungsmuster PA'UL sehr häufig, auch wenn der Bezug zu einem Verb im PA'AL dem Sprecher gar nicht mehr bewusst ist:

הוּא אִישׁ אָהוּב עַל כּוּלָם (hu 'isch 'ahuw 'al kulam)
er ist allseits beliebt
אָסוּר לְדַבֵּר עִם הַנֶּהָג ('asur ledaber 'im hanehag)
es ist verboten, mit dem Fahrer zu sprechen

Nach diesem Wortbildungsmuster können Wörter aus einer Wurzel hergestellt werden, auch wenn diese Wurzel im PA'AL keine Flexionsformen hat oder wenn die Bedeutung des Adjektivs nicht mit der des Verbs im PA'AL übereinstimmt:

| | | | |
|---|---|---|---|
| [נמכ] | נָמוּךְ | (namuch) | (keine Formen im PA'AL) |
| | לְהַנְמִיךְ | (lehanmich) | senken, niedrig machen HIF'IL |
| [חשב] | חָשׁוּב | (chaschuw) | wichtig |
| | לַחֲשׁוֹב | (lachaschow) | denken |

Die Formen PA'UL in den anderen Verbklassen:

| | | | | |
|---|---|---|---|---|
| 'AJIN GRONIT | [אסר] | אָסוּר | ('asur) | verboten |
| LAMED GRONIT | [בטח] | בָּטוּחַ | (batuach) | sicher |
| 'AJIN HAPO'AL ב/כ/פ | [כפל] | כָּפוּל | (kaful) | doppelt |
| LAMED'' 'ALEF | [מצא] | מָצוּי | (matsui) | gefunden |
| | [נשא] | נָשׂוּי | (nasui) | verheiratet |
| LAMED'' HEI | [קנה] | קָנוּי | (kanui) | gekauft |

בֵּינוֹנִי (beinoni)/*Partizip, Mittelwort* aus [בין] לָבִין (lawin)/*verstehen*. בֵּינוֹנִי (beinoni)/*mittlere, mittelmäßig*, das Adjektiv aus der Wurzel. Daraus בֵּינוֹנִי פּוֹעֵל (beinoni po'el)/*Mittelwort der Gegenwart*, בֵּינוֹנִי פָּעוּל (beinoni pa'ul)/*Mittelwort der Vergangenheit*.

פְּעָלִים מְתֹאָרִים (pe'alim meto'arim), מְתֹאָר ist PU'AL aus [תאר] לְתָאֵר (leta'er)/*beschreiben, umkreisen* (PI'EL). Aus der gleichen Wurzel kommt das Wort תֹּאַר (to'ar)/*Adjektiv*.

מִשְׁפָּט פָּשׁוּט (mischpat paschut)/*einfacher Satz, Hauptsatz*. ↗ Satz

**PASCHUT**

סָבִיל (sawil)/*Leideform, Passiv*, auch פָּסִיב (pasiv), im Gegensatz zum פָּעִיל (pa'il)/*Tätigkeitsform, Aktiv*, auch אַקְטִיב ('aktiv). Beim Aktiv geht die im Verb ausgedrückte Tätigkeit vom Subjekt aus, beim Passiv hingegen richtet sie sich auf das Subjekt, unabhängig davon, welche Bedeutung das Verb hat:

**Passiv**

Uri ⇨ ⇨ ⇨ liest.

Das Buch ⇦ ⇦ ⇦ wird gelesen.

Von einem transitiven Verb, d.h. einem Verb, das ein Akkusativobjekt nach sich haben kann, kann ein persönliches Passiv gebildet werden.
Den aktiven BINJANIM stehen im Hebräischen entsprechende passive BINJANIM gegenüber:

|  | Aktiv: |  | Passiv: |  |
|---|---|---|---|---|
|  | PA'AL | ⇨ |  | NIF'AL |
|  | PI'EL | ⇨ |  | PU'AL |
|  | HIF'IL | ⇨ |  | HUF'AL |
|  | HITPA'EL | ⇨ |  | (NITPA'EL) |

→ Aktiv

Ein Passiv des HITPA'EL ist sehr selten und wird mit anderen grammatikalischen Möglichkeiten ausgedrückt. So findet man die Formen eines NITPA'EL oft nur in Verbtabellen verzeichnet.

→ Partizip

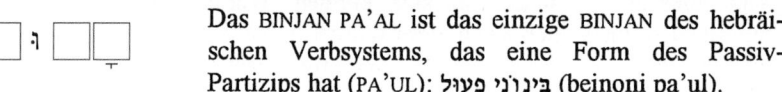

Das BINJAN PA'AL ist das einzige BINJAN des hebräischen Verbsystems, das eine Form des Passiv-Partizips hat (PA'UL): בֵּינוֹנִי פָּעוּל (beinoni pa'ul).
Es wird unterschieden zwischen Vorgangspassiv und Zustandspassiv. Im Deutschen mit dem Hilfsverb *sein* (Zustandspassiv): *Jossele ist geduscht*, mit dem Hilfsverb *werden* (Vorgangspassiv): *Jossele wird geduscht*. Die Verbform PA'UL entspricht dem Zustandspassiv: *der Brief ist geschrieben*. Viele Wurzeln haben hingegen im BINJAN NIF'AL eine passive Bedeutung, entsprechend zum aktiven PA'AL. Die passive Bedeutung im NIF'AL betont den Vorgang: *der Brief wird geschrieben*:

הַחֲנוּת נִפְתְּחָה (hachanut niftecha) der Laden wurde geöffnet (Vorgang)
הַחֲנוּת פְּתוּחָה (hachanut petucha) der Laden ist geöffnet (Zustand)

√

סָבִיל (sawil)/*Passiv, Leideform* aus [סבל] לִסְבּוֹל (lisbol)/*leiden, ertragen*.
פָּעִיל (pa'il)/*Tätigkeitsform, Aktiv* aus [פעל] לִפְעוֹל (lif'ol)/*tun, handeln*.

## PATACH

→ CHATAF

→ Auslaut

פַּתָּח, Vokalzeichen für ein kurzes, offenes (a). PATACH kann mit einem SCHWA kombiniert sein (CHATAF PATACH) und bezeichnet dann ein ganz kurzes, flüchtiges (a):בַּ. PATACH unter den Kehllauten HEI, CHET und 'AJIN wird manchmal *vor* diesen Konsonanten ausgesprochen. Dieses PATACH heißt dann PATACH FURTIVUM oder in der hebräischen Grammatik פַּתָּח גְּנוּבָה (patach genuwa)/*gestohlenes PATACH*: הִגִּיעַ (higia)/*er ist angekommen*, רוּחַ (ruach)/*Wind*, גָּבֹהַּ (gawoah)/*hoch*. Man stellt sich die Entstehungsweise des gestohlenen PATACH folgendermaßen vor:

לוֹקֵחַ ⟵ לוֹק ☐ ח

PATACH steht hier unter einem Platzhalter, der einen verlorengegangenen Konsonanten, wahrscheinlich ein 'ALEF, vermuten lässt. PATACH GENUWA erleichtert die Artikulation des Kehllauts.
Die Regelung des gestohlenen PATACH erleichtert das akustische Verständnis bei Wörtern, die mit verschiedenen, aber gleichklingenden Buchstaben geschrieben werden:

| [ברכ] | לִבְרוֹךְ | (liwroch) | knien |
| [ברח] | לִבְרוֹחַ | (liwroach) | fliehen |
| [ארכ] | אֹרֶךְ | ('orech) | Länge |
| [ארח] | אוֹרֵחַ | ('oreach) | Gast |
| [סמכ] | סָמֶךְ | (samech) | Buchstabe SAMECH |
| [שמח] | שָׂמֵחַ | (sameach) | froh |

פַּתָח גְּנוּבָה (patach genuwa)/*gestohlenes PATACH*. פַּתָח aus [פתח] לִפְתּוֹחַ (liftoach)/*öffnen*. גְּנוּבָה aus [גנב] לִגְנוֹב (lignow)/*stehlen*.
חֲטַף CHATAF aus [חטפ] לַחְטוֹף (lachtof)/*entreißen*.

↗ Partizip

# PA'UL

# PE'ALIM

פְּעָלִים *Verben*. Die einzelnen Verbklassen:

— PE'ALIM CHASERIM פְּעָלִים חֲסֵרִים
Innerhalb der Gruppe der schwachen, unvollständigen Verben bilden die PE'ALIM CHASERIM eine Gruppe. In bestimmten Flexionsformen verliert die Wurzel in Position eins oder drei einen ihrer Konsonanten: יִפֹּל (jipol)/*er wird fallen*, aus der Wurzel [נפל].

— PE'ALIM GRONIJIM פְּעָלִים גְּרוֹנִיִּים
Diese Gruppe von Verben hat in einer der drei Position ihrer dreikonsonantischen Wurzel einen Kehllaut, der Abweichungen im Vokalismus des Wortes verursacht. Die PE'ALIM GRONIJIM sind starke Verben. Die Kehllaute ändert nichts am Bestand der Wurzelkonsonanten. ↗ Kehllaut

— PE'ALIM JOTS'IM פְּעָלִים יוֹצְאִים
Transitive Verben. ↗ Verb (Allgemeines)

— PE'ALIM KEFULIM פְּעָלִים כְּפוּלִים
Verben, deren zweiter und dritter Wurzelkonsonant gleich sind: [סבב]. Sie gehören zu den schwachen, unvollständigen Verben, da sie nicht in allen BINJANIM Verbformen haben. ↗ 'AJIN''AJIN-Verben

— PE'ALIM MECHUMASCHIM פְּעָלִים מְחֻמָּשִׁים
Verben mit fünf Wurzelkonsonanten. Die Verbformen flektieren fast ausschließlich im PI'EL, selten im HITPA'EL, davon sind nur wenige Verbformen gebräuchlich. Meist handelt es sich bei den MECHUMASCHIM um spontane Neubildungen auf umgangssprachlicher Ebene. ↗ PI'EL

— PE'ALIM MERUBA'IM פְּעָלִים מְרוּבָּעִים
Verben mit vier Wurzelkonsonanten. Eine Wurzel aus vier Konsonanten kann nicht im PA'AL konjugiert werden, man findet die MERUBA'IM folglich in den BINJANIM PI'EL, PU'AL und HITPA'EL. Ausnahmsweise wird das Verb לְהַשְׂמִאיל (lehasmil)/*nach links abbiegen* im HIF'IL konjugiert. ↗ PI'EL

— PE'ALIM METO'ARIM פְּעָלִים מְתֹאָרִים
Verben, deren Präsens-Partizip nach dem Muster PA'EL geht und die als Adjektive mit dem Hilfsverb לִהְיוֹת (lihjot)/*sein* benutzt werden. ↗ Partizip

– PE'ALIM MURKAWIM פְּעָלִים מוּרְכָּבִים

Eine Gruppe schwacher Verben hat an zwei Positionen der dreikonsonantischen Wurzel Abweichungen, meist in Position eins und drei gleichzeitig, aber auch in Position zwei und drei. Diese Verbgruppe heißt deshalb מוּרְכָּב (murkaw)/*zusammengesetzt*, es sind doppelt schwache Verben. Das Wort "zusammengesetzt" bezieht sich also auf die beiden Stellen, an denen Abweichungen stattfinden können. Die Wurzeln können zwei Konsonanten haben, die ruhen oder ausfallen, oder zwei Konsonanten, von denen einer ruht und einer ausfällt.

– PE'ALIM NACHIM פְּעָלִים נָחִים

Eine Gruppe schwacher Verben, bei denen in bestimmten Flexionsformen ein Wurzelkonsonant "ruht": der ruhende Konsonant wird geschrieben, ist aber nicht hörbar. Er kann also auch kein Vokalzeichen erhalten. Ein ruhender Konsonant kann von einem anderen überlagert werden wie bei den Konsonanten WAW und IOD: יָשַׁב/הוֹשִׁיב (jaschaw/hoschiw), das JOD des PA'AL wird im HIF'IL durch WAW vertreten. Das Gleiche geschieht mit den Konsonanten JOD und HEI: בָּנָה/בָּנוּי (bana/banui).

– PE'ALIM 'OMDIM פְּעָלִים עוֹמְדִים

Intransitive Verben. ↗ Verb (Allgemeines)

– PE'ALIM SCHLEMIM פְּעָלִים שְׁלֵמִים

Verben, die in allen Flexionsformen aller BINJANIM ihren gesamten Bestand an Wurzelkonsonanten beibehalten. Dazu zählen auch die Verben mit vokalischen Besonderheiten aufgrund von Kehllauten in irgendeiner Position ihrer Wurzel, denn vokalische Abweichungen ändern nichts am Konsonantenbestand einer Wurzel. Zu den PE'ALIM SCHLEMIM gehören auch die Wurzeln mit vier und mehr Konsonanten.

# PEI

| modern-hebr. | ⇐ aramäisch ca. 200 | ⇐ phönizisch ⇒ ca. 1100 v.u.Z. | griechisch ⇒ ca. 700-500 | lateinisch |

פֵּא. 17. Konsonant des Alphabets mit dem Zahlenwert 80, als Endbuchstabe 800. Die Bedeutung des Buchstabens ist vermutlich nach der Gestalt einer älteren Form des Buchstabens פֶּה (pe)/*Mund*.

PEI ist einer der Konsonanten des BEGADKEFAT, die je nach Position im Wort oder in der Silbe verschieden artikuliert werden: als Verschlusslaut (p) oder als Reibelaut (f). Die unterschiedliche Aussprache ist bei diesem Konsonanten auch im Modernhebräischen noch zu hören. Bei harter Aussprache steht ein DAGESCH KAL.

Um bei Fremdwörtern die Aussprache der Herkunftssprache beizubehalten, werden zuweilen die Regeln der hebräischen Grammatik außer Acht gelassen. So steht kein DAGESCH am Wortbeginn: פְרֶסְקוֹ *Fresco*. ↗ DAGESCH

PEI gehört zur Gruppe der mit den Lippen artikulierten Buchstaben (Labiale). ↗ Buchstabengruppen: 'OTIOT BUMAF.
Als Konsonant mit einer gesonderten Form am Wortende gehört PEI zur Buchstabengruppe KAMNAFATS.
↗ Buchstabengruppen: KAMNAFATS ↗ Endbuchstabe

## PEI'' 'ALEF

Verbklasse mit 'ALEF als erstem Wurzelkonsonanten. Die meisten dieser Verben gehören zur Gruppe der starken, vollständigen Verben פ' גְּרוֹנִית (pei gronit). Bei ihnen verursacht das 'ALEF nur akustische Veränderungen, bleibt aber als Wurzelkonsonant erhalten. Zur Gruppe der schwachen Verben PEI'''ALEF gehören nur fünf Verben, bei denen 'ALEF als erster Wurzelkonsonant in manchen Verbformen ruht (Verben PEI'''ALEF NACHA):

[אמד]   [אכל]   [אבד]   [אבה]   [אפה]

Die beiden zuerst genannten Beispiele gehören gleichzeitig zur Gruppe LAMED''HEI, sind also doppelt schwache Verben. Die schwachen Verben PEI'''ALEF unterscheiden sich von den starken Verben PEI GRONIT nur im Futur des PA'AL, wo die Personalpräfixe CHOLAM bekommen. In der ersten Person Singular ist der erste Wurzelkonsonant verschwunden: אֹמַר ('omar)/ *ich werde sagen*. Dieses 'ALEF ist Personalpräfix. In den anderen Personen des Futur ist 'ALEF zwar geschrie-ben, wird aber nicht ausgesprochen. Deshalb heißt diese Verbklasse auch נָחֵי פ''א (nachei pei'''alef). Der Infinitiv ist: לוֹמַר (lomar). Auch hier fehlt der erste Wurzelkonsonant. Im Gegensatz dazu ist beim Infinitiv eines starken Verbs 'ALEF als erster Wurzelkonsonant deutlich vernehmbar als harter Stimmeinsatz: לֶאֱסוֹף (le'esof)/*sammeln*. Das schwache Verb פ''א:

| Zukunft | אֹמַר | ('omar) ich werde sagen | נֹאמַר | (nomar) wir werden sagen |
|---|---|---|---|---|
| | תֹּאמַר | (tomar) (m) du wirst sagen | תֹּאמְרוּ | (tomru) ihr werdet sagen |
| | תֹּאמְרִי | (tomri) (f) du wirst sagen | יֹאמְרוּ | (jomru) sie werden sagen |
| | יֹאמַר | (jomar) er wird sagen | | |
| | תֹּאמַר | (tomar) sie wird sagen | | |

Von dem starken Verb לֶאֱסוֹף (le'esof)/*sammeln*, das nach der Klasse פ' גְּרוֹנִית (pei gronit) konjugiert wird, heißt das Futur אֶאֱסֹף ('e'esof)/*ich werde sammeln*. Der erste Wurzelkonsonant ist erhalten. Die anderen Formen dieser Verben gehen nach der Klasse der Verben PEI GRONIT, d.h. sie verhalten sich wie starke Verben.

## PEI GRONIT

פ''ג, פ' הַפֹּעַל גְּרוֹנִית. PEI HAPO'AL, d.h. der erste Wurzelkonsonant, ist ein Kehllaut אוֹת גְּרוֹנִית ('ot gronit):

| 3 | 2 | ע |   | 3 | 2 | ח |   | 3 | 2 | ה |   | 3 | 2 | א |

Die Kehllaute verursachen gewisse Abweichungen im Vokalismus, da sie

→ PEI″ ʾALEF

גְּרוֹנִית (gronit), גְּרוֹנִי (groni)/*kehlig*, aus [גרנ]: גָּרוֹן (garon)/*Kehle*.

# PEI HAPOʾAL

nicht verdoppelt werden, also kein DAGESCH haben können. Durch die Abweichungen im Vokalismus wird dieser Mangel kompensiert. Die Verben mit Kehllauten sind starke, vollständige Verben, denn an der Substanz der Wurzel ändert sich in den Verbformen nichts.

פ' הַפֹּעַל, Bezeichnung für den ersten Konsonanten einer dreikonsonantischen Wurzel. Anhand der Wurzel [פעל] des Verbs לִפְעוֹל (lifʾol)/*handeln* sind die Bezeichnungen für die drei Wurzelkonsonanten:

| erster Wurzelkonsonant: | פ' הַפֹּעַל | PEI HAPOʾAL |
| zweiter Wurzelkonsonant: | ע' הַפֹּעַל | ʾAJIN HAPOʾAL |
| dritter Wurzelkonsonant: | ל' הַפֹּעַל | LAMED HAPOʾAL |

```
3 2 1
↓ ↓ ↓
פ ע ל
```

Die Wurzel [פעל] ist dabei nicht ganz unumstritten, da sie in mittlerer Position ein ʾAJIN hat. ʾAJIN kann nicht verdoppelt werden und somit nicht alle grammatikalischen Möglichkeiten des hebräischen Verbs vertreten: in den BINJANIM PIʾEL, PUʾAL, HITPAʾEL (BINJANIM DAGUSCHIM) ist der mittlere Wurzelkonsonant bei den starken Verben verdoppelt und hat folglich ein DAGESCH CHASAK.

→ BINJANIM DAGUSCHIM

# PEI″JOD

Eine Gruppe schwacher, unvollständiger Verben, deren erster Wurzelkonsonant JOD ist. Dieses kommt in manchen Verbformen, die ein Präfix haben, mit diesem in Konflikt: es handelt sich dabei um die Flexionsformen des Futur und des HIFʾIL. Hier würde das JOD ein ruhendes SCHWA bekommen und eine Silbe abschließen. Die Gruppe PEI″JOD setzt sich zusammen aus zwei Untergruppen: die Verben der einen Gruppe behalten JOD in sämtlichen Flexionsformen, aber es wird nicht gesprochen. Bei den Verben der zweiten Gruppe fällt JOD im Futur, im Imperativ und im Infinitiv weg, während die Flexionsformen der Gegenwart und der Vergangenheit wie bei den starken Verben gebildet werden.

Das Verb [ישנ] לִישׁוֹן (lischon)/*schlafen* behält den ersten Wurzelkonsonanten JOD auch in den Flexionsformen des Futur, aber der Konsonant JOD wird nicht ausgesprochen:

| Zukunft | אִישַׁן | (ʾischan) ich werde schlafen | נִישַׁן | (nischan) wir werden schlafen |
| | תִּישַׁן | (tischan) (m) du wirst schlafen | תִּישְׁנוּ | (tischnu) ihr werdet schlafen |
| | תִּישְׁנִי | (tischni) (f) du wirst schlafen | יִישְׁנוּ | (jischnu) sie werden schlafen |
| | יִישַׁן | (jischan) er wird schlafen | | |
| | תִּישַׁן | (tischan) sie wird schlafen | | |

Das Verb [ישב] לָשֶׁבֶת (laschewet)/*sitzen* z.B. verliert den ersten Wurzelkonsonanten JOD in den Flexionsformen des Futurs:

Zukunft
- אֵשֵׁב ('eschew) ich werde sitzen
- תֵּשֵׁב (teschew) (m) du wirst sitzen
- תֵּשְׁבִי (teschwi) (f) du wirst sitzen
- יֵשֵׁב (jeschew) er wird sitzen
- תֵּשֵׁב (teschew) sie wird sitzen
- נֵשֵׁב (neschew) wir werden sitzen
- תֵּשְׁבוּ (teschwu) ihr werdet sitzen
- יֵשְׁבוּ (jeschwu) sie werden sitzen

Hierzu gehören u.a. folgende Verben, bei denen JOD als erster Wurzelkonsonant auch im Imperativ verlorengeht:

| | | | |
|---|---|---|---|
| [ישב] | לָשֶׁבֶת | (laschewet) | sitzen |
| [ירד] | לָרֶדֶת | (laredet) | aussteigen |
| [ידע] | לָדַעַת | (lada'at) | wissen |
| [יצא] | לָצֵאת | (latset) | herausgehen |

Das Verb [הלך] לָלֶכֶת (lalechet)/*gehen* hat HEI als ersten Wurzelkonsonanten, flektiert aber nach dem gleichen Muster wie die Verben PEI''JOD. Die defekten Imperativformen:

| | | | | | | |
|---|---|---|---|---|---|---|
| [הלך] | לֵךְ | (lech) | geh (m) | לְכִי | (lechi) | geh (f) |
| [ישב] | שֵׁב | (schew) | setz dich (m) | שְׁבִי | (schewi) | setz dich (f) |
| [ידע] | דַּע | (da) | wisse (m) | דְּעִי | (de'i) | wisse (f) |

Im HIF'IL wird der erste Wurzelkonsonant JOD in allen Flexionsformen der drei Zeitstufen zu WAW mit CHOLAM:

Gegenwart
- מוֹשִׁיב (moschiw)
- מוֹשִׁיבָה (moschiwa)
- מוֹשִׁיבִים (moschiwim)
- מוֹשִׁיבוֹת (moschiwot)

Vergangenheit
- הוֹשַׁבְתִּי (hoschawti) ich habe gesetzt
- הוֹשַׁבְתָּ (hoschawta) (m) du hast gesetzt
- הוֹשַׁבְתְּ (hoschawt) (f) du hast gesetzt
- הוֹשִׁיב (hoschiw) er hat gesetzt
- הוֹשִׁיבָה (hoschiwa) sie hat gesetzt
- הוֹשַׁבְנוּ (hoschawnu) wir haben gesetzt
- הוֹשַׁבְתֶּם (hoschawtem) (m) ihr habt gesetzt
- הוֹשַׁבְתֶּן (hoschawten) (f) ihr habt gesetzt
- הוֹשִׁיבוּ (hoschiwu) sie haben gesetzt

Zukunft
- אוֹשִׁיב ('oschiw) ich werde setzen
- תּוֹשִׁיב (toschiw) (m) du wirst setzen
- תּוֹשִׁיבִי (toschiwi) (f) du wirst setzen
- יוֹשִׁיב (joschiw) er wird setzen
- תּוֹשִׁיב (toschiw) sie wird setzen
- נוֹשִׁיב (noschiw) wir werden setzen
- תּוֹשִׁיבוּ (toschiwu) ihr werdet setzen
- יוֹשִׁיבוּ (joschiwu) sie werden setzen

Folgende Verben z.B. werden im HIF'IL konjugiert:

| | | | |
|---|---|---|---|
| [יסף] | לְהוֹסִיף | (lehosif) | hinzufügen |
| [ידע] | לְהוֹדִיעַ | (lehodia) | benachrichtigen |
| [יפע] | לְהוֹפִיעַ | (lehofia) | erscheinen |
| [ירד] | לְהוֹרִיד | (lehorid) | herunternehmen |
| [ישב] | לְהוֹשִׁיב | (lehoschiw) | setzen |
| [יצא] | לְהוֹצִיא | (lehotsi) | hervorbringen |
| [יכח] | לְהוֹכִיחַ | (lehochiach) | beweisen |

Folgende Wurzeln der Gruppe PEI''JOD werden wie PEI''NUN konjugiert:

| | | | |
|---|---|---|---|
| [יצב] | לְיַצֵּב | (lejatsew) | stabilisieren |
| [יצג] | לְיַצֵּג | (lejatseg) | vertreten |
| [יצע] | לְהַצִּיעַ | (lehatsia) | vorschlagen |
| [יצק] | לָצֶקֶת | (latseket) | gießen (Metall) |
| [יצר] | לִיצוֹר | (litsor) | schaffen |
| [יצת] | לִיצוֹת | (litsot) | brennen |

Diese Verben haben als mittleren Wurzelkonsonanten TSADE.

## PEI''NUN

Verben PEI''NUN bilden eine Gruppe schwacher, unvollständiger Verben, deren erster Wurzelkonsonant ein NUN ist. Dieses geht im Futur des PA'AL und im BINJAN HIF'IL verloren, ebenso im Infinitiv. Das sind die Stellen in der Konjugation, an denen das NUN ein ruhendes SCHWA bekommen würde, da es durch die Personalpräfixe des Futurs im PA'AL, durch das Präfix im HIF'IL oder durch die Präposition im Infinitiv am Silbenende steht. In den Verbformen, in denen NUN ausgefallen ist, bekommt der zweite Wurzelkonsonant DAGESCH. Die Zukunft des PA'AL von לִפֹּל (lipol)/*fallen*:

Zukunft

| | | | | |
|---|---|---|---|---|
| אֶפֹּל | ('epol) ich werde fallen | | נִפֹּל | (nipol) wir werden fallen |
| תִּפֹּל | (tipol) (m) du wirst fallen | | תִּפְּלוּ | (tiplu) ihr werdet fallen |
| תִּפְּלִי | (tipli) (f) du wirst fallen fallen | | יִפְּלוּ | (jiplu) sie werden fallen |
| יִפֹּל | (jipol) er wird fallen | | | |
| תִּפֹּל | (tipol) sie wird fallen | | | |

Die Flexionsformen des HIF'IL:

| | | | | |
|---|---|---|---|---|
| Gegenwart | מַפִּיל | (mapil) | מַפִּילִים | (mapilim) |
| | מַפִּילָה | (mapila) | מַפִּילוֹת | (mapilot) |
| Vergangenheit | הִפַּלְתִּי | (hipalti) ich habe umgeworfen | הִפַּלְנוּ | (hipalnu) wir haben umgeworfen |
| | הִפַּלְתָּ | (hipalta) (m) du hast umgeworfen | הִפַּלְתֶּם | (hipaltem) (m) ihr habt umgeworfen |
| | הִפַּלְתְּ | (hipalt) (f) du hast umgeworfen | הִפַּלְתֶּן | (hipalten) (f) ihr habt umgeworfen |
| | הִפִּיל | (hipil) er hat umgeworfen | הִפִּילוּ | (hipilu) sie haben umgeworfen |
| | הִפִּילָה | (hipila) sie hat umgeworfen | | |

| Zukunft | אַפִּיל | ('apil) ich werde umwerfen | נַפִּיל | (napil) wir werden umwerfen |
|---|---|---|---|---|
| | תַּפִּיל | (tapil) (m) du wirst umwerfen | תַּפִּילוּ | (tapilu) ihr werdet umwerfen |
| | תַּפִּילִי | (tapili) (f) du wirst umwerfen | יַפִּילוּ | (japilu) sie werden umwerfen |
| | יַפִּיל | (japil) er wird umwerfen | | |
| | תַּפִּיל | (tapil) sie wird umwerfen | | |

Die Infinitive dieser Verbgruppe weisen Unregelmäßigkeiten auf: [נסע] לִנְסוֹעַ (linsoa)/*reisen* behält auch im Infinitiv den ersten Wurzelkonsonanten NUN. Die Wurzel [נתן] לָתֵת (latet)/*geben* hat NUN in den Positionen eins und drei; in den ersten und zweiten Personen Singular der Vergangenheit geht das NUN in Position drei verloren:

נָתַתִּי (natati) ich habe gegeben
נָתַתָּ (natata) du hast gegeben
נְתַתֶּם (netatem) ihr habt gegeben

Im Infinitiv gehen beide NUN verloren: לָתֵת (latet)/*geben*. Die Form des Infinitiv enthält also nur noch einen der drei ursprünglichen Wurzelkonsonanten.

Bei Verben, deren zweiter Wurzelkonsonant ein Kehllaut ist, der nicht verdoppelt werden, also kein DAGESCH haben kann, bleibt NUN als erster Wurzelkonsonant erhalten. Diese Verben flektieren wie starke Verben:

[נהג]   לִנְהֹג   (linhog)   fahren

מַשָּׂא פְּנִימִי (musa penimi)/*inneres* (oder *internes*) *Objekt*. ↗ Objekt

## PENIMI

## Perfekt

Das Perfekt ist eine Zeitstufe der Vergangenheit, das eine Handlung oder einen Vorgang als beendet charakterisiert: *sie hat geschrieben*. Das Hebräische verwendet für die Zeitstufe der Vergangenheit die Verbformen, bei denen das Subjekt des Satzes als Personalsuffix an die Wurzel angefügt wird: כָּתַבְתִּי (katawti)/*ich habe geschrieben*. Das Althebräische kannte die Einteilung in drei Zeitstufen noch nicht, so wie wir sie aus den indoeuropäischen Sprachen kennen: Vergangenheit/Gegenwart/Zukunft. Hier steht das Perfekt, wenn eine Handlung als endgültig abgeschlossen angenommen wird, und das Imperfekt (das heutige Futur), wenn eine Handlung als noch nicht abgeschlossen gilt.

→ Zeiten

↗ GUF

## Person

## Personalpräfix

Die Personalpräfixe des Hebräischen sind durch Reduktion aus den Personalpronomen entstanden. Sie werden zur Bildung der Zeitstufe der Zukunft an den Wortstamm des Verbs angefügt. Die Personalpräfixe bilden das Merkwort 'ETINETI.

| | | | | | | | |
|---|---|---|---|---|---|---|---|
| אֲ- | ⇐ | אֲנִי | ('ani) ich | נ- | ⇐ | אֲנַחְנוּ | ('anachnu) wir |
| תּ- | ⇐ | אַתָּה | ('ata) du (m) | וּ תּ- | ⇐ | אַתֶּם | ('atem) ihr (m) |
| תּ- י | ⇐ | אַתְּ | ('at) du (f) | וּ תּ- | ⇐ | אַתֶּן | ('aten) ihr (f) |
| י- | ⇐ | הוּא | (hu) er | וּ י- | ⇐ | הֵם | (hem) sie |
| תּ- | ⇐ | הִיא | (hi) sie | וּ י- | ⇐ | הֵן | (hen) sie |

## Personalpronomen

שֵׁם גּוּף (schem guf), מִלַת־גּוּף (milat guf), כִּנּוּי אִישִׁי (kinui 'ischi)/*persönliches Fürwort*, eine Untergruppe der Pronomen. Das Personalpronomen verweist auf einen Sprecher: *ich, wir* (erste Person), auf einen Angesprochenen: *du, ihr* (zweite Person) und einen Besprochenen: *er, sie es, sie*/Plural (dritte Person):

1. Person    מְדַבֵּר    (medaber)/*Sprecher*
2. Person    נוֹכֵחַ    (nocheach)/*Angesprochener*
3. Person    נִסְתָּר    (nistar)/*Verborgener, Abwesender, Besprochener*

→ GUF

Die Personalpronomen im Hebräischen existieren in zwei Versionen: solche, die alleine stehen können, und verkürzte, die nur als Suffix (Vergangenheit) oder als Präfix (Zukunft) an eine Verbform angefügt werden können. Die Personalpräfixe, mit denen die Verbformen für die Zeitstufe der Zukunft gebildet werden, und die Personalendungen, mit deren Hilfe die Verbformen für die Zeitstufe der Vergangenheit gebildet werden, sind durch Rückbildung aus den alleinstehenden Personalpronomen entstanden.

### Personalpronomen und Personalpräfixe

| | | | | | | | |
|---|---|---|---|---|---|---|---|
| אֲ- | ⇐ | אֲנִי | ('ani) ich | נ- | ⇐ | אֲנַחְנוּ | ('anachnu) wir |
| תּ- | ⇐ | אַתָּה | ('ata) du (m) | וּ תּ- | ⇐ | אַתֶּם | ('atem) ihr (m) |
| תּ- י | ⇐ | אַתְּ | ('at) du (f) | וּ תּ- | ⇐ | אַתֶּן | ('aten) ihr (f) |
| י- | ⇐ | הוּא | (hu) er | וּ י- | ⇐ | הֵם | (hem) sie |
| תּ- | ⇐ | הִיא | (hi) sie | וּ י- | ⇐ | הֵן | (hen) sie |

### Personalpronomen und Personalendungen

| | | | | | | | |
|---|---|---|---|---|---|---|---|
| תִּי - | ⇐ | אֲנִי | ('ani) ich | נוּ - | ⇐ | אֲנַחְנוּ | ('anachnu) wir |
| תָּ - | ⇐ | אַתָּה | ('ata) du (m) | תֶּם - | ⇐ | אַתֶּם | ('atem) ihr (m) |
| תְּ - | ⇐ | אַתְּ | ('at) du (f) | תֶּן - | ⇐ | אַתֶּן | ('aten) ihr (f) |
| Ø - | ⇐ | הוּא | (hu) er | וּ - | ⇐ | הֵם | (hem) sie |
| ה - | ⇐ | הִיא | (hi) sie | וּ - | ⇐ | הֵן | (hen) sie |

Die Endungen der zweiten Person Plural haben den Hauptton: תֶּם- / תֶּן-. Die dritte Person Singular maskulin Vergangenheit des PA'AL hat keine Personalendung. Diese Verbform ist die einfachste Verbform des hebräischen Verbsystems, sie heißt גּוּף שְׁלִישִׁי (guf schlischi)/*dritte Person*. Sie besteht lediglich aus den Wurzelkonsonanten und den beiden Vokalen. In den modernen Wörterbüchern sind die Verben unter dieser Form GUF SCHLISCHI lexikalisiert.

An die Personalendung einer Verbform kann eine zusätzliche Personalendung als Akkusativobjekt angeschlossen werden, falls das Verb transitiv ist. Dieses Personalpronomen, das direktes Objekt ist, heißt in der Grammatik כִּנּוּי הַפָּעוּל (kinui hapa'ul)/*Personalpronomen im Akkusativ, Objektspronomen*:

| Singular | | | Plural | | |
|---|---|---|---|---|---|
| נִי- | (-ni) | mich | נוּ- | (-nu) | uns |
| ךָ- | (-cha) | dich (m) | כֶם- | (-chem) | euch (m) |
| ךְ- | (-ech) | dich (f) | כֶן- | (-chen) | euch (f) |
| הוּ/ו- | (-hu/-w) | ihn | ם- | (-am) | sie |
| הָ- | (-ha) | sie | ן- | (-an) | sie |

Substantive mit Personalsuffix drücken ein Besitzverhältnis aus. In der hebräischen Grammatik heißt diese Veränderung von Substantiven Deklination. Das Substantiv, das dekliniert wird, kann im Singular oder im Plural stehen. Im Singular:

→ Deklination

    תַּלְמִיד (talmid) ein Schüler     תַּלְמִידִי (talmidi) mein Schüler
    אֵם ('em) eine Mutter     אִמּוֹ ('imo) seine Mutter

Die Personalendung als direktes Objekt an einem Substantiv im Plural:

    הוֹרַי (horai)     meine Eltern
    הוֹרֵיכֶם (horeichem)     eure (mask.) Eltern

Im Hebräischen können auch die Präpositionen dekliniert werden. Bei denjenigen Präpositionen, die alleine stehen können, werden manche wie ein Substantiv im Singular und manche wie ein Substantiv im Plural dekliniert. Die Präposition בִּשְׁבִיל (bischwil)/*für* z.B. wird wie ein Substantiv im Singular dekliniert:

    בִּשְׁבִילִי (bischwili)     für mich
    בִּשְׁבִילְךָ (bischwilcha)     für dich     (maskulin)

Die Präposition אֶל ('el)/*zu* z.B. wird wie ein Substantiv im Plural dekliniert:

    אֵלַי ('elai)     zu mir
    אֵלֶיךָ ('elecha)     zu dir     (mask.)

Auch manche Präpositionen, die Partikeln sind und an ein anderes Wort angeschlossen werden, können dekliniert werden. Eine Präposition, die nicht alleine stehen kann, und eine Personalendung, die ebenfalls nicht alleine stehen kann, bilden auf diese Weise zusammen ein neues, selbständiges Wort:

    לִי (li) mir     בִּי (bi) in mir

שֵׁם גּוּף (schem guf), מִלַּת־גּוּף (milat guf): גּוּף (guf)/*Körper* aus [גוּף] לְהָגִיף (lehagif)/*schließen* HIF'IL.

כִּנּוּי אִישִׁי (kinui 'ischi): כִּנּוּי (kinui)/*Benennung, Beiname, Pronomen, Fürwort* aus [כנה] לְכַנּוֹת (lechanot)/*benennen* PI'EL. אִישִׁי ('ischi)/*privat, persönlich* aus dem Substantiv אִישׁ ('isch)/*Mann* abgeleitet. Eine spätere Wortbildung aus dem Substantiv ist [איש] לְאַיֵּשׁ (le'ajesch)/*mit einer Mannschaft ausstatten* PI'EL.

מְדַבֵּר (medaber)/*Sprecher* aus [דבר] לְדַבֵּר (ledaber)/*sprechen* PI'EL.

נוֹכֵחַ (nocheach)/*der Anwesende, Angesprochene* aus [נכח] לִנְכּוֹחַ (linkoach)/*anwesend sein*.

נִסְתָּר (nistar)/*verborgen* aus [סתר] לְהִסָּתֵר (lehisater)/*verborgen sein* NIF'AL. Das Verb wird in dieser Bedeutung im NIF'AL konjugiert.

## Personalsuffix

Verkürzte Form des Personalpronomens an einer Verbform. Auf diese Weise werden die Verbformen für die Zeitstufe der Vergangenheit gebildet. Das Personalsuffix stellt in diesem Fall das Subjekt des Satzes dar. An eine finite Verbform der Vergangenheit, die also ein solches Personalsuffix als Subjekt hat, kann eine weitere Personalendung angefügt werden, die als Akkusativobjekt dient (Pronominalsuffix). ↗ Personalpronomen ↗ Objektspronomen

Eine verkürzte Form des Personalpronomens kann auch an ein Substantiv angefügt werden und definiert dann ein Besitzverhältnis: סִפְרֵינוּ (sifreinu)/*unsere Bücher*. Das Substantiv steht im STATUS CONSTRUCTUS.

↗ Personalpronomen ↗ Deklination

Ein Personalsuffix kann an eine Präposition angehängt werden: בִּגְלָלִי (biglali)/*wegen mir*. ↗ Personalpronomen ↗ Deklination

## PESCHITUT

עֶרֶךְ הַפְּשִׁיטוּת ('erech hapeschitut)/*Grundstufe, Positiv*. ↗ Steigerung

## PESIK

פְּסִיק (pesik)/*Komma*. ↗ Satzzeichen

## PE'ULA

שֵׁם הַפְּעֻלָּה (schem hape'ula)/*Verbalsubstantiv*. ↗ Verbalsubstantiv

## PI'EL

בִּנְיָן פִּעֵל (binjan pi'el), das dritte BINJAN des hebräischen Verbsystems. Im PI'EL werden zwei Gruppen von Verben mit verschiedenen Handlungsaspekten konjugiert: Verben, die intensive Bedeutung haben wie *viel schreiben, befehlen, eilen*, bzw. Verben, die einen iterativen Aspekt haben und sich wiederholende Tätigkeiten ausdrücken wie *lamentieren, furchtsam sein, ausarbeiten*, etc. Von solchen Verben gibt es häufig gar kein PA'AL. Andererseits konjugieren sich Verben nach dem PI'EL, die veranlassende Bedeutung haben wie *lehren*, d.h. andere zum Lernen veranlassen, oder *erfreuen, verringern, stärken*, etc.

Die meisten Verben, die im Zuge der Wiederbelebung der hebräischen Sprache entstanden sind, konjugieren sich im PI'EL. Im PI'EL werden auch all diejenigen Wurzeln konjugiert, die vier und mehr Wurzelkonsonanten haben. Das PA'AL kann nur Verben mit maximal drei Wurzelkonsonanten konjugieren.

Das PI'EL hat als charakteristisches Merkmal DAGESCH CHASAK im mittleren Wurzelkonsonanten und MEM als Präfix im Partizip. ב/כ/פ als erste Wurzelkonsonanten werden als Reibelaute artikuliert, da das Präfix MEM ein SCHWA hat und somit keine Silbe darstellt: מְכַתֵּב (mechatew)/*schreibend*.

Die Wurzel [דבר] לְדַבֵּר (ledaber)/*sprechen* flektiert im PI'EL:

| Gegenwart | מְדַבֵּר | (medaber) | מְדַבְּרִים | (medabrim) |
|---|---|---|---|---|
| | מְדַבֶּרֶת | (medaberet) | מְדַבְּרוֹת | (medabrot) |
| Vergangenheit | דִּבַּרְתִּי | (dibarti) ich habe gesprochen | דִּבַּרְנוּ | (dibarnu) wir haben gesprochen |
| | דִּבַּרְתָּ | (dibarta) (m) du hast gesprochen | דִּבַּרְתֶּם | (dibartem) (m) ihr habt gesprochen |
| | דִּבַּרְתְּ | (dibart) (f) du hast gesprochen | דִּבַּרְתֶּן | (dibarten) (f) ihr habt gesprochen |
| | דִּבֵּר | (diber) er hat gesprochen | דִּבְּרוּ | (dibru) sie haben gesprochen |
| | דִּבְּרָה | (dibra) sie hat gesprochen | | |
| Zukunft | אֲדַבֵּר | ('adaber) ich werde sprechen | נְדַבֵּר | (nedaber) wir werden sprechen |
| | תְּדַבֵּר | (tedaber) (m) du wirst sprechen | תְּדַבְּרוּ | (tedabru) ihr werdet sprechen |
| | תְּדַבְּרִי | (tedabri) (f) du wirst sprechen | יְדַבְּרוּ | (jedabru) sie werden sprechen |
| | יְדַבֵּר | (jedaber) er wird sprechen | | |
| | תְּדַבֵּר | (tedaber) sie wird sprechen | | |

Das PI'EL kann Wurzeln mit vier und mehr Konsonanten konjugieren. Das kommt daher, dass der mittlere Wurzelkonsonant wie auch bei den anderen BINJANIM DAGUSCHIM verdoppelt ist. Das Zeichen hierfür ist das DAGESCH CHASAK:

→ BINJAN: BINJAN DAGUSCH

Aus den ersten vier Konsonanten des hebräischen Alphabets z.B. entstand die vierkonsonantische Wurzel [אבגד], im vierkonsonantischen PI'EL-Modell also: לְאַבְגֵד (le'awged)/*alphabetisieren*, GUF SCHLISCHI אִבְגֵד. In dasselbe vierkonsonantische Wurzelmodell passen auch Wurzeln, die durch Hintereinanderschalten einer zweikonsonantischen Wurzel nach dem Tandem-Prinzip entstehen:

> Wortbildung

Nach diesem Muster prägte z.B. Eliezer ben Yehuda aus dem Substantiv דַּף (daf)/*Seite* das Verb לְדַפְדֵּף (ledafdef)/*blättern*. Das Muster dieser Wurzeln heißt PILPEL. Wurzeln, die nach diesem Muster konjugiert werden, kommen auf folgende Art und Weise zustande: sie werfen einen ihrer ursprünglich drei Wurzelkonsonanten aus bestimmten Gründen ab und verdoppeln das, was übrigbleibt:

כּוֹפֵל → לְפֵּו → כְלכֵל → כִּלְפֵּל

Die Gründe für den Verlust eines Wurzelkonsonanten liegen auf der Hand, es handelt sich um folgende Wurzeln:
* die ein ה, ו, י als einen der Wurzelkonsonanten haben: Verben ל"ה, ע"י,
* deren erster Wurzelkonsonant NUN ist: Verben פ"נ,
* bei denen der zweite und dritte Wurzelkonsonant gleich ist: Verben ע"ע.

Diese Wurzeln flektieren nach schwachen Verbklassen. Und genau diejenigen Wurzelkonsonanten, die die schwachen Verbklassen ausmachen, sind bereit auszufallen:

|  |  |  |  |  |
|---|---|---|---|---|
|  | [עוף] | לָעוּף | (la'uf) | fliegen |
| ⇨ | [עפעף] | לְעַפְעֵף | (le'af'ef) | zucken, zwinkern |
|  | [רפה] | לִרְפּוֹת | (lirpot) | schwach werden |
| ⇨ | [רפרף] | לְרַפְרֵף | (lerafref) | schweben, flattern |
|  | [נטף] | לִנְטוֹף | (lintof) | tropfen |
| ⇨ | [טפטף] | לְטַפְטֵף | (letaftef) | tröpfeln |
|  | [בלל] | לְבַלֵּל | (lewalel) | mischen |
| ⇨ | [בלבל] | לְבַלְבֵּל | (lewalbel) | verwirren |

Viele vierkonsonantische Wurzeln werden auf diese Weise gebildet. Die oben zitierten Verben mit einer dreikonsonantischen Wurzel sind schwache Verben, die Verben mit vier Wurzelkonsonanten sind starke Verben. Verbale Neubildungen nach einer der schwachen Verbklassen gibt es nicht.
Zuweilen ereignen sich die oben erwähnten Vorgänge auch an Wurzeln von starken Verben, wohl aus Gründen der Lautmalerei:

| [רעש] | לִרְעוֹשׁ | (lir'osch) | lärmen |
|---|---|---|---|
| [רשש] | לְרַשְׁרֵשׁ | (leraschresch) | rascheln |

Auch wird aus einer starken dreikonsonantischen Wurzel durch Reduplikation des letzten Konsonsonanten eine vierkonsonantische, die dann im PI'EL konjugiert wird:

| [ערב] | לְעָרֵב | (le'arew) | mischen PI'EL |
|---|---|---|---|
| [ערבב] | לְעַרְבֵּב | (le'arbew) | durcheinanderbringen |

Ein weiteres vierkonsonantisches Wurzelmodell im PI'EL ist das Modell POLEL. Nach diesem Muster flektieren schwache Verben der Klasse ע"ו/ע"י und der schwachen Klasse ע"ע: [סבב] לְסוֹבֵב (lesowew)/*umkreisen*

| Gegenwart | מְסוֹבֵב | (mesowew) | מְסוֹבְבִים | (mesowewim) |
|---|---|---|---|---|
|  | מְסוֹבֶבֶת | (mesowewet) | מְסוֹבְבוֹת | (mesowewot) |

**PILPEL** Ein Wortbildungsmuster für vierkonsonantische Wurzeln des Hebräischen, die durch Reduplikation nach dem Tandem-Prinzip aus zweikonsonantischen Wurzeln entstanden sind. ↗ PI'EL ↗ Wortbildung

**PISUK** פִּסוּק (pisuk)/*Zeichensetzung*. ↗ Satzzeichen

SCRIPTIO PLENA ↗ KETIW

↗ Mehrzahl

שֵׁם רִבּוּאִי (schem ribu'i), Substantiv, das nur im Plural vorkommt. ↗ Substantiv

פֹּעַל *Verb, Zeitwort.*
פֹּעַל חוֹזֵר (po'al choser)/*reflexives Verb*. ↗ Verb
פֹּעַל עֵזֶר (po'al 'eser)/*Hilfsverb*. ↗ Hilfsverb ↗ Verb
פֹּעַל יוֹצֵא (po'al jotse)/*transitives Verb*. ↗ Verb
פֹּעַל עוֹמֵד (po'al 'omed)/*intransitives Verb*. ↗ Verb: פֹּעַל שָׁלֵם (po'al schalem)/*vollständiges, regelmäßiges Verb*. ↗ Verb: das hebräische Verbsystem: Verbklassen

↗ Partizip

Wortbildungsmuster für Verben, BINJAN. Es ist eine Nebenform des BINJAN PI'EL. Wurzeln, die ein WAW oder JOD als mittleren Konsonanten haben, und Wurzeln, bei denen der zweite und dritte Konsonant gleich ist, bilden gelegentlich Formen im PI'EL nach diesem Muster.
↗ 'AJIN"WAW ↗ 'AJIN'"AJIN ↗ PI'EL

Grundstufe bei der Steigerung des Adjektivs, עֶרֶךְ הַפָּשִׁיטוּת ('erech hapeschitut). ↗ Steigerung

כִּנּוּי־קִנְיָן (kinui-kinjan) oder כִּנּוּי הַשַּׁיָּכוּת (kinui haschajachut)/*besitzanzeigendes Fürwort, Possessivbegleiter* eines Substantivs: *mein* Buch, *unser* Haus. Im Hebräischen gibt es kein Possessivpronomen wie im Deutschen. Ein Besitzverhältnis kann auf drei Arten ausgedrückt werden:
* mit der deklinierten Präposition שֶׁל (schel): הַסֵּפֶר שֶׁלִּי (hasefer scheli)/*mein Buch*, wobei das Substantiv logischerweise den bestimmten Artikel hat,
* durch Anhängen der verkürzten Form des Personalpronomens (Personalsuffix) an ein Substantiv in Form des STATUS CONSTRUCTUS, d.h. durch die Deklination des Substantivs: סִפְרִי (sifri)/*mein Buch*,
* durch Kombination dieser beiden Möglichkeiten (literarischer Stil).
↗ Deklination

כִּנּוּי־קִנְיָן (kinui-kinjan)/*Possessivsuffix*. כִּנּוּי (kinui)/*Benennung, Pronomen, Fürwort* aus [כנה] לְכַנּוֹת (lechanot)/*benennen* PI'EL. קִנְיָן (kinjan)/*Besitz, Eigentum* aus [קנה] לִקְנוֹת (liknot)/*kaufen*.
כִּנּוּי הַשַּׁיָּכוּת (kinui haschajachut)/*besitzanzeigendes Fürwort*. שַׁיָּכוּת (schajachut)/*Zugehörigkeit* aus [שיך] לְשַׁיֵּךְ (leschajech)/*zuschreiben* PI'EL.

↗ Bedingungssatz

## PLENA
## Plural
## PLURALE TANTUM

## PO'AL

## PO'EL
## POLEL

## Positiv

## Possessivpronomen

## √

## POTENTIAL

## POTSETSIM ↗ Verschlusslaut

### Prädikat
נָשׂוּא (nasu)/*Satzaussage, Prädikat*, Satzteil, der mit dem Subjekt zusammen die Grundform des Aussagesatzes bildet. Ein vollständiger Satz besteht mindestens aus einem Subjekt und einem Prädikat. In der Zeitstufe der Gegenwart wird die Verbform von [היה] weggelassen: דָּן מוֹרֶה (dan more)/*Dan ist Lehrer*. ↗ Satz ↗ Kopula

נָשׂוּא (nasu)/*Satzaussage, Prädikat* aus [נשׂא] לָשֵׂאת (laset)/*heben, tragen, nehmen*.

### Präfix
קְדוֹמֶת (kidomet) oder תְּחִלִית (techilit)/*Vorsilbe*, ein Morphem, das als wortbildendes Element an den Beginn eines Wortes, des Wortstammes oder der Wurzel angefügt wird. Es ist selbst kein Wort, kann also nicht alleine stehen. Im Deutschen: kommen ⇨ *be*kommen, *ver*kommen, *los*kommen. Im Hebräischen:

| | | | |
|---|---|---|---|
| [בוא] | מָבוֹא | (mawo) | Einleitung |
| [שפט] | מִשְׁפָּט | (mischpat) | Satz |
| [קדמ] | מֻקְדָּם | (mukdam) | früh |

→ Futur
→ Affix
→ Infix
→ Suffix

Die Verbformen für die Zeitstufe der Zukunft werden gebildet durch Vorschalten der Personalpräfixe an den Verbstamm. Verschiedene BINJANIM des Verbsystems haben in ihrem Bildungsmuster ein Präfix, z.B. das Partizip des PI'EL ein ־מְ: מְדַבֵּר (medaber)/*sprechend*. Einige Wortbildungsmuster (MISCHKALIM) haben Präfixe.

קְדוֹמֶת (kidomet)/*Vorsilbe* aus [קדמ] לִקְדּוֹם (likdom)/*vorangehen*. תְּחִלִית (techilit)/*Vorsilbe* aus [תחל] לְהַתְחִיל (lehatchil)/*beginnen* HIF'IL.

### Präformativkonjugation
→ Zeiten
→ Afformativkonjugation

In älteren Grammatiken Bezeichnung für die Verbformen des Futur, weil sie eine verkürzte Form des Personalpronomens an den Wortbeginn ankoppeln: אֶכְתֹּב ('echtow)/*ich werde schreiben*. Entsprechend werden die Verbformen für die Zeitstufe der Vergangenheit als Afformativkonjugation bezeichnet, weil sie durch Anfügen von Affixen (Suffixen) gebildet werden.

### Präposition

| Übersicht | Die gebräuchlichsten Präpositionen |
|---|---|
| | Deklination der Präpositionen |
| Allgemeines | Gebrauch der Präpositionen und Partikeln |
| Die Partikeln | Präpositionen und Konjunktionen |

— *Allgemeines*

→ Wortart

מִלַּת־יַחַס (milat jachas)/*Verhältniswort, Präposition*. Die Präposition bezeichnet die Beziehung zwischen Gegenständen untereinander: *das Buch liegt auf dem Tisch; der Korb steht unter dem Tisch*. Im Deutschen gehören die Präpositionen zu den vier nicht flektierbaren Wortarten: Adverbien, Präpositionen, Konjunktionen und Interjektionen. Im Hebräischen sind sie deklinierbar wie Substantive und haben dann eine Personalendung: בִּשְׁבִילִי (bischwili)/*für mich*, בִּשְׁבִילֵנוּ (bischwileinu)/*für uns*, מִמֶּנִּי (mimeni)/*von mir*,

מִמֶּנוּ (mimeno)/*von ihm*. Auch diejenigen Präpositionen, die nicht selbständig vorkommen, die Partikeln, können dekliniert werden, indem sie mit der verkürzten Personalendung verbunden werden: לִי (li)/*mir*, לָנוּ (lanu)/*uns*, בְּךָ (becha)/*in dir* (m), בָּכֶם (bachem)/*in euch* (m).

— *Die Partikeln*

אוֹתִיוֹת הַשִׁימוּשׁ ('otiot haschimusch) oder מִלִיוֹת (miliot), Singular מִלִית (milit)/*formbildende Buchstaben, Partikeln*. Einige der Partikeln aus der Gruppe 'OTIOT HASCHIMUSCH sind Präpositionen: ־מ/־ל/־ב/־כ. Die beiden Partikeln ב und ל können dekliniert werden:

→ 'OTIOT HASCHIMUSCH

| ־ל | | | | ־ב | | | |
|---|---|---|---|---|---|---|---|
| לִי | (li) mir | לָנוּ | (lanu) uns | בִּי | (bi) in mir | בָּנוּ | (banu) in uns |
| לְךָ | (lecha) dir (m) | לָכֶם | (lachem) euch (m) | בְּךָ | (becha) in dir (m) | בָּכֶם | (bachem) in euch (m) |
| לָךְ | (lach) dir (f) | לָכֶן | (lachen) euch (f) | בָּךְ | (bach) in dir (f) | בָּכֶן | (bachen) in euch (f) |
| לוֹ | (lo) ihm | לָהֶם | (lahem) ihnen (m) | בּוֹ | (bo) in ihm | בָּהֶם | (bahem) in ihnen (m) |
| לָהּ | (la) ihr | לָהֶן | (lahen) ihnen (f) | בָּהּ | (ba) in ihr | בָּהֶן | (bahen) in ihnen (f) |

־מ ist die verkürzte Form aus der Präposition מִין (min)/*von*. Sie kann mit den Infinitiv verbunden werden. Zur Vokalisierung ↗ 'OTIOT HASCHIMUSCH: Die Gruppe מש״ה.

־שֶׁ entspricht dem deutschen *dass* und dem Relativpronomen *der, die, das*. Die Partikel ist eine zusammengezogene Form aus dem Wort אֲשֶׁר ('ascher) mit gleicher Bedeutung. ־שֶׁ ist also eine Präposition, während die deutschen Entsprechungen *der, die, das, welcher, welche* usw. Pronomen (Relativpronomen) sind.

— *Die gebräuchlichsten Präpositionen*

Deklination mit Singularendungen:

| | | | | | |
|---|---|---|---|---|---|
| אֵצֶל | ('etsel) | bei | לְעֻמַּת | (le'umat) | im Gegensatz zu |
| אֵת | ('et) | mit | לִקְרַאת | (likrat) | in Richtung auf |
| אֶת | ('et) | (Akk.Partikel) | לְתוֹךְ | (letoch) | hinein |
| בִּגְלַל | (biglal) | wegen | מוּל | (mul) | gegenüber |
| בַּעֲבוּר | (ba'awur) | für | מִין | (min) | von |
| בִּשְׁבִיל | (bischwil) | für | נֶגֶד | (neged) | gegen |
| בְּתוֹךְ | (betoch) | innerhalb | עַד | ('ad) | bis |
| הִנֵּה | (hine) | hier | עוֹד | ('od) | noch |
| הֲרֵי | (harei) | dort | עַל־יַד | ('al jad) | neben |
| כָּל | (kol) | ganz | עִם | ('im) | mit |
| כְּמוֹ | (kemo) | wie | קָרוֹב | (karow) | nahe |
| לְבַד | (lewad) | allein | רָחוֹק | (rachok) | weit |
| לְמַעַן | (lema'an) | für | שֶׁל | (schel) | von |

## Deklination mit Pluralendungen:

| | | | | | |
|---|---|---|---|---|---|
| אַחֲרֵי | ('acharei) | hinter | לִפְנֵי | (lifnei) | vor |
| אֶל | ('el) | zu | מֵאֲחוֹרֵי | (ma'achorei) | von hinten |
| בִּלְעֲדֵי | (bil'adei) | ohne, außer | עַל | ('al) | auf |
| בִּפְנֵי | (bifnei) | vor jemandem | עַל־יְדֵי | ('al jedei) | mit Hilfe von |
| לַאֲחוֹרֵי | (la'achorei) | hinten | תַּחַת | (tachat) | unter |

Die Präpositionen עַל־יַד ('al jad)/*neben* und עַל־יְדֵי ('al jedei)/*mit Hilfe von* sind mit demselben Wortmaterial gebildet, haben aber verschiedene Bedeutung.

Die Präposition בֵּין (bein)/*zwischen* wird im Singular wie Substantive im Singular, im Plural wie Substantive im Plural dekliniert.

## *Deklination der Präpositionen*

### Deklination mit Singularendungen

| | אֵצֶל | | | | | בִּשְׁבִיל | | | |
|---|---|---|---|---|---|---|---|---|---|
| אֶצְלִי | ('etsli) bei mir | אֶצְלֵנוּ | ('etslenu) bei uns | בִּשְׁבִילִי | (bischwili) für mich | בִּשְׁבִילֵנוּ | (bischwileinu) für uns |
| אֶצְלְךָ | ('etslcha) bei dir (m) | אֶצְלְכֶם | ('etslechem) bei euch (m) | בִּשְׁבִילְךָ | (bischwilcha) für dich (m) | בִּשְׁבִילְכֶם | (bischwilchem) für euch (m) |
| אֶצְלֵךְ | ('etsleich) bei dir (f) | אֶצְלְכֶן | ('etslechen) bei euch (f) | בִּשְׁבִילֵךְ | (bischwilech) für dich (f) | בִּשְׁבִילְכֶן | (bischwilchen) für euch (f) |
| אֶצְלוֹ | ('etslo) bei ihm | אֶצְלָם | ('etslam) bei ihnen (m) | בִּשְׁבִילוֹ | (bischwilo) für ihn | בִּשְׁבִילָם | (bischwilam) für sie (m) |
| אֶצְלָהּ | ('etsla) bei ihr | אֶצְלָן | ('etslan) bei ihnen (f) | בִּשְׁבִילָהּ | (bischwila) für sie | בִּשְׁבִילָן | (bischwilan) für sie (f) |

| | אֵת | | | | | אֵת | | | |
|---|---|---|---|---|---|---|---|---|---|
| אִתִּי | ('iti) mit mir | אִתָּנוּ | ('itanu) mit uns | אוֹתִי | ('oti) mich | אוֹתָנוּ | ('otanu) uns |
| אִתְּךָ | ('itcha) mit dir (m) | אִתְּכֶם | ('itchem) mit euch (m) | אוֹתְךָ | ('otcha) dich (m) | אֶתְכֶם | ('etchem) euch (m) |
| אִתָּךְ | ('itach) mit dir (f) | אִתְּכֶן | ('itchen) mit euch (f) | אוֹתָךְ | ('otach) dich (f) | אֶתְכֶן | ('etchen) euch (f) |
| אִתּוֹ | ('ito) mit ihm | אִתָּם | ('itam) mit ihnen | אוֹתוֹ | ('oto) ihn | אוֹתָם | ('otam) sie (m) |
| אִתָּהּ | ('ita) mit ihr | אִתָּן | ('itan) mit ihnen | אוֹתָהּ | ('ota) sie | אוֹתָן | ('otan) sie (f) |

| | כְּמוֹ | | | | | מִן | | | |
|---|---|---|---|---|---|---|---|---|---|
| כָּמוֹנִי | (kamoni) wie ich | כָּמוֹנוּ | (kamonu) wie wir | מִמֶּנִּי | (mimeni) von mir | מִמֶּנּוּ | (mimenu) von uns |
| כָּמוֹךָ | (kamocha) wie du (m) | כָּמוֹכֶם | (kemochem) wie ihr (m) | מִמְּךָ | (mimcha) von dir (m) | מִכֶּם | (mikem) von euch (m) |
| כָּמוֹךְ | (kamoch) wie du (f) | כָּמוֹכֶן | (kemochen) wie ihr (f) | מִמֵּךְ | (mimech) von dir (f) | מִכֶּן | (miken) von euch (f) |
| כָּמוֹהוּ | (kamohu) wie er | כָּמוֹהֶם | (kemohem) wie sie (m) | מִמֶּנּוּ | (mimeno) von ihm | מֵהֶם | (mehem) von ihnen (m) |
| כָּמוֹהָ | (kamoha) wie sie | כָּמוֹהֶן | (kemohen) wie sie (f) | מִמֶּנָּה | (mimena) von ihr | מֵהֶן | (mehen) von ihnen (f) |

*Präposition*

| עִם | | | | שֶׁל | | | |
|---|---|---|---|---|---|---|---|
| עִמִּי | ('imi) mit mir | עִמָּנוּ | ('imanu) mit uns | שֶׁלִּי | (scheli) mein | שֶׁלָּנוּ | (schelanu) unser |
| עִמְּךָ | ('imcha) mit dir (m) | עִמָּכֶם | ('imachem) mit euch (m) | שֶׁלְּךָ | (schelcha) dein (m) | שֶׁלָּכֶם | (schelachem) euer (m) |
| עִמָּךְ | ('imach) mit dir (f) | עִמָּכֶן | ('imachen) mit euch (f) | שֶׁלָּךְ | (schelach) dein (f) | שֶׁלָּכֶן | (schelachen) euer (f) |
| עִמּוֹ | ('imo) mit ihm | עִמָּהֶם | ('imahem) mit ihnen (m) | שֶׁלּוֹ | (schelo) sein | שֶׁלָּהֶם | (schelahem) ihr (m) |
| עִמָּהּ | ('ima) mit ihr | עִמָּהֶן | ('imahen) mit ihnen (f) | שֶׁלָּהּ | (schela) ihr | שֶׁלָּהֶן | (schelahen) ihr (f) |

## Deklination mit Pluralendungen

| אֶל | | | | עַל | | | |
|---|---|---|---|---|---|---|---|
| אֵלַי | ('elai) zu mir | אֵלֵינוּ | ('eleinu) zu uns | עָלַי | ('alai) auf mir | עָלֵינוּ | ('aleinu) auf uns |
| אֵלֶיךָ | ('elecha) zu dir (m) | אֲלֵיכֶם | ('aleichem) zu euch (m) | עָלֶיךָ | ('alecha) auf dir (m) | עֲלֵיכֶם | ('aleichem) auf euch (m) |
| אֵלַיִךְ | ('elaich) zu dir (f) | אֲלֵיכֶן | ('aleichen) zu euch (f) | עָלַיִךְ | ('alaich) auf dir (f) | עֲלֵיכֶן | ('aleichen) auf euch (f) |
| אֵלָיו | ('elaw) zu ihm | אֲלֵיהֶם | ('aleihem) zu ihnen (m) | עָלָיו | ('alaw) auf ihm | עֲלֵיהֶם | ('aleihem) auf ihnen (m) |
| אֵלֶיהָ | ('eleiha) zu ihr | אֲלֵיהֶן | ('aleihen) zu ihnen (f) | עָלֶיהָ | ('aleiha) auf ihr | עֲלֵיהֶן | ('aleihen) auf ihnen (f) |

| לִפְנֵי | | | |
|---|---|---|---|
| לְפָנַי | (lefanai) vor mir | לְפָנֵינוּ | (lefaneinu) vor uns |
| לְפָנֶיךָ | (lefanecha) vor dir (m) | לִפְנֵיכֶם | (lifneichem) vor euch (m) |
| לְפָנַיִךְ | (lefanaich) vor dir (f) | לִפְנֵיכֶן | (lifneichen) vor euch (f) |
| לְפָנָיו | (lefanaw) vor ihm | לִפְנֵיהֶם | (lifneihem) vor ihnen (m) |
| לְפָנֶיהָ | (lefaneiha) vor ihr | לִפְנֵיהֶן | (lifneihen) vor ihnen (f) |

## Deklination gemischt

| בֵּין | | | |
|---|---|---|---|
| בֵּינִי | (beini) zwischen mir | בֵּינֵינוּ | (beineinu) zwischen uns |
| בֵּינְךָ | (beincha) zwischen dir (m) | בֵּינֵיכֶם | (beineichem) zwischen euch (m) |
| בֵּינֵךְ | (beinech) zwischen dir (f) | בֵּינֵיכֶן | (beineichen) zwischen euch (f) |
| בֵּינוֹ | (beino) zwischen ihm | בֵּינֵיהֶם | (beineihem) zwischen ihnen (m) |
| בֵּינָהּ | (beina) zwischen ihr | בֵּינֵיהֶן | (beineihen) zwischen ihnen (f) |

→ STATUS

— *Gebrauch der Präpositionen und Partikeln* *

Die meisten Präpositionen sind aus Substantiven entstanden, die auch im Modernhebräischen existieren. Da die Präpositionen vor einem Substantiv, einem Namen oder einem Pronomen als Substantivstellvertreter stehen, wird der ganze Ausdruck als Zusammensetzung gesehen. Die Präpositionen stehen deshalb im STATUS CONSTRUCTUS. An den Präpositionen, die wie Substantive im Plural dekliniert werden, ist dies gut zu erkennen: לִפְנֵי (lifnei) aus פָּנִים (panim)/*Gesicht* (nur im Plural) plus Dativ-Marker ־לְ: לְפָנִים (lefanim)/*vorn*. לְפָנִים ist Adverb, folglich unveränderlich.

Die Präposition dagegen als erster Teil einer Zusammensetzung verliert das Plural-MEM. Da bei der Zusammensetzung der Hauptakzent auf dem zweiten Teil liegt, verändert sich auch das Vokalmuster: לִפְנֵי (lifnei). Die Präpositionen haben den Charakter von Substantiven:

| | | |
|---|---|---|
| לִפְנֵי הַסְּפִירָה | (lifnei hasfira) | vor der Zählung, d.h. vor der christlichen Zeitrechnung |
| מֵאֲחוֹרֵי הַבִּנְיָן | (me'achorei habinjan) | hinter dem Gebäude |

Von einigen Präpositionen gibt es ein Adverb, das in der Grammatik als Pronominaladverb bzw. Präpositionaladverb bezeichnet wird. Auch im Hebräischen gibt es Adverbien, die *für* etwas stehen, d.h. die die Funktion eines Pronomens haben: denke *daran*, das bedeutet: *an das, was...* oder: er hat *daneben* getroffen. Das Adverb *daneben* vertritt den Ausdruck: *neben das Ziel*.

| | | |
|---|---|---|
| Adverb | מֵאֲחוֹר | (me'achor) hinten |
| Präposition | מֵאֲחוֹרֵי הַבִּנְיָן | (me'achorei habinjan) hinter dem Gebäude |
| Adverb | בַּחוּץ | (bachuts) draußen |
| Präposition | מִחוּץ לָעִיר | (michuts la'ir) außerhalb der Stadt |

Nach bestimmten Präpositionen steht das darauffolgende Substantiv im Dativ und hat folglich den Dativ-Marker ־לְ:

| | | |
|---|---|---|
| ־מִיָּמִין לְ | (mijamin le-) | rechts von |
| ־מִשְּׂמֹאל לְ | (mismol le-) | links von |
| ־מִמּוּל לְ | (mimul le-) | gegenüber |
| ־מִתַּחַת לְ | (mitachat le-) | unterhalb von |
| ־מִסָּבִיב לְ | (misawiw le-) | um ... herum |
| ־קָרוֹב לְ | (karow le-) | ungefähr, annähernd |

Andere schließen das darauffolgende Substantiv mit ־מִ an:

| | | |
|---|---|---|
| ־רָחוֹק מִ | (rachok mi-) | weit von |
| חוּץ מִזֶּה | (chuts mise) | außerdem |

— *Präpositionen und Konjunktionen*

Eine Reihe von Präpositionen kann mit Hilfe eines Erweiterungsteils auch als Konjunktion verwendet werden:

דִּבַּרְנוּ עַל הַבְּעָיוֹת (dibarnu 'al habe'ajot)
wir sprachen über die Probleme

דִּבַּרְנוּ עַל כָּךְ שֶׁיֵּשׁ בְּעָיוֹת (dibarnu 'al kach schejesch be'ajot)
wir sprachen darüber, dass es Probleme gibt

Folgende Konjunktionen haben dieselbe Bedeutung:

כָּךְ שֶׁ- (kach sche-) / זֶה שֶׁ- (se sche-) / הָעוּבְדָה שֶׁ- (ha'uwda sche-)

Im Deutschen gibt es analoge Konstruktionen:

Er tat das *ohne* Zögern.  Präposition + Substantiv
Er tat das, *ohne dass* er wusste wozu.  Konjunktion + Nebensatz

מִלַת־יַחַס (milat jachas)/*Verhältniswort, Präposition*. מִלָה (mila)/*Wort* aus [מלל] לְמַלֵל (lemalel)/*sprechen, aussprechen* PI'EL. יַחַס aus [יחס] לְיַחֵס (lejaches)/*zuordnen* PI'EL.
אוֹתִיוֹת הַשִׁימוּשׁ ('otiot haschimusch) oder מִלִיוֹת (miliot), Singular מִלִית (milit)/*formbildende Buchstaben, Partikel*. אוֹת הַשִׁימוּשׁ ('ot haschimusch)/ *formbildender Buchstabe*. Die Wurzel [אות] ist aus dem Substantiv אוֹת ('ot)/*Zeichen* abgeleitet. Die Verbform flektiert nach dem Konjugationsmuster POLEL: אוֹתֵת ('otet)/*er hat signalisiert*. Eine Variante zu dieser Ableitung ist [אתת] לְאַתֵּת (le'atet)/*signalisieren* PI'EL.
שִׁימוּשׁ (schimusch)/*Gebrauch* aus [שמש] לְשַׁמֵשׁ (leschamesch)/*dienen* PI'EL. Das Substantiv שִׁימוּשׁ ist Verbalsubstantiv aus dem PI'EL.
מִלִית (milit)/*formbildender Buchstabe, Partikel*, abgeleitet aus dem Substantiv מִלָה (mila)/*Wort* aus [מלל] לְמַלֵל (lemalel)/ *sprechen, aussprechen* PI'EL.

---

⁂ Donald Rush/Haya Gavish, The Hebrew Prepositions: a Guide to contemporary usage. Jerusalem 1989 (Akademon-Verlag)

↗ Gegenwart

# Präsens

כִּנוּי (kinui)/*Benennung, Beiname, Pronomen, Fürwort*. Das Pronomen ist ein "Anzeigewort", ein Fürwort. Es ist ein Stellvertreter des Nomens und hat verweisenden Charakter.

# Pronomen

— *Personalpronomen*

כִּנוּי־שֵׁם (kinui-schem), כִּנוּי יָשָׁר (kinui jaschar), כִּנוּי־גוּף (kinui-guf), כִּנוּי אִישִׁי (kinui 'ischi).

→ Personalpronomen

| אֲנִי | ('ani) ich | אֲנַחְנוּ | ('anachnu) wir |
| אַתָּה | ('ata) du (m) | אַתֶּם | ('atem) ihr (m) |
| אַתְּ | ('at) du (f) | אַתֶּן | ('aten) ihr (f) |
| הוּא | (hu) er | הֵם | (hem) sie |
| הִיא | (hi) sie | הֵן | (hen) sie |

— *Possessivpronomen*

כִּנוּי קִנְיָן (kinui kinjan), כִּנוּי שַׁיָכוּת (kinui schajachut), Possessivbegleiter eines Substantivs: *mein* Buch, *unser* Haus. Im Hebräischen gibt es kein Possessivpronomen wie im Deutschen. Ein Besitzverhältnis kann auf drei verschiedene Arten ausgedrückt werden:

- mit der deklinierten Präposition שֶׁל (schel): הַסֵפֶר שֶׁלִי (hasefer scheli)/ *mein Buch*, wobei das Substantiv logischerweise den bestimmten Artikel hat,
- durch Anhängen der verkürzten Form des Personalpronomens (Personalsuffix) an ein Substantiv in Form des STATUS CONSTRUCTUS, d.h. durch die Deklination des Substantivs: סִפְרִי (sifri)/*mein Buch*,
- durch Kombination dieser beiden Möglichkeiten (literarischer Stil).

↗ Deklination

— *Demonstrativpronomen*

כִּנּוּי רוֹמֵז (kinui romes), תֹּאַר הָרוֹמֵז (to'ar haromes)/*hinweisendes Fürwort*.

| | | | |
|---|---|---|---|
| זֶה | (se) | dieser | Singular maskulin |
| זֹאת | (sot) | diese | Singular feminin |
| אֵלֶּה | ('ele) | diese | gemeinsame Form im Plural |
| הַהוּא | (hahu) | jener | Singular maskulin |
| הַהִיא | (hahi) | jene | Singular feminin |
| הָהֵם | (hahem) | jene | Plural maskulin |
| הָהֵן | (hahen) | jene | Plural feminin |

↗ Demonstrativbegleiter

— *Fragepronomen*

כִּנּוּי שְׁאֵלָה (kinui sche'ela)/*Fragewort, Fragepronomen*.

| | | |
|---|---|---|
| מִי | (mi) | wer? (Frage nach Personen) |
| מָה | (ma) | was? (Frage nach Sachen) |
| אֵיזֶה | ('eise) | welcher? (Singular maskulin) |
| אֵיזוֹ | ('eiso) | welche? (Singular feminin) |
| אֵילוּ | ('eilu) | welche? (Plural mask. und fem.) |

Das Fragepronomen מַה richtet sich in seiner Vokalisierung nach dem folgenden Konsonanten. Im Normalfall erhält der folgende Konsonant ein DAGESCH.

מָה vor א, ר und ע (außer עָ mit KAMATS)
מֶה vor חָ, הָ und עָ

Das Fragepronomen מָה wird vokalisiert wie der bestimmte Artikel HEI.
↗ Fragesatz

— *Indefinitpronomen*

כִּנּוּי סְתָמִי (kinui stami):

| | | |
|---|---|---|
| מִישֶׁהוּ | (mischehu) | jemand |
| מַשֶׁהוּ | (maschehu) | etwas |
| כָּלְשֶׁהוּ | (kolschehu) | etwas |

Ein Indefinitpronomen *man* existiert. Die dritte Person Plural maskulin gibt diese Wendung wieder. Das Verb kann in allen drei Zeitstufen stehen:

| | | |
|---|---|---|
| אָמְרוּ | ('amru) | man hat gesagt |
| הוֹלְכִים | (holchim) | man geht |

— *Relativpronomen*

כִּנּוּי־זִקָה (kinui sika): ־שֶׁ , ־הַ , אֲשֶׁר ('ascher, ha-, sche-). Dies sind im Hebräischen Präpositionen.

— *Reflexivpronomen*

כִּנּוּי חוֹזֵר (kinui choser): עַצְמִי ('atsmi)/*ich selbst*. Reflexive Verben werden im HITPA'EL konjugiert.
→ Verb: reflexives Verb

— *Objektspronomen*

כִּנּוּי הַפָּעוּל (kinui hapa'ul), das ist das Objektspronomen an einer finiten Verbform. Das Objektspronomen ist das direkte Objekt (Akkusativobjekt).
↗ Objektspronomen

כִּנּוּי (kinui)/*Benennung, Beiname, Pronomen, Fürwort* aus [כנה] לְכַנּוֹת (lechanot)/*benennen* PI'EL. ✓

כִּנּוּי־שֵׁם (kinui-schem)/*Personalpronomen*. שֵׁם (schem)/*Name, Bezeichnung* hat keine hebräische Wurzel.

כִּנּוּי יָשָׁר (kinui jaschar)/*Personalpronomen*. יָשָׁר (jaschar)/*gerade* von [ישר] לִישׁוֹר (lischor)/*den geraden Weg gehen* (biblisch).

כִּנּוּי־גוּף (kinui-guf)/*Personalpronomen*. גוּף (guf) aus [גוף] לְהָגִיף (lehagif)/*schließen* HIF'IL.

כִּנּוּי אִישִׁי (kinui 'ischi): אִישִׁי ('ischi)/*privat, persönlich* aus dem Substantiv אִישׁ ('isch)/*Mann* abgeleitet. Eine spätere Wortbildung aus dem Substantiv ist [איש] לְאַיֵּשׁ (le'ajesch)/*mit einer Mannschaft ausstatten* PI'EL.

כִּנּוּי קִנְיָן (kinui kinjan)/*Possessivpronomen, Possessivsuffix*. קִנְיָן (kinjan)/*Besitz, Eigentum* aus [קנה] לִקְנוֹת (liknot)/*kaufen*.

כִּנּוּי שַׁיָּכוּת (kinui schajachut)/*Possessivpronomen*. שַׁיָּכוּת (schajachut)/*Zugehörigkeit* aus [שיך] לְשַׁיֵּךְ (leschajech)/*zuschreiben* PI'EL.

כִּנּוּי־זִקָה (kinui sika)/*Relativpronomen*. זִקָה aus [זקק] לִזְקוֹק (liskok)/*binden, verpflichten*.

כִּנּוּי רוֹמֵז (kinui romes)/*Demonstrativpronomen*. רוֹמֵז (romes) aus [רמז] לִרְמוֹז (lirmos)/*hinweisen, andeuten*.

כִּנּוּי שְׁאֵלָה (kinui sche'ela)/*Fragewort, Fragepronomen*. שְׁאֵלָה aus [שאל] לִשְׁאוֹל (lisch'ol)/*fragen*.

כִּנּוּי סְתָמִי (kinui stami)/*Indefinitpronomen*. סְתָמִי [סתמ] לִסְתוֹם (listom)/*sich ungenau ausdrücken*.

כִּנּוּי חוֹזֵר (kinui choser)/*Reflexivpronomen*. חוֹזֵר aus [חזר] לַחֲזוֹר (lachasor)/*zurückkehren*.

כִּנּוּי הַפָּעוּל (kinui hapa'ul)/*Objektspronomen*. פָּעוּל (pa'ul) aus [פעל] לִפְעוֹל (lif'ol)/*handeln*. יַחַס הַפָּעוּל (jachas hapa'ul) ist die Bezeichnung für den Akkusativ.

# Pronominalsuffix

Das Pronominalsuffix ist eine verkürzte Form des Personalpronomens, das an eine Präposition, eine Partikel, an Substantive oder finite Verbformen angefügt werden kann. An einem Substantiv hat das Pronominalsuffix dieselbe Funktion wie das Possessivprono-

men im Deutschen. An eine Verbform angeschlossen übernimmt es die Funktion des Akkusativobjekts. Eine finite Verbform kann somit zwei Personalendungen haben: die erste ist das Personalsuffix, das Subjekt, die zweite das Pronominalsuffix, das Akkusativobjekt.
↗ Objektspronomen  ↗ Deklination

# PU'AL

→ BINJAN:
BINJANIM
DAGUSCHIM

פֻּעַל, viertes BINJAN des Verbsystems. Das BINJAN PU'AL gibt einer Wortwurzel den entsprechenden passiven Aspekt zum PI'EL. Wie dieses hat auch das PU'AL den charakteristischen doppelten Wurzelkonsonanten in der mittleren Position (DAGESCH). Somit gehört das BINJAN PU'AL zu den BINJANIM DAGUSCHIM. Nicht jedes Verb, das im PI'EL konjugiert werden kann, hat entsprechende Formen im PU'AL, andererseits wird auch nicht jedes Verb mit einer passiven Bedeutung zum PI'EL im PU'AL konjugiert. Das entsprechende passive Verb zu לְקַבֵּל (lekabel)/*empfangen* wird z.B. im HITPA'EL konjugiert: לְהִתְקַבֵּל (lehitkabel)/*empfangen werden*. Das PU'AL hat keine Infinitive und keine Imperative.

| | | | | |
|---|---|---|---|---|
| Gegen-<br>wart | מְכֻבָּד<br>מְכֻבֶּדֶת | (mechubad)<br>(mechubedet) | מְכֻבָּדִים<br>מְכֻבָּדוֹת | (mechubadim)<br>(mechubadot) |
| Vergan-<br>genheit | כֻּבַּדְתִּי | (kubadeti)<br>ich bin geehrt worden | כֻּבַּדְנוּ | (kubadnu)<br>wir sind geehrt worden |
| | כֻּבַּדְתָּ | (kubadeta) (m)<br>du bist geehrt worden | כֻּבַּדְתֶּם | (kubadetem) (m)<br>ihr seid geehrt worden |
| | כֻּבַּדְתְּ | (kubadet) (f)<br>du bist geehrt worden | כֻּבַּדְתֶּן | (kubadeten) (f)<br>ihr seid geehrt worden |
| | כֻּבַּד | (kubad)<br>er ist geehrt worden | כֻּבְּדוּ | (kubdu)<br>sie sind geehrt worden |
| | כֻּבְּדָה | (kubda)<br>sie ist geehrt worden | | |
| Zukunft | אֲכֻבַּד | ('achubad)<br>ich werde geehrt werden | נְכֻבַּד | (nechubad)<br>wir werden geehrt werden |
| | תְּכֻבַּד | (techubad) (m)<br>du wirst geehrt werden | תְּכֻבְּדוּ | (techubdu)<br>ihr werdet geehrt werden |
| | תְּכֻבְּדִי | (techubdi) (f)<br>du wirst geehrt werden | יְכֻבְּדוּ | (jechubdu)<br>sie werden geehrt werden |
| | יְכֻבַּד | (jechubad)<br>er wird geehrt werden | | |
| | תְּכֻבַּד | (techubad)<br>sie wird geehrt werden | | |

Wenn der mittlere Wurzelkonsonant ein Kehllaut ist, ע/ה/ח/א/ר, entfällt das DAGESCH. Der Konsonant vor ע/א/ר als mittlerer Wurzelkonsonant wird mit CHOLAM CHASER statt mit KUBUTS vokalisiert: מְכֹעָר (mecho'ar)/*verun-staltet*. Die Formen des Partizips sind im PU'AL und HUF'AL ähnlich:

PU'AL  מְ ◌ָ ◌ְ     HUF'AL  מֻ ◌ְ ◌ָ

---

**QUIESCENS**  SCHWA QUIESCENS שְׁוָא נָח (schwa nach)/*ruhendes SCHWA*. ↗ SCHWA r

| | |
|---|---|
| רַבִּים *Mehrzahl maskulin*. ↗ Mehrzahl | **RABIM** |
| רָפֶה (rafe)/*schwach, als Reibelaut artikuliert*. ↗ DAGESCH | **RAFE** |
| רָאשֵׁי תֵבוֹת *Anfangsbuchstaben, Abkürzung*. ↗ Abkürzung | **RASCHEI TEWOT** |
| ↗ Schrift | **RASCHI** |
| ↗ KETIW | **Rechtschreibung** |
| | **Rede** |

דִּבּוּר (dibur)/*Rede*. Die Wiedergabe von Äußerungen vollzieht sich auf zwei Arten:

| | | |
|---|---|---|
| wörtliche, direkte Rede: | דִּבּוּר יָשִׁיר | (dibur jaschir) |
| abhängige, indirekte Rede: | דִּבּוּר עָקִיף | (dibur 'akif) |

Direkt geäußerte Aussagen, Fragen und Anordnungen (Befehle) דִּבּוּר יָשִׁיר (dibur jaschir) sind in Anführungszeichen gesetzt. Es sind Hauptsätze:

דָּן אָמַר: "אֲנִי רוֹצֶה לֶאֱכוֹל." (dan 'amar: 'ani rotse le'echol)
Dan sagte: "Ich möchte essen."

Die Anführungszeichen heißen im Hebräischen גֵּרְשַׁיִם (gerschajim) oder מֵרְכָאוֹת (mercha'ot), letzterer Terminus wird in den Veröffentlichungen der hebräischen Sprachakademie verwendet.

Indirekt geäußerte Aussagen דִּבּוּר עָקִיף (dibur 'akif), indirekte Fragen und Anordnungen (Befehle) sind abhängig von einem übergeordneten Satz. Diese Nebensätze werden im Deutschen durch Komma vom Hauptsatz getrennt, im Hebräischen muss kein Komma stehen:   → Fragesatz

דן אָמַר שֶׁהוּא רוֹצֶה לֶאֱכוֹל. (dan 'amar schehu rotse le'echol)
Dan sagte, dass er essen möchte

Der Nebensatz hat die Partikel שֶׁ- als Verbindung zum Hauptsatz. Die Konstruktion ist dieselbe wie im Deutschen.
Eine Anordnung steht im Hebräischen im Imperativ oder im Futur, wenn sie in direkter Rede geäußert wird. In indirekter Rede steht die angeordnete Tätigkeit im Infinitiv. Die Person, welche die Anordnungen erhält, steht im Dativ:

הַמּוֹרֶה אָמַר: "דָּן, שֵׁב!" (hamore 'amar: dan, schew)
Der Lehrer sagte: "Dan, setz dich!"

הַמּוֹרֶה אָמַר לְדָן לָשֶׁבֶת. (hamore 'amar ledan laschewet)
Der Lehrer sagte zu Dan, er solle sich setzen

Im Nebensatz kann auch eine Konstruktion mit Futur stehen:

הַמּוֹרֶה אָמַר: "לְכוּ הַבַּיְתָה!" (hamore 'amar: lechu habaita)
Der Lehrer sagte: "Geht nach Hause."

הַמּוֹרֶה אָמַר לָנוּ שֶׁנֵּלֵךְ הַבַּיְתָה. (hamore 'amar lanu schenelech habaita)
Der Lehrer sagte uns, dass wir nach Hause gehen sollten.

דִּבּוּר (dibur)/*Reden.* Verbalsubstantiv aus [דבר] לְדַבֵּר (ledaber)/*sprechen* PI'EL. דִּבּוּר עָקִיף (dibur 'akif)/*indirekte Rede.* עָקִיף ist ein Adjektiv aus [עקפ] לַעֲקוֹף (la'akof)/*einholen, überholen.* דִּבּוּר יָשִׁיר (dibur jaschir)/*direkte Rede.* יָשִׁיר ist ein Adjektiv aus [ישר] לְיַשֵּׁר (lejascher)/*begradigen* PI'EL, לְהַיְשִׁיר (lehajschir)/*geradeaus gehen* HIF'IL.

מֶרְכָאוֹת (mercha'ot), Plural von מֶרְכָה (mercha), ein Ausdruck aus dem Bibelhebräischen. MERCHA ist im Bibelhebräischen ein Betonungszeichen.

גֵּרְשַׁיִם (gerschajim). גֵּרֵשׁ (geresch)/*Apostroph, Auslassungszeichen.* Die Etymologie des Begriffs ist unbekannt (möglicherweise [גרש] לְגָרֵשׁ/*wegfahren, vertreiben, scheiden*). GERESCH ist im Mittelhebräischen ein diakritisches Zeichen. גֵּרְשַׁיִם (gerschajim)/*Anführungszeichen* ist der DUAL von GERESCH.

## Reduplikation

Verdoppelung einer Silbe oder im Hebräischen einer Wurzel. In der hebräischen Grammatik wird auch im Zusammenhang mit den mittleren Wurzelkonsonanten bei den sogenannten Intensivstämmen (BINJANIM DAGUSCHIM): PI'EL, PU'AL, HITPA'EL von Reduplikation gesprochen. In diesen BINJANIM hat der mittlere Wurzelkonsonant immer ein DAGESCH. ⇗ DAGESCH

Manchmal werden einzelne Buchstaben einer Wurzel verdoppelt: לְעָרֵב [ערב] (le'arew)/*mischen* ⇨ לְעַרְבֵּב [ערבב] (le'arbew)/*durcheinanderbringen.* Beide werden nach dem PI'EL konjugiert.

Unter Reduplikation versteht man ferner die vollständige oder teilweise Wiederholung einer Wurzel, eines Stammes oder des ganzen Wortes ohne oder mit Abänderung der Vokale zum Zweck der Neubildung von Wörtern. Wir haben im Deutschen z.B. folgende Wörter, die durch Reduplikation einer Silbe entstanden sind: *wirr* ⇨ *Wirr*warr, *misch*en ⇨ *Misch*masch. Im Hebräischen entsteht so aus [רב] רַב (raw)/*groß, viel* ⇨ לְהִתְרַבְרֵב [רברב] (lehitrawrew)/*sich großtun, prahlen.* Diese Wurzel konjugiert sich nur im HITPA'EL. Aus der gleichen zweikonsonantischen Wurzel [רב] entsteht durch Reduplikation des letzten Konsonanten auch eine dreikonsonantische Wurzel [רבב]. Es ist eine schwache Wurzel nach der Klasse ע"ע.

⇗ Wortbildung: Verben ⇗ PI'EL

## reflexiv

פֹּעַל חוֹזֵר (po'al choser)/*rückbezüglich.* ⇗ Verb: reflexives Verb

## Reibelaut

הֶגֶה חוֹכֵךְ (hege chochech)/*Reibelaut, Spirant.* Im Gegensatz zum Verschlusslaut wird der Reibelaut dadurch erzeugt, dass der Luftstrom an einer Engstelle der Sprechwerkzeuge eine Reibung erzeugt. Die Konsonanten ב/כ/פ werden als Reibelaute (w/ch/f) ausgesprochen, wenn sie am Silbenende oder am Wortende stehen. Stehen sie am Silbenbeginn oder am Wortbeginn, so werden sie als Verschlusslaute ב/כ/פ (b/k/p) artikuliert und bekommen zum Zeichen dafür ein DAGESCH KAL.

→ BEGADKEFAT
→ Verschlusslaut
→ DAGESCH

הֶגֶה חוֹכֵךְ (hege chochech)/*Reibelaut, Spirant.* הֶגֶה aus [הגה] לַהֲגוֹת (lahagot)/*aussprechen.* חוֹכֵךְ aus [חככ] לַחֲכוֹךְ (lachachoch)/*reiben.*

# Relativsatz

מִשְׁפָּט לְוַאי (mischpat lewai)/*Relativsatz*. Im Deutschen wird der Relativsatz mit einem Relativpronomen eingeleitet, und dieses kann in die vier Fälle (Kasus) gesetzt werden:

| | |
|---|---|
| Nominativ | "Der Mann, *der* zuviel wußte" |
| Genitiv | der Autor, *dessen* Buch wir kennen, ... |
| Dativ | ein Freund, *dem* man trauen kann, ... |
| Akkusativ | ein Gast, *den* man selten sieht, ... |

Im Hebräischen wird der Relativsatz mit der Partikel ־שֶׁ (sche-) oder אֲשֶׁר ('ascher) eingeleitet (כְּנוּי־זִקָה kinui sika/*Relativpronomen*). Sie ist eine Präposition und kann nicht dekliniert werden. Deshalb sind die Relativsätze im Hebräischen anders konstruiert als im Deutschen. Das ־שֶׁ gehört zur Buchstabengruppe MOSCHE WEKELEW. Es hat SEGOL, und der darauffolgende Konsonant hat DAGESCH CHASAK. Ist der folgende Konsonant ein Kehllaut, entfällt DAGESCH ohne weitere Konsequenzen.

→ Buchstabengruppen
→ 'OTIOT HASCHIMUSCH

Die Konstruktion des Relativsatzes ist im Hebräischen einfacher als im Deutschen, weil er im Hebräischen wie ein Hauptsatz gebaut ist. Die meisten Relativsätze werden mit den Partikeln ־שֶׁ (sche-) und אֲשֶׁר ('ascher) eingeleitet. Beide Partikeln haben die gleiche Bedeutung:

זֶה אֲשֶׁר שֶׁהָיָה פֹּה אֶתְמוֹל (se ha'isch schehaja po 'etmol)
זֶה הָאִישׁ אֲשֶׁר הָיָה פֹּה אֶתְמוֹל (se ha'isch 'ascher haja po 'etmol)
das ist der Herr, der gestern hier war

Der Unterschied zwischen deutschem und hebräischem Nebensatz ist:

..., *der* gestern hier *war*  die Personalform des Verbs (*war*) steht im Nebensatz am Ende

אֲשֶׁר הָיָה פֹּה אֶתְמוֹל, ....  das Verb (הָיָה) steht nach dem Subjekt, wie im Hauptsatz

In den Fällen, in denen im deutschen Relativsatz das Relativpronomen im Genitiv, Dativ oder Akkusativ steht oder in denen das Relativpronomen mit einer Präposition verbunden wird, steht auch im hebräischen Relativsatz die entsprechende Präposition, und zwar wird diese flektiert. Die Personalendung stimmt mit ihrem Bezugswort überein.

**Genitiv**
הַתַּלְמִיד אֲשֶׁר מוֹרָתוֹ חוֹלָה.. (hatalmid 'ascher morato chola)
der Schüler, *dessen* Lehrerin krank ist, ...

**Dativ**
זֶה הָאִישׁ אֲשֶׁר לוֹ נָתַתִּי סֵפֶר (se ha'isch 'ascher lo natati sefer)
das ist der Herr, *dem* ich das Buch gegeben habe

זֹאת הָאִישָׁה אֲשֶׁר לָהּ נָתַתִּי סֵפֶר (sot ha'ischa 'ascher la natati sefer)
das ist die Frau, *der* ich das Buch gegeben habe

**Akkusativ**
הֶחָבֵר שֶׁרָאִיתִי (hechawer schera'iti)
der Freund, *den* ich gesehen habe

mit Präposition

| זֹאת הָעִיר אֲשֶׁר בָּהּ אֲנִי גָר | (sot ha'ir 'ascher ba 'ani gar) |

das ist die Stadt, *in* der ich wohne

זֶה הַמָּקוֹם אֲשֶׁר מִמֶּנּוּ בָּאתִי (se hamakom 'ascher mimeno bati)

das ist der Ort, *aus* dem ich gekommen bin

זֶה הַכִּסֵּה אֲשֶׁר עָלָיו יָשַׁבְתִּי (se hakise 'ascher 'alaw jaschawti)

das ist der Stuhl, *auf* dem ich gesessen bin

הֶחָבֵר אֲשֶׁר בָּאתִי אִתּוֹ (hechawer 'ascher bati 'ito)

der Freund, *mit* dem ich gekommen bin

לַבְקָן זֶה אָדָם שֶׁצֶּבַע עוֹרוֹ וּשְׂעָרוֹ בְּהִירִים מְאֹד, כִּמְעַט לְבָנִים
(lawkan se 'adam schetsewa 'oro 'us'aro behirim me'od, kim'at lewanim)
ein Albino ist ein Mensch, dessen Haut- und Haarfarbe sehr hell, fast weiß ist

Das Hebräische kann den Genitiv nicht nachvollziehen, weil es kein entsprechendes deklinierbares Pronomen hat. Das Besitzverhältnis wird ausgedrückt mit Hilfe der Personalendungen am Substantiv: שֶׁצֶּבַע עוֹרוֹ (schetsewa 'oro). Der Relativsatz wird im Hebräischen also folgendermaßen konstruiert:

die Wortfolge ist wie im Hauptsatz: Subjekt - Prädikat - Objekt,

das erste Wort des Relativsatzes erhält die Relativpartikel,

das Besitzverhältnis wird ausgedrückt mit Hilfe der Personalendungen am Substantiv.

Die Partikel שֶׁ- kann nur verwendet werden, wenn sie einen Nominativ oder einen Akkusativ vertreten kann. In den anderen Fällen muss אֲשֶׁר stehen. Wenn das Verb im Präsens steht, kann auch das HEI verwendet werden:

הָאִישׁ הָעוֹבֵד פֹּה הוּא יָדִיד שֶׁלָּנוּ (ha'isch ha'owed po hu jadid schelanu)

der Herr, der hier arbeitet, ist unser Freund

√ מִשְׁפַּט לְוַאי (mischpat lewai)/*Relativsatz*. לְוַאי (lewai)/*Begleitung, Beifügung* aus der Wurzel [לוה] לְלַווֹת (lelawot)/*begleiten*. 'ALEF in diesem hebräischen Ausdruck לְוַאי ist aus der syrischen Wurzel dieses Wortes. כִּנּוּי־זִקָה (kinui sika)/*Relativpronomen*. כִּנּוּי (kinui)/*Fürwort* aus [כנה] לְכַנּוֹת (lechanot)/*benennen* PI'EL. זִקָה aus [זקק] לִזְקוֹק (liskok)/*binden, verpflichten*.

# RESCH

| modern-hebr. | ⇦ aramäisch ca. 200 | ⇦ phönizisch ⇨ ca. 1100 v.u.Z. | griechisch ⇨ ca. 500 | ital. ⇨ ca. 200 | lateinisch |

→ Kehllaut

רֵישׁ ist der 20. Buchstabe des Alphabets mit dem Zahlenwert 200. Das Buchstabenzeichen bedeutet: Kopf. Ursprünglich wurde RESCH als Zungenspitzen-R artikuliert. In der Hebräisch-Grammatik von Spinoza (gest. 1677) z.B. ist RESCH unter *Dentale* (mit Hilfe der Zähne gebildete Laute) eingeordnet. Im modernen Hebräischen wird RESCH am Gaumen artikuliert. Die so hervorgebrachten Laute heißen Uvulare. RESCH verursacht im Modernhebräischen in seiner Umgebung ähnliche Veränderungen im Vokalismus wie die Kehllaute, da es wie die Kehllaute nicht verdoppelt werden kann. An bestimmten Positionen des hebräischen Verbsystems besteht allerdings eine latente Verdoppelung eines Wurzelkonsonanten, was durch ein DAGESCH CHASAK repräsentiert wird. Wenn eine Verdoppelung an einem Kehllaut nicht stattfinden kann, verändert sich der vorangehende Vokal, um dies zu kompensieren, deutlich zu erkennen an Verbwurzeln, die ein RESCH enthalten:

| [כתב] |   | כָּתַבְתִּי | (kitawti) | ich habe geschrieben | PI'EL |
|---|---|---|---|---|---|
| [ברכ] | ⇨ | בֵּרַכְתִּי | (berachti) | ich habe begrüßt | PI'EL |
| [חפש] |   | חֻפַּשְׂתִּי | (chupasti) | ich bin gesucht worden | PU'AL |
| [ברכ] | ⇨ | בֹּרַכְתִּי | (borachti) | ich bin begrüßt worden | PU'AL |
| [כתב] |   | הִתְכַּתַּבְתִּי | (hitkatawti) | ich habe korrespondiert | HITPA'EL |
| [ברכ] | ⇨ | הִתְבָּרַכְתִּי | (hitbarachti) | ich bin gesegnet worden | HITPA'EL |

RESCH kann als Suffix zur Wortbildung dienen: סַנְדָּל (sandal)/*Sandale* (aus dem Griechischen) ⇨ סַנְדְּלָר (sandlar)/*Schuster*.

Im Gegensatz zum reflexiven Verhältnis, das rückbezüglich ist, ist das reziproke Verhältnis ein wechselbezügliches: *sich kennen, sich treffen* (gegenseitig, von verschiedenen Leuten gesprochen). Verben mit diesem Bedeutungsaspekt werden im Hebräischen häufig im HITPA'EL konjugiert.
↗ Verb: reflexives Verb

**reziprok**

רִבּוּי (ribui)/*Mehrzahl, Plural.* ↗ Mehrzahl
רִבּוּי זוּגִי (ribui sugi)/*Zweizahl,* DUAL. ↗ DUAL

**RIBUI**

מִילָה רִבּוּאִית (mila ribu'it)/*Pluraletantum.* ↗ Mehrzahl

**RIBU'I**

גּוּף רִאשׁוֹן (guf rischon)/*erste Person* ↗ GUF

**RISCHON**

תֹּאַר הָרוֹמֵז (to'ar haromes) oder כִּנּוּי רוֹמֵז (kinui romes)/*hinweisendes Fürwort.* ↗ Demonstrativpronomen ↗ Demonstrativbegleiter

**ROMES**

↗ Verb: reflexives Verb

**rückbezüglich**

שְׁוָא נָח (schwa nach)/*ruhendes SCHWA.* ↗ SCHWA

**ruhendes SCHWA**

S

זָכָר (sachar)/*maskulin*. ↗ Geschlecht

מִין סְתָמִי (min stami)/*Neutrum*. ↗ Geschlecht

סָגוּר (sagur)/*geschlossen*. ↗ Silbe

**$ACHAR**
**sächlich**

**SAGUR**

**$AJIN**

| modern- | ⇐ hebr. | ⇐ aramäisch | ⇐ *phönizisch* ⇒ | klass.gr. ⇒ | lateinisch |
| hebr. | ca 100 v. u.Z. | ca. 800 | ca. 1100 v.u.Z. | ca. 900 | ca. 500 |

זַיִן ist der siebte Buchstabe des Alphabets mit dem Zahlenwert sieben. Das Buchstabenzeichen hat die Bedeutung: Waffe. $AJIN ist ein Zischlaut עִצוּר שׁוֹרֵק ('itsur schorek) oder אוֹת שׁוֹרֶקֶת ('ot schoreket)/*Zischlaut* und gehört zu derjenigen Gruppe von Konsonanten, die im HITPA'EL als erster Wurzelkonsonant mit dem TAW des Präfixes reagieren. Die Folge aus dieser Unverträglichkeit ist ein Stellungswechsel (Metathese) der betreffenden Konsonanten, in manchen Fällen kommt zusätzlich ein Austausch des ersten Wurzelkonsonanten hinzu.

$AJIN gehört zur Buchstabengruppe $ASTSERASCH (Dentale). Es alterniert mit SAMECH und TSADE. Die beiden folgenden Wurzeln z.B. haben die gleiche Bedeutung:

| [זעק] | לִזְעוֹק | (lis'ok) | schreien (meist übertragener Sinn) |
| [צעק] | לִצְעוֹק | (lits'ok) | schreien, brüllen |

$AJIN ist wie CHET, SCHIN, TSADE das Endprodukt einer Entwicklung, bei der zwei verschiedene Lautqualitäten zusammengekommen sind: es ist ursprünglich das Zeichen für ein stimmhaftes (s) wie im Modernhebräischen. Es hatte aber auch die lautliche Qualität eines (th), was inzwischen verloren gegangen ist.

עִצוּר שׁוֹרֵק ('itsur schorek)/*Zischlaut*. עִצוּר ('itsur)/*Mitlaut, Konsonant* aus [עצר] לַעֲצוֹר (la'atsor)/*anhalten*. עִצוּר ('itsur) ist SCHEM HAPE'ULA aus dem PI'EL. שׁוֹרֵק (schorek) aus [שרק] לִשְׁרוֹק (lischrok)/*pfeifen, zischen*. אוֹת שׁוֹרֶקֶת ('ot schoreket)/*Zischlaut*. Die Wurzel [אות] ist aus dem Substantiv אוֹת ('ot)/*Zeichen* abgeleitet. Die Verbform geht nach dem Konjugationsmuster POLEL: אוֹתֵת ('otet)/*er hat signalisiert*. Eine Variante zu dieser Ableitung ist [אתת] לְאַתֵּת (le'atet)/*signalisieren* PI'EL.

→ HITPA'EL
→ Buchstabengruppen

→ CHET
→ SCHIN
→ TSADE

# SAMECH

| modern-hebr. | ⇐ aramäisch ca. 600-200 | ⇐ phönizisch ⇒ ca. 1100 v.u.Z. | griech. ⇒ ca. 800 | griech. ca. 500 |

סָמֶךְ ist der 15. Buchstabe des Alphabets mit dem Zahlenwert 60. Der Name kommt aus [סמכ] לִסְמוֹךְ (lismoch)/*stützen* und bedeutet *Stütze*. SAMECH alterniert mit $AJIN. In der Nachbarschaft von CHET wird es in den semitischen Sprachen oft zu TSADE. Es hat die gleiche Lautqualität wie SIN. Seit der Periode des ersten Tempels (zerstört im Jahr 70 unserer Zeitrechnung) unterscheiden sich diese beiden Konsonanten akustisch nicht mehr.

SAMECH ist ein Zischlaut עִצּוּר שׁוֹרֵק ('itsur schorek) oder אוֹת שׁוֹרֶקֶת ('ot schoreket). Er gehört zu derjenigen Gruppe von Konsonanten, die im HITPA'EL als erster Wurzelkonsonant mit dem TAW des Präfixes reagieren. Die Folge aus dieser Unverträglichkeit ist ein Stellungswechsel (Metathese) der betreffenden Konsonanten, in manchen Fällen kommt zusätzlich ein Austausch des ersten Wurzelkonsonanten hinzu.

→ HITPA'EL
→ Buchstabengruppen

$AJIN gehört zur Buchstabengruppe $A$TSERASCH (Dentale).

√

עִצּוּר שׁוֹרֵק ('itsur schorek)/*Zischlaut*. עִצּוּר ('itsur)/*Mitlaut, Konsonant* aus [עצר] לַעֲצוֹר (la'atsor)/*anhalten*. עִצּוּר ('itsur) ist die Form SCHEM HAPE'ULA aus dem PI'EL. שׁוֹרֵק (schorek) aus [שרק] לִשְׁרוֹק (lischrok)/*pfeifen, zischen*.

אוֹת שׁוֹרֶקֶת ('ot schoreket)/*Zischlaut*. Die Wurzel [אות] ist aus dem Substantiv אוֹת ('ot)/*Zeichen* abgeleitet. Die Verbform geht nach dem Konjugationsmuster POLEL: אוֹתֵת ('otet)/*er hat signalisiert*. Eine Variante zu dieser Ableitung ist [אתת] לְאַתֵּת (le'atet)/*signalisieren* PI'EL.

## $AR

מִלָּה זָרָה (mila $ara)/*Fremdwort*. ↗ Fremdwort

## SA$TSERASCH

סַצְדֶרֶשׁ Merkwort für die Buchstabengruppe der Dentale in älteren Grammatiken. RESCH wird im Modernhebräischen nicht mehr als Zungenspitzen-R, sondern im Gaumen gesprochen und wird, weil es nicht verdoppelt werden kann, wie ein Kehllaut gehandhabt.
↗ Kehllaut

## Satz

מִשְׁפָּט (mischpat). Ein Satz ist eine Redeeinheit aus verschiedenen Teilen. Der vollständiger Satz besteht mindestens aus Subjekt und Prädikat. Der Hauptsatz kann alleine stehen, der Nebensatz nicht. Da im Hebräischen verschiedene Verbformen mit Personalpräfixen und Personalsuffixen verbunden werden können, kann ein Satz aus einem einzigen Wort bestehen: כָּתַבְתִּי (katawti)/*ich habe geschrieben*. Das Verb לִהְיוֹת (lihjot)/*sein* wird in der Zeitstufe der Gegenwart ausgelassen, so dass ein Satz ohne sichtbares Prädikat entsteht: דָּן מוֹרֶה (dan more)/*Dan ist Lehrer*. ↗ Kopula

— *Der Hauptsatz* מִשְׁפָּט עִקָרִי (mischpat 'ikari)

Der Hauptsatz kann Fragesatz מִשְׁפָּט שְׁאֵלָה (mischpat sche'ela) oder Aussagesatz מִשְׁפָּט־חִווּי (mischpat-chiwui) sein. Die hebräische Grammatik unterscheidet zwei Typen von Aussagesätzen: → Fragesatz

| | | |
|---|---|---|
| מִשְׁפָּט פָּשׁוּט | (mischpat paschut) | einfacher Satz |
| מִשְׁפָּט כּוֹלֵל | (mischpat kolel) | umfassender Satz |

Ein einfacher Satz hat nur *ein* Subjekt (bzw. eine Subjektgruppe mit nur *einem* Substantiv), *ein* Prädikat und gegebenenfalls *ein* Objekt desselben Typs, d.h. *ein* direktes, *ein* indirektes, *eine* Umstandsbestimmung des Ortes, der Zeit oder der Art und Weise:

הוּא כּוֹתֵב מִכְתָּב (hu kotew michtaw) *er schreibt einen Brief*

Ein umfassender Satz enthält zumindest einen Satzteil doppelt. Er hat entweder zwei Substantive bzw. Namen als Subjekt, zwei Verben als Prädikat oder zwei Ergänzungen des gleichen Typs:

| | |
|---|---|
| כָּתַבְתִּי וְקָרָאתִי מִכְתָּבִים | (katawti wekarati michtawim) |
| | ich habe Briefe geschrieben und gelesen |
| קָרָאתִי מִכְתָּבִים וּסְפָרִים | (karati michtawim 'usfarim) |
| | ich habe Briefe und Bücher gelesen |

In einem solchen Satz könnten aus zwei Satzteilen desselben Typs zwei eigenständige Sätze hergestellt werden:

קָרָאתִי מִכְתָּבִים + קָרָאתִי סְפָרִים (karati michtawim) + (karati sfarim)
ich habe Briefe gelesen + ich habe Bücher gelesen

Zwei oder mehrere aneinander gereihte Sätze der oben genannten Typen ergeben eine Satzreihe מִשְׁפָּט מְחֻבָּר (mischpat mechubar)/*zusammengesetzter Satz*. Ewen-Shoshan* gibt folgendes Beispiel:

"וְהָאָרֶץ הָיְתָה תֹהוּ וָבֹהוּ, וְחֹשֶׁךְ עַל־פְּנֵי תְהוֹם, וְרוּחַ אֱלֹהִים מְרַחֶפֶת עַל־פְּנֵי הַמָּיִם."
(weha'arets hajta tohu wawohu, wechoschech 'al-pnei tehom, weruach 'elohim merachefet 'al-pnei hamajim)
... und die Erde war ein Durcheinander, und Dunkelheit über dem Abgrund, und der Geist von Gott schwebte über dem Wasser...

Die einzelnen Teile der Satzreihe sind entweder untereinander verbunden mit einer gleichordnenden (koordinierenden) Konjunktion: וְ־ (we-)/*und*, dem וָו הַחִבּוּר (waw hachibur), oder אוֹ ('o)/*oder*, oder sie stehen unverbunden und durch Komma getrennt als Aufzählung hintereinander. Das einzelne Glied der Aufzählung heißt אֵבָר ('ewar)/*Teil, Glied*. Konjunktionen:

| | | |
|---|---|---|
| וְלֹא עוֹד אֶלָּא | (welo 'od 'ela) | nicht nur das ... sondern |
| לֹא רַק .. כִּי אִם גַּם | (lo rak ... ki 'im gam) | nicht nur ... sondern auch |
| אַף | ('af) | auch |
| אַךְ | ('ach) | aber, nur |
| אוּלָם | ('ulam) | aber |
| אֶלָּא שֶׁ־ | ('ela sche-) | |
| אֲבָל | ('awal) | aber |

| | | |
|---|---|---|
| וְאִלּוּ | (we'ilu) | während hingegen |
| אֶלָּא | ('ela) | sondern |
| מְלַמֵּד שֶׁ־ | (melamed sche-) | |
| מִכָּאן | (mikan) | hieraus ergibt sich |
| זֹאת אוֹמֶרֶת | (sot 'omeret) | das heißt |
| כְּלוֹמַר | (kelomar) | das heißt |
| אוֹ . . . אוֹ | ('o . . . 'o) | entweder ... oder |

## – Der Nebensatz

מִשְׁפָּט טָפֵל (mischpat tafel), מִשְׁפָּט מְשֻׁעְבָּד (mischpat meschubad)

Ein Nebensatz ist ein untergeordneter Satz. Er kann nicht isoliert stehen, sondern ist von einem übergeordneten Satz abhängig. Dieser kann Hauptsatz oder ein anderer Nebensatz eines Satzgefüges sein:

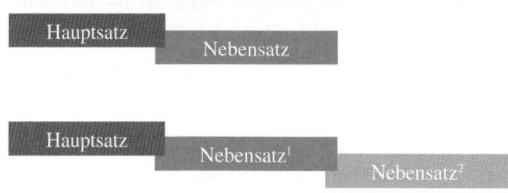

Er glaubt nicht,
    dass er kommen kann.

Er glaubt nicht,
    dass er kommen kann,
        weil er krank ist.

Auch im Hebräischen kann der Nebensatz hinter dem übergeordneten Satz stehen (Nachsatz), davor (Vordersatz) oder darin eingebettet:

Nachsatz

Vordersatz

eingebetteter Satz

Der Nebensatz ist ein Teil des Hauptsatzes und steht stellvertretend für ein Satzglied (Gliedsatz) oder für ein Attribut (Attributsatz).

Eine Einheit aus Haupt- und Nebensatz bzw. mehreren Nebensätzen heißt Satzgefüge: מִשְׁפָּט מֻרְכָּב (mischpat murkaw)/*zusammengesetzter Satz*.

| | Die Nebensatzarten: | Konjunktionen |
|---|---|---|
| → Kausalsatz | Kausalsatz (Begründung) | da, weil |
| | מִשְׁפַּט סִבָּה (mischpat siba) | כִּי, מִפְּנֵי שֶׁ־ |
| → Konzessiv-<br>satz | Konzessivsatz (Einräumung) | obwohl, obgleich |
| | מִשְׁפַּט וִתּוּר (mischpat witur) | גַּם אִם, אַף עַל פִּי שֶׁ־ |
| → Finalsatz | Finalsatz (Absicht) | damit |
| | מִשְׁפַּט תַּכְלִית (mischpat tachlit) | כְּדֵי שֶׁ־ |
| | Modalsatz (Art und Weise) | dadurch dass |
| | מִשְׁפַּט אֹפֶן (mischpat 'ofen) | כַּאֲשֶׁר ־ כֵּן |

| | | |
|---|---|---|
| Lokalsatz (Ort)<br>מִשְׁפָּט מָקוֹם (mischpat makom) | da wo, wohin<br>בְּמָקוֹם שֶׁ־ | |
| Temporalsatz (Zeit)<br>מִשְׁפָּט זְמַן (mischpat sman) | als, während, bevor, nachdem<br>כַּאֲשֶׁר, בְּשָׁעָה שֶׁ־, אַחֲרֵי שֶׁ־ | |
| Komparativsatz (Vergleich)<br>מִשְׁפָּט הַשְׁוָאָה (mischpat haschwa'a) | wie, so wie<br>כְּמוֹ שֶׁ־, כְּפִי שֶׁ־ | → Vergleichssatz |
| Konsekutivsatz (Folge)<br>מִשְׁפָּט תּוֹצָאָה (mischpat totsa'a) | so dass<br>כָּל כָּךְ עַד שֶׁ־ | → Konsekutivsatz |
| Konditionalsatz (Bedingung)<br>מִשְׁפָּט תְּנַאי (mischpat tenai)<br>מִשְׁפָּט תְּנַאי קַיָּם (mischpat tenai kajem)<br>realisierbare Bedingung<br>מִשְׁפָּט תְּנַאי בָּטֵל (mischpat tenai batel)<br>nicht realisierbare Bedingung | wenn<br>אִם, אִלּוּ, לוּ, לוּלֵא, אִלְמָלֵא | → Bedingungssatz |
| Relativsatz<br>מִשְׁפָּט לְוַאי (mischpat lewai) | der, welcher<br>אֲשֶׁר, הַ־, שֶׁ־ | → Relativsatz |
| Objektsatz<br>מִשְׁפָּט מֻשָּׂא (mischpat musa) | dass, wer<br>שֶׁ־, כִּי | → Objektsatz |
| Indirekter Fragesatz<br>מִשְׁפָּט הַשְׁאֵלָה (mischpat sche'ela) | ob | → Fragesatz |
| Indirekte Rede<br>דִּבּוּר עָקִיף (dibur 'akif) | | → Rede |

## Satzbau

תַחְבִּיר (tachbir) oder סִינְטַכְּסִיס (sintaksis)/*Lehre vom Satzbau, Syntax*. Die Satzbaulehre ist ein Teil der Grammatik neben der Lautlehre: תּוֹרַת הַהִגּוּי (torat hahigui) oder פוֹנֵטִיקָה (fonetika) und Formenlehre: תּוֹרַת הַצּוּרוֹת (torat hatsurot) oder מוֹרְפוֹלוֹגְיָה (morfologja). Die Reihenfolge der Satzteile im Aussagesatz ist normalerweise:

        1                 2                3
Subjektgruppe   Verbgruppe   Gruppe der Ergänzungen

        3                 2                1
בַּמִּשְׂרָד (bamisrad)   עוֹבֵד ('owed)   דָּן (dan)
im Büro            arbeitet         Dan

Diese Reihenfolge kann aus verschiedenen Gründen variieren: die Wortfolge ist abhängig vom Stil, von der Aussageabsicht, von dem Wunsch, bestimmte Satzteile hervorzuheben etc. Im Deutschen kann z.B. im Nebensatz, bei dem die Konjunktion fehlt, das Prädikat dem Subjekt vorausgehen: *Hatte er schon bei der letzten Unternehmung einiges Pech gehabt, so sollte es bei der folgenden noch schlimmer werden.* Wenn der hebräische Satz (Haupt- oder Nebensatz) mit einer Ergänzung (Objekt), einer Umstandsbestimmung oder einem Fragepronomen beginnt und das Verb in der Vergangenheit oder der Zukunft steht, dann steht das Verb vor der Subjektgruppe:

| 3 | 2 | 1 |
|---|---|---|
| Subjektgruppe | Verbgruppe (Vergangenheit oder Zukunft) | Gruppe der Ergänzungen Umstandsbestimmung Fragepronomen |

Steht das Verb im Präsens, kann die Subjektgruppe vor der Verbgruppe stehen:

| 3 | 2 | 1 |
|---|---|---|
| Verbgruppe (Vergangenheit oder Zukunft) | Subjektgruppe | Gruppe der Ergänzungen Umstandsbestimmung Fragepronomen |

Das Satzgefüge mit fehlerhafter Satzgrammatik, ein grammatikalisch unschlüssiger Satz, der Satzbruch oder Anakoluth, heißt מִשְׁפָּט כִּלְאַיִם (mischpat kil'ajim)/*verschränkter Satz, hybrider Satz*: "Als es geregnet hatte und der Fluss trat über das Ufer...", anstatt: "Als es geregnet hatte und der Fluss über das Ufer trat ..."

מִשְׁפָּט עִקָּרִי (mischpat 'ikari)/*Hauptsatz*. מִשְׁפָּט aus [שפט] (lischpot)/ *richten, Recht sprechen*. עִקָּרִי Adjektiv aus עִיקָר ('ikar)/*Wurzel, Stamm, Basis* (biblisch), *Prinzip, Grundgesetz* (im Mittelhebräischen). לַעֲקוֹר [עקר] (la'akor)/*ausreißen, entwurzeln* (in der Bibel ein Hapaxlegome-non), *bewegen, abschaffen*.

מִשְׁפָּט טָפֵל (mischpat tafel)/*Nebensatz*. טָפֵל (tafel)/*nebensächlich* aus [טפל] לִטְפּוֹל (litpol)/ *ankleben*.

מִשְׁפָּט מְשֻׁעְבָּד (mischpat meschubad)/*untergeordneter Satz, Nebensatz*. מְשֻׁעְבָּד *unterjocht, versklavt, verpfändet*, SCHUF'AL aus [עבד] לְעַבֵּד (le'abed)/ *verlieren* PI'EL.

מִשְׁפָּט פָּשׁוּט (mischpat paschut)/*einfacher Satz*. פָּשׁוּט aus [פשט] לְפַשֵּׁט (lefaschet)/*vereinfachen* PI'EL.

מִשְׁפָּט כּוֹלֵל (mischpat kolel)/*umfassender Satz*. כּוֹלֵל aus [כלל] לִכְלוֹל (lichlol) /*enthalten*.

מִשְׁפָּט מְחֻבָּר (mischpat mechubar)/*zusammengesetzter Satz, Satzreihe*. מְחֻבָּר aus [חבר] לְחַבֵּר (lechaber)/*verbinden* PI'EL.

מִשְׁפָּט מֻרְכָּב (mischpat murkaw)/*zusammengesetzter Satz, Satzgefüge*. מֻרְכָּב aus [רכב] לְהַרְכִּיב (leharkiw)/*zusammensetzen, montieren* HIF'IL. Die Verbform מֻרְכָּב ist HUF'AL.

אֵבָר ('ewar)/*Teil, Glied, Körperteil* aus [אבר] לְאַבֵּר (le'aber)/*stärken* PI'EL.

מִשְׁפַּט סִבָּה (mischpat siba)/*Kausalsatz*. סִבָּה (siba)/*Grund, Ursache, Anlass*, Ableitung aus [סבב] לְסַבֵּב (lesabew)/*verursachen, verändern* PI'EL.

מִשְׁפַּט וִתּוּר (mischpat witur)/*Konzessivsatz* aus [ותר] לְוַתֵּר (lewater)/*verzichten* PI'EL. Das Wort וִתּוּר (witur)/*Konzession, Zugeständnis* ist Verbalsubstantiv aus dem PI'EL.

מִשְׁפַּט אֹפֶן (mischpat 'ofen)/*Modalsatz*. אֹפֶן ('ofen)/*Art und Weise*. Die Etymologie ist ungewiss, vielleicht aus [פנה] לִפְנוֹת (lipnot)/*sich wenden an*, die Wurzel zu פָּנִים (panim)/*Gesicht*. Vielleicht hängt das Wort auch zusammen mit אוֹפַן ('ofan)/*Rad*. Im Arabischen gibt es ein Substantiv aus dieser Wurzel mit der Bedeutung *Art, Vielfalt*. Auch das hebräische Wort אוֹפַן

('ofan)/*Rad* ist von ungewisser Herkunft.

מִשְׁפָּט מָקוֹם (mischpat makom)/*Lokalsatz.* מָקוֹם (makom) aus [מקמ] לְמַקֵּם (lemakem)/*lokalisieren, den Ort bestimmen* PI'EL. Die Wurzel ist durch Rückbildung aus dem Substantiv entstanden.

מִשְׁפַּט זְמָן (mischpat sman)/*Temporalsatz.* זְמָן (sman) ist ein aramäisches Lehnwort. Daraus wurde eine Verbwurzel abgeleitet [זמנ] לְזַמֵּן (lesamen)/*einberufen* PI'EL.

מִשְׁפַּט הַשְׁוָאָה (mischpat haschwa'a)/*Vergleichssatz.* הַשְׁוָאָה (haschwa'a)/*Vergleich* aus [שוה] לְהַשְׁווֹת (lehaschwot)/*vergleichen, gleichmachen* HIF'IL. Das Substantiv הַשְׁוָאָה ist Verbalsubstantiv aus dem HIF'IL.

מִשְׁפַּט תּוֹצָאָה (mischpat totsa'a)/*Konsekutivsatz.* תּוֹצָאָה (totsa'a)/*Ergebnis, Folge,* substantivische Ableitung aus [יצא] לְהוֹצִיא (lehotsi)/*hervorbringen* HIF'IL.

מִשְׁפַּט תְּנַאי (mischpat tenai)/*Konditionalsatz.* תְּנַאי (tenai) ist ein Wort aus dem Aramäischen, daraus [תנה] לְהַתְנוֹת (lehatnot)/*Bedingungen stellen* HIF'IL.

מִשְׁפַּט תְּנַאי קַיָּם (mischpat tenai kajem)/*realisierbare Bedingung.* קַיָּם (kajem)/*bestehend, existierend* aus [קומ] לְקַיֵּם (lekajem)/*bestehen, existieren lassen* PI'EL.

מִשְׁפַּט תְּנַאי בָּטֵל (mischpat tenai batel)/*nicht realisierbare Bedingung.* בָּטֵל (batel)/*wertlos* aus [בטל] לִבְטוֹל (liwtol)/*aufhören zu sein.*

מִשְׁפַּט לְוַאי (mischpat lewai)/*Relativsatz.* לְוַאי (lewai)/*Begleitung, Beifügung* aus der Wurzel [לוה] לְלַוּוֹת (lelawot)/*begleiten.* 'ALEF in dem hebräischen Ausdruck לְוַאי ist aus der syrischen Wurzel dieses Wortes.

מִשְׁפַּט מֻשָּׂא (mischpat musa)/*Objektsatz.* מֻשָּׂא (musa)/*Objekt* aus [נשא] לָשֵׂאת (laset)/*heben, tragen,* im HIF'IL לְהַשִּׂיא (lehasi)/*hochheben, hochhalten.* Das Wort מֻשָּׂא ist Präsenspartizip des HUF'AL und bedeutet ungefähr *gehalten werdend.*

דִּבּוּר עָקִיף (dibur 'akif)/*Indirekte Rede.* דִּבּוּר (dibur)/*Reden,* Verbalsubstantiv aus [דבר] לְדַבֵּר (ledaber)/*sprechen* PI'EL. עָקִיף ist Adjektiv aus [עקפ] לַעֲקוֹף (la'akof)/*einholen, überholen.*

תַּחְבִּיר (tachbir)/*Lehre vom Satzbau, Syntax* aus [חבר] לְחַבֵּר (lechaber)/*verbinden* PI'EL.

מִשְׁפַּט כִּלְאַיִם (mischpat kil'ajim)/*Anakoluth, Kreuzung.* כִּלְאַיִם DUAL-Form aus [כלא] לְהַכְלִיא (lehachli)/*kreuzen* (Biologie) HIF'IL.

---

※ אברהם אבן־שושן, המלון החדש. ירושלים ה'תשמ"ט
Awraham Ewen-Shoshan, *Das neue Wörterbuch.* Jerusalem 1989. S. 803

↗ Prädikat

↗ Satz

# Satzaussage
# Satzbau

# Satzteile

Die hauptsächlichen Satzteile sind:

| Subjekt | נוֹשֵׂא (nose) | |
| Prädikat | נָשׂוּא (nasu) | |
| Objekte | | |
| | מֻשָּׂא יָשִׁיר (musa jaschir) | direktes (Akkusativ-) Objekt |
| | מֻשָּׂא עָקִיף (musa 'akif) | indirektes (Dativ-) Objekt |
| | מֻשָּׂא פְּנִימִי (musa penimi) | internes Objekt |

Umstandsbestimmungen תֵּאוּרֵי הַפֹּעַל (te'urei hapo'al)

| | תֵּאוּר הָאֹפֶן | (te'ur ha'ofen) | Adverbial der Art und Weise |
| | תֵּאוּר הַמַּצָּב | (te'ur hamatsaw) | dto. (Zustand) |
| | תֵּאוּר הַזְּמַן | (te'ur hasman) | Adverbial der Zeit |
| | תֵּאוּר הַמַּצָּב | (te'ur hamatsaw) | Adverbial |
| | תֵּאוּר הַמָּקוֹם | (te'ur hamakom) | Adverbial des Ortes |
| | תֵּאוּר הַסִּבָּה | (te'ur hasiba) | Adverbial des Grundes |
| | תֵּאוּר הַוִּתּוּר | (te'ur hawitur) | dto. (Gegensatz) |
| | תֵּאוּר הַתַּכְלִית | (te'ur hatachlit) | Adverbial der Absicht |

Attribut לְוַאי (lewai)
Apposition (Attribut) תְּמוּרָה (tmura)

√ נוֹשֵׂא (nose)/*Subjekt*, נָשׂוּא (nasu)/*Prädikat* und מֻשָּׂא (musa)/*Objekt* aus לָשֵׂאת [נשׂא] (laset)/*heben, tragen*. נוֹשֵׂא (nose)/*Subjekt* ist die Verbform des Präsenspartizips (Aktivpartizip) PA'AL und hat ungefähr die Bedeutung *das Tragende, das Haltende*. נָשׂוּא (nasu)/*Prädikat* ist Vergangenheitspartizip (Passivpartizip), Bedeutung: *das Getragene, das Gehaltene*. מֻשָּׂא (musa)/*Objekt* ist Präsenspartizip HUF'AL mit derselben Bedeutung: *das Getragene, das Gehaltene*.

מֻשָּׂא יָשִׁיר (musa jaschir): יָשִׁיר (jaschir)/*direkt* aus יָשָׁר (jaschar)/*gerade* von לִישׁוֹר [ישׁר] (lischor)/*den geraden Weg gehen* (biblisch). עָקִיף ('akif) aus לַעֲקוֹף [עקפ] (la'akof)/*umgehen, überholen (Auto)*. פְּנִימִי (penimi)/*innerer* aus לְהַפְנִים [פנמ] (lehafnim)/*nach innen kehren* HIF'IL. תֵּאוּר הַפֹּעַל (te'ur hapo'al). תֵּאוּר Verbalsubstantiv PI'EL aus [תאר], daraus לְתָאֵר (leta'er)/*beschreiben, umkreisen*. Die abweichende Vokalisierung des Verbalsubstantivs erklärt sich aus dem Kehllaut in Position 'AJIN HAPO'AL. לְוַאי (lewai)/*Begleitung, Beifügung* aus [לוה] לְלַוּוֹת (lelawot)/*begleiten* PI'EL. 'ALEF in dem hebräischen Ausdruck ist aus der syrischen Wurzel dieses Wortes. תְּמוּרָה (tmura)/*Apposition, Ersatz, Substitution, Austausch* aus לְהָמִיר [מור] (lehamir)/*vertauschen* HIF'IL.

# Satzzeichen

כְּלָלֵי הַפִּסּוּק (klalei hapisuk)/*Satzzeichenregeln, Interpunktion*.

*Die Zeichen:*

| פְּסִיק | (pesik) | Komma |
| נְקֻדָּה | (nekuda) | Punkt |
| נְקֻדָּתַיִם | (nekudatajim) | Doppelpunkt |

*Satzzeichen*

| | | |
|---|---|---|
| נְקֻדָּה וּפְסִיק | (nekuda 'ufsik) | Strichpunkt |
| סִימָן שְׁאֵלָה | (siman sche'ela) | Fragezeichen |
| סִימָן קְרִיאָה | (siman kri'a) | Ausrufezeichen |
| קַו מַפְרִיד | (kaw mafrid) | Trennungsstrich |
| מַקָּף | (makaf) | Bindestrich |
| קַו מְחַבֵּר | (kaw mechaber) | dto. |
| מֵרְכָאוֹת | (mercha'ot) | Anführungszeichen |
| גֵּרְשַׁיִם | (gerschajim) | Anführungszeichen |
| גֵּרֶשׁ/תָּג | (geresch/tag) | Apostroph |
| סוֹגֵר | (soger) | Klammer |
| סוֹגְרַיִם | (sograjim) | Klammern |

*Die wichtigsten Regeln:*

— Punkt נְקֻדָּה (nekuda)

Der Punkt steht am Ende von Hauptsätzen und verkürzten Sätzen. Kein Punkt steht, wenn der Hauptsatz ein Buchtitel oder die Überschrift eines Zeitungsartikels etc. ist.

Der Punkt steht nach Zahlen und Buchstaben, die als Aufzählung oder Kapiteleinteilung dienen, wenn diese nicht in einer eigenen Zeile stehen. Stehen sie isoliert, so folgt kein Punkt.

| | | | |
|---|---|---|---|
| א. הה בבב ממם ייי ללל גג. | aber: | הה בבב ממם ייי ללל גג. | א |
| ב. צצצ י לללל פפ ייי גג. | | צצצ י לללל פפ ייי גג. | ב |

Die Zahlen oder als Zahl dienenden Buchstaben können in Klammern stehen oder es kann eine linke Klammer folgen:

| | | | | | |
|---|---|---|---|---|---|
| ממממם (א) | oder: | ממממם (1) | oder: | ממממם א) | ממממם (1 |
| ממממם (ב) | | ממממם (2) | | ממממם ב) | ממממם (2 |
| ממממם (ג) | | ממממם (3) | | ממממם ג) | ממממם (3 |

Bei Zahlen steht der Punkt zwischen dem Ganzen und dem Dezimalen: 4.50; 2.055. ↗ Zahlen

— Komma פְּסִיק (pesik)

Komma steht zwischen zwei gleichen Satzteilen (Aufzählung), wenn sie nicht durch ein WAW HACHIBUR oder das Bindewort אוֹ ('o)/*oder* miteinander verbunden sind. Enthalten die beiden Teile der Aufzählung einen Gegensatz, so steht trotz Bindewort ein Komma: אֶלָא ('ela)/*aber*.

Ein Ausdruck wie לְמָשָׁל (lemaschal)/*zum Beispiel* kann durch Komma abgetrennt werden.

Die Apposition תְּמוּרָה (temura) wird durch Komma abgetrennt. Eine sehr kurze Apposition und die Apposition vor Eigennamen haben kein Komma.

Ein Komma folgt nach den Wörtern אָכֵן ('achen)/*wirklich*, אַדְרַבָּה ('adraba)/ *im Gegenteil, doch, gerade*, לֹא (lo)/*nein*, לְהֵפֶךְ (lehefech)/*im Gegenteil*, wenn sie am Beginn des Satzes stehen und sich auf etwas vorher Gesagtes beziehen.

Die Anrede wird durch Komma vom restlichen Satz abgetrennt: אַתָּה מוּכָן,

יוֹסִי? ('ata muchan, josi)/*bist du soweit, Yossi*?
Die Teile einer Satzreihe werden durch Komma getrennt. Wenn der zweite Satz kurz und mit einem Bindewort angeschlossen ist, kann das Komma entfallen.
Zwischen Haupt- und Nebensatz kann ein Komma stehen. Ein langer Nebensatz wird durch Komma abgetrennt. Vor den Relativpartikeln מִי שֶׁ־ (mi sche-), מַה שֶׁ־ (ma sche-), זֶה שֶׁ־ (se sche-), לְכָךְ שֶׁ־ (lechach sche-) steht kein Komma.

סִימָן שְׁאֵלָה (siman hasche'ela)/*Fragezeichen*. סִימָן (siman) aus [סמנ] לְסַמֵּן (lesamen)/*bezeichnen* PI'EL. שְׁאֵלָה aus [שאל] לִשְׁאוֹל (lisch'ol)/*fragen*.
סִימָן קְרִיאָה (siman kri'a)/*Ausrufezeichen*. סִימָן (siman) aus [סמנ] לְסַמֵּן (lesamen)/*bezeichnen* PI'EL. קְרִיאָה aus [קרא] לִקְרוֹא (likro)/*rufen*.
קַו (kaw)/*Strich, Linie* aus [קוה] לִקְווֹת (likwot)/*sammeln* (seltenes Wort).
מַפְרִיד (mafrid) aus [פרד] לִפְרוֹד (lifrod)/*teilen*.
מַקָּף (makaf)/*Bindestrich*, aus der Wurzel [נקפ] לִנְקוֹף (linkof)/*umfassen*.
קַו מְחַבֵּר (kaw mechaber)/*Bindestrich* aus קַו (kaw)/*Linie, Strich* und dem Partizip aus dem PI'EL der Wurzel [חבר] לְחַבֵּר (lechaber)/*verbinden*.
מֶרְכָאוֹת (mercha'ot) ist der Plural des Wortes מֶרְכָה (mercha), ein Ausdruck aus dem Bibelhebräischen. Das MERCHA ist im Bibelhebräischen ein Betonungszeichen.
גֵּרְשַׁיִם (gerschajim)/*Klammern* und גֵּרֵשׁ (geresch)/*Apostroph, Auslassungszeichen*. Im etymologischen Wörterbuch von Klein[*] findet sich der Hinweis "of unknown origin". Die Wurzel [גרש] לְגָרֵשׁ/*wegfahren, vertreiben, scheiden* wird von Klein nicht mit diesem Wort in Verbindung gebracht. Das GERESCH ist im Mittelhebräischen ein diakritisches Zeichen.
גֵּרְשַׁיִם (gerschajim)/*Anführungszeichen* ist der DUAL von GERESCH.
תָּג (tag)/*Ornament, Krönchen* (auf einem Buchstaben in hebräischen Handschriften), *Auslassungszeichen* aus dem Aramäischen תָּגָא (taga)/*Krone*.
סוֹגֵר (soger), Plural: סוֹגְרַיִם (sograjim)/*Klammern* aus [סגר] לִסְגוֹר (lisgor)/*schließen*.
סוֹגְרַיִם עֲגֻלִים (sograjim 'agulim)/*runde Klammern*. עָגוֹל ('agol)/*rund* aus [עגל] לְעַגֵּל (le'agel)/*abrunden, einen Kreis ziehen* PI'EL.
סוֹגְרַיִם מְרֻבָּעִים (sograjim meruba'im)/*eckige Klammern*. מְרֻבָּע (meruba)/*viereckig, quadratisch* aus [רבע] לְרַבֵּעַ (lerabea)/*vervierfachen* PI'EL.

[*] Ernest Klein, A Comprehensive Etymological Dictionary of the Hebrew Language for Readers of English. Haifa 1987

# SAWIL
סָבִיל (sawil)/*Passiv, Leideform*. ↗ Passiv

# SCHAF'EL
שַׁפְעֵל ist ein BINJAN, das im Hebräischen nicht existiert, dagegen in anderen semitischen Sprachen: im Aramäischen, Syrischen und Akkadischen. Dort hat es kausative (veranlassende) Bedeutung und entspricht dem hebräischen HIF'IL. Charakteristisch ist das Präfix ־שׁ. Verben mit Wurzeln aus diesem BINJAN sind als Lehnwörter meist aus dem Aramäischen ins Hebräische gekommen und können hier,

genauso wie das hebräische SCHIF'EL, im PI'EL konjugiert werden. Das entsprechende passive BINJAN ist SCHUF'AL, z.B. in מִשְׁפָּט מְשֻׁעְבָּד (mischpat meschubad)/*untergeordneter Satz, Nebensatz.* מְשֻׁעְבָּד *unterjocht, versklavt, verpfändet,* SCHUF'AL aus [עבד] לְעַבֵּד (le'abed)/*verlieren* PI'EL. Beispiele:

→ Wortbildung
→ SCHIF'EL

| [זרע] | לִזְרוֹעַ | (lisroa) | säen PA'AL |
|---|---|---|---|
| [שׁזרע] | לְשַׁזְרֵעַ | (leschasrea) | wieder aussäen PI'EL |
|  | שִׁזְרוּעַ | (schisrua) | (Verbalsubstantiv dazu) |
| [רבב] | לָרוֹב | (larow) | viel sein (ע"ע - Verb) PA'AL |
| [שׁרבב] | לְשַׁרְבֵּב | (lescharbew) | erweitern PI'EL |
| [להב] | לִלְהוֹב | (lilhow) | strahlen, brennen PA'AL |
| [שׁלהב] | לְשַׁלְהֵב | (leschalhew) | entflammen, begeistern PI'EL |
|  | שַׁלְהֶבֶת | (schalhewet) | Flamme |
|  | שִׁלְהוּב | (schilhuw) | (Verbalsubstantiv dazu) |

כִּנּוּי הַשַׁיָּכוּת (kinui schajachut)/*Possessivbegleiter, Possessivpronomen.* ↗ Pronomen

**SCHAJACHUT**

פּוֹעַל שָׁלֵם (po'al schalem)/*vollständiges, regelmäßiges Verb.*
↗ Verb: Verbsystem (die Verbklassen)

**SCHALEM**

שְׁאֵלָה (sche'ela)/*Frage.*
סִימָן הַשְׁאֵלָה (siman hasche'ela)/*Fragezeichen.* ↗ Satzzeichen
ה ' הַשְׁאֵלָה (hei sche'ela)/*HEI der Frage.* ↗ Fragesatz
מִשְׁפָּט הַשְׁאֵלָה (mischpat hasche'ela)/*Fragesatz.* ↗ Fragesatz

**SCHE'ELA**

גוּף שֵׁנִי (guf scheini)/*zweite Person.* ↗ GUF

**SCHEINI**

שֶׁל (schel)/*des, von.* שֶׁל ist Genitivpartikel und in dieser Funktion unveränderlich. Der Genitiv heißt im Hebräischen יַחֲסַת שֶׁל (jachasat schel). Mit den Personalendungen versehen hat es die Funktion des Possessivbegleiters. Die Partikel שֶׁל verbindet zwei Substantive miteinander und deutet ein Besitzverhältnis an:

**SCHEL**

→ SMICHUT
→ STATUS

הַסֵּפֶר שֶׁל הַסְטוּדֶנְט (hasefer schel hastudent) das Buch *des* Studenten

Verbunden mit den Personalsuffixen hat שֶׁל (schel) die Funktion eines Possessivbegleiters:

→ Possessivpronomen

הַסֵּפֶר שֶׁלִּי (hasefer scheli) *mein* Buch

| שֶׁלִּי | (scheli) mein | שֶׁלָּנוּ | (schelanu) unser |
|---|---|---|---|
| שֶׁלְּךָ | (schelcha) dein (m) | שֶׁלָּכֶם | (schelachem) euer (m) |
| שֶׁלָּךְ | (schelach) dein (f) | שֶׁלָּכֶן | (schelachen) euer (f) |
| שֶׁלּוֹ | (schelo) sein | שֶׁלָּהֶם | (schelahem) ihr (m) |
| שֶׁלָּהּ | (schela) ihr | שֶׁלָּהֶן | (schelahen) ihr (f) |

→ MAPIK  Die Personalendung der dritten Person Singular feminin hat ein MAPIK, um sie vom HEI als MATER LECTIONIS (Lesehilfe) zu unterscheiden.

**SCHEL-Fall** יַחֲסַת שֶׁל (jachasat schel)/*zweiter Fall, Genitiv.* ↗ Genitiv

**SCHELILA** שְׁלִילָה (schelila)/*Verneinung, Negation.* ↗ Verneinung

**SCHEM** שֵׁם (schem)/*Name*.

| | | |
|---|---|---|
| SCHEM 'ETSEM | שֵׁם עֶצֶם (schem 'etsem)/*Substantiv.* ↗ Substantiv | |
| SCHEM GUF | שֵׁם גּוּף (schem guf)/*Personalpronomen.* ↗ Personalpronomen | |
| SCHEM HAPE'ULA | שֵׁם הַפְּעָלָה (schem hape'ula)/*Verbalsubstantiv.* ↗ Verbalsubstantiv | |
| SCHEM HAPO'AL | שֵׁם הַפֹּעַל (schem hapo'al)/*Grundform, Nennform.* ↗ Infinitiv | |
| SCHEM KINUI | שֵׁם כִּנּוּי (schem kinui)/*Pronomen.* ↗ Pronomen | |
| SCHEM MESCHUTAF | שֵׁם מְשֻׁתָּף (schem meschutaf)/*Homonym.* ↗ Homonym | |
| SCHEM MISPAR | שֵׁם מִסְפָּר (schem mispar)/*Zahl, Numerus.* ↗ Zahl | |
| SCHEM MURKAW | שֵׁם מֻרְכָּב (schem murkaw)/*zusammengesetztes Substantiv.* ↗ STATUS | |
| SCHEM NIFRAD | שֵׁם נִפְרָד (schem nifrad)/*alleinstehendes Substantiv.* ↗ STATUS | |
| SCHEM NIRDAF | שֵׁם נִרְדָּף (schem nirdaf)/*Synonym.* ↗ Synonym | |
| SCHEM NISMACH | שֵׁם נִסְמָךְ (schem nismach)/*gestütztes Substantiv.* ↗ STATUS | |
| SCHEM PE'ULA | שֵׁם פְּעֻלָּה (schem pe'ula)/*Verbalsubstantiv.* ↗ Verbalsubstantiv | |
| SCHEM RIBU'I | שֵׁם רִבּוּאִי (schem ribu'i)/*PLURALE TANTUM.* ↗ Substantiv | |
| SCHEM TO'AR | שֵׁם תּוֹאַר (schem to'ar)/*Adjektiv.* ↗ Adjektiv | |

**SCHEMA** דֶּרֶךְ הַשְּׁמָא (derech haschema)/*Konjunktiv, Möglichkeitsform.* ↗ Modus

→ MISCHKAL
→ BINJAN

In der Sprachwissenschaft des Hebräischen versteht man unter *Schema* (Fritz Werner)* die Gesamtheit der Wortbildungsmuster (MISCHKALIM und BINJANIM). Die MISCHKALIM sind Bildungsmuster für Substantive und Adjektive (Nominalschema), die BINJANIM für Verben (Verbalschema).

---

* Fritz Werner, *Die Wortbildung der hebräischen Adjektiva.* Wiesbaden 1983

**SCHEMANI** מִשְׁפָּט שְׁמָנִי (mischpat schemani)/*Nominalsatz.* ↗ Kopula

**SCHE'ULA** מִלָּה שְׁאוּלָה (mila sche'ula)/*Lehnwort.* ↗ Lehnwort

## SCHIF'EL

Das SCHIF'EL ist ein seltenes BINJAN des Hebräischen mit kausativer Bedeutung. Es entspricht somit in etwa dem hebräischen PI'EL. Charakteristisch an diesem BINJAN ist das Präfix ־שׁ. Da das modernhebräische Verbsystem auf dieses Präfix nicht mehr eingerichtet ist, werden die dreikonsonantischen Wurzeln, die mit diesem Präfix versehen sind, wie vierkonsonantische behandelt und können somit nach dem PI'EL flektieren. In den Verbtabellen findet man die Wurzeln mit dem BINJAN SCHIF'EL unter dem PI'EL. Obwohl es im Modernhebräischen das SCHIF'EL nicht mehr gibt, entstehen Verbwurzeln nach diesem Muster. Auch die Wurzel [פעל] hat ein SCHIF'EL:

→ SCHAF'EL

| [פעל]  | לִפְעוֹל    | (lif'ol)     | tun, funktionieren PA'AL      |
| [שפעל] | לְשַׁפְעֵל  | (leschaf'el) | reaktivieren PI'EL            |
| [כתב]  | לִכְתּוֹב   | (lichtow)    | schreiben PA'AL               |
| [שכתב] | לְשַׁכְתֵּב | (leschachtew)| noch einmal schreiben PI'EL   |
| [כלל]  | לִכְלוֹל    | (lichlol)    | enthalten PA'AL               |
| [שכלל] | לְשַׁכְלֵל  | (leschachlel)| vervollkommnen PI'EL          |
| [חרר]  | לַחֲרוֹר    | (lacharor)   | ein Loch bohren PA'AL         |
| [שחרר] | לְשַׁחְרֵר  | (leschachrer)| befreien PI'EL                |
|        | שִׁחְרוּר   | (schichrur)  | Befreiung (Verbalsubstantiv)  |

## SCHIMUSCH

אוֹת הַשִּׁימוּשׁ ('ot haschimusch) oder מִלִּית (milit)/*formbildender* Buchstabe. ↗ 'OTIOT HASCHIMUSCH

## SCHIN

| modern-hebr. | ⇐ aramäisch ca. 600-200 | ⇐ *phönizisch* ⇒ ca. 1100 v.u.Z. | griechisch ⇒ ca. 900 | lateinisch |

שִׁין/שִׂין ist der 21. Buchstabe des hebräischen Alphabets mit dem Zahlenwert 300. Die Bedeutung des Wortes ist: Zahn. Der Buchstabe hat zwei verschiedene Qualitäten:

| diakritischer Punkt links:  | SIN   | שׂ | שִׂין שְׂמָאלִית | (schin smolit)  |
| diakritischer Punkt rechts: | SCHIN | שׁ | שִׁין יְמָנִית   | (schin jemanit) |

Manchmal steht hebräisch SIN für originales SAMECH. Viele Wörter, die im biblischen Hebräischen mit SIN geschrieben sind, schreiben sich im Mittelhebräischen mit SAMECH. Seit der Periode des ersten Tempels, laut 1. Könige 6 bis 8 im 10. Jh. vor der Zeitrechnung von König Salomo erbaut, besteht zwischen den Konsonanten SIN und SAMECH kein artikulatorischer Unterschied mehr.

Das SCHIN ist ein Zischlaut עִצּוּר שׁוֹרֵק ('itsur schorek) oder אוֹת שׁוֹרֶקֶת ('ot schoreket) und gehört zu derjenigen Gruppe von Konsonanten, die im HITPA'EL als erster Wurzelkonsonant mit dem TAW des Präfixes reagieren.

→ diakritische Zeichen

→ HITPA'EL

→ Zischlaut

→ 'OTIOT HASCHIMUSCH
→ Buchstaben-gruppen

Die Folge dieser Unverträglichkeit ist ein Stellungswechsel (Metathese) der betreffenden Konsonanten, in manchen Fällen kommt zusätzlich ein Austausch des ersten Wurzelkonsonanten hinzu.

SCHIN gehört ferner zur Gruppe der 'OTIOT HASCHIMUSCH (MOSCHE WEKELEW): מֹשֶׁה וְכָלֵ"ב. Es kann als solches sowohl das deutsche Relativpronomen "der, welcher" als auch die Konjunktion "dass" vertreten. In alten Hebräischgrammatiken wird das SCHIN auch zur Gruppe סָזְצֶרָשׁ SAS-TSERASCH gezählt (Dentale).

Der Buchstabe SCHIN alterniert in anderen semitischen Sprachen mit TAW. Er ist das Endprodukt einer Entwicklung, bei der ein Laut (sch) und ein Laut (th) zusammengefallen sind. In aramäischen Texten findet sich dieses TAW noch:

| aramäisch | תּוֹרָא | hebräisch | שׁוֹר | (schor) | Bulle |
| | פְּתַר | | פֵּשֶׁר | (pescher) | Erklärung |

Es wurde lange Zeit angenommen, dass die hebräischen Wörter יָשָׁן (jaschan)/*alt* und יָשֵׁן (jaschen)/*schlafen* auf die gleiche Wurzel zurückgehen. Nach dem Fund der ugaritischen Tafeln von Ras Shanta zeigte sich aber, dass das Wort יָשֵׁן (jaschen)/*alt* im Ugaritischen mit TAW geschrieben wurde. So muss es sich also um zwei verschiedene Wurzeln handeln. Ebenfalls wurde das hebräische Wort שֻׁלְחָן (schulchan)/*Tisch* mit TAW geschrieben, so dass augenfällig wird, dass es mit der Wurzel [שלח] לְשַׁלֵּחַ (leschaleach)/*schik-ken* nichts zu tun haben kann. So haben z.B. auch folgende Wörter nicht dieselbe Wurzel, obwohl es sehr merkwürdig erscheint:

| [אנש] * | אִישׁ | ('isch) | Mann |
| [איש] | אִשָּׁה | ('ischa) | Frau |

→ TSADE
→ CHET
→ SAJIN

Im heutigen Wort אִשָּׁה ('ischa) muss im Lauf der Sprachgeschichte vor dem SCHIN ein NUN ausgefallen sein. In der Pluralform ist es noch erhalten: נָשִׁים ('naschim)/*Frauen*. Das entsprechende aramäische Wort אִתָּה ('ita)/*Frau* schreibt sich mit TAW.

Wenn CHOLAM vor שׁ (schin) steht, fällt es mit dem diakritischen Zeichen des שׁ zusammen: חֹשֶׁךְ (choschech)/*Dunkelheit*, מֹשֶׁה/*Moshe*. Der Konsonant davor hat dann kein Vokalzeichen. Folgt ein CHOLAM auf שׂ (sin), fällt es mit dem diakritischen Zeichen des שׂ zusammen: שֹׂנֵא (sone)/*hassend*. Wenn CHOLAM dem שׂ (sin) vorausgeht oder dem שׁ (schin) folgt, hat der Konsonant שׂ zwei Punkte: לִמְשֹׁל (limschol)/*herrschen*.

שֶׁ als Relativpartikel ↗ Relativsatz

√

עָצוּר שׁוֹרֵק ('itsur schorek)/*Zischlaut*. עָצוּר ('itsur)/*Mitlaut, Konsonant* aus [עצר] לַעֲצוֹר (la'atsor)/*anhalten*. עָצוּר ('itsur) ist die Form SCHEM HAPE'ULA aus dem PI'EL.

Die Wurzel [אות] ist aus dem Substantiv אוֹת ('ot)/*Zeichen* abgeleitet. Die Verbform geht nach dem Konjugationsmuster POLEL: אוֹתֵת ('otet)/*er hat signalisiert*. Eine Variante zu dieser Ableitung ist [אתת] לְאַתֵּת (le'atet)/*signalisieren* PI'EL. שׁוֹרֵק (schorek) aus [שרק] לִשְׁרוֹק (lischrok)/*pfeifen, zischen*.

פְּעָלִים שְׁלֵמִים (pe'alim schlemim)/*vollständige, starke Verben.* ↗ Verb: Verbsystem (die Verbklassen) — **SCHLEMIM**

גּוּף שְׁלִישִׁי (guf schlischi)/*dritte Person.* ↗ GUF — **SCHLISCHI**

עִצּוּר שׁוֹרֵק ('itsur schorek) oder אוֹת שׁוֹרֶקֶת ('ot schoreket)/*Zischlaut.* ↗ Zischlaut — **SCHOREK**

שֹׁרֶשׁ (schoresch)/*Wurzel.* ↗ Wurzel — **SCHORESCH**

## Schrift

– Das Alphabet

Das hebräische Alphabet beruht zum größten Teil auf vereinfachten piktografischen Zeichen der ägyptischen Hieroglyphen. Die Bezeichnungen der Buchstaben sind Namen von Tieren, Körperteilen oder Gegenständen.

*Hieroglyphe* ⇨ *phönizische Zeichen* ⇨ *hebräische Zeichen:*

| Hieroglyphe | phön. | hebr. | Bedeutung | Hieroglyphe | phön. | hebr. | Bedeutung |
|---|---|---|---|---|---|---|---|
|  | ✶ | א | Kopf eines Ochsen; Darstellung eines Rinderkopfes mit Maul und Hörnern |  | ﻟ | ל | Ochsenstachel |
| ⊓ | ◁ | ב | Haus; das Zeichen stellt ein Haus mit Decke und Eingang dar | ∿ | ꟽ | מ | Wasser |
| ⌒ | ∧ | ג | Kamel; langer Hals mit Kopf |  | ꞑ | נ | Fisch, auch: Schlange |
| ▷ | ◁ | ד | Tür; ursprünglich Eingang eines Zeltes |  | ∓ | ס | Stütze |
|  | ⊒ | ה | Fenster? Die Bedeutung des phönizischen Zeichens ist nicht sicher: ein hölzerner Wollkamm? |  | o | ע | Auge |
|  | Y | ו | Haken |  | ⌐ | פ | Mund: das graphische Zeichen stellt eine Lippe dar; |
|  | I | ז | Waffe; ursprünglich: Waage |  | ⋎ | צ | Angel |
|  | ⊟ | ח | Zaun, Gitter |  | ⌽ | ק | Affe (Nadelöhr); zu einem Kreis vereinfachter Körper mit Schwanz; |
| ⊕ | ⊗ | ט | Garnknäuel |  | ⊲ | ר | Haupt |
|  | ꓕ | י | Hand, Finger |  | W | ש | Zahn (mit Wurzel) |
|  | ⋎ | כ | Hand (-fläche) |  | × | ת | Zeichen |

Das Alphabet hat 22 Konsonanten. Groß- und Kleinschreibung gibt es nicht. Zeichen für Vokale wurden erst zwischen dem 5. und 9. Jh. unserer Zeitrechnung entwickelt.

Jeder Laut des Hebräischen wird von nur einem einzigen Zeichen wiedergegeben, im Deutschen hingegen z.B. drei Konsonanten für (sch). Mit den 22 Buchstabenzeichen waren nicht alle Laute der Sprache wiederzugeben. Deshalb deckten die Konsonanten des BEGAD KEFAT und das SCHIN zwei verschiedene Laute ab, die nach der Entwicklung der Vokalzeichen und diakritischen Zeichen auch in der Schrift unterschieden werden konnten:

    1. die Buchstaben des BEGAD KEFAT    ב/ב, ג/ג, ד/ד, כ/כ, פ/פ, ת/ת
    2. das SCHIN/SIN    שׁ/שׂ

Bei den Buchstaben des BEGADKEFAT werden heute nur noch ב/כ/פ verschieden artikuliert: mit DAGESCH als Verschlusslaute, unmarkiert als Reibelaute. SCHIN wird mit diakritischem Punkt rechts (sch), links (s) ausgesprochen. Konsonanten, die im heutigen Hebräisch gleich lauten, müssen ursprünglich verschiedene Aussprachequalitäten gehabt haben: SIN/SAMECH und CHET/KAF. Heute hört man z.B. keinen Unterschied mehr zwischen den beiden Konsonanten CHET/KAF. Ein Unterschied zwischen ʿALEF und ʿAJIN war bei jemenitischen und nordafrikanischen Juden vor zwei Generationen noch hörbar. Das arabische Alphabet hat das SAMECH nicht erhalten, aber es wird angenommen, dass es im griechischen Buchstaben Ξ/ξ CHI (ks) und im lateinischen X/x (ks) fortlebt.

Die Buchstaben mit DAGESCH KAL stehen im Alphabet grundsätzlich vor denen ohne DAGESCH KAL: ALEF, BET, etc. Wie sich die klassische Anordnung des Alphabets entwickelt hat, ist noch nicht geklärt.

→ Endbuchstaben

Zusammen mit der Entwicklung der hebräischen Quadratschrift im 5. Jh. vor unserer Zeitrechnung wurden auch die fünf Endbuchstaben von den Aramäern eingeführt, um die Wörter innerhalb eines Satzes besser trennen zu können. Auf Grabinschriften sind die Wörter manchmal durch Punkte getrennt.

   ך  פ  ף
   ם  מ  ץ
   ן  נ

→ Trennung

Bei der Quadratschrift brauchten die Schreiber keine Wörter zu trennen. Bestimmte Buchstaben können in die Länge gezogen werden, um eine Zeile aufzufüllen:

לְשָׁנָה הַבָּאָה
בִּירוּשָׁלַיִם הַבְּנוּיָה

*Bestimmte hebräische Buchstaben können in die Länge gezogen werden, um eine Zeile aufzufüllen*

→ Zahlen

Die hebräischen Buchstabenzeichen, auch die Endbuchstaben, haben einen Zahlenwert: von ʾALEF - TET = 1 - 9, von JOD - KUF = 10 - 100, von RESCH - TAW = 200 - 400. Eine Kombination aus diesen Buchstaben ergibt verschiedene Zahlen.

Der Gebrauch der hebräischen Buchstaben als Zahlen erscheint zum erstenmal auf makkabäischen Münzen. Die Gematrie beschäftigt sich mit der Zahlensymbolik der Buchstaben.　→ Gematrie

| | | | | | |
|---|---|---|---|---|---|
| \multicolumn{6}{l}{*Die hebräischen Buchstaben im Morsealphabet* כְּתָב־מוֹרְס (ketaw-mors):} |
| .-.- | ס | .... | ח | -. | א |
| -.-. | ע | -.. | ט | ...- | ב |
| .--. | פ | .. | י | .-- | ג |
| --. | צ | -.- | כ | ..- | ד |
| -.-- | ק | ..-. | ל | --- | ה |
| .-. | ר | -- | מ | . | ו |
| ... | ש | .- | נ | ..-- | ז |
| - | ת | | | | |

*Die hebräischen Buchstaben in Braille (Blindenschrift):*

(Braille-Tabelle für die hebräischen Buchstaben א–ת)

— *Die Schrift*

Die früheste bekannte Schrift, das Proto-Canaanitische, war vermutlich eine Vertikalschrift (Ägypten). Die früheste Proto-Sinaitische Schrift war überwiegend linksläufig. In der ägyptischen Schrift war die Schreibrichtung jeweils daran zu erkennen, in welche Richtung die Bilder und Gesichter gerichtet waren. In der späten Bronzezeit erfolgte allmählich eine Umstellung von der vertikalen zur horizontalen Schreibrichtung. Dieser Vorgang beeinflusste die Form der Buchstaben und deren Entwicklung.

Bei der allmählichen Umstellung von der vertikalen zur horizontalen rechtsläufigen Schreibrichtung zeigt sich die Tendenz, die Symbole für die Konsonanten eine Vierteldrehung im Gegenuhrzeigersinn zu drehen. Belege dafür finden sich in Inschriften.

Beim horizontalen Schreibmodus wurden die gedrehten Zeichen zum Standard. Buchstaben, die auf Inschriften des 15. Jhds. v.d.Z. vertikal geschrieben waren, haben im 13. Jh. eine Vierteldrehung vollzogen, wobei bei manchen Inschriften Zwischenstadien festzustellen sind. Die Tendenz zur Rotation setzt sich danach fort. Im 12./11. Jh. v.d.Z. haben manche Buchstaben eine nochmalige Drehung von 90° vollzogen. Die Rotationen vollziehen sich langsam und lassen sich normalerweise einer bestimmten Epoche zuordnen. Einige hebräische Buchstaben rotierten zweimal, manche gar nicht, vermutlich KUF und RESCH. Vom 11. Jh. an überwiegt die linksläufige Horizontalschrift.

Die hebräische, phönizische, griechische und lateinische Schrift sind miteinander verwandt: Das phönizische Alphabet ist dem frühen hebräischen sehr ähnlich. Die Bezeichnungen der Buchstaben in beiden Alphabeten haben die gleiche Bedeutung.

Das hebräische und das griechische Alphabet sind direkt miteinander verwandt. Die Griechen haben nicht das hebräische, sondern das phönizische Alphabet übernommen. Die Schreibrichtung war linksläufig. Die Namen der Buchstaben haben im Griechischen keine bestimmte Bedeutung. Sie wurden mit den Buchstabenzeichen übernommen und sind lediglich etwas angeglichen worden. Die Namen der Buchstaben in den semitischen Sprachen hingegen haben jeweils eine bestimmte Bedeutung.

Nach der Übernahme des phönizischen Alphabets nahmen die Griechen einige Veränderungen daran vor entsprechend den Bedürfnissen ihrer Sprache. Zu Beginn lief die Schrift von rechts nach links. Später wurde fortlaufend geschrieben, so dass sich rechts- und linksläufige Linien abwechselten:

Das entspricht der Art und Weise, wie der Ochse sich wendet, wenn ein Feld gepflügt wird, und hieß dementsprechend bei den Griechen βουστροφηδον /*Bustrophedon*. Das Bustrophedon, die "furchenwendige" Schreibrichtung, findet sich in frühgriechischen Inschriften. Im Lauf von 500 Jahren entwickelte sich die griechische Schrift dann zur eindeutig rechtsläufigen Schrift. Das Hebräische hat die originale Anordnung der Buchstaben des Alphabets und den linksläufigen Schreibmodus beibehalten. Ebenso wurden die ursprünglichen Namen sowie die Aussprache der 22 Buchstaben bewahrt, die sich aus den Hieroglyphen ableiteten.

Die hebräische Quadratschrift כְּתָב מְרֻבָּע (ketaw meruba) ist nicht sehr ökonomisch und braucht viel Platz. Sie ist von Hand schwer zu schreiben, und es ist nicht möglich, die Buchstaben zu verbinden. So wurde für den täglichen Gebrauch allmählich eine Schreibschrift entwickelt: מַשְׁקִיט (maschkit) bzw. מַעֲשִׂית (maschit). Der genaue Zeitraum der Entstehung ist unbekannt. In der Hauptsache entwickelte sich die Kursive aus der Quadratschrift, es zeigen sich in manchen Buchstaben aber auch Züge der alten hebräischen Buchstaben.

Der Hauptunterschied zwischen Druck- und Schreibschrift lag in der Größe. Die Buchstaben der Kursivschrift waren kleiner, daher die Bezeichnungen:

כְּתִיבָה דַקָּה (ketiwa daka) kleine Schrift, Handschrift

im Gegensatz zu: כְּתִיבָה גַּסָּה (ketiwa gasa) große Schrift, Druckschrift

Seit der Zerstörung des 2. Tempels im Jahr 70 unserer Zeitrechnung zeichneten sich vier Hauptrichtungen einer Schreibschrift ab (Shabat*):

1. die orientalische Schrift כְּתַב מִזְרָחִי (ketaw misrachi) war die erste, die sich entwickelt hat: eine Kursivschrift.
2. die rabbinische Schrift, so genannt, weil sie häufig von den mittelalterlichen Rabbinern (z.B. von Rabbi Shlomo Jizchaki) für Kommentare benutzt wurde: כְּתַב רָשִׁ"י (ketaw raschi). Die Raschi-Schrift ist sparsamer und einfacher zu schreiben als die Quadratschrift.
3. die judeo-germanische Schrift (zentraleuropäische Schrift) wurde in Deutschland während des Mittelalters entwickelt: Sie war der quadratischen Schreibschrift sehr ähnlich.
4. Die aschkenasisch-polnische Schrift wurde im Lauf des 15. Jhs. in Polen aus der judeo-germanischen Schrift entwickelt. Sie war runder und leichter zu schreiben. Deshalb verbreitete sie sich in allen zentral- und osteuropäischen Ländern. Mit den russischen Einwanderern der ersten Alija (70er Jahre des 19. Jhs.) kam diese Kursive nach Israel. Sie ersetzte nun die Raschi-Schrift und wurde die offizielle Kursivschrift in Israel.

Der Grundcharakter der hebräischen Buchstaben in Kursivschrift ist kreis- und linienförmig. Manche Buchstaben sind sich sehr ähnlich. JOD, WAW und NUN sind nur vertikale Striche, unterscheiden sich aber an ihrer Position. Sie müssen folglich beim Schreiben sorgfältig positioniert werden.

*oben:*
*Amtliche Kursive (Handschrift) in Israel*

*rechts:*
*Aus einer Talmudausgabe Wilna 5635 (1875).*
*Der Kommentar ist in Raschi-Schrift gedruckt.*

√ כְּתָב הַמִזְרָחִי (ketaw hamisrachi)/*Kursivschrift.* כְּתָב aus [כתב] לִכְתּוֹב [כתוב] (lichtow)/*schreiben.* מִזְרָחִי (misrachi)/*östlich* aus [זרח] לִזְרוֹחַ (lisroach)/*strahlen, aufgehen (Sonne).*

כְּתָב מְרֻבָּע (ketaw meruba)/*hebräische (assyrische) Quadratschrift.* מְרֻבָּה aus [רבע] לְרַבֵּעַ (lerabea)/*mit vier multiplizieren, als Viereck formen* PI'EL.

כְּתִיבָה aus [כתוב] לִכְתּוֹב [כתב] (lichtow)/*schreiben.* גַּס (gas)/*groß, grob* aus [גסס] לָגוּס (lagos)/*sich grob, unverschämt benehmen.* דַּק (dak)/ *klein, dünn* aus [דקק] לָדוּק (ladok)/*klein sein.*

📖    ✲   Yehezkel Shabat, Hebrew Alphabet. Its Invention, Development and Transliteration. Jerusalem, first edition 5749/1989. S. 19 f.

# SCHURUK   שׁוּרוּק, ein Vokalzeichen für langes (u) im WAW. ↗ Vokalzeichen

# SCHWA

SCHWA שְׁוָא, Plural שְׁוָאִים(schwa'im), ist ein diakritisches Zeichen für einen fehlenden Vokal nach einem Konsonanten oder für ein ganz flüchtiges unbetontes (e). In der Schrift wird es durch zwei übereinander stehende Punkte markiert, die unter den vokallosen Konsonanten plaziert werden. Das Wort SCHWA selbst z.B. hat ein SCHWA unter seinem ersten Konsonanten. Das hebräische Wort SCHWA ist ein allgemeiner Terminus der Sprachwissenschaft geworden. Es gibt drei Qualitäten des SCHWA:

בְּ

–   שְׁוָא נָע (schwa na) SCHWA MOBILE

→ Silbe
→ Halbvokal

bewegliches, vokalisches SCHWA. Hier hört man eine kleine Andeutung von Vokal. Das bewegliche SCHWA wird auch als Halbvokal bezeichnet. Ein Konsonant mit SCHWA MOBILE gehört zur folgenden Silbe, denn er kann selbst keine Silbe bilden. SCHWA MOBILE steht:
- am Beginn eines Wortes: בְּרֵאשִׁית (bereschit)/*ganz am Anfang*
- von zwei im Wort aufeinanderfolgenden SCHWA ist das zweite ein SCHWA MOBILE: תִּפְקְדוּ (tifkedu)/*ihr werdet aufzählen*
- nach einem langen, unbetonten Vokal: יִירְאוּ (jir'u)/*sie werden fürchten*
- unter einem Buchstaben mit DAGESCH CHASAK: פִּקְדוּ (pikdu)/*sie haben geprüft*
- unter dem ersten von zwei gleichen Buchstaben: הִנְנִי (hineni)/*hier bin ich*

–   שְׁוָא נָח (schwa nach) SCHWA QUIESCENS

ruhendes, unvokalisches SCHWA. Hier hört man keine Andeutung eines Vokals. Dieses SCHWA steht meist am Silben- oder Wortende. Der Konsonant mit SCHWA NACH schließt eine Silbe ab und gehört folglich zum vorangegangenen Teil des Wortes (im Gegensatz zum SCHWA MOBILE). SCHWA NACH steht:
- am Ende eines Wortes, egal ob SCHWA vorausgeht oder nicht: שָׁלוֹם (schalom); am Wortende wird SCHWA nur in bestimmten Fällen geschrieben, da es sich von selbst versteht (vergl. unten);
- wenn zwei SCHWA innerhalb eines Wortes aufeinander folgen, ist das

## SCHWA

erste SCHWA NACH: תִּפְקְדוּ (tifkedu)/*ihr werdet aufzählen*
- nach einem kurzen Vokal: כָּתַבְתִּי (katawti)/*ich habe geschrieben*
- nach einem langen betonten Vokal: תֵּלְכוּ (telchu)/*ihr werdet gehen*

Ruhendes SCHWA שְׁוָא נָח kann nicht transliteriert werden, denn es bezeichnet das Fehlen eines Vokals.

— שְׁוָא מְרַחֵף (schwa merachef)/*schwebendes SCHWA*

Zwei unmittelbar aufeinanderfolgende SCHWA am Wortbeginn gibt es im klassischen Hebräisch nicht. Wenn das der Fall wäre, wird das erste SCHWA in einen kurzen Vokal verwandelt. Dieser Vokal heißt תְּנוּעָה קַלָּה (tenu'a kala)/*leichter Vokal* oder תְּנוּעַת־עֵזֶר (tenu'at 'eser)/*Hilfsvokal*. Das SCHWA heißt שְׁוָא מְרַחֵף (schwa merachef)/*schwebendes SCHWA*: statt: בְּזְהִירוּת ⇨ בִּזְהִירוּת (bishirut)/*vorsichtig*. → 'ALEF

SCHWA am Ende des Wortes wird nur geschrieben:
- wenn der vorangehende Konsonant ebenfalls ein SCHWA hat: כָּתַבְתְּ (katawt)/*du (feminin) hast geschrieben*. Das vorletzte ist ein bewegliches SCHWA (שְׁוָא נָע), das letzte ein ruhendes SCHWA (נָח שְׁוָא).
- im Schluss-KAF (ךְ) mit und ohne DAGESCH zur leichteren Unterscheidung vom Schluss-NUN (ן): מֶלֶךְ (melech)/*König*, aber: קָטָן (katan)/*klein*
- im Buchstaben TAW mit DAGESCH: אַתְּ ('at)/*du (feminin)*

Manchmal werden die Buchstaben BET, DALET, TET, KUF mit einem SCHWA versehen, wenn sie am Wortende stehen und ein SCHWA vorausgegangen ist. Kehllaute können, bis auf ganz seltene Ausnahmen, kein SCHWA erhalten. Das SCHWA kann aber unter den Kehllauten 'ALEF, HEI, CHET, 'AJIN mit anderen Vokalzeichen zusammengesetzt sein und verkürzt sie nochmals entsprechend ihrer akustischen Qualität: CHATAF PATACH, CHATAF KAMATS, CHATAF SEGOL.  → Kehllaut

אֲ אֳ אֱ → CHATAF

In seltenen Fällen erhält ein Kehllaut ein SCHWA: שְׁמַעְתִּי (schamati)/*ich habe gehört*. In dieser Verbform ist das 'AJIN nicht hörbar.
Auch ein zusammengesetztes SCHWA (CHATAF) gehört zur darauffolgenden Silbe, da es selbst keine Silbe bilden kann. Vor einem SCHWA fällt das SCHWA eines CHATAF weg, und es bleibt nur der Vokal:

נַעֲלִי (na'ali)/*mein Schuh* aber: נַעַלְךָ (na'alcha)/*dein Schuh*

Im letzten Beispiel hat das 'AJIN ein PATACH, weil keine zwei bewegliche SCHWA (SCHWA MOBILE) hintereinander artikuliert werden können.

Das Wort שְׁוָא stammt aus dem Syrischen שְׁוָיָא (schwaja)/*die sieben Punkte*, literarisch: *gleich*. √
תְּנוּעָה קַלָּה (tenu'a kala). תְּנוּעָה (tenu'a) aus [נוע] לָנוּעַ (lanua)/*sich bewegen*. תְּנוּעָה (tenu'a)/*Bewegung*, im grammatikalischen Sinn *Vokal*. In der grammatikalischen Bedeutung ist das hebräische Wort eine Lehnübersetzung aus dem Arabischen.
תְּנוּעַת־עֵזֶר (tenu'at 'eser)/*Hilfsvokal*. עֵזֶר ('eser)/*Hilfe* aus [עזר] לַעֲזוֹר (la'asor)/*helfen*. מְרַחֵף aus [רחף] לְרַחֵף (lerachef)/*schweben* PI'EL.

## SCRIPTIO

SCRIPTIO DEFECTIVA כְּתִיב חָסֵר (ketiw chaser) ↗ KETIW
SCRIPTIO PLENA כְּתִיב מָלֵא (ketiw male) ↗ KETIW

## SEGOL

סָגוֹל ist Vokalzeichen für ein kurzes (e). Es kann kombiniert werden mit einem SCHWA und steht dann für ein sehr kurzes (e): אֱ. Wenn es von einem JOD als Lesezeichen (MATER LECTIONIS) gefolgt ist, wird es als SEGOL MALE bezeichnet und steht für ein sehr langes (e): אֵי.

## √

סָגוֹל hat primär keine hebräische Wurzel. Es ist als Fremdwort aus dem Aramäischen bzw. Syrischen übernommen worden: סְגוּלָא (segola)/*Weintraube*. Daraus entstand die Wurzel [סגל] לְהַסְגִּיל (lehasgil)/*violett werden* HIF'IL.

## SEGO-LATA

→ SEGOL

Substantive, die durch Einfügen von zwei SEGOLIM aus einer dreikonsonantischen Wurzel ableitbar sind. Sie sind MIL'EIL, d.h. sie werden auf der vorletzten Silbe betont:

| | | | | | |
|---|---|---|---|---|---|
| [מלכ] | מֶלֶךְ | (melech) | König | Plural: מְלָכִים | (melachim) |
| [ילד] | יֶלֶד | (jeled) | Kind | יְלָדִים | (jeladim) |
| [דרכ] | דֶּרֶךְ | (derech) | Weg | דְּרָכִים | (drachim) |

Der Plural dieser Substantive hat also folgendes Muster: ים ‎ ◻ ◻ ◻

## Selbstlaut

תְּנוּעָה (tenu'a)/*Vokal, Selbstlaut*. ↗ Vokal

## Sequenz

Abfolge. ↗ Wurzel: Abfolge der Wurzelkonsonanten

## SIBA

מִשְׁפָּט סִבָּה (mischpat siba). ↗ Kausalsatz

## SIJOMET

סִיוֹמֶת (sijomet)/*Suffix, Nachsilbe*. ↗ Suffix

## SIKA

כִּנּוּי זִקָה (kinui sika)/*Relativpartikel*. ↗ Relativsatz

## Silbe

הֲבָרָה (hawara). Die Silbe ist der kleinste Bestandteil eines Wortes, der erst beim langsamen Sprechen zu unterscheiden ist, eine Sprecheinheit. Ein oder mehrere Konsonanten, die mit Hilfe eines Vokals ausgesprochen werden, bilden eine Silbe. Die Anzahl der Silben im Wort ist also abhängig von der Anzahl der Vokale. Ein SCHWA kann keine Silbe bilden, es ist das Zeichen für das Fehlen eines Vokals. Die extrem kurzen Vokale mit CHATAF können nur zusammen mit dem darauffolgenden Konsonanten und dessen Vokal (Vollvokal, kein Lesezeichen) eine Silbe bilden.
Eine Silbe kann offen (סְגוּרָה) oder geschlossen (פְּתוּחָה) sein. Offen ist eine Silbe, die auf einen Vokal endet wie die erste Silbe des Wortes: יֶלֶד (jeled). Normalerweise hat eine offene Silbe einen langen Vokal. Wenn sie betont ist, kann der Vokal auch kurz sein wie bei der ersten Silbe von יֶלֶד. Als geschlossen gilt eine Silbe im Hebräischen, wenn sie auf einen Konsonanten endet, außer den beiden Konsonanten 'ALEF und End-HEI. Der silbenschlie-

ßende Konsonant trägt ein SCHWA NACH (ruhendes SCHWA).
Zur Aussprache der Konsonanten: ↗ BEGADKEFAT ↗ DAGESCH
DAGESCH CHASAK gilt als Doppelkonsonant. Doppelkonsonanz kann nicht geschrieben werden, genauso wenig wie zwei Konsonanten am Wort- bzw. Silbenbeginn. So gehört also der erste Teil des doppelten Konsonanten zur ersten Silbe und schließt sie ab, der zweite beginnt die folgende Silbe. Die erste Silbe des Wortes דִּבֵּר gilt folglich als geschlossen. Dieser Sachverhalt ist in der Schrift nicht darstellbar:

דִּבֵּר = דְּבִבֵּר = דְּב בֵּר

Die betonte Silbe trägt bei zweisilbigen Wörtern den Wortakzent, bei mehrsilbigen Wörtern den Hauptakzent. Im Hebräischen ist das meist die letzte Silbe (Ultima): עִפָּרוֹן ('iparón)/*Bleistift*, oder die vorletzte (Pänultima): מֶלֶךְ (mélech)/*König*. Die betonten Silben werden manchmal in Handschriften mit dem Betonungszeichen MUNA gekennzeichnet. Ist ein Wort auf der vorletzten Silbe (Pänultima) betont, so ist es MIL'EIL מִלְעֵיל (mil'eil), ist es auf der letzten Silbe (Ultima) betont, so ist es MILRA מִלְרַע (milra).
Zwei unmittelbar aufeinanderfolgende SCHWA am Wortbeginn gibt es im klassischen Hebräisch nicht. Wenn das der Fall wäre, wird das erste SCHWA in einen kurzen Vokal verwandelt: תְּנוּעָה קַלָּה (tenu'a kala) oder תְּנוּעַת־עֵזֶר (tenu'at 'eser), das betreffende SCHWA heißt שְׁוָא מְרַחֵף (schwa merachef) /*schwebendes SCHWA*. Es heißt also statt: בְּ זְ הִירוּת → בִּ זְהִירוּת (bishirut)/ *vorsichtig*. Die beiden ersten Konsonanten, die SCHWA hätten, bilden eine Silbe, der erste Konsonant hat jetzt einen Vokal. Ein Vokal alleine kann keine Silbe beginnen wie im Deutschen: See - i - gel, O - ber, A - bend.
Die Silbentrennung חֲלֻקָּה לַהֲבָרוֹת (chaluka lahawarot) als Zeilenumbruch gibt es im Hebräischen nicht wie in den europäischen Sprachen. Ausnahmen davon finden sich in Zeitungen und Illustrierten. ↗ Trennung

הֲבָרָה (hawara). Im biblischen Hebräisch hat diese Vokabel die Bedeutung: unbestimmter Laut, Lärm. Erst im Mittelhebräischen (2. Jh. unserer Zeitrechnung) kommt es zur Bedeutung: Aussprache, Silbe. Die Etymologie dieses Wortes ist nicht mit Sicherheit rekonstruierbar. Vermutlich entstand die Verbwurzel durch Rückbildung aus dem Substantiv הֲבָרָה [הבר]: לְהַבּוֹר (lahawor)/*aussprechen, artikulieren*.
שְׁוָא aus dem Syrischen שְׁוָיָא (schwaja)/*die sieben Punkte*, literarisch: *gleich*.
מִלְעֵיל (mil'eil)/*von oben*, ein Adverb aus מִן (min)/*von* und לְעֵיל (le'eil)/ *oben*. מִלְרַע (milra)/*unten* aus מִן (min)/*von*, לְ /*zu* und אֲרַע ('ara)/*Erde* (aramäisch). Die Bezeichnungen kommen aus der Form der ehemaligen Zeichen, die den Akzent auf der Ultima bzw. der Pänultima bezeichneten.
תְּנוּעָה קַלָּה (tenu'a kala). תְּנוּעָה (tenu'a) aus [נוע] לָנוּעַ (lanua)/*sich bewegen*. תְּנוּעָה (tenu'a)/*Bewegung, Vokal*. In der grammatikalischen Bedeutung ist das hebräische Wort eine Lehnübersetzung aus dem Arabischen. מְרַחֵף aus [רחף] לְרַחֵף (lerachef)/*schweben* PI'EL.
תְּנוּעַת־עֵזֶר (tenu'at 'eser)/*Hilfsvokal*. עֵזֶר ('eser)/*Hilfe* aus [עזר] לַעֲזוֹר (la'asor)/*helfen*.
חֲלֻקָּה לַהֲבָרוֹת (chaluka lahawarot)/*Silbentrennung*. חֲלֻקָּה aus [חלק] לַחֲלֹק (lachalok)/*teilen*.

→ Betonung
→ MILRA
→ MIL'EIL

**SIMAN** סִימָן שְׁאֵלָה (siman sche'ela)/*Fragezeichen*. ⌐ Satzzeichen
סִימָן קְרִיאָה (siman kri'a)/*Ausrufezeichen*. ⌐ Satzzeichen

**SIN** ⌐ SCHIN

**Singular** יָחִיד (jachid), oder לָשׁוֹן יָחִיד (laschon jachid), מִסְפָּר יָחִיד (mispar jachid)/*Einzahl, Singular*. ⌐ Einzahl ⌐ Substantiv ⌐ Zahl

**Slang** סְלֶנְג, eine lässig gebrauchte Umgangssprache mit deutlichen sozialen und regionalen Eigenheiten. Auf dieser Sprachebene wird das vorhandene Vokabular auf eigene Weise anders verwendet, und es werden neue Wörter gebildet, die nicht streng den Laut- und Wortbildungsgesetzen der Grammatik entsprechen. Im Hebräischen ist zu beobachten, dass häufig Fremdwörter als Grundbausteine über den Kanal der Umgangssprache "eingeschleust" und den morphologischen Gesetzen der hebräischen Grammatik assimiliert werden:

| | | | |
|---|---|---|---|
| [דזנגף] | לְהִזְדַנְגֵף | (lehisdangef) | auf dem Disengoff Boulevard spazierengehen |
| engl. breaks | בְּרֶקְסִים | (breksim) | Bremsen |

**$MAN** זְמַן ($man)/*Zeit, Tempus*. ⌐ Zeiten
מִשְׁפַּט זְמַן (mischpat $man)/*Temporalsatz*. ⌐ Temporalsatz

**SMICHUT** סְמִיכוּת (smichut)/*Stützen, Zusammensetzen von Substantiven*. ⌐ STATUS

**SMOLIT** שׂ' שְׂמָאלִית (schin smolit)/*linkes SCHIN*. ⌐ SCHIN ⌐ diakritische Zeichen

**SOFIT** אוֹת סוֹפִית ('ot sofit)/*Endbuchstabe*. ⌐ Endbuchstabe

**SOGRAJIM** סוֹגְרַיִם (sograjim) *Klammern* ⌐ Satzzeichen
סוֹגְרַיִם עֲגֻלִים (sograjim 'agulim)/*runde Klammern*. ⌐ Satzzeichen
סוֹגְרַיִם מְרֻבָּעִים (sograjim meruba'im)/*eckige Klammern*. ⌐ Satzzeichen

**SOMECH** סוֹמֵךְ (somech)/*stützend*. Bei der Zusammensetzung von Substantiven im Hebräischen (SMICHUT) heißt der zweite Teil der Zusammensetzung, also das zweite Substantiv, SOMECH. Es stützt das erste, trägt den Hauptton des Wortes und beinhaltet die differenzierende Bedeutung des ganzen Ausdrucks. ⌐ STATUS

סוֹמֵךְ (somech)/*stützend* aus [סמכ] לִסְמוֹךְ (lismoch)/*stützen*.

**√ SOUND CLASSES** Englische Bezeichnung für die verschiedenen Klassen schwacher, unvollständiger Verben im Hebräischen: גְזָרוֹת (g$arot)/*Verbklassen*. Im Gegensatz dazu heißen die BINJANIM im Englischen *meaning classes*. ⌐ GI$RA ⌐ BINJAN ⌐ Verb

## STAMI

מִין סְתָמִי (min stami), נֵאוּטָר (neuter)/*sächlich*. ↗ Geschlecht
כִּנּוּי סְתָמִי (kinui stami)/*Indefinitpronomen, unpersönliches Fürwort*.
↗ Pronomen

## Stamm

Der Begriff *Stamm* bezeichnet in der hebräischen Grammatik etwas anderes als in der lateinischen. In der Grammatik der indoeuropäischen Sprachen ist mit dem Begriff *Stamm* folgendes gemeint: dasjenige Basismorphem, das allen Wörtern einer Wortfamilie zugrunde liegt und gemeinsam ist: von den Wörtern *lesen/Leser/leserlich/lesbar* ist das die Silbe "les-".
Unter Verbstamm im Hebräischen versteht die Sprachwissenschaft eine Gruppe von Verbformen mit der gleichen Bildungsweise, in der die Grundbedeutung der Wurzel in bestimmter, regelmäßiger Weise abgewandelt ist. Das sind im Hebräischen die BINJANIM: בִּנְיָן (binjan), englisch *stem*. Das PA'AL oder KAL wird in den Grammatiken z.B. als *Grundstamm* bezeichnet, weil das Verb in diesem BINJAN die einfachste, aktive Bedeutung ausdrückt. Alle anderen BINJANIM bauen auf dem PA'AL auf.
In anderem Sinn wird der Begriff *Stamm* in der hebräischen Grammatik benutzt beim Infinitiv מָקוֹר (makor)/*Grundform, Nennform des Verbs*. Der Infinitiv des Hebräischen bildet sich aus dem Verbstamm: כְּתֹב (ktow).
Das ursprünglichste Element eines Wortes im Hebräischen ist dessen Wurzel שֹׁרֶשׁ (schoresch). Sie besteht nur aus Konsonanten, während der Stamm einen Vokal enthält und somit bis zu einem gewissen Grad schon definiert ist. Die Begriffe *Stamm* und *Wurzel* sind zuweilen in den Hebräischgrammatiken und -wörterbüchern nicht streng getrennt, so dass der Terminus *Stamm* sowohl für *Wurzel* als auch für *Stamm* gebraucht wird..
↗ BINJAN ↗ Infinitiv ↗ Wurzel

## √

מָקוֹר (makor)/*Grundform, Quelle, Nennform des Verbs* aus [קוּר] לָקוּר (lakor) /*nach Wasser graben*.
שֹׁרֶשׁ (schoresch)/*Wurzel* aus [שׁרשׁ] לְשָׁרֵשׁ (lescharesch)/*entwurzeln*, d.h. wohl sinngemäß bei einem Wort: *die Wurzel freilegen, finden*.

## STATUS

Das Deutsche kann Substantive zusammensetzen und auch zusammenschreiben, so dass sie als ein einziges Substantiv gelten und auch so aussehen: *Küchenchef*. Das Französische und das Englische müssen diese Zusammensetzung mit Hilfe einer Genitivkonstruktion bewerkstelligen: *maître de cuisine, House of Lords*, die Wörter bleiben getrennt. Auch das Hebräische kann zwei oder mehrere Substantive zusammensetzen:

| | | |
|---|---|---|
| יוֹם חוֹרֶף | (jom choref) | ein Wintertag |
| יוֹם קַיִץ | (jom kajits) | ein Sommertag |

Auch im Hebräischen bleiben die Teile eines zusammengesetzten Ausdrucks getrennt. Eine Eigentümlichkeit der semitischen Sprachen ist allerdings, dass das erste Substantiv der Zusammensetzung in vielen Fällen eine veränderte Form aufweist, die nur in diesem Fall angewendet wird: wenn dem Substantiv ein zweites folgt, das mit ihm ein neues, zusammengesetztes bildet. Diese Sonderform heißt STATUS CONSTRUCTUS, der entsprechende hebräische Terminus ist מַצָּב נִסְמָךְ (matsaw nismach)/*gestützter Zustand*. Auch das Zusammensetzen als solches wird in den Grammatiken als STATUS CONSTRUCTUS bezeichnet, im Hebräischen סְמִיכוּת (smichut)/*Stützen*. Die Form des isoliert stehenden Substantivs heißt STATUS ABSOLUTUS, מַצָּב נִפְרָד (matsaw nifrad)/*isolierter Zustand*. Unter der Form des STATUS ABSOLUTUS des Singular ist ein Substantiv im Wörterbuch lexikalisiert. Das zusammengesetzte Substantiv heißt in der hebräischen Grammatik שֵׁם מֻרְכָּב (schem murkaw)/*zusammengesetztes Substantiv*.

> *Die Termini* STATUS ABSOLUTUS *und* STATUS CONSTRUCTUS *stammen von Johannes Reuchlin (1454-1511). Er verfasste ein Wörterbuch und eine Grammatik des Hebräischen "De rudimentis Hebraicis", erschienen 1506 in Pforzheim.*

alleinstehendes Substantiv:
שֵׁם נִפְרָד (schem nifrad)

ה וֹ ל כִ י ם
הוֹלְכִים (holchim)/*Gehende*

zusammengesetztes Substantiv: שֵׁם נִסְמָךְ (schem nismach)

רֶ גֶ ל     י     ה וֹ ל כֵ
⇧     ⇧     ⇧
SOMECH   *Fuge*   NISMACH

הוֹלְכֵי רֶגֶל (holchei regel)/*Fußgänger*

Der Ton liegt auf dem zweiten Substantiv, es ist der stärkere Bestandteil des Ausdrucks und heißt סוֹמֵךְ (somech)/*stützend*. Diese Bezeichnung bildet sich aus dem Präsenspartizip des Verbs. Der erste Bestandteil des Ausdrucks hingegen ist das schwächere Element und heißt נִסְמָךְ (nismach)/*gestützt*. Diese Bezeichnung stammt aus dem NIF'AL der gleichen Wurzel mit passivischer Bedeutung.

| STATUS ABSOLUTUS | ה וֹ ל כִ י ם | (hol*chim*)/*Gehende* |
| STATUS CONSTRUCTUS | ה וֹ ל כֵ י רֶ גֶ ל | (hol*chei* regel)/*Fußgänger* |

Ein Substantiv im CONSTRUCTUS ist hier also eine verkürzte Form des ABSOLUTUS.

Auf drei Arten unterscheidet sich der CONSTRUCTUS vom ABSOLUTUS:

- im Vokalmuster,
- durch bestimmte Konsonanten am Wortende,
- durch die Auslassung von Konsonanten.

im Vokalmuster:

בַּיִת (bajit)/*Haus* ⇨ בֵּית סֵפֶר (beit sefer)/*Schule*

durch bestimmte Konsonanten am Wortende:

מִלָּה (mila)/*Wort* ⇨ מִלַּת חִבּוּר (milat chibur)/*Bindewort*

durch die Auslassung von Konsonanten:

יִסּוּרִים (jisurim)/*Qual* ⇨ יִסּוּרֵי טַנְטָלוֹס (jisurei tantalos)/*Tantalosqualen*

## Die Abweichungen in den Formen

| | |
|---|---|
| *Maskulinum Singular* <br><br> בַּיִת ⇨ בֵּית (bajit ⇨ beit) | Der CONSTRUCTUS hat wie der ABSOLUTUS in den Formen Singular maskulin keine Endung: <br> מִכְתָּב תְּשׁוּבָה (michtaw tschuwa)/*Antwortbrief* <br> Durch die Verlagerung des Haupttons auf den SOMECH gehen bei manchen Substantiven Vokale verloren. |
| *Maskulinum Plural* <br><br> ים - (-im) ⇨ ֵי (-ei) | Die Pluralendung verliert das MEM: <br> דְּבָרִים (dwarim) ⇨ דִּבְרֵי־ (diwrei-)/*Sache* <br> Die Vokalisierung erklärt sich folgendermaßen: Die letzte Silbe רֵי (-rei) ist offen. Deshalb verliert die Silbe davor ihren Vokal, das KAMATS: דְּבָ ⇨ דְּבְ־. Der silbenschließende Konsonant בְ hat jetzt also ein bewegliches SCHWA (SCHWA NA): דְּבְ. Zwei bewegliche SCHWA in Folge sind nicht möglich, deshalb bekommt der erste Konsonant ein CHIRIK: דִּבְ רֵי־ :דִּבְ. <br> Um den Plural des zusammengesetzten Ausdrucks zu bilden, wird nur der NISMACH verändert: <br> כּוֹס בִּירָה (kos bira)/*ein Bierglas* <br> כּוֹסוֹת בִּירָה (kosot bira)/*Biergläser* |
| *Femininum Singular* <br><br> ה ָ - (-a) ⇨ ת ַ (-at) | Die Femininum-Endung wird verändert: <br> תּוֹרָה (tora)/*Gesetz* ⇨ תּוֹרַת הַצּוּרוֹת <br> (torat hatsurot)/*Formenlehre* <br> Feminine Substantive, die nicht auf ה ָ - enden, verändern sich nicht: <br> בַּת שָׂרָה (bat sara)/*Saras Tochter* <br> אֵם הַנַּעַר ('em hana'ar)/*die Mutter des Jungen* |
| *Femininum Plural* | Die Endung וֹת- (-ot) bleibt unverändert. Die Akzentverschiebung auf den SOMECH verursacht vokalische Veränderungen: <br> יְלָדוֹת (jeladot) ⇨ יַלְדוֹת־ (jaldot-)/*Mädchen* <br> דְּלָתוֹת (delatot) ⇨ דַּלְתוֹת־ (daltot-)/*Türen* |
| *Maskulinum und Femininm Dual* <br><br> יִם - (-ajim) ⇨ ֵי (-ei) | Die DUAL-Endung ist für maskuline und feminine Substantive des ABSOLUTUS gleich: <br> יִם - (-ajim). <br> Die Endung des CONSTRUCTUS ist die gleiche wie beim Plural maskulin: ֵי- (-ei): <br> מִשְׁקָפַיִם (mischkafajim)/*Brille* <br> מִשְׁקְפֵי שֶׁמֶשׁ <br> (mischkefei schemesch)/*Sonnenbrille* |

→ Silbe

In vielen Fällen unterscheiden sich die Formen des STATUS ABSOLUTUS und des STATUS CONSTRUCTUS nicht, so dass einfach zwei Substantive hintereinander stehen, die als ein Begriff gelesen werden wie im Beispiel von oben: יוֹם (jom)/*Tag* + חוֹרֶף (choref)/*Winter* ⇨ יוֹם חוֹרֶף (jom choref)/*ein Wintertag*. Die Veränderungen am Wortende des NISMACH kommen zustande, weil sich der Hauptton des zusammengesetzten Ausdrucks auf das zweite Substantiv verlagert, das auch die differenzierende Bedeutung in den Ausdruck einbringt.

Im CONSTRUCTUS kann ein Substantiv nicht isoliert stehen, es muss danach immer ein weiteres Substantiv folgen. Dieses kann entweder im ABSOLUTUS stehen, dann besteht die ganze Zusammensetzung aus zwei Teilelementen wie bei dem Wort *Gast + student*. Oder es können weitere Substantive im CONSTRUCTUS folgen, wobei das letzte Substantiv des Ausdrucks im ABSOLUTUS steht. Das ergibt eine Sequenz aus drei (oder mehr) Elementen wie bei dem Wort *Gast + studenten + ausweis*.

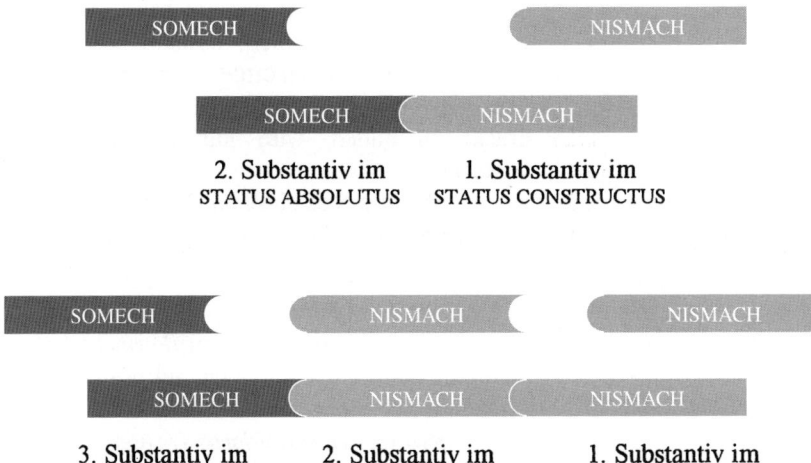

Wenn eine Zusammensetzung also aus mehr als zwei Komponenten besteht, dann stehen alle Bestandteile außer dem letzten, dem SOMECH, im STATUS CONSTRUCTUS. Im Deutschen konstruieren wir eine solche Zusammensetzung mit einer Genitivkonstruktion: *die Frau des Präsidenten der Vereinigten Staaten.*

Das erste Substantiv der SMICHUT-Gruppe, der NISMACH, ist dabei immer dasjenige, das modifiziert wird, das zweite, der SOMECH, ist das modifizierende Element. Im Englischen sind die Bezeichnungen für SOMECH und NISMACH sehr sinnfällig gewählt: der NISMACH, der schwächere erste Teil, der durch den SOMECH modifiziert wird, heißt *nucleus noun*, der SOMECH, das stärkere der beiden Teilelemente, das oft die differenzierende Bedeutung einbringt, heißt *modifier noun*:

     יוֹם חוֹרֶף (jom choref) ein Wintertag
     יוֹם קַיִץ (jom kajits) ein Sommertag

חוֹרֶף (choref)/*Winter* und קַיִץ (kajits)/*Sommer* sind in diesen Beispielen die modifizierenden Bestandteile. Im Hebräischen stehen diese also an zweiter Stelle. Das entspricht der Stellung des Adjektivs im Hebräischen, das ebenfalls modifizierende Funktion hat und hinter dem jeweiligen Substantiv steht:

| *im Hebräischen* | *im Deutschen* |
|---|---|
| 2. Adjektiv  1. Substantiv | 1. Adjektiv  2. Substantiv |
| סֵפֶר מְעַנְיֵן | ein interessantes Buch |
| (sefer me'anjen) | |

Bei der Zusammensetzung im Deutschen steht das modifizierende Element an erster Stelle: *Geburts*tag, *Zahl*tag, *Ferien*tag, *Feier*tag, *Wochen*tag, *Gedenk*tag. Das entspricht auch der Stellung des Adjektivs vor dem Substantiv, das von ihm modifiziert wird. Beim SMICHUT steht das modifizierende Element an zweiter Stelle:

| 2. SOMECH | 1. NISMACH | | |
|---|---|---|---|
| מְנוּחָה | יוֹם | (jom menucha) | Ruhetag |
| שַׁבָּת | יוֹם | (jom schabat) | Ruhetag |
| כִּיפּוּר | יוֹם | (jom kipur) | Versöhnungstag |
| הַשָּׁנָה | יוֹם | (jom haschana) | Jahrestag |
| הֻלֶּדֶת | יוֹם | (jom huledet) | Geburtstag |

Dieser Sachverhalt erklärt auch, warum Eigennamen nicht im STATUS CONSTRUCTUS stehen. Sie können allerdings SOMECH sein und ein anderes Substantiv modifizieren: מִשְׁפַּחַת אַיְנְשְׁטַיְן/*Familie Einstein*.

Da der SOMECH der stärkere Bestandteil des zusammengesetzten Ausdrucks ist, bekommt nur er das HEI HAJEDI'A, wenn der gesamte Ausdruck bestimmt sein soll:

| בֵּית סֵפֶר | (beit sefer) | *eine* Schule |
| בֵּית הַסֵּפֶר | (beit *ha*sefer) | *die* Schule |
| בֵּינוֹנִי הֶעָבָר | (beinoni *ha*'awar) | *das* Partizip der Vergangenheit |

Der erste Teil des zusammengesetzten Ausdrucks, d.h. der NISMACH, hat also nie einen bestimmten Artikel (HEI HAJEDI'A), auch wenn der gesamte Ausdruck als bestimmt gilt. HEI HAJEDI'A ist das einzige Element, das zwischen NISMACH und SOMECH geschaltet werden kann. Da es mit dem SOMECH verschmilzt, ändert sich die Anzahl der Bestandteile des zusammengesetzten Ausdrucks nicht.

Ein Adjektiv, auch wenn es den NISMACH modifiziert, steht hinter dem ganzen Ausdruck und stimmt grammatikalisch mit demjenigen Substantiv überein, zu dem es gehört. Das erschwert manchmal die Zuordnung des Adjektivs, so dass man sich am Kontext orientieren muss:

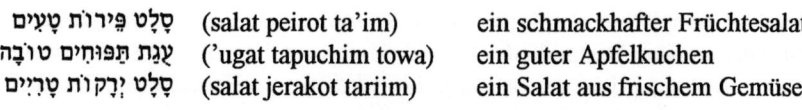

| סָלָט פֵּירוֹת טָעִים | (salat peirot ta'im) | ein schmackhafter Früchtesalat |
| עֻגַת תַּפּוּחִים טוֹבָה | ('ugat tapuchim towa) | ein guter Apfelkuchen |
| סָלָט יְרָקוֹת טָרִיִּים | (salat jerakot tariim) | ein Salat aus frischem Gemüse |

Wenn der NISMACH selbst aus zwei Gliedern besteht, hätte das zur Folge, dass die Einheit aus NISMACH und SOMECH gesprengt werden würde: *die Söh-ne und Töchter Davids.*

| בְּנֵי דָוִד | (bnei david) die Söhne Davids |
| בְּנֵי דָוִד וּבְנוֹתָיו | (bnei david 'uwnotaw) die Söhne und Töchter Davids = die Söhne Davids und seine Töchter |

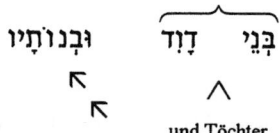

und Töchter

Hier wird der zweite Teil des NISMACH ausgelagert und steht am Ende der Zusammensetzung. Das Personalsuffix (Possessiv) stimmt grammatikalisch mit dem SOMECH überein: David = dritte Person Singular maskulin. Auf diese Weise bleibt die enge Einheit von NISMACH und SOMECH erhalten. Die Grammatiker des Arabischen nennen die enge Zusammengehörigkeit von NISMACH und SOMECH bezeichnenderweise "Annexionsverhältnis".

Umgangssprachlich wird im oben genannten Fall die Konstruktion mit שֶׁל vorgezogen. Auch wenn die Zusammensetzung nur aus zwei Substantiven besteht, kann die Konstruktion mit שֶׁל immer verwendet werden:

|  | פְּרוּסַת לֶחֶם | (prusat lechem) | eine Brotscheibe |
| oder: | פְּרוּסָה שֶׁל לֶחֶם | (prusa schel lechem) | eine Scheibe Brot |
|  | מֶמְשֶׁלֶת יִשְׂרָאֵל | (memschelet jisra'el) | die Regierung Israels |
| oder: | מֶמְשָׁלָה שֶׁל יִשְׂרָאֵל | (memschala schel jisra'el) |  |

Auch Wendungen mit Präpositionen stehen als alternative Konstruktionen zur Disposition:

| | | |
|---|---|---|
| חֶדֶר לְאוֹרְחִים | (cheder le'orchim) | Gästezimmer |
| עֻגָה מִגְבִינָה | ('uga migwina) | Käsekuchen |
| חָבֵר בְּקִיבּוּץ | (chawer bekibuts) | Kibbuzmitglied |

Es gibt wenige zusammengesetzte Substantive, die auch im Hebräischen zusammengeschrieben werden:

| | | |
|---|---|---|
| כַּדוּרֶגֶל | (kaduregel) | Fußball |
| סוֹפְשָׁבוּעַ | (sofschawua) | Wochenende |

Auch die biblischen Satznamen sind solche Zusammensetzungen: מִיכָאֵל/*Michael* heißt: מִי כְּ־ אֵל (mi ke'el)/*wer ist wie Gott*. Ferner existieren konstruierte Kontaminationen:  → Wortbildung

| aus: | תַּפּוּחַ־זָהָב | (tapuach-sahaw)/*Orange* | ⇨ | תַּפּוּז | (tapus) |
| aus: | תַּפּוּחַ־אֲדָמָה | (tapuach-'adama)/*Kartoffel* | ⇨ | תַּפּוּד | (tapud) |

## STATUS CONSTRUCTUS bei Zahlen

Außer der Zahl Eins, die Adjektiv ist, folglich hinter dem Substantiv steht und sich grammatikalisch nach diesem richtet, sind die hebräischen Zahlen Substantive. Sie stehen vor dem Substantiv und bilden mit ihm einen zusammengesetzten Ausdruck. Dabei haben die maskulinen und femininen Zahlwörter von zwei bis zehn einen STATUS CONSTRUCTUS, alle anderen Zahlwörter bleiben auch in der Zusammensetzung unverändert. HEI HAJEDI'A steht nur vor dem SOMECH:  → Zahlen

| שְׁנֵי הַפְּסַנְתֵּרִים | (schnei hapsanterim) | die zwei Klaviere |
| שְׁתֵי הָאוֹקְטָבוֹת | (schtei ha'oktawot) | die zwei Oktaven |

## STATUS CONSTRUCTUS bei Präpositionen

Manche Präpositionen haben die Form des STATUS CONSTRUCTUS. Sie sind zu verstehen als NISMACH, da sie mit dem folgenden Substantiv einen zusammengesetzten Begriff bilden:

| [פנה] | לִפְנוֹת | (lifnot) | sich wenden |
| | פָּנִים | (panim) | Gesicht |
| daraus: | לִפְנֵי | (lifnei) | vor |
| Beispiele: | לִפְנֵי הַתַּחֲנָה | (lifnei hatachana) | vor der Haltestelle |
| | לְפָנֶיךָ | (lifneicha) | vor dir |
| ebenso: | אַחֲרֵי | ('acharei) | nach |

Die Begriffe נִסְמָךְ (nismach)/*gestützt*, סוֹמֵךְ (somech)/*stützend* und סְמִיכוּת (smichut)/*Stützen* stammen aus derselben Wurzel [סמך] לִסְמוֹךְ (lismoch)/ *stützen*. √

נִפְרָד (nifrad)/*getrennt, abgesondert* aus [פרד] לִפְרוֹד (lifrod)/*teilen*. Das Wort נִפְרָד ist eine Form des BINJAN NIF'AL.

שֵׁם מֻרְכָּב (schem murkaw)/*zusammengesetztes Substantiv*, מֻרְכָּב aus [רכב] לְהַרְכִּיב (leharkiw)/*zusammensetzen, montieren* HIF'IL. Die Form מֻרְכָּב ist Passiv aus dem BINJAN HUF'AL.

# Steigerung

הַדְרָגַת הַתּוֹאַר (hadragat hato'ar), *Komparation, Steigerung des Adjektivs*, Möglichkeit zum Ausdruck von Gradangaben und Vergleichen bei Adjektiven und Adverbien. Die drei Steigerungsstufen:

| Positiv/Grundstufe | עֶרֶךְ הַפְּשִׁיטוּת | ('erech hapeschitut) |
|---|---|---|
| Komparativ/Vergleichsstufe | עֶרֶךְ הַיִּתְרוֹן | ('erech hajitron) |
| | עֶרֶךְ־הַדִּמְיוֹן | ('erech hadimjon) |
| Superlativ/Höchststufe | עֶרֶךְ הַהַפְלָגָה | ('erech hahaflaga) |

— *Grundstufe/Positiv:* עֶרֶךְ הַפְּשִׁיטוּת *('erech hapeschitut)*

Das Adjektiv in der Grundstufe: טוֹב וְיָפֶה (tow wejafe)/*schön und gut*. Es bezeichnet ein Merkmal oder eine Eigenschaft. In der Grundstufe ist ein Vergleich zwischen zwei oder mehreren Dingen möglich, die in einer bestimmten, im Adjektiv angegebenen Qualität gleich sind. Im Deutschen heißt die Vergleichspartikel *so - wie*. Das Hebräische hat die Präposition כְּמוֹ (kemo)/*wie* und die Vergleichspartikel ־כְּ. Die Präposition כְּמוֹ ist deklinierbar:

| כָּמוֹנִי | (kamoni) wie ich | כָּמוֹנוּ | (kamonu) wie wir |
|---|---|---|---|
| כָּמוֹךָ | (kamocha) wie du (m) | כְּמוֹכֶם | (kemochem) wie ihr (m) |
| כָּמוֹךְ | (kamoch) wie du (f) | כְּמוֹכֶן | (kemochen) wie ihr (f) |
| כָּמוֹהוּ | (kamohu) wie er | כְּמוֹהֶם | (kemohem) wie sie (m) |
| כָּמוֹהָ | (kamoha) wie sie | כְּמוֹהֶן | (kemohen) wie sie (f) |

→ 'OTIOT HASCHIMUSCH

Die Vokalisierung der Partikel ־כְּ folgt denselben Regeln wie bei ־בְּ und ־לְ der Gruppe 'OTIOT HASCHIMUSCH. Im Gegensatz zu diesen beiden ist die Partikel ־כְּ nicht deklinierbar. In Verbindung mit einem Personalpronomen wird die Präposition verwendet: כָּמוֹנִי (kamoni)/*wie ich*.

— *Vergleichsstufe/Komparativ:* עֶרֶךְ הַיִּתְרוֹן *('erech hajitron)* oder עֶרֶךְ־הַדִּמְיוֹן *('erech hadimjon)*

Mit dem Komparativ wird eine Ungleichstellung zweier oder mehrerer Dinge oder Wesen ausgedrückt. Die Vergleichspartikel des Komparativs ist in der deutschen Schriftsprache *als*, in der Umgangssprache auch *wie*. Das Hebräische benutzt die Präposition מִן (min) und die Partikel ־מִ (mi-). Die Präposition kann konjugiert werden:

| מִמֶּנִּי | (mimeni) von mir | מִמֶּנּוּ | (mimenu) von uns |
|---|---|---|---|
| מִמְּךָ | (mimcha) von dir (m) | מִכֶּם | (mikem) von euch (m) |
| מִמֵּךְ | (mimech) von dir (f) | מִכֶּן | (miken) von euch (f) |
| מִמֶּנּוּ | (mimeno) von ihm | מֵהֶם | (mehem) von ihnen (m) |
| מִמֶּנָּה | (mimena) von ihr | מֵהֶן | (mehen) von ihnen (f) |

→ 'OTIOT HASCHIMUSCH

Die Partikel ־מִ gehört zur Buchstabengruppe 'OTIOT HASCHIMUSCH. Die Vokalisierung der Partikel:

*Steigerung*

| Normalfall | vor ? | vor אהחע und ר |
|---|---|---|
| מִ־ + ◌ּ | מִי־ | מֵ־ |

Ferner dient das hebräische Adverb יוֹתֵר (joter)/*mehr* zur Bildung des Komparativs, sofern das zweite zu vergleichende Element nicht explizit genannt ist. יוֹתֵר steht meist vor dem Adjektiv, die Wortstellung kann allerdings aus stilistischen Gründen auch verändert werden:

| יוֹסִי גָּבוֹהַּ מִן רוּתִי | (josi gawoha min ruti) | Yossi ist größer als Ruthi |
| יוֹסִי גָּבוֹהַּ מִמֶּנִּי | (josi gawoha mimeni) | Yossi ist größer als ich |
| גָּבוֹהַּ מִמֶּנִּי יוֹסִי יוֹתֵר | (josi joter gawoha mimeni) | Yossi ist größer als ich |
| יוֹסִי גָּבוֹהַּ יוֹתֵר מִמֶּנִּי | (josi gawoha joter mimeni) | Yossi ist größer als ich |
| מִי יוֹתֵר גָּבוֹהַּ * | (mi joter gawoha) | wer ist größer? |

> \* Das HEI von גָּבוֹהַּ müsste ein MAPIK haben, da es aus der starken Wurzel [גבה] kommt. Da aber ein HEI als Lesezeichen in dieser Position nie ein PATACH hat, besteht hier kein Verwechslungsrisiko. So kann das MAPIK unterbleiben.

— *Höchststufe/Superlativ* עֵרֶךְ הַהַפְלָגָה (*'erech hahaflaga*)

Der Superlativ bezeichnet den höchsten Grad bei mindestens drei zu vergleichenden Dingen, Personen etc. Im Hebräischen sind folgende Konstruktionen möglich:

1. Das Adjektiv mit dem bestimmten Artikel steht vor dem Substantiv, das mit dem Präfix בַּ־ versehen wird:

   דָּוִד הוּא הַטּוֹב בַּתַּלְמִידִים (dawid hu hatow batalmidim)
   David ist der beste Schüler

2. Vor dem Adjektiv steht הַיּוֹתֵר, die Bedeutung des Satzes ist die gleiche wie im Beispiel oben:

   דָּוִד הוּא הַיּוֹתֵר טוֹב בַּתַּלְמִידִים (dawid hu hajoter tow batalmidim)
   דָּוִד הַתַּלְמִיד הַיּוֹתֵר טוֹב (dawid hatalmid hajoter tow)

3. Nach dem Adjektiv steht בְּיוֹתֵר:

   דָּוִד הַתַּלְמִיד הַטּוֹב בְּיוֹתֵר (dawid hatalmid hatow bejoter)

4. Umgangssprachlich kann vor dem Adjektiv das Wort הֲכִי (hachi) stehen:

   דָּוִד הוּא הַתַּלְמִיד הֲכִי טוֹב (dawid hu hatalmid hachi tow)

Im Vergleich werden nicht nur Dinge in ihrer größeren Quantität und Qualität in Beziehung zueinander gesetzt, sondern auch solche von minderer Quantität und Qualität. So steht anstatt יוֹתֵר (joter)/*mehr* das Adverb פָּחוֹת (pachot)/*weniger*. Die Konstruktion der Sätze ist dieselbe:

| יוֹתֵר מְעַנְיֵן | (joter me'anjen) | interessanter |
| פָּחוֹת מְעַנְיֵן | (pachot me'anjen) | weniger interessant |

הַדְרָגַת הַתּוֹאַר (hadragat hato'ar) *Komparation, Steigerung des Adjektivs*.
הַדְרָגָה (hadraga)/*Stufung*, Verbalsubstantiv aus [דרג] לְהַדְרִיג (lehadrig)/*in*

*Stufen einteilen* HIF'IL. תּוֹאַר (to'ar)/*Adjektiv* aus [תאר] לְתָאֵר (leta'er)/*beschreiben, umkreisen* (PI'EL). תּוֹאַר ist die Verbform GUF SCHLISCHI aus dem PU'AL. Die abweichende Vokalisierung der PU'AL-Form erklärt sich aus dem Kehllaut in Position 'AJIN-HAPO'AL.

עֶרֶךְ/*Wert* aus [ערכ] לַעֲרוֹךְ (la'aroch)/*schätzen, bewerten*.

עֶרֶךְ הַפְּשִׁיטוּת ('erech hapeschitut), פְּשִׁיטוּת aus [פשט] לִפְשׁוֹט (lifschot)/*sich ausbreiten*. פְּשִׁיטוּת (peschitut)/*Einfachheit* ist eine Ableitung mit dem Suffix וּת־ .

עֶרֶךְ הַיִּתְרוֹן ('erech hajitron), יִתְרוֹן (jitron)/*Vorteil, Vorzug, Vorsprung* aus [יתר] לְיַתֵּר (lejater)/*hinzufügen* PI'EL.

עֶרֶךְ הַדִּמְיוֹן ('erech hadimjon), דִּמְיוֹן (dimion)/*Ähnlichkeit*, Ableitung mit dem Ableitungssufix וֹן ־ aus [דמה] לִדְמוֹת (lidmot)/*ähneln*.

עֶרֶךְ הַהַפְלָגָה ('erech hahaflaga), הַפְלָגָה: Verbalsubstantiv aus [פלג] לְהַפְלִיג (lehaflig)/*weit hinausgehen, übertreiben* HIF'IL.

# Stellungswechsel ↗ HITPA'EL

## Subjekt

נוֹשֵׂא (nose) oder סוּבְּיֶקְט/*Satzgegenstand*, ein Satzteil. Ein vollständiger Satz muß mindestens Subjekt und Prädikat/נָשׂוּא (nasu) enthalten. Diese stimmen in Genus (Geschlecht) und Numerus (Zahl) überein. Das Subjekt steht immer im Nominativ. Im Hebräischen hat der Nominativ keine Markierung im Gegensatz zu Genitiv: שֶׁל, Dativ: לְ־, Akkusativ: אֶת. ↗ Satzbau

נוֹשֵׂא (nose) oder סוּבְּיֶקְט/*Satzgegenstand*, *Subjekt* aus [נשׂא] לָשֵׂאת (laset)/*heben, tragen, nehmen*.

## Subjektsatz

מִשְׁפָּט נוֹשֵׂא (mischpat nose). Der Subjektsatz ist ein Nebensatz, der seinerseits Subjekt des Hauptsatzes ist:

| Nebensatz | Hauptsatz |
|---|---|
| ⇩ | ⇩ |
| Wer kommen möchte, | kann kommen. |
| *Subjekt: wer?* | *Prädikat* |

Hier hat der gesamte Nebensatz die Funktion eines Subjekts des Hauptsatzes. Verschiedenartige Nebensätze können die Funktion eines Subjektsatzes übernehmen:

| | |
|---|---|
| Mich wundert, dass ihr mich besucht. | Konjunktionalsatz mit "dass" |
| Wer kommen möchte, kann kommen. | indirekter Fragesatz |
| Was du schreibst, ist gut. | Relativsatz |
| Im Wettkampf zeigt sich, wie gut ihr seid. | Vergleichssatz |

Der Satzbau im hebräischen Satz funktioniert nach demselben Bauplan:

מִי שֶׁרוֹצֶה לָבוֹא, יָכוֹל לָבוֹא. (mi scherotse lawo jachol lawo)
wer kommen will, kann kommen

מַה שֶּׁרוֹאִים פֹּה, לֹא מְעַנְיֵן (ma schero'im po lo me'anjen)
was man hier sieht, ist nicht interessant

שֵׁם עֶצֶם (schem 'etsem)/*Nomen, Hauptwort, Dingwort*, eine Wortart. # Substantiv

> *Übersicht*
>
> Geschlecht der Substantive (Genus)  STATUS
> Zahl der Substantive (Numerus)  Deklination des Substantivs
>   Artikel und Präpositionen am Substantiv

— *Geschlecht der Substantive (Genus)* מִין (min)

Die hebräische Grammatik kennt nur zwei Geschlechter: זָכָר (sachar)/*maskulin* und נְקֵבָה (nekewa)/*feminin*. Die Kategorie מִין סְתָמִי (min stami)/*Neutrum* kommt nicht vor. Allgemein gilt:

- Städte- und Ländernamen und folgende Wörter sind feminin:

  | אֶרֶץ | ('erets) | Land | תֵּבֵל | (tewel) | Welt, Kosmos |
  | עִיר | ('ir) | Stadt | קַרְקַע | (karka) | Erdboden, Erde |

- Die Bezeichnungen für Körperorgane im DUAL sind feminin:

  | אֹזֶן | ('osen) | אָזְנַיִם | ('osnajim) | Ohren |
  | יָד | (jad) | יָדַיִם | (jadajim) | Hände |
  | רֶגֶל | (regel) | רַגְלַיִם | (raglajim) | Beine, Füße |
  | עַיִן | ('ajin) | עֵינַיִם | ('einajim) | Augen |

- Viele Produktbezeichnungen im DUAL sind feminin:

  | נַעַל | (na'al) | נַעֲלַיִם | (na'alajim) | Schuhe |
  | Ø | | מִשְׁקָפַיִם | (mischkafajim) | Brille |
  | Ø | | מִכְנָסַיִם | (michnasajim) | Hose |
  | Ø | | אוֹפַנַּיִם | ('ofanajim) | Fahrrad |

- Substantive, die auf betontes ה enden, sind feminin:

  | פְּרוּסָה | (prusa) | Scheibe (Brot, Wurst) |
  | בְּרָכָה | (bracha) | Segen |
  | הַשְׂכָּלָה | (haskala) | Aufklärung (Epoche) |

  Liegt der Hauptton nicht auf der Endung ה, so ist das Substantiv maskulin: לַיְלָה (laila)/*Nacht*. Das Wort לַיְלָה ist MIL'EIL, d.h. die Betonung liegt auf der vorletzten Silbe.

- Substantive, die auf ת enden, das nicht Bestandteil der Wurzel ist, sind feminin:

  | [חבר] | מַחְבֶּרֶת | (machberet) | Heft |
  | [מלא] | מִלִּית | (milit) | Partikel, Füllwort |
  | [תחל] | תְּחִלִּית | (techilit) | Präfix |

  Ist das ת Bestandteil der Wurzel, so ist das Substantiv maskulin: בַּיִת (bajit)/*Haus*: בָּתִּים (batim), שֵׁרוּת (scherut)/*Dienst*: שֵׁרוּתִים (scherutim). Das ת geht im Plural nicht verloren, wenn es zur Wurzel gehört.

- Folgende Substantive sind feminin:

| | | | | | |
|---|---|---|---|---|---|
| אֶבֶן | ('ewen) | Stein | כִּכָּר | (kikar) | Platz |
| אֵשׁ | ('esch) | Feuer | כָּרֵס | (kares) | Bauch |
| בְּאֵר | (be'er) | Brunnen | לָשׁוֹן | (laschon) | Sprache |
| בֶּטֶן | (beten) | Bauch | מַחַט | (machat) | Nadel |
| גָּדֵר | (gader) | Gitter | נֶפֶשׁ | (nefesch) | Seele |
| גֹּרֶן | (goren) | Tenne | פַּעַם | (pa'am) | Mal |
| דְּיוֹ | (djo) | Tinte | צֹאן | (tson) | Kleinvieh |
| חֶרֶב | (cherew) | Schwert | רִבּוֹא | (ribo) | Myriade |
| כּוֹס | (kos) | Trinkglas | | | |

- Folgende Substantive sind manchmal feminin, manchmal maskulin:

| | | | | | |
|---|---|---|---|---|---|
| אֹרַח | ('orach) | Weise, Art | רוּחַ | (ruach) | Wind |
| דֶּרֶךְ | (derech) | Weg | שֶׁמֶשׁ | (schemesch) | Sonne |
| חַלּוֹן | (chalon) | Fenster | שְׁאוֹל | (sche'ol) | Unterwelt |
| חָצֵר | (chatser) | Hof | תְּהוֹם | (tehom) | Meerestiefe |

Alle anderen Substantive sind maskulin.

— *Zahl der Substantive (Numerus)* מִסְפָּר (mispar)

→ Zahl

Das Hebräische hat, im Gegensatz zum Deutschen und den anderen europäischen Sprachen, drei Quantitätsangaben:

Einzahl/Singular  יָחִיד (jachid), לָשׁוֹן יָחִיד (laschon jachid), מִסְפָּר יָחִיד (mispar jachid)
Mehrzahl/Plural  רַבִּים (rabim), רִבּוּי (ribui), לָשׁוֹן רַבִּים (leschon rabim)
Zweizahl/DUAL  רִבּוּי זוּגִי (ribui sugi)

→ DUAL

Die Endungen für Singular und Plural sind:

| | maskulin | feminin |
|---|---|---|
| Singular | Ø | ־ָה/־ת |
| Plural | ־ִים | ־וֹת |

Das Maskulinum Singular hat keine Endung:

| | maskulin | | feminin | |
|---|---|---|---|---|
| Singular | יֶלֶד ∅ | (jeled ∅) | יַלְדָּה | (jalda) |
| Plural | יְלָדִים | (jeladim) | יְלָדוֹת | (jeladot) |
| Singular | תַּלְמִיד ∅ | (talmid ∅) | תַּלְמִידָה | (talmida) |
| Plural | תַּלְמִידִים | (talmidim) | תַּלְמִידוֹת | (talmidot) |

Die Pluralform der Substantive ist MILRA, auf der letzten Silbe betont, außer diejenigen der Segolata.

Eine Anzahl maskuliner Substantive bildet den Plural mit der Endung des Femininums, hauptsächlich Substantive aus den Gruppen mit den folgenden Wortbildungsmustern:

*Substantiv*

| ◻ָ ◻ִ ◻ְמ | ◻וֹ ◻ ׇ | ◻ַ ◻ֶ ה | ◻ָ וֹ ◻ |  |
|---|---|---|---|---|
| וֹן- | אֲרוֹנוֹת | אָרוֹן | ('aron/'aronot) | Schrank |
|  | מְזוֹנוֹת | מָזוֹן | (mason/mesonot) | Nahrung |
| - | שָׂדוֹת | שָׂדֶה | (sade/sadot) | Feld |
| ָ ־ | קָרְבָּנוֹת | קָרְבָּן | (korban/korbanot) | Opfer |
|  | שֻׁלְחָנוֹת | שֻׁלְחָן | (schulchan/schulchanot) | Tisch |
| - | מְקוֹמוֹת | מָקוֹם | (makom/mekomot) | Platz |
| - | אוֹצָרוֹת | אוֹצָר | ('otsar/'otsarot) | Schatz |
| ־חַ | מַפְתְּחוֹת | מַפְתֵּחַ | (mafteach/maftechot) | Schlüssel |

Andererseits bildet eine Reihe femininer Substantive den Plural mit der Maskulin-Endung:

| מִלִּים | מִלָּה | (mila/milim) | Wort |
|---|---|---|---|
| חִטִּים | חִטָּה | (chita/chitim) | Weizen |
| יוֹנִים | יוֹנָה | (jona/jonim) | Taube |

Manche Substantive haben sowohl maskuline als auch feminine Pluralendungen:

| אֲלֻמּוֹת, אֲלֻמִּים | אֲלֻמָּה | ('aluma) | Garbe |
|---|---|---|---|
| גְּבוּלוֹת, גְּבוּלִים | גְּבוּל | (gewul) | Grenze |

Kollektivbegriffe haben keinen Plural (SINGULARETANTUM). Sie bezeichnen an sich schon eine Gesamtheit aus vielen Einzelbestandteilen, z.B. das Ungeziefer, das Publikum, das All. Im Hebräischen:

| אָדָם | ('adam) | Mensch | צֹאן | (tson) | Kleinvieh |
|---|---|---|---|---|---|
| טַף | (taf) | kleine Kinder | בָּקָר | (bakar) | Rind (als Bestand) |

Auch Materialbezeichnungen haben oft keinen Plural:

| זָהָב | (sahaw) | Gold | בַּרְזֶל | (barsel) | Eisen |
|---|---|---|---|---|---|

Entsprechend gibt es Substantive, die fast ausschließlich im Plural vorkommen (PLURALETANTUM) שֵׁם רִבּוּאִי (schem ribu'i):

| יִסּוּרִים | (jisurim) | Qual | זְקֵנִים | (skenim) | Greisenalter |
|---|---|---|---|---|---|
| חַיִּים | (chajim) | Leben | נְעוּרִים | (ne'urim) | Jugendzeit |

Der DUAL רִבּוּי זוּגִי (ribui sugi) ist ein Plural für paarig angelegte Körperorgane und Erzeugnisse: Augen, Ohren, Waage, Hosen. Ein DUAL kann nur von Substantiven gebildet werden und von denjenigen Zahlen, die Substantive sind und eine Zweizahl ausdrücken. Die Endung des DUAL ist eine anders vokalisierte Pluralendung des Maskulin. Sie ist für maskuline und feminine Substantive gleich. Ein Wort im DUAL ist immer MIL'EIL: es ist auf der zweitletzten Silbe betont. ↗ DUAL ↗ Mehrzahl

— *STATUS*

Die hebräischen Substantive verfügen über zwei Formen: STATUS ABSOLUTUS, isolierte Form, und STATUS CONSTRUCTUS in Zusammensetzungen. ↗ STATUS

## – Deklination des Substantivs

Unter Deklination versteht man in der Grammatik der semitischen Sprachen die Suffigierung des Substantivs mit einer Personalendung zur Bezeichnung eines Besitzverhältnisses. ↗ Deklination

## – Artikel

→ Artikel

Das unmarkierte Substantiv im Hebräischen entspricht dem Substantiv mit unbestimmtem Artikel im Deutschen:

סֵפֶר (sefer) *ein* Buch     הַסֵּפֶר (hasefer) *das* Buch

Präpositionen, Partikel und Konjunktionen werden an das bestimmte sowie an das unbestimmte Substantiv angekoppelt. ↗ Präposition
Zur Wortbildung von Substantiven → Wortbildung

√

שֵׁם עֶצֶם (schem 'etsem)/*Nomen, Hauptwort, Dingwort.* שֵׁם: semitisches Wort ohne Wurzel im Hebräischen. עֶצֶם ('etsem)/*Substanz, Knochen, Körper* aus לַעֲצוֹם [עצמ] (la'atsom)/*stark sein.*
מִין (min)/*Art, Geschlecht.* Daraus לְמַיֵּן [מינ] (lemajen)/*sortieren* PI'EL.
זָכָר (sachar)/*maskulin, männlich* aus לְזַכֵּר [זכר] (lesaker)/*als Maskulinum gebrauchen* (Grammatik) PI'EL.
נְקֵבָה (nekewa)/*feminin, weiblich* aus לְנַקֵּב [נקב] (lenakew)/*als Femininum gebrauchen* (Grammatik) PI'EL.
סְתָמִי (stami)/*neutrum, sächlich* aus לִסְתּוֹם [סתמ] (listom)/*sich allgemein, ungenau ausdrücken.*
מִסְפָּר (mispar)/*Zahl* aus לִסְפּוֹר [ספר] (lispor)/*zählen.*
יָחִיד (jachid)/*allein, einzig* aus לְיַחֵד [יחד] (lejached)/*einigen.*
לָשׁוֹן (laschon)/*Zunge, Sprache, Rede* aus לְהַלְשִׁין [לשנ] (lehalschin)/*verleumden* HIF'IL.
רַבִּים/רַבּוֹת (rabim/rabot) und רִבּוּי (ribui)/*Mehrzahl, Plural* aus לִרְבּוֹת [רבה] (lirbot)/*viel sein.*
רִבּוּי זוּגִי (ribui sugi)/*Zweizahl.* זוּגִי (sugi)/*paarweise,* Adjektiv aus לְזַוֵּג [זוג] (lesaweg)/*paaren* PI'EL.

## Suffix

→ Affix
→ Infix
→ Präfix

סִיוֹמֶת (sijomet) oder סוּפִיקְס, Wortbildungselement, das nicht als eigenständiges Wort existiert und deshalb als Endung an ein anderes Wort oder einen Wortstamm angehängt wird. Entsprechend ihrer Funktion wird unterschieden zwischen Flexionssuffixen und Ableitungssuffixen.
Folgende Suffixe sind Ableitungssuffixe (Derivationssuffixe) und dienen zur Ableitung aus einem schon existenten Wort:

| -ung | Tag  | ⇨ | Tag*ung*  | -heit | neu  | ⇨ | Neu*heit*  |
|------|------|---|-----------|-------|------|---|------------|
|      | Zeit | ⇨ | Zeit*ung* |       | frei | ⇨ | Frei*heit* |

→ Wortbildung

Es gibt zahlreiche Ableitungssuffixe für Substantive und Adjektive, mit denen auf einfache Weise Wörter gebildet werden können, auch wenn keine hebräische Wurzel dazu existiert:

| -וּת | סֵפֶר | (sefer) | Buch | ⇨ | סִפְרוּת | (sifrut) | Literatur |
|------|-------|---------|------|---|----------|----------|-----------|
| -וֹן | מִלָּה | (mila) | Wort | ⇨ | מִלּוֹן | (milon) | Wörterbuch |

Die Ableitungssuffixe sind wortartspezifisch, d.h. es gibt solche, die nur an

Adjektive angefügt werden können wie -*sam* oder -*ig*, und spezifische Nominalsuffixe wie -*heit* oder -*ung*. Im Hebräischen ergibt die Verbindung mit dem Suffix ־י ein Adjektiv: גַּלְגַּלִי (galgali)/*rund, radförmig*, mit dem Suffix ־וּת entsteht ein Substantiv: בַּעֲרוּת (ba'arut)/*Unwissenheit*.

Die Ableitungssuffixe haben sowohl im Deutschen als auch im Hebräischen bisweilen eine gewisse Eigenbedeutung. So unterscheiden wir im Deutschen zwischen dem neutralen Wort *kindlich* und dem negativ besetzten Wort *kindisch*. Das hebräische Suffix ־ָן (-an) z.B. verleiht einer Wurzel die zusätzliche Bedeutung: einer, der die in der Wurzel gegebene Tätigkeit berufsmäßig oder intensiv ausübt:

| [כתב] | כַּתְבָן (katwan) | Schreiber |
| [ספר] | סַפְרָן (safran) | Bibliothekar |
| [צרכ] | צַרְכָן (tsarchan) | Verbraucher |

Die Personalendungen beim Verb sind Flexionssuffixe: כָּתְבוּ (katwu)/*sie haben geschrieben*. Diejenigen Personalendungen, die zusätzlich an eine finite Personalform angefügt werden können und das direkte Objekt darstellen, sind Objektspronomen (Pronominalsuffixe). Personalendungen, die an ein Substantiv angehängt werden, um ein Besitzverhältnis auszudrücken, oder die sich mit einer Präposition verbinden, sind ebenfalls Pronominalsuffixe: אָחִי ('achi)/*mein Bruder*. ↗ Deklination     → Objektspronomen

סִיּוֹמֶת (sijomet)/*Suffix* aus der Wurzel [סימ] לְסַיֵּם (lesajem)/*beenden* (PI'EL).

רִבּוּי זוּגִי (ribui sugi)/*Zweizahl*, DUAL. ↗ DUAL ↗ Zahl     √ $UGI

עֶרֶךְ הַהַפְלָגָה ('erech hahaflaga)/*Höchststufe*. ↗ Steigerung     Superlativ

שֵׁם נִרְדָּף (schem nirdaf)/*Synonym, sinnverwandtes Wort*. Synonyme sind verschiedene Wörter, die die gleiche Bedeutung haben: דֶּרֶךְ (derech)/*Weg* und נָתִיב (natiw)/*Pfad, Weg*; oder קַר (kar)/*kalt* und צוֹנֵן (tsonen) mit der gleichen Bedeutung: *kalt*.     Synonym

נִרְדָּף (nirdaf)/*verfolgt, sinnverwandt* aus [רדפ] לִרְדּוֹף (lirdof)/*verfolgen, streben nach*.     √

תַּחְבִּיר (tachbir) oder סִינְטַכְּסִיס (sintaksis)/*Lehre und Grammatik vom Satzbau*. ↗ Satz: Satzbau     Syntax

t

תַחְבִּיר (tachbir)/*Lehre und Grammatik vom Satzbau, Syntax.* ↗ Satz **TACHBIR**

לָמֵד הַתַּכְלִית (lamed hatachlit)/*LAMED des Ziels, Infinitiv-LAMED.* ↗ LAMED **TACHLIT**

מִשְׁפָּט הַתַּכְלִית (mischpat hatachlit)/*Finalsatz, Absichtssatz.* ↗ Finalsatz

מִשְׁפָּט טָפֵל (mischpat tafel)/*Nebensatz.* ↗ Satz **TAFEL**

תָּג (tag)/*Ornament, Krönchen,* Plural תָּגִין (tagin). TAG ist ein Zeichen über einem hebräischen Buchstaben in Handschriften: Thora, Tefillin, Mesusa. Es hat die Form eines Krönchens. Das Auslassungszeichen (Apostroph) wird ebenfalls als TAG bezeichnet, im modernen Hebräisch also גֶּרֶשׁ (geresch)/*Apostroph.* Folgende sieben Buchstaben können TAGIN bekommen: ש צ ע נ ט ז ג und die Endbuchstaben ן ץ : **TAG**

→ Apostroph

גֶּרֶשׁ (geresch)/*Apostroph, Auslassungszeichen.* Die Herkunft des Wortes ist unsicher. GERESCH ist im Mittelhebräischen ein diakritisches Zeichen. תָּג (tag)/*Ornament, Krönchen, Auslassungszeichen* aus dem Aramäischen תָּגָא (taga)/*Krone.*

טַנְדֶּם. Der Begriff *Tandem* bezeichnet einen Gegenstand oder eine Maschine mit zwei hintereinander geschalteten Elementen, z.B. ein Fahrrad mit zwei hintereinander angeordneten Sitzen und Tretlagern. Nach diesem Prinzip kann zur Wortbildung hebräischer Verben eine zweikonsonantische Wurzel als Ganzes wiederholt werden, so daß eine vierkonsonantische Wurzel mit je zwei verschiedenen Konsonanten entsteht. Diese neu entstandenen Wurzeln werden nach dem PI'EL flektiert und heißen in der hebräischen Grammatik PILPEL-Formen. **Tandem**

→ PI'EL
→ Wortbildung

Tandem ist ursprünglich ein aramäisches Wort, das auf dem Weg des Lateinischen in die europäischen Sprachen gelangt ist.

↗ Aktiv **Tätigkeitsform**

**TAW**

| modern-hebr. | ⇦ aramäisch ca. 200 | ⇦ *phönizisch* ⇨ ca. 1100 v.u.Z. | griechisch ⇨ ca. 500 | lateinisch |

תָּו ist der 22. Buchstabe des hebräischen Alphabets mit dem Zahlenwert 400 und der Bedeutung: Zeichen. TAW alterniert in anderen semitischen Sprachen mit den Buchstaben ד, ט und שׁ. Es gehört zur Konsonantengruppe BEGADKEFAT, die je nach Position im Wort oder der Silbe als Verschlusslaut oder als Reibelaut ausgesprochen werden. Bei TAW ist allerdings, wie bei DALET und GIMEL, kein artikulatorischer Unterschied mehr hörbar. Der Unterschied in der Aussprache war folgender: תּ (t), hart ausgesprochen, ת (th), weich wie in engl. *thing*. Dass einmal ein Unterschied bestanden hat, ist ersichtlich am Lautstand des Yiddischen:

| בַּיִת hebräisch: | (baji*t*) | שַׁבָּת hebräisch: | (schaba*t*) |
| yiddisch: | (bei*s*) | | yiddisch: | (schabo*s*) |

→ BEGADKEFAT
→ DATLENAT
→ ETINETI
→ Buchstabengruppen

TAW gehört ferner zur Gruppe der Linguale (Merkwort DATLENAT). Es ist auch einer der Konsonanten, die als Personalpräfix des Futurs dienen (Buchstabengruppe ETINETI).
Eine Anzahl hebräischer Verbwurzeln, deren erster Wurzelkonsonant TAW ist, sind entstanden durch Rückbildung aus einer zweikonsonantischen Wurzel oder aus einer Wurzel ע"ע wie bei [תחל] לְהַתְחִיל (lehatchil)/*beginnen* HIF'IL. Die Wurzel [תחל] wurde abgeleitet aus dem Substantiv תְּחִילָה (techila)/*Beginn* aus [חלל].

→ Verbalsubstantiv

TAW als Präfix wird im Hebräischen sehr oft benutzt zur Bildung von Verbalsubstantiven. Das Wort תּוֹדָה (toda)/*Dank* aus [ידה] לְהוֹדוֹת (lehodot)/ *danken, bekennen* HIF'IL entstand nach diesem Muster.
TAW ersetzt in bestimmten Fällen das Femininum-HEI. ↗ HEI: HEI als Femininumzeichen
Bei Verbwurzeln, die als dritten Konsonanten TAW haben, kommt dieses in Konflikt mit den Personalendungen, die mit TAW beginnen. In diesem Fall geht der dritte Wurzelkonsonant verloren und das TAW der Endung bekommt DAGESCH: [כרת] לִכְרוֹת (lichrot)/*abschneiden*, כָּרַתִּי (karati). Dieselbe Schwierigkeit ergibt sich bei Verbwurzeln, deren erster Konsonant TAW ist, in den Verbformen des HITPA'EL. ↗ HITPA'EL.

## TAWIT

תָּוִית (tawit)/*Artikel*. ↗ Artikel.
תָּוִית סְתָמִית (tawit stamit)/*unbestimmter Artikel*. ↗ Artikel

## TAWNIT

תַּבְנִית (tawnit)/*Gussform, Verschalung*, ein Terminus zur Bezeichnung von BINJAN und MISCHKAL. ↗ MISCHKAL

## TE'AMIM

טְעָמִים (te'amim)/*Betonungszeichen*. ↗ Betonungszeichen

## TECHILIT

תְּחִלִית (techilit)/*Vorsilbe, Präfix*. ↗ Präfix

## Tempora ↗ Zeiten

## Temporalsatz

מִשְׁפַּט זְמַן (mischpat sman). Der Temporalsatz ist innerhalb des Hauptsatzes eine Adverbialbestimmung der Zeit auf die Frage *wann*? Das zeitliche Verhältnis zum Hauptsatz kann gleichzeitig, vorzeitig oder nachzeitig sein. Es steht die entsprechende Konjunktion:

|  | Hauptsatz | Nebensatz |
|---|---|---|
| gleichzeitig | Er liest, | *während* wir Ball spielen. Die Handlung des Hauptsatzes und die des Nebensatzes spielen sich zur gleichen Zeit ab. |
| vorzeitig | Er liest, | *nachdem* er gegessen hat. Die Handlung des Nebensatzes ist abgeschlossen, wenn die des Hauptsatzes einsetzt: 1. Nebensatz, 2. Hauptsatz |
| nachzeitig | Er liest, | *bevor* er einschläft. Die Handlung des Nebensatzes beginnt erst, wenn die des Hauptsatzes abgeschlossen ist: 1. Hauptsatz, 2. Nebensatz |

Konjunktionen, die einen Temporalsatz einleiten:

| | | | |
|---|---|---|---|
| כַּאֲשֶׁר | (ka'ascher) als, wenn (zeitl.) | בְּעוֹד שֶׁ־ | (be'od sche-) während noch |
| כְּשֶׁ־ | (kesche-) als | אַחֲרֵי שֶׁ־ | ('acharei sche-) nachdem |
| בְּשָׁעָה שֶׁ־ | (bescha'a sche-) zur Zeit, als ... | עַד אֲשֶׁר | ('ad 'ascher) bis |
| בִּזְמַן שֶׁ־ | (bi$man sche-) zur Zeit, als ... | בְּטֶרֶם | (beterem) bevor |
| כָּל זְמַן שֶׁ־ | (kol $man sche-) so lange wie | לִפְנֵי שֶׁ־ | (lifnei sche-) bevor |

↗ Zeiten

תְּמוּרָה (temura) oder אַפּוֹזִיצְיָה ('apositsja)/*Apposition*. ↗ Apposition

מִשְׁפָּט תְּנַאי (mischpat tenai)/*Bedingungssatz, Konditionalsatz*. ↗ Bedingungssatz

תְּנוּעָה (tenu'a)/*Vokal*. ↗ Vokal
תְּנוּעָה קַלָּה (tenu'a kala)/*leichter Vokal*. ↗ SCHWA
תְּנוּעַת־עֵזֶר (tenu'at 'eser)/*Hilfsvokal*. ↗ SCHWA

## Tempus
## TEMURA
## TENAI
## TENU'A
## TET

| modern-hebr. | ⇐ aramäisch ca. 600 | ⇐ *phönizisch* ⇒ ca. 1100 v.u.Z. | griechisch ca. 600 |
|---|---|---|---|

טֵית ist der neunte Buchstabe des hebräischen Alphabets mit dem Zahlenwert neun. Die Herkunft der Bedeutung ist ungewiss, vermutlich *Garnknäuel*. Innerhalb der semitischen Sprachen alterniert TET mit dem Konsonanten TAW. Ein artikulatorischer Unterschied besteht im Modernhebräischen zwischen diesen beiden Konsonanten nicht. TET ist ein Lingual und gehört somit zu der Buchstabengruppe דַטְלָנַת (DATLENAT).

→ Buchstabengruppen

→ HITPA'EL

Bei einer Verbwurzel, deren erster Konsonant TET ist, gerät das TAW des HITPA'EL-Präfixes mit ihm in Konflikt, da die beiden Konsonanten die gleiche Artikulationsstelle haben. Sie sind kaum nacheinander artikulierbar. In diesem Fall wird das TAW des Präfixes הִתְ־ (hit-) an den folgenden Konsonanten assimiliert. Dieser erste Konsonant erhält DAGESCH.

|  |  |  |  |
|---|---|---|---|
|  | לְהִתְכַּתֵב | (lehit-*k*atew) | korrespondieren |
| aber: [טמא] | לְהִטַּמֵּא | (le*hi-t*ame) | sich verunreinigen |
| [דבר] | לְהִדַּבֵּר | (le*hi-d*aber) | übereinkommen |
| [תממ] | לְהִתַּמֵּם | (le*hi-t*amem) | redlich verfahren |

## TE'UR HAPO'AL
תֵּאוּר הַפֹּעַל (te'ur hapo'al)/*Adverbialbestimmung, Umstandsbestimmung*, ein Satzteil. ↗ Adverbialbestimmung

## TIF'EL
Wortbildungsmuster aus einer sekundären Wurzel. Diese entsteht durch Erweiterung einer dreikonsonantischen Wurzel um einen bestimmten Konsonanten, z.B.: [עתק] לְהַעֲתִיק (laha'atik)/*einen Text übertragen* HIF'IL. Daraus das Substantiv תַּעְתִּיק (tatik)/*Umschrift, Lautschrift*, erweitert um ein TAW. Hieraus ist die sekundäre Wurzel ableitbar: [תעתק] לְתַעְתֵּק (letatek)/*transkribieren* TIF'EL, flektiert im PI'EL. ↗ Wortbildung

## TO'AR HAPO'AL
תֹּאַר הַפֹּעַל (to'ar po'al)/*Adverb*. ↗ Adverb

## TOCHIT
תּוֹכִית (tochit)/*Infix*. ↗ Infix

## TORA
תּוֹרָה (tora)/*Lehre*. תּוֹרַת הַהִגּוּי (torat hahigui)/*Lautlehre*. ↗ Grammatik
תּוֹרַת הַצּוּרוֹת (torat hatsurot)/*Formenlehre*. ↗ Grammatik

## TOTSA'A
מִשְׁפַּט תּוֹצָאָה (mischpat totsa'a)/*Folgesatz, Konsekutivsatz*. ↗ Konsekutivsatz

## transitives Verb
↗ Verb: Allgemeines

## Transkription
תַּעְתִּיק (tatik), טְרַנְסְקְרִיפְּצְיָה (transkriptsja), Umschreiben eines Textes von einer beliebigen Art von Schrift (Buchstabenschrift, Silbenschrift etc.) in die lateinische Buchstabenschrift. Dabei werden gleich klingende Laute mit einem einzigen Zeichen wiedergegeben, auch wenn sie mit verschiedenen Buchstaben geschrieben werden. ↗ Transliteration

√ תַּעְתִּיק aus [עתק] לְהַעֲתִיק (leha'atik)/*einen Text übertragen* HIF'IL. Daraus das

Substantiv תַּעְתִּיק (tatik)/*Umschrift, Lautschrift*, mit vorangesetztem TAW. Hieraus die sekundäre Wurzel [תעתק] לְתַעְתֵּק (letatek)/*transkribieren* TIF'EL, flektiert im PI'EL.

## Transliteration

טְרַנְסְלִיטֶרַצְיָה (transliteratsja), die buchstabengetreue, eindeutige Umsetzung eines Textes von einer Buchstaben- oder Silbenschrift in eine andere Buchstabenschrift. Bei der Transliteration ist jede Uneindeutigkeit ausgeschlossen. So ermöglicht die Transliteration auch, den Ursprungstext wieder zu rekonstruieren.
Beim Erlernen von Fremdsprachen wie Griechisch, Russisch, Hebräisch, Japanisch etc., die andere Buchstaben haben, ist mit Hilfe einer exakten Transliteration eine eindeutige Definition der Aussprache im Wörterbuch möglich. Um eine allgemeingültige Transliteration der Sprachen der Welt zu gewährleisten, gibt es Regeln für eine internationale Lautschrift, die auf der Grundlage des lateinischen Alphabets entwickelt worden ist: IPA (International Phonetic Alphabet).
Im Jahr 1962 wurde nach siebenjähriger Vorbereitungszeit ein Transliterationsschema verabschiedet, welches die Umsetzung und eindeutige Wiedergabe der hebräischen Laute in lateinischen Buchstaben regelt. Dieses Umschreibungssystem besteht aus 29 Konsonanten und 16 Vokalen. Für hebräischen Laute, für die das lateinische Alphabet kein entsprechendes Buchstabenzeichen bereitstellt, wurden zusätzlich zum lateinischen Buchstaben diakritische Zeichen verwendet. Auf dieser Grundlage ist es möglich, Sachverhalte der hebräischen Grammatik mit Beispielen in lateinischer Umschrift darzulegen.

**kol 'eekar** כל עיקר *adv* in no way; at all.
**kol eymat** כל אימת *adv* whenever; each time.
**kol ha-kavod** כל הכבוד all due respect; congratulations!
◊ **kol ha-shalom** ("Kol Hashalom") "קול השלום"*nf* "The Voice of Peace", unauthorized yet tolerated privately owned piratic radio-station broadcasting entertainment programs and publicity in English from a ship near territorial waters outside Tel-Aviv.

*Für das Hebräische hat ein amerikanisches Verlagshaus*° *ein Lexikon herausgegeben in Englisch/Hebräisch (Transliteration) und umgekehrt: Hebräisch (Transliteration)/Englisch.*

° Hayim Baltsan, *Hebrew Dictionnary. (A Webster's New World™ Book)* New York 1992. S. 185

## Trennung

חֲלֻקָּה לַהֲבָרוֹת (chaluka lahawarot)/*Silbentrennung, Worttrennung*, Zerlegen von mehrsilbigen Wörtern und Aufteilen auf verschiedene Linien als Zeilenumbruch. Im Hebräischen gibt es streng genommen keine Worttrennung am Ende einer Zeile.
In Handschriften und kunstvoll von Hand geschriebenen Heiratsverträgen wurden bestimmte Buchstaben bis zu einem gewissen Grad auseinandergezogen, um eine Zeile aufzufüllen. Manche hebräische Buchstaben eignen sich dazu sehr gut. In den Tageszeitungen begegnen Wörter, deren Silben

auf verschiedene Linien verteilt sind. Das geschieht wohl aus Sparsamkeitsgründen, und so wird bei derlei kurzlebigen Druckerzeugnissen die korrekte Schreibweise lieber einem ausgewogenen, kompakten Erscheinungsbild des Schriftsatzes geopfert.

Da es im Hebräischen keine Trennung von Wörtern in unserem Sinn gibt, erübrigt sich auch ein Trennungsstrich: קַו מַפְרִיד (kaw mafrid)/*Trennungsstrich*. Der Querstrich zwischen zwei zusammengesetzten hebräischen Wörtern ist ein Bindestrich: קַו מְחַבֵּר (kaw mechaber) oder auch מַקָּף (makaf). Da der erste Teil einer Zusammensetzung im STATUS CONSTRUCTUS steht, unterbleibt der Bindestrich auch oft. Bei dem Wort דּוּ־שִׂיחַ (du-siach)/*Zwiegespräch* z.B. kann allerdings der Bindestrich nicht wegfallen, weil der erste Teil des Ausdrucks kein eigenständiges Wort ist. An dieser Stelle kann das Wort auch getrennt werden, so dass sich die beiden Bestandteile auf verschiedene Linien verteilen.

→ Satzzeichen

→ STATUS

√

הֲבָרָה (hawara)/*Silbe*. Im biblischen Hebräisch: *unbestimmter Laut, Lärm*. Erst im Mittelhebräischen (2. Jh. unserer Zeitrechnung) kommt es zur Bedeutung: *Aussprache, Silbe*. Die Etymologie dieses Wortes ist nicht mit Sicherheit rekonstruierbar. Vermutlich entstand die Verbwurzel durch Rückbildung aus dem Substantiv הֲבָרָה [הבר]: לַהֲבוֹר (lahawor)/*aussprechen, artikulieren*.

חֲלֻקָּה לַהֲבָרוֹת (chaluka lahawarot)/*Silbentrennung*. חֲלֻקָּה aus [חלק] לַחֲלוֹק (lachalok)/*teilen*.

קַו (kaw)/*Strich, Linie* aus [קוה] לִקְווֹת (likwot)/*sammeln* (seltenes Wort). מַפְרִיד (mafrid) aus [פרד] לְפָרוֹד (lifrod)/*teilen*. קַו מְחַבֵּר (kaw mechaber): מְחַבֵּר (mechaber) aus [חבר] לְחַבֵּר (lechaber)/*verbinden, zusammenzählen* PI'EL. מַקָּף (makaf) aus [נקף] לִנְקוֹף (linkof)/*kreisen*.

*Bestimmte Buchstaben können gedehnt werden*

## Triliterismus

Eine semitische Wortwurzel besteht normalerweise aus drei Wurzelkonsonanten, die eine gewisse Grundbedeutung enthalten. Diese Buchstabengruppe ist nicht mehr weiter reduzierbar. Die Tatsache, dass die kleinste Einheit der semitischen Sprachen als Wurzel und Ausgangspunkt für alle weiteren Wörter aus drei Buchstaben besteht, nennen die Grammatiker Triliterismus, d.h. Dreibuchstabigkeit. Dieser Terminus wird in der modernen Sprachwissenschaft nicht mehr benutzt.

# TSADE

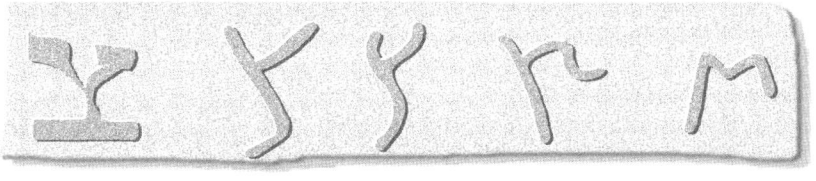

| modern-hebr. | hebr. ca. 200 | ⇐ aramäisch ca. 200 | ⇐ **phönizisch** ⇒ ca. 1100 v.u.Z. | griechisch ca. 600 |

צָדֵי ist der 18. Buchstabe des hebräischen Alphabets mit dem Zahlenwert 90, als Endbuchstabe 900. Der Name des Buchstabens bedeutet: Fischerhaken, was sich aus einer älteren Form des Buchstabens entwickelt hat.

TSADE alterniert mit TET, $AJIN, SAMECH und SIN. Es hat am Ende eines Wortes eine andere Form (Gruppe צ״כַּמְנַפַּ KAMNAFATS).

TSADE (TSADI) ist ein Zischlaut אוֹת שׁוֹרֶקֶת ('ot schoreket). Er reagiert als erster Wurzelkonsonant im HITPA'EL mit dem TAW des Präfixes. Die Folge aus dieser Unverträglichkeit ist ein Stellungswechsel (Metathese) der betreffenden Konsonanten. In manchen Fällen kommt zusätzlich ein Austausch dieses ersten Wurzelkonsonanten hinzu. Als Dental gehört TSADE zur Buchstabengruppe $AS-TSERASCH.

→ Endbuchstaben
→ HITPA'EL
→ Zischlaut
→ Buchstabengruppen

Das TSADE des Modernhebräischen ist das Zeichen für ursprünglich drei verschiedene Laute, von denen zwei im Lauf der Entwicklung dieser Sprache verloren gegangen sind. Im Aramäischen sind sie noch erhalten: ט und ע. Übrig geblieben sind allerdings Wörter, deren Wurzeln solche verlorenen Lautqualitäten beinhaltet haben. So gibt es im Modernhebräischen Wörter, die, obwohl ihre Wurzelkonsonanten identisch sind, ursprünglich aus verschiedenen Wurzeln stammen. Die Grundbedeutungen dieser Wurzeln sind folglich häufig nicht miteinander in Einklang zu bringen:

[צור] 1. לָצוּר (latsur) binden, einwickeln, einschließen, belagern, PA'AL
2. לָצוּר (latsur) formen, eine Form geben PA'AL
3. צוּר (tsur) Fels; aramäisch: טוּר (tur)

Aus der Wurzel 2. kommt der grammatikalische Fachterminus des Hebräischen תּוֹרַת הַצּוּרוֹת (torat hatsurot)/*Formenlehre, Morphologie*. Von diesen Wurzeln gibt es im Modernhebräischen je eine Variation nach der Verbklasse ע״ע:

[צרר] 1. לִצְרוֹר (litsror) bündeln, beengen PA'AL
2. לִצְרוֹר (litsror) Feindschaft zeigen PA'AL
3. לִצְרוֹר (litsror) scharf, scharfkantig sein PA'AL

Die moderne Sprache tendiert zur Vereinfachung und zur Ökonomie. So ist es verständlich, dass für die hohle Wurzel [צור] eine einfachere Lösung gewählt wird, zumal diese ja bereitsteht. Die Wurzel [צרר] wird nach der Verbklasse ע״ע flektiert, eine Verbklasse, die zumindest einige regelmäßige Paradigmen aufzuweisen hat. Das Aramäische hatte die lautliche Unterscheidung der verschiedenen TSADIM noch gegenwärtig: hebräisch צוּר (tsur)/*Fels*, aramäisch: טוּר (tur)*Fels*.

In Phönizien gab es zwei Städte: צוּר (tsur) und צִידוֹן (tsidon). Diese Namen sind in den westlichen Bibelübersetzungen, aus dem Hebräischen ins Griechische, mit Tyre und Sidon transliteriert, was nur so erklärt werden kann, dass das TSADE der Vorlage verschiedene Artikulationsqualitäten hatte. Wenn צוּר (tsur) mit Tyre transliteriert wird, muss das TSADE die Lautqualität (t) gehabt haben: TET. Und wenn צִידוֹן (tsidon) heute Sidon geschrieben und gesprochen wird, muss es für das Buchstabenzeichen צ eine alternative Artikulationsqualität (s) gegeben haben.

→ CHET
→ SCHIN
→ $AJIN

Es gibt Fälle, wo das Hebräische solche Wörter aus dem Aramäischen in ihrer dort gültigen Lautung entlehnt hat, obwohl sie bereits schon in der assimilierten Lautung im Hebräischen existierten. So sind einige Dubletten des Modernhebräischen zu erklären: Dasselbe Wort existiert also im Modernhebräischen zweimal, einmal in der modernhebräischen Form mit TSADE geschrieben, und einmal in der aus dem Aramäischen entlehnten Form mit dessen TET oder 'AJIN:

| [נצר] | לִנְצוֹר | (lintsor) | bewahren, sichern (Gewehr) PA'AL |
| [נטר] | לִנְטוֹר | (lintor) | bewachen, nachtragen (Groll) PA'AL |
| [רבץ] | לִרְבּוֹץ | (lirbots) | liegen (Tier), lasten auf PA'AL |
| [רבע] | לִרְבּוֹעַ | (lirboa) | sich paaren (Tiere) PA'AL |

## TSERE

צֵירֶה (tsere), Vokalzeichen für ein langes (e): אֵ. Wenn dem TSERE ein JOD als Lesezeichen (MATER LECTIONIS) folgt, wird es sehr lang ausgesprochen und heißt: צֵירֵי מָלֵא (tsere male)/*volles, langes TSERE*: אֵי.

צֵירֶה (tsere): das Wort צֵירֶה hat keinen hebräischen Ursprung. Es ist vermutlich eine Lehnübersetzung aus dem Arabischen. Dort ist die entsprechende Bezeichnung der Name für den Vokal (i) und bedeutet *auseinanderreißen, auseinanderziehen*. Dabei ist wohl an die Form des Mundes beim Artikulieren des Vokals (i) gedacht. מָלֵא (male)/*voll* aus [מלא] לְמַלֵא (lemale)/*füllen* PI'EL.

## TSIWUI

צִוּוּי (tsiwui). דֶּרֶךְ הַצִּוּוּי (derech hatsiwui)/*Befehlsmodus, Befehlsform*. ⊐ Imperativ

## TSURA

צוּרָה (tsura)/*Form, Aussehen, Wortform*.
צוּרוֹת הַפְּעָלִים (tsurot hape'alim)/*Verbformen*. ⊐ Verb
תּוֹרַת הַצּוּרוֹת (torat hatsurot)/*Formenlehre, Morphologie*. ⊐ Grammatik

## TSURAN

צוּרָן (tsuran)/*Morphem*. ⊐ Morphem

u

## Ultima

Letzte Silbe eines Wortes. ↗ MIL'EIL ↗ MILRA ↗ Betonung

## Umstandsbestimmung

תֵאוּר הַפֹּעַל (te'ur hapo'al)/*Adverbialbestimmung, Umstandsbestimmung.*
↗ Adverbialbestimmung ↗ Satzteile

## Umstandswort

↗ Adverb

## unbestimmt

Eine infinite, grammatikalisch nicht markierte Verbform. An einer infiniten Verbform sind keine grammatikalischen Informationen wie Tempus (Zeitstufe), Numerus (Zahl: Singular/Plural) oder Personen ablesbar. Solche Verbformen sind der Infinitiv und die Partizipien der Gegenwart und der Vergangenheit:

| | | | |
|---|---|---|---|
| Infinitiv absolutus | כְּתֹב | (ktow) | - |
| Partizip der Gegenwart (Aktivpartizip) | כּוֹתֵב | (kotew) | schreibend |
| Partizip der Vergangenheit (Passivpartizip) | כָּתוּב | (katuw) | geschrieben |

↗ Infinitiv ↗ Partizip

Unbestimmter Artikel: תָּוִית סְתָמִית (tawit stamit). ↗ Artikel

V

# Verb

| Übersicht | |
|---|---|
| | Das hebräische Verbsystem |
| | Die Wurzel |
| Allgemeines | Das Konjugationsmuster |
| transitives/intransitives Verb | Die Verbklassen |
| Modus | Verben mit vier und fünf Wurzelkonsonanten |
| Person | reflexives Verb |
| Geschlecht | Pronominalsuffix am Verb |
| Zahl | Präpositionen beim Verb |

— *Allgemeines*

פָּעַל (po'al)/*Tätigkeitswort, Zeitwort*, eine Wortart. Das Verb ist ein konjugierbares Wort. Es bezeichnet einen Zustand, einen Vorgang, eine Tätigkeit oder eine Handlung. Es bildet das Prädikat eines Satzes und benennt eine Aktion, die das Subjekt des Satzes ausführt, oder eine Situation, in der sich das Subjekt des Satzes befindet.

• *transitives/intransitives Verb*

Ein Verb ist entweder transitiv oder intransitiv. Ein transitives Verb kann ein Akkusativobjekt (direktes Objekt) nach sich haben: *sehen, schreiben, kennen.*

| | | | |
|---|---|---|---|
| לִקְרוֹא אֶת | [קרא] | (likro 'et) | lesen |
| לִכְתּוֹב אֶת | [כתב] | (lichtow 'et) | schreiben |
| לְהַכִּיר אֶת | [נכר] | (lehakir 'et) | kennen |
| לִרְאוֹת אֶת | [ראה] | (lir'ot 'et) | sehen |

פֹּעַל יוֹצֵא (po'al jotse)
*transitives Verb*

פֹּעַל עוֹמֵד (po'al 'omed)
*intransitives Verb*

Das transitive Verb im Hebräischen hat den Akkusativ-Marker אֶת ('et) nach sich. Ein Verb ist intransitiv, wenn es kein Substantiv nach sich hat. In der deutschen Grammatik heißen diese Verben auch "einstellige Verben":

| | | |
|---|---|---|
| לִישׁוֹן | (lischon) | schlafen |
| לָרֶדֶת | (laredet) | regnen |

Das transitive Verb überträgt die Handlung vom Ausführenden auf den Empfänger: *er lernt die Lektion.*

| אֶת הַשִּׁעוּר | לוֹמֵד | הוּא |
|---|---|---|
| 'et haschi'ur | lomed | hu |
| ⇧ | ⇦ | ⇦⇦ |

lat. *transire*
hinübergehen

Vom transitiven Verb kann ein persönliches Passiv gebildet werden. Die Verben werden im Hebräischen dann meist im NIF'AL flektiert:

הַשִּׁעוּר נִלְמַד (haschi'ur nilmad)  die Lektion wird gelernt

Beim intransitiven Verb verbleibt die Handlung beim Ausführenden, sie wird nicht übertragen. Intransitive Verben können folglich kein persönliches Passiv bilden: *regnen, schlafen* können nicht ins Passiv gesetzt werden.

• *Modus (Aussageweise)* דֶּרֶךְ (derech)

Im Hebräischen gibt es drei Modi דְּרָכִים (drachim):

1. Indikativ, Wirklichkeitsform (neutrale Aussagekategorie): דֶּרֶךְ

הַיִעוּד (derech haji'ud), דֶּרֶךְ הַחִוּוּי (derech hachiwui),
2. Konjunktiv, Möglichkeitsform zum Ausdruck irrealer Sachverhalte: דֶּרֶךְ הַשְׁמָא (derech haschema),
3. Imperativ, Befehlsform als Aussagekategorie der Aufforderung: דֶּרֶךְ הַצִּוּוּי (derech tsiwui).

- *Person* גוּף (guf)

Die Person dient zur Kennzeichnung der finiten Verbform im Singular und Plural als Sprecher (erste Person), als Angesprochener (zweite Person) und als Besprochener (dritte Person), d.h. Thema der Aussage. Es gibt im Hebräischen drei Personen jeweils im Singular und Plural:

| 1. Person | Sprecher | מְדַבֵּר | (medaber) |
| 2. Person | Angesprochener | נוֹכֵחַ | (nocheach) |
| 3. Person | Verborgener (Besprchener) | נִסְתָּר | (nistar) |

- *Geschlecht (Genus)* מִין (min)

Das Geschlecht (Genus) ist eine grammatikalische Kategorie für Substantive, Adjektive, Zahlwörter, Verben, im Hebräischen auch für Personalsuffixe. Die europäischen Sprachen kennen drei Geschlechter:

| זָכָר | (sachar) | maskulin |
| נְקֵבָה | (nekewa) | feminin |
| סְתָמִי | (stami) | neutrum |

Im Hebräischen gibt es nur zwei Geschlechter: זָכָר (sachar)/*maskulin* und נְקֵבָה (nekewa)/*feminin*. Die Kategorie מִין סְתָמִי (min stami)/*Neutrum* existiert im Hebräischen nicht.

- *Zahl (Numerus)* מִסְפָּר (mispar)

In den Flexionsformen des Substantivs und des Verbs wird mit dem Numerus eine Anzahl der genannten Erscheinungen angezeigt:

| יָחִיד | (jachid) | Einzahl |
| רַבִּים | (rabim) | Mehrzahl |

→ DUAL    Einen DUAL gibt es nur bei Substantiven.

— *Das hebräische Verbsystem*

Das Hebräische hat das System seiner Verben mit anderen semitischen Sprachen gemeinsam. Es funktioniert nach anderen Gesetzmäßigkeiten als das Verbsystem der indoeuropäischen Sprachen. Die Einteilung der Verben erfolgt im Hebräischen unter drei Aspekten:

- die Wurzel שֹׁרֶשׁ (schoresch)
- das Konjugationsmuster בִּנְיָן (binjan)
- die Verbklasse גִּזְרָה (gisra)

- *Die Wurzel* שֹׁרֶשׁ (schoresch)

Im Regelfall hat eine semitische Wortwurzel drei Wurzelkonsonanten. In der Abfolge dieser drei Konsonanten liegt eine bestimmte Grundbedeutung:

[כתב] *schreiben* / [למד] *lernen* / [שמע] *hören*

Die Wurzel besteht nur aus Konsonanten, sie ist folglich nicht artikulierbar und ist kein Wort. In allen Flexionsformen eines Verbs und in allen Ableitungen aus einer Wurzel ist die Grundbedeutung der Wurzel präsent. Ein Wort mit den Wurzelkonsonanten [כתב] *schreiben* kann also nur eine Bedeutung haben, die irgendetwas mit *schreiben* zu tun hat. → Wurzel
Die Wurzelkonsonanten werden in der hebräischen Grammatik nach ihrer Position benannt. Dazu werden die Konsonanten der Wurzel [פעל] לִפְעוֹל (lif'ol)/*tun, handeln, funktionieren* hinzugezogen:

| 3 | 2 | 1 |
|---|---|---|
| ל | ע | פ |

| | | |
|---|---|---|
| erster Wurzelkonsonant: | פ' הַפֹּעַל | PEI HAPO'AL |
| zweiter Wurzelkonsonant: | ע' הַפֹּעַל | 'AJIN HAPO'AL |
| dritter Wurzelkonsonant: | ל' הַפֹּעַל | LAMED HAPO'AL |

- *Das Konjugationsmuster* בִּנְיָן (binjan)

Zur Bildung der Konjugationsformen verbindet sich die Wurzel mit einem Wortbildungsmuster für Verben, einem BINJAN. Die Wortbildungsmuster sind konstant, die drei Wurzelkonsonanten hingegen sind variabel. → BINJAN
Die sieben hebräischen BINJANIM haben jeweils charakteristische Bildungsmuster. Diese sind entweder nur Vokalmuster, oder sie sind kombiniert aus Vokalen und Präfixen. Im Verbsystem gibt es keine Suffixe, die zum Wortbildungsmuster gehören, so wie es die Substantive aufzuweisen haben, denn bei den Verben muss das Wortende für die Personalendungen reserviert bleiben.

| | | | |
|---|---|---|---|
| BINJAN aus Vokalen | | כָּתַב (kataw) | er hat geschrieben PA'AL |
| | | לִמֵּד (limed) | er hat gelernt PI'EL |
| BINJAN aus Vokalen und Präfixen | מְ | מְכַתֵּב (mechatew) | er schreibt viel PI'EL |
| | הת | הִתְכַּתֵּב (hitkatew) | er hat korrespondiert HITPA'EL |

Die dritte Person Singular maskulin der Vergangenheit des PA'AL ist die einfachste Verbform des Systems. Sie hat nur zwei Vokale, und der erste Wurzelkonsonant hat, falls er zur Konsonantengruppe BEGADKEFAT gehört, ein DAGESCH KAL. Diese Verbform heißt in der hebräischen Grammatik einfach GUF SCHLISCHI/*dritte Person*. Unter dieser Verbform ist ein Verb im hebräisch-deutschen Wörterbuch aufzufinden. → BEGADKEFAT
Das BINJAN PA'AL ist die Basis für alle anderen BINJANIM. Es heißt in der Grammatik deshalb בִּנְיָן יְסוֹדִי (binjan jesodi)/*Grundstamm*. Ein Verb hat in diesem BINJAN seine einfachste Bedeutung: לִכְתּוֹב (lichtow)/*schreiben* PA'AL. Jedes andere BINJAN fügt der Grundbedeutung einer Wurzel einen

gewissen, für dieses BINJAN charakteristischen Bedeutungsaspekt hinzu: לִכְתֹּב (lechatew)/*viel, intensiv schreiben* PI'EL, לְהַכְתִּיב (lehachtiw)/*diktieren* HIF'IL, לְהִתְכַּתֵּב (lehitkatew)/*korrespondieren* HITPA'EL. In den BINJANIM PI'EL, PU'AL und HITPA'EL können auch Wurzeln mit mehr als drei Konsonanten konjugiert werden.

→ Kehllaut

• *Die Verbklassen* גְּזָרוֹת (gṣarot)
Verben, bei deren Wurzeln sich in bestimmten Verbformen oder BINJANIM einer der Wurzelkonsonanten verändert oder bei denen ein Wurzelkonsonant sogar verlorengeht, werden als unvollständig bezeichnet. Veränderungen am Vokalmuster kommen ebenfalls vor, vor allem vor Kehllauten. Solange davon aber keiner der Wurzelkonsonanten betroffen ist, gehört eine Wurzel zu der Gruppe der starken Verben und flektiert regelmäßig. Die Terminologie der Hebräischgrammatiken ist bei der Einteilung der Verben nicht einheitlich: so werden bisweilen die Verben mit Kehllauten als unregelmäßig bezeichnet, obwohl sich in den Flexionsformen an den Konsonanten nichts ändert. In den Grammatiken der israelischen Schulen werden die hebräischen Verben in drei Kategorien eingeteilt:

| starke, regelmäßige Verben | פְּעָלִים שְׁלֵמִים | (pe'alim schlemim) |
| Verben mit Kehllauten | פְּעָלִים גְרוֹנִיִּים | (pe'alim gronijim) |
| schwache, unregelmäßige Verben | פְּעָלִים חָסֵרִים | (pe'alim chaserim) |

Starke Verben behalten ihre Wurzelkonsonanten in allen Flexionsformen des Verbsystems unverändert bei. Bei Wurzeln, die einen Kehllaut (א/ה/ח/ע und ר) enthalten, verändert sich in manchen Verbformen die Qualität des vorausgehenden Vokals. Betroffen sind hiervon die Wurzeln in solchen Verbformen, in denen der Kehllaut in einer Position steht, an welcher der Konsonant normalerweise verdoppelt wird und folglich ein DAGESCH CHASAK hat. Ein Kehllaut kann nicht verdoppelt werden, es steht also nie ein DAGESCH in einem Kehllaut. Um diesen Mangel zu kompensieren, wird der vorangehende Vokal verändert. Die Art der vokalischen Veränderungen, die durch die Kehllaute ausgelöst werden, hängt ab von der Position des Kehllauts innerhalb der betreffenden Wurzel. So unterscheidet man:

| פ' גְרוֹנִית | PEI GRONIT | Kehllaut als ersten Wurzelkonsonanten |
| ע' גְרוֹנִית | 'AJIN GRONIT | Kehllaut als zweiten Wurzelkonsonanten |
| ל' גְרוֹנִית | LAMED GRONIT | Kehllaut als dritten Wurzelkonsonanten |

Manche Grammatiken bezeichnen die Kehllaute noch genauer, je nachdem ob sie beim Sprechen gehört werden oder ob sie stumm sind, z.B.: פ' גְרוֹנִית נָחָה (pei gronit nacha)/*Kehllaut als erster Wurzelkonsonant ruhend*.
Verbwurzeln, bei denen in der Flexion Wurzelkonsonanten ausgetauscht oder stillgelegt werden oder bei denen ein Wurzelkonsonant verlorengeht, sind schwach. Die Unregelmäßigkeiten der schwachen Verben konzentrieren sich vor allem auf diejenigen Positionen der Wurzel, an denen ein Wurzelkonsonant mit einem Personalsuffix bzw. einem Personalpräfix in Berührung kommt. Dies sind die dritten Wurzelkonsonanten in der Zeitstufe der Vergangenheit und die ersten Wurzelkonsonanten in der Zeitstufe der Zukunft. Bei der Gruppe der sogenannten "hohlen Wurzeln" fehlt in den

Flexionsformen der Vergangenheit und im Aktiv-Partizip (Partizip des Präsens) der mittlere Wurzelkonsonant:

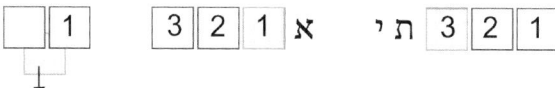

In den Bezeichnungen für die schwachen Verbklassen sind jeweils die betreffenden Schwächen und deren Position innerhalb der Wurzel genannt. Die einzelnen Klassen schwacher Verben sind:

| | | | |
|---|---|---|---|
| פ"י | PEI"JOD | erster Wurzelkonsonant JOD: | [ישנ] |
| פ"נ | PEI"NUN | erster Wurzelkonsonant NUN: | [נפל] |
| פ"א | PEI"'ALEF | erster Wurzelkonsonant 'ALEF: | [אמר] |
| ע"י | 'AJIN"JOD | zweiter Wurzelkonsonant JOD: | [שימ] |
| ע"ו | 'AJIN"WAW | zweiter Wurzelkonsonant WAW: | [קומ] |
| ל"א | LAMED"'ALEF | dritter Wurzelkonsonant 'ALEF: | [צמא] |
| ל"ה | LAMED"'HEI | dritter Wurzelkonsonant HEI: | [קנה] |
| ל"נ | LAMED"NUN | dritter Wurzelkonsonant NUN: | [שמנ] |
| ל"ת | LAMED"TAW | dritter Wurzelkonsonant TAW: | [כרת] |

Verben, deren zweiter und dritter Wurzelkonsonant gleich ist פְּעָלִים כְּפוּלִים (pe'alim kefulim)/'AJIN"'AJIN-Verben, haben in manchen Paradigmen Unregelmäßigkeiten, z.B. [סבב], das als zwei- und als dreikonsonantische Wurzel einige Paradigmen hat.

→ 'AJIN" 'AJIN-Verben

Als doppelt schwache Verben פְּעָלִים מוּרְכָּבִים (pea'lim murkawim) gelten solche, die an zwei Positionen der Wurzel Unregelmäßigkeiten aufweisen, z.B.:

| | | | | | |
|---|---|---|---|---|---|
| [נטה] | לִנְטוֹת | (lintot) | neigen | Gruppe | פ"נ + ל"ה |
| [ירה] | לִירוֹת | (lirot) | schießen | Gruppe | פ"י + ל"ה |

| | | |
|---|---|---|
| פ"י/ל"א | PEI"JOD/LAMED"'ALEF: | [יצא] |
| פ"י/ל"ה | PEI"JOD/LAMED"HEI. | [ירה] |
| פ"א/ל"ה | PEI"'ALEF/LAMED"HEI: | [אפה] |
| ע"ו/ל"א | 'AJIN"WAW/LAMED"'ALEF: | [בוא] |

Wurzeln, deren Unregelmäßigkeiten sich nicht systematisieren lassen, werden unter Einzelgängerklassen גְּזָרוֹת בּוֹדְדוֹת (gsarot bodedod) zusammengefasst. Es gibt z.B. eine kleine Reihe von Wurzeln, aus denen nur eine geringe Anzahl von Flexionsformen in Verwendung sind oder die nur in einem einzigen BINJAN Verbformen ausgebildet haben (defektive Verben):

| | | | | |
|---|---|---|---|---|
| [יכל] | יָכוֹל | (jachol) | können | Infinitivform fehlt; Verbformen nur im PA'AL |

| | | |
|---|---|---|
| ל"ה | GI$RA MEJUCHEDET: | [היה] |
| ל"ה | GI$RA MEJUCHEDET: | [חי] |
| פ"י | GI$RA MEJUCHEDET: | [יכל] |
| ע"ו | GI$RA MEJUCHEDET: | [מות] |

## Verb

→ PI'EL
→ Wurzel

→ PI'EL

— *Verben mit vier und fünf Wurzelkonsonanten*
פְּעָלִים מְרוּבָּעִים (pe'alim meruba'im), פְּעָלִים מְחֻמָּשִׁים (pe'alim mechumaschim)

In den Grammatiken des Althebräischen liest man noch: *Verben mit vier Wurzelkonsonanten sind selten.* Das modernhebräische Lexikon hingegen hat eine sehr große Anzahl an vierkonsonantischen Wurzeln aufzuweisen. Das kommt daher, dass viele Fremdwörter, die ins Hebräische kommen, einen höheren Bestand an Konsonanten mitbringen. Diese müssen, wenn ein Verb daraus gebildet werden soll, in irgendein BINJAN passen. Das PA'AL kann nur Wurzeln mit drei Konsonanten konjugieren, deshalb hat es auch an Bedeutung verloren. Dagegen kann das PI'EL Wurzeln mit vier Konsonanten mühelos aufnehmen. Bei diesen vierkonsonantischen Wurzeln verändert sich die Silbenaufteilung in den Flexionsformen gegenüber den Formen der dreikonsonantischen Wurzeln. Deshalb entfällt das DAGESCH CHASAK, das zum BINJAN PI'EL gehört, bei den vierkonsonantischen Verben. Die Konsonanten des BEGADKEFAT haben ein DAGESCH KAL, wenn sie am Silbenbeginn nach einem ruhenden SCHWA stehen:

| [ענין]  | לְעַנְיֵן   | (le'anjen)   | interessieren   |
| [תכנן]  | לְתַכְנֵן   | (letachnen)  | planen          |
| [עצבן]  | לְעַצְבֵּן  | (le'ats*b*en)| nervös machen   |
| [טלפן]  | לְטַלְפֵּן  | (letal*p*en) | telefonieren    |

Diejenigen vierkonsonantischen Wurzeln, die im Hebräischen aus Fremdwörtern heraus erstellt werden können, werden im PI'EL konjugiert. Ausnahmsweise wird das Verb לְהַשְׂמִאיל (lehasmil)/*nach links abbiegen* im HIF'IL konjugiert. Diese vierkonsonantische Wurzel gibt es schon in der Bibel: [שמאל]. Die Gründe dafür, warum die MERUBA'IM im PI'EL konjugiert werden können, liegen in der sprachgeschichtlichen Architektur des BINJAN PI'EL. ↗ PI'EL

Wenn die Bedeutung passt, kann davon auch ein PU'AL gebildet werden. Wortbildungstechnisch ist in diesem Fall auch die Flexion im HITPA'EL möglich, falls eine bedeutungsmäßige Entsprechung existiert oder machbar ist:

| [אקלמ]  | לְהִתְאַקְלֵם  | (lehit'aklem)  | sich akklimatisieren |
| [עצבנ]  | לְהִתְעַצְבֵּן | (lehit'ats*b*en)| sich aufregen       |
| [ערבב]  | לְהִתְעַרְבֵּב | (lehit'ar*b*ew) | sich vermischen     |

Wurzeln mit fünf Konsonanten פְּעָלִים מְחֻמָּשִׁים (pe'alim mechumaschim) sind sehr selten. Auch sie werden im PI'EL konjugiert:

| [טלכרפ] | לְטַלְגְרֵף | (letalgref) | telegrafieren |

— *reflexives Verb*

פֹּעַל חוֹזֵר (po'al choser)/*rückbezügliches, reflexives* Verb. Bei der Satzkonstruktion mit einem reflexiven Verb ist die im Subjekt und die im Objekt benannte Person ein und dieselbe. Das direkte Objekt eines solchen Satzes ist ein Reflexivpronomen: *sich erholen, sich verteidigen*. Hier beziehen sich Subjekt und Objekt auf die gleiche Person, das Objekt bezieht sich auf das Subjekt zurück:

```
         er   verteidigt   sich         ⇨  =   sich selbst
         ⇧                 ⇧
         Subjekt           direktes Objekt

Aber:    er   verteidigt   den Angeklagten  ⇨  ≠   er / Angeklagter
         ⇧                 ⇧
         Subjekt           direktes Objekt
```

Im Deutschen werden zwei Arten von reflexiven Verben unterschieden. Eine Reihe von reflexiven Verben haben immer ein Reflexivpronomen: *sich schämen, sich besinnen*, andere können auch so konstruiert werden, dass Subjekt und direktes Objekt sich auf verschiedene Personen bezieht: *sich/den Angeklagten verteidigen, sich/den Lehrer ärgern*. Bei einer weiteren Kategorie von Verben, die ein Reflexivpronomen nach sich haben, liegt ein reziprokes Verhältnis von Subjekt und direktem Objekt vor, d.h. die Verben sind wechselbezüglich: *sich begegnen, sich küssen* setzt dieselbe Aktivität beim Subjekt und beim Objekt voraus.

Im Hebräischen werden sehr viele Verben mit reflexiver Bedeutung im HITPA'EL konjugiert, der in der hebräischen Grammatik auch בִּנְיָן חוֹזֵר (binjan choser)/*rückbezügliches BINJAN* heißt. Auch im NIF'AL werden viele Wurzeln mit reflexiver Bedeutung konjugiert.

Die Bedeutung eines Verbs stimmt in dieser Hinsicht nicht immer im Hebräischen und im Deutschen überein. Eine im HITPA'EL oder im NIF'AL konjugierte Wurzel hat nicht immer reflexive oder reziproke Bedeutung, und nicht alle Verben, die im Deutschen reflexiv sind, sind das auch im Hebräischen:

| | | | |
|---|---|---|---|
| [טעה] | לִטְעוֹת | (lit'ot) | sich täuschen |
| [פנה] | לִפְנוֹת | (lifnot) | sich wenden (an) |

Im Hebräischen gibt es auch die Satzkonstruktion mit einem Reflexivpronomen: כִּנּוּי חוֹזֵר (kinui choser). Das Substantiv עֶצֶם ('etsem)/*Gegenstand, Ding, Selbst* kann auch Pronomen sein und mit Personalendungen versehen werden. Es heißt dann: *ich selbst, du selbst*, etc. und hat die Funktion wie das Reflexivpronomen im Deutschen:

| | | | |
|---|---|---|---|
| עַצְמִי | ('atsmi) ich selbst | עַצְמֵנוּ | ('atsmenu) wir selbst |
| עַצְמְךָ | ('atsmecha) du selbst (m) | עַצְמְכֶם | ('atsmechem) ihr selbst (m) |
| עַצְמֵךְ | ('atsmech) du selbst (f) | עַצְמְכֶן | ('atsmechen) ihr selbst (f) |
| עַצְמוֹ | ('atsmo) er selbst | עַצְמָם | ('atsmam) sie selbst (m) |
| עַצְמָהּ | ('atsma) sie selbst | עַצְמָן | ('atsman) sie selbst (f) |

— *Pronominalsuffix am Verb*

→ Objekts-
pronomen

Eine verkürzte Form der Personalpronomen kann an eine Personalform des Verbs angekoppelt werden. Diese Endungen haben dann die Funktion eines Akkusativobjekts (direktes Objekt). Im Deutschen heißen sie Objektspronomen, in der hebräischen Grammatik כִּנּוּי הַפָּעוּל (kinui hapa'ul)/*Personalpronomen im Akkusativ*:

| שְׁאָלַנִי | (sche'alani) | er hat mich gefragt |
| שְׁאָלוֹ | (sche'alo) | er hat ihn gefragt |
| שְׁאָלוּךָ | (sche'alucha) | sie haben dich gefragt |

Die Personalendungen des Objektspronomens sind aus den Personalpronomen durch Verkürzung hervorgegangen. ↗ Objektspronomen

| Singular | | | Plural | | |
|---|---|---|---|---|---|
| נִי- | (-ni) | mich | נוּ- | (-nu) | uns |
| ךָ- | (-cha) | dich (m) | כֶם- | (-chem) | euch (m) |
| ךְ- | (-ech) | dich (f) | כֶן- | (-chen) | euch (f) |
| הוּ/ו- | (-hu/-w) | ihn | ם- | (-am) | sie |
| ָה- | (-ha) | sie | ָן- | (-an) | sie |

— *Präpositionen beim Verb*

→ Präposition

Manche Verben haben eine bestimmte Präposition nach sich, mit welcher ein nachfolgendes Substantiv angeschlossen wird: *sie schaut auf das Äußere, sie sprechen über den Lehrer*. Der Gebrauch der Präpositionen nach den Verben ist im Hebräischen und im Deutschen häufig unterschiedlich:

| לִלְקוֹת בְּ- | (lilkot be-) | erkranken an |
| לְהִתְאַקְלֵם בְּ- | (lehit'aklem be-) | sich akklimatisieren an |
| לְהִסְתַּכֵּל בְּטֶלֶוִיזְיָה | (lehistakel betelewisja) | fernsehen |

In ausführlichen Wörterbüchern ist bei den Verben die darauffolgende Präposition angegeben. Im Universitätsverlag Akademon in Jerusalem ist eine Broschüre erschienen, in welcher die häufigsten hebräischen Verben mit ihren jeweiligen Präpositionen zusammengefasst sind (hebräisch/englisch)*. Allgemein zum Verb**.

√

פֹּעַל (po'al)/*Tätigkeitswort, Zeitwort* aus [פעל] לִפְעוֹל (lif'ol)/*handeln*.
פֹּעַל יוֹצֵא (po'al jotse)/*transitives Verb* aus [יצא] לָצֵאת (latset)/*herausgehen*.
פֹּעַל עוֹמֵד (po'al 'omed)/*intransitives Verb* aus [עמד] לַעֲמוֹד (la'amod)/*stehen*.
דֶּרֶךְ הַיִּעוּד (derech haji'ud)/*Indikativ*. דֶּרֶךְ (derech)/*Modus* aus [דרך] לִדְרוֹךְ (lidroch)/*treten, spannen*. Eine Segolatform daraus ist דֶּרֶךְ (derech)/*Weg*, in der Grammatik mit der Bedeutung *Aussageweise, Modus*. יִעוּד (ji'ud)/*Bestimmung* aus [יעד] לִיעוֹד (li'od)/*bestimmen, zuteilen*. יִעוּד ist Verbalsubstantiv aus dem PI'EL לְיַעֵד (leja'ed)/*bestimmen, zuteilen*. Das Verb hat im

PA'AL und im PI'EL dieselbe Bedeutung.

דֶּרֶךְ הַחִוּוּי (derech hachiwui)/*Indikativ.* חִוּוּי (chiwui)/*Anzeige, Aussage* aus [חוה] לְחַוּוֹת (lechawot)/*aussagen, ausdrücken* PI'EL. Das Substantiv חִוּוּי ist Verbalsubstantiv aus dem PI'EL.

דֶּרֶךְ הַשְּׁמָא (derech haschema)/*Konjunktiv.* שְׁמָא (schema)/*vielleicht, damit nicht etwa.* Dieses Wort kommt in verschiedenen semitischen Sprachen vor, im Modernhebräischen allerdings nur noch als Konjunktion.

דֶּרֶךְ הַצִּוּוּי (derech hatsiwui)/*Imperativ.* צִוּוּי (tsiwui) aus [צוה] לְצַוּוֹת (letsawot) /*befehlen* PI'EL. Die grammatikalische Bezeichnung צִוּוּי ist Verbalsubstantiv aus dem PI'EL.

גּוּף (guf)/*Person* aus [גוף] לָגוּף (laguf) und לְהָגִיף (lehagif)/*schließen* HIF'IL.

מְדַבֵּר (medaber)/*Sprecher* aus [דבר] לְדַבֵּר (ledaber)/*sprechen* PI'EL.

נוֹכֵחַ (nocheach)/*der Anwesende, Angesprochene* aus [נכח] לִנְכּוֹחַ (linkoach)/ *anwesend sein.*

נִסְתָּר (nistar)/*verborgen* aus [סתר] לְהִסָּתֵר (lehisater)/*verborgen sein* NIF'AL. Das Verb wird in dieser Bedeutung im NIF'AL konjugiert.

מִין (min)/*Art, Geschlecht.* Daraus wurde eine Verbwurzel abgeleitet: [מין] לְמַיֵּן (lemajen)/*sortieren* PI'EL.

זָכָר (sachar)/*maskulin, männlich* aus [זכר] לְזַכֵּר (lesaker)/*als Maskulinum gebrauchen* (Grammatik) PI'EL.

נְקֵבָה (nekewa)/*feminin, weiblich* [נקב] לְנַקֵּב (lenakew)/*als Femininum gebrauchen* (Grammatik) PI'EL.

סְתָמִי (stami)/*neutrum, sächlich* [סתמ] לִסְתּוֹם (listom)/*sich allgemein, ungenau ausdrücken.*

מִסְפָּר (mispar)/*Zahl* aus [ספר] לִסְפּוֹר (lispor)/*zählen.*

יָחִיד (jachid)/*allein, einzig* aus [יחד] לְיַחֵד (lejached)/*einigen.*

רַבִּים (rabim/rabot)/*Mehrzahl* aus [רבה] לִרְבּוֹת (lirbot)/*viel sein.*

שֹׁרֶשׁ (schoresch)/*Wurzel* aus [שרש] לְהִשָּׁרֵשׁ (lehischaresch)/*Wurzeln schlagen* NIF'AL. Im PI'EL hat diese Wurzel die Bedeutung *entwurzeln*, d.h. wohl sinngemäß bei einem Wort: *die Wurzel freilegen, finden.*

בִּנְיָן (binjan)/*Wortbildungsmuster, Gebäude,* eine substantivische Ableitung aus [בנה] לִבְנוֹת/*b*auen.

גִּזְרָה (gisra)/*Gestalt, Schnitt* aus [גזר] לִגְזוֹר (ligsor)/*schneiden.* In der Grammatik hat es auch die Bedeutung *ableiten.*

מְיֻחֶדֶת (mejuchedet), מְיֻחָד (mejuchad)/*ausgegrenzt* aus [יחד] לְיַחֵד (lejached)/ *aussondern* PI'EL.

גְּזָרוֹת בּוֹדְדוֹת (gsarot bodedod)/*Einzelgängerklassen:* בּוֹדֵד (boded)/*einzeln* aus [בדד] לְבוֹדֵד (lewoded)/*vereinzeln, isolieren* PI'EL.

פְּעָלִים שְׁלֵמִים (pe'alim schlemim)/*starke, regelmäßige Verben.* שָׁלֵם (schalem)/*vollständig* aus [שלמ] לִשְׁלוֹם (lischlom)/*vollständig sein.*

פְּעָלִים גְּרוֹנִיִּים (pe'alim gronijim)/*Verben mit Kehllauten.* גְּרוֹנִי (groni) aus גָּרוֹן (garon)/*Kehle,* daraus abgeleitet [גרנ] לְגָרֵן (legaren)/*als Kehllaut aussprechen* PI'EL.

פְּעָלִים חֲסֵרִים (pe'alim chaserim)/*schwache, unregelmäßige Verben.* חָסֵר aus [חסר] לַחְסוֹר (lachsor)/*fehlen, mangeln.*

פְּעָלִים כְּפוּלִים (pe'alim kefulim): כָּפוּל (kaful)/*doppelt,* Partizip der Vergangenheit aus [כפל] לִכְפּוֹל (lichpol)/*multiplizieren, verdoppeln.*

פְּעָלִים מוּרְכָּבִים (pe'alim murkawim)/*doppelt schwache Verben*: מֻרְכָּב *zusammengesetzt* aus [רכב] לְהַרְכִּיב (leharkiw)/*zusammensetzen, montieren* HIF'IL.

פְּעָלִים מְרוּבָּעִים (pe'alim meruba'im)/*Verben mit vier Wurzelkonsonanten*. מְרוּבָּע aus [רבע] לְרַבֵּעַ (lerabea)/*mit vier multiplizieren* PI'EL.

פְּעָלִים מְחֻמָּשִׁים (pe'alim mechumaschim)/*Verben mit fünf Wurzelkonsonanten*. מְחֻמָּשׁ aus [חמש] לְחַמֵּשׁ (lechamesch)/*mit fünf multiplizieren* PI'EL.

כִּנּוּי (kinui)/*Fürwort* aus [כנה] לְכַנּוֹת (lechanot)/*benennen* PI'EL.

כִּנּוּי חוֹזֵר (kinui choṣer)/*Reflexivpronomen*, חוֹזֵר (choṣer) aus [חזר] לַחֲזוֹר (lachaṣor)/*zurückkehren*.

כִּנּוּי הַפָּעוּל (kinui hapa'ul)/*Objektspronomen*. פָּעוּל (pa'ul) aus [פעל] לִפְעוֹל (lif'ol)/*handeln*.

    \* Donald Rush/Haya Gavish, The Hebrew Prepositions: a Guide to contemporary usage. Jerusalem 1989 (Akademon-Verlag)
    \*\* Isolde Zachmann-Czalomón, Das Verb im Modern-Hebräischen. Wiesbaden 2. Aufl. 2004

## Verbalabstraktum

Verbalsubstantiv (NOMEN ACTIONIS), eine substantivierte Form des Verbs, abgeleitetes Substantiv, das meist abstrakte Bedeutung hat. ↗ Verbalsubstantiv

## Verbaladjektiv ↗ Partizip

## Verbalschema

In der hebräischen Grammatik werden zwei Grundarten von Wortbildungsmustern unterschieden: das MISCHKAL, das mit einer Wurzel zusammen Substantive und Adjektive ergibt, und das BINJAN, das mit einer Wurzel zusammen ein Verb ergibt. Manche Grammatiker nennen deshalb das MISCHKAL Nominalschema, weil es ein Muster für Substantive (Nomen) ist, und das BINJAN Verbalschema, weil es ein Muster für Verben darstellt. ↗ BINJAN ↗ MISCHKAL

## Verbalsubstantiv

שֵׁם הַפְּעֻלָּה (schem hape'ula)/*Gerundium*, ein aus dem Verb abgeleitetes Substantiv mit meist abstrakter Bedeutung, daher auch: Verbalabstraktum. Im Deutschen wird ein Verbalsubstantiv gebildet aus dem Infinitiv ohne weitere morphologische Zusätze:

    tun (Verb) ⇨ das Tun (Substantiv)
    arbeiten (Verb) ⇨ das Arbeiten (Substantiv)

Das Substantiv bezeichnet den Verlauf derjenigen Handlung, die in der Wurzel angegeben ist. Es ist ein Abstraktum und entspricht dem Englischen *the learning, the walking*. Im Deutschen entsteht durch den Gebrauch der Verbalsubstantive ein steifer Nominalstil, der vermieden werden sollte (Kanzlei- und Amtsdeutsch).

In der hebräischen Grammatik versteht man שֵׁם הַפְּעֻלָּה (schem hape'ula) zunächst den Infinitiv ohne Präpositionen: שֶׁבֶת (schewet)/*sitzen, das Sitzen*. Diese Infinitivform ist Ausgangsbasis sowohl für Verben als auch für Substantive. Die Form שֵׁם הַפְּעֻלָּה (schem hape'ula) steht also gewissermaßen zwischen Verb und Substantiv. Soll ein Verb daraus abgeleitet werden, so bekommt diese Infinitivform eine der Präpositionen der Buchstabengruppe

BACHLAM: ב/כ/ל/מ: לָשֶׁבֶת (laschewet)/*sitzen*. Diese Verbform drückt ganz eindeutig eine Handlung aus. Die Präpositionen (Partikel) haben folgende Bedeutung:

- בּ־ Gleichzeitigkeit zweier Handlungen im Satz,
- כּ־ die unmittelbare Folge zweier Handlungen,
- מ־ Beginn einer Handlung,
- ל־ eine Absicht.

Der Infinitiv mit ל־ kommt am häufigsten vor. Er drückt eine Absicht aus. Deshalb heißt diese Partikel לָמֶד הַתַּכְלִית (lamed hatachlit)/*LAMED der Absicht, des Zwecks*.

→ Infinitiv

Im Hebräischen gibt es ferner für die aktiven BINJANIM und für das BINJAN NIF'AL festbleibende Bildungsmuster für substantivische Ableitungen. Für die streng passiven BINJANIM PU'AL und HUF'AL gibt es keine Muster für ein Verbalsubstantiv. In der Verbtabelle von Feingold/Maschler✷ sind die Formen שֵׁם הַפְּעוּלָה der verschiedenen BINJANIM angegeben. Die Muster:

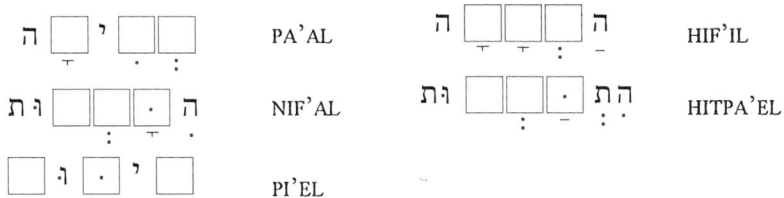

Die Beispiele in verschiedenen Verbklassen zeigen die charakteristischen Abweichungen der schwachen Verben und der Verben mit Kehllauten:

| | | | | | |
|---|---|---|---|---|---|
| PA'AL | [כתב] | שְׁלֵמִים | כְּתִיבָה | (ktiwa) | Schreiben |
| | [מצא] | ל"א | מְצִיאָה | (metsi'a) | Auffinden |
| | [אכל] | פ"א | אֲכִילָה | ('achila) | Essen (Tätigk.) |
| | [הגה] | ל"ה | הֲגִיָּיה | (hagija) | Aussprache |
| | [טוס] | ע"ו | טִיסָה | (tisa) | Fliegen |
| NIF'AL | [כתב] | שְׁלֵמִים | הִכָּתְבוּת | (hikatwut) | Aufschreiben |
| | [מלא] | ל"א | הִמָּלְאוּת | (himal'ut) | Vollsein |
| | [ענה] | ל"ה | הֵעָנוּת | (he'anut) | Antworten |
| PI'EL | [דבר] | שְׁלֵמִים | דִּיבּוּר | (dibur) | Rede |
| | [דיק] | ע"י | דִּיּוּק | (dijuk) | Genauigkeit |
| | [זהה] | ל"ה | זִיהוּי | (sihui) | Identifikation |
| | [ידע] | פ"י | יִידוּעַ | (jidua) | Kennen |
| HIF'IL | [כתב] | שְׁלֵמִים | הַכְתָּבָה | (hachtawa) | Diktat |
| | [כון] | ע"ו | הֲכָנָה | (hachana) | Vorbereiten |
| | [נכר] | פ"נ | הַכָּרָה | (hakara) | Bewußtsein |
| | [רפה] | ל"ה | הַרְפָּיָה | (harpaja) | Ausruhen |
| HITPA'EL | [כתב] | שְׁלֵמִים | הִתְכַּתְּבוּת | (hitkatwut) | Korrespondieren |
| | [נסה] | ל"ה | הִתְנַסּוּת | (hitnasut) | Erfahrung |

√ שֵׁם הַפְּעוּלָה (schem hape'ula)/*Verbalsubstantiv.* שֵׁם (schem)/*Name, Bezeichnung.* פְּעוּלָה (pe'ula)/*Handlung,* substantivische Ableitung aus [פעל] לִפְעוֹל (lif'ol)/*handeln.*

📖 ⁎ *Ellen Feingold/Hanna Maschler, Handbook of Hebrew Verbs. Jerusalem 1991*

## Verbklasse
גִּזְרָה (gisra)/*Gestalt, Schnitt.* ↗ GISRA ↗ Verb

## Verdoppelung
↗ Reduplikation ↗ Gemination

## Vergangenheit
עָבָר ('awar) Zeitstufe zur Bezeichnung einer abgeschlossenen oder noch nicht abgeschlossenen Handlung, die sich schon abgespielt hat: Imperfekt, Perfekt und Plusquamperfekt. Dabei steht nach unseren grammatikalischen Vorstellungen das Imperfekt für nicht abgeschlossene Handlungen, das Perfekt für abgeschlossene. Das Hebräische hat nur ein Paradigma für die Vergangenheit, die anderen Zeitstufen der Vergangenheit und der Aspekt der abgeschlossenen oder nicht abgeschlossenen Handlung können nicht mit Hilfe einer Verbform ausgedrückt werden. Die Verbformen für die Zeitstufe der Vergangenheit werden beim hebräischen Verb gebildet durch Anfügen von Personalsuffixen an die Wurzel

→ Zeiten
(Affirmativkonjugation). Die Personalendungen sind in diesem Fall Subjekt. לִכְתּוֹב (lichtow)/*schreiben,* כָּתַבְתִּי (katawti)/ *ich habe geschrieben.*

|  | Singular |  | Plural |
|---|---|---|---|
| כָּתַבְתִּי | (katawti) | כָּתַבְנוּ | (katawnu) |
| כָּתַבְתָּ | (katawta) (m) | כְּתַבְתֶּם | (ktawtem) (m) |
| כָּתַבְתְּ | (katawt) (f) | כְּתַבְתֶּן | (ktawten) (f) |
| כָּתַב | (kataw) (m) | כָּתְבוּ | (katwu) |
| כָּתְבָה | (katwa) (f) |  |  |

→ GUF
→ MILRA
→ MIL'EIL

Die zweiten Personen Plural maskulin und feminin sind endungsbetont, der Haupton liegt auf der Personalendung, deshalb verliert die erste Silbe ihren Vokal. Die Form GUF SCHLISCHI (die dritte Person Singular maskulin) hat keine Personalendung und ist deshalb ebenfalls endungsbetont. Diese Formen sind MILRA. Die anderen Verbformen haben den Hauptakzent auf der vorletzten Silbe, sie sind MIL'EIL.
Da die dritte Person Singular der Vergangenheit keine Personalendung hat und im PA'AL auch kein BINJAN-bedingtes Präfix hinzukommt wie beim HIF'IL etc., ist diese Form die einfachste mit minimalem BINJAN: sie hat nur zwei Vokale. Ein Verb wird unter dieser Form (GUF SCHLISCHI) im hebräisch-deutschen Wörterbuch verzeichnet.

√ עָבַר ('awar) aus der Wurzel [עבר] לַעֲבוֹר (la'awor)/*vorübergehen.*

## Vergleich
הַדְרָגַת הַתּוֹאַר ('hadragat hato'ar), *Komparation, Steigerung des Adjektivs.* ↗ Steigerung

## Vergleichssatz

מִשְׁפָּט הַשְׁוָאָה (mischpat haschwa'a)/*Vergleichssatz, Komparativsatz*. Der Vergleichssatz ist ein Nebensatz, der als Ganzes eine Adverbialbestimmung (Umstandsbestimmung) der Art und Weise im Hauptsatz ist. Im Gegensatz zum einfachen Vergleich ist der Vergleichssatz ein vollständiger Satz mit mindestens Subjekt und Prädikat.

| | |
|---|---|
| Vergleichssatz | Er hat gehandelt, wie er es gelernt hat. |
| Vergleich | Er hat gehandelt wie immer. |

Im Deutschen wird der Vergleichssatz durch Komma vom Hauptsatz abgetrennt. Der Vergleichssatz wird mit einer Konjunktion eingeleitet:

| | | |
|---|---|---|
| כְּשֵׁם שֶׁ־ | (keschem sche-) | so wie |
| כְּמוֹ שֶׁ־ | (kemo sche-) | als ob |
| כְּאִילוּ | (ke'ilu) | als ob |
| כְּפִי שֶׁ־ | (kefi sche-) | demzufolge |
| בְּעוֹד | (be'od) | während |

√

מִשְׁפָּט הַשְׁוָאָה (mischpat haschwa'a)/*Vergleichssatz, Komparativsatz*. מִשְׁפָּט aus [שפט] (lischpot)/*richten, Recht sprechen*. הַשְׁוָאָה (haschwa'a)/*Vergleich* aus [שוה] לְהַשְׁווֹת (lehaschwot)/*vergleichen, gleichmachen* HIF'IL. Das Substantiv הַשְׁוָאָה ist Verbalsubstantiv aus dem HIF'IL.

## Vergleichsstufe

עֵרֶךְ הַיִּתְרוֹן ('erech hajitron) oder עֵרֶךְ־הַדִּמְיוֹן ('erech hadimjon)/*Komparativ, Vergleichsstufe*, die zweite Stufe bei der Steigerung des Adjektivs. ↗ Steigerung

## Verhältniswort

מִלַּת יַחַס (milat jachas)/*Präposition, Verhältniswort*.
↗ Präposition

## Verkleinerungsform

↗ Diminutiv

## Verneinung

שְׁלִילָה (schelila)/*Negation, Verneinung*. Im Hebräischen gibt es verschiedene Möglichkeiten. Die allgemeine Verneinung wird ausgedrückt mit dem Negativmarker לֹא (lo), z.B. bei Verbformen und Adjektiven. Beim Verb im Präsens steht meist אֵין ('ein), beim Imperativ steht אַל ('al). Das Verb *sein* wird in der Zeitstufe der Gegenwart ausgespart: אֲנִי חוֹלֶה ('ani chole)/*ich (bin) krank*. Die Verneinung des Satzes heißt: אֵין אֲנִי חוֹלֶה ('ein 'ani chole)/*ich bin nicht krank* oder אֲנִי לֹא חוֹלֶה ('ani lo chole)/*ich bin nicht krank*. Wenn die Partikel אֵין keine Personalendungen hat, steht sie vor dem Subjekt:

→ 'EIN

| | |
|---|---|
| אֵין אֲנִי מוֹרֶה | ('ein 'ani more) |
| | ich bin kein Lehrer |
| אֵין הַסֵּפֶר עַל הַשֻּׁלְחָן | ('ein hasefer 'al haschulchan) |
| | das Buch ist nicht auf dem Tisch |

An die Partikel אֵין können die Personalendungen angefügt werden, der Ausdruck steht dann hinter dem Subjekt:

הַסֵּפֶר אֵינוֹ עַל הַשֻּׁלְחָן (hasefer 'eino 'al haschulchan)
das Buch ist nicht auf dem Tisch

Im täglichen Sprachgebrauch setzt sich das unkomplizierte לֹא (lo) durch:

|  | הוּא לֹא בָּא | (hu lo ba) | er kommt nicht |
|---|---|---|---|
| oder: | הוּא אֵינוֹ בָּא | (hu 'eino ba) |  |
|  | זֶה לֹא מַסְפִּיק | (se lo maspik) | das ist nicht genügend |
| oder: | מַסְפִּיק אֵין זֶה | ('ein se maspik) |  |

Der Imperativ wird mit אַל ('al) verneint: אַל תֵּלֵךְ ('al telech)/*geh nicht!*
Zum Ausdruck des Gegenteils gibt es verschiedene Möglichkeiten:

| Beim Substantiv: | לֹא־מְעַשֵּׁן | (lo-me'aschen) | Nichtraucher |
|---|---|---|---|
|  | אִי־שֶׁקֶט | ('i-scheket) | Unruhe |
| Beim Adjektiv: | לֹא־עִנְיָנִי | (lo-'injani) | unsachlich |
|  | בִּלְתִּי־הִגְיֵנִי | (bilti-higjeni) | unhygienisch |
|  | אַלְחוּט | ('alchut) | drahtlos |
| Beim Adverb: | אִי־אֶפְשָׁר | ('i-'efschar) | unmöglich |

√ שְׁלִילָה (schelila)/*Negation, Verneinung* aus [שלל] לִשְׁלֹל (lischlol)/*verneinen*.
Das Wort שְׁלִילָה ist Verbalsubstantiv aus dem BINJAN PA'AL.

## Verschlusslaut

→ DAGESCH
→ BEGADKEFAT
→ Reibelaut

הֶגֶה פּוֹצֵץ (hege potsets)/*Verschlusslaut, Explosivlaut*, (Plural: הֲגָאִים פּוֹצְצִים). Ein Verschlusslaut entsteht durch zeitweiliges Öffnen und Schließen des Mundes als Artikulationsraum, so dass die gestaute Luft explosionsartig entweicht. Im Gegensatz dazu entweicht die Luft beim Reibelaut הֶגֶה חוֹכֵךְ (hege chochech) gleichmäßig. Bei den Konsonanten des BEGADKEFAT ändert sich die Artikulationsqualität je nach Position im Wort oder in der Silbe.

√ הֶגֶה פּוֹצֵץ (hege potsets)/*Verschlusslaut, Explosivlaut*. הֶגֶה aus [הגה] לַהֲגוֹת (lahagot)/*aussprechen*. הֶגֶה חוֹכֵךְ (hege chochech)/*Reibelaut, Spirant*. חוֹכֵךְ aus [חכך] לַחְכוֹךְ (lachachoch)/*reiben*.

## Vokal

→ Vokalzeichen

תְּנוּעָה (tenu'a)/*Vokal, Selbstlaut*. Im Gegensatz zum Konsonanten/עִצּוּר ('itsur) kann der Selbstlaut ohne weitere Hilfe artikuliert werden: 'a/'e/'i/'o/'u, und im Deutschen die Umlaute 'ä/'ö/'ü. Vor einem Vokal, der am Wortbeginn oder Silbenbeginn steht oder der isoliert ausgesprochen wird, ist jeweils ein harter Stimmeinsatz hörbar, für den wir in Deutschen kein Buchstabenzeichen haben. Das Hebräische hat für diesen harten Stimmeinsatz zwei Konsonanten: א und ע, die ursprünglich verschiedene Artikulationsstellen hatten. Für die Vokale hat das Hebräische keine Buchstabenzeichen, sondern ein konstruiertes Zeichensystem. Die jeweiligen Vokalzeichen werden unter, in und über den jeweiligen Konsonanten plaziert, *nach* welchen sie ausgesprochen werden. Die Grundbedeutung eines hebräischen Wortes ist mit seiner konsonantischen Wurzel festgelegt, die Vokale dienen der Wortbildung und der Differenzierung der Wortbedeutung.

תְּנוּעָה (tenu'a)/*Vokal, Selbstlaut* aus [נוע] לָנוּעַ (lanua)/*bewegen*. Das Substantiv ist eine Lehnübersetzung aus dem Arabischen.
עִצּוּר ('itsur)/*Mitlaut, Konsonant* aus [עצר] לַעֲצוֹר (la'atsor)/*anhalten*. עִצּוּר ('itsur) ist Verbalsubstantiv aus dem PI'EL. √

↗ Lesehilfen ↗ 'AHOI

## Vokalbuchstaben
## Vokalformantien

Bezeichnung *Formantien* (Singular: Formans) in älteren Grammatiken für gebundene Morpheme, die als Präfixe, Suffixe oder Infixe an eine Wortform an- oder eingefügt werden. Vokalformantien bestehen nur aus Vokalen, z.B. bei den Segolata:

→ Formantien

| [מלכ] | מֶלֶךְ | (melech) | König |
| [קשר] | קֶשֶׁר | (kescher) | Verbindung |

→ Wortbildung

Auch die beiden Partizipien werden nur durch Einfügen von Vokalen gebildet:

| Partizip der Gegenwart | כּוֹתֵב | (kotew) | schreibend |
| Partizip der Vergangenheit | כָּתוּב | (katuw) | geschrieben |

Bestimmte Wortbildungsmuster (MISCHKALIM) bestehen nur aus Vokalen:

| ☐ ִי ☐ ָ ☐ | [למד] | לָמִיד | (lamid) | erlernbar |
| | [רגל] | רָגִיל | (ragil) | gewohnt |
| | [אמנ] | אָמִין | ('amin) | glaubwürdig |
| | [סבר] | סָבִיר | (sawir) | verständlich |

## Vokalisierung

Das Versehen eines hebräischen Textes mit Vokalzeichen, das Punktieren also: נִיקוּד (nikud)/*Punktierung*. Ferner: Bei der Vokalisierung einzelner Morpheme und Partikeln wie Infinitiv-LAMED, des Artikel-HEI oder des WAW ergeben sich verschiedene Möglichkeiten je nachdem, welcher Konsonant darauf folgt und wie die Betonungsverhältnisse innerhalb des Wortes sind.

↗ 'OTIOT HASCHIMUSCH ↗ Präposition ↗ Artikel

In den ausführlichen Wörterbüchern und in den Schulbüchern der israelischen Schulen finden sich Anweisungen zur Orthographie der vollen und defektiven Schreibung. ↗ KETIW

נִיקוּד (nikud)/*Punktierung, Vokalisierung* aus [נקד] לְנַקֵּד (lenaked)/*punktieren, vokalisieren*, d.h. die Vokalzeichen setzen PI'EL. √

## Vokalzeichen

Diejenigen Zeichen am hebräischen Text, die die hebräischen Grammatiker erarbeitet haben, um die korrekte Aussprache der nur in Konsonanten wiedergegebenen Wörter zu gewährleisten und zu überliefern. Diese Vokalzeichen sind ein System aus Strichen und Punkten. Auch bestimmte hebräische Konsonanten können als Vokalstellvertreter dienen, sie sind dann Halbvokale wie z.B. WAW und JOD. Ein Text ohne נִיקוּד (nikud)/*Vokalzeichen* wie Zeitungstexte und literarische Texte, bein-

→ KETIW
→ Lesehilfen

haltet die Halbvokale (MATRES LECTIONIS) als Lesehilfen: כְּתִיב מָלֵא (ketiw male)/*volle Schreibung*, ohne Vokalzeichen. Die defektive Schreibung, חָסֵר כְּתִיב (ketiw chaser) enthält keine Vokalbuchstaben, weil die Vokalzeichen und -punkte gesetzt sind. Dieser Modus heißt כְּתִיב מְנֻקָּד (ketiw menukad)/*punktierte Schreibung*.

## Die Vokalzeichen

| | | |
|---|---|---|
| a | ◻̲ | PATACH: kurzes a |
| | ◻̤ | CHATAF PATACH: sehr kurzes a |
| | ◻ָ | KAMATS: langes a |
| | ◻ָ | KAMATS KATAN: kurzes o |
| | ◻ֳ | CHATAF KAMATS: sehr kurzes o (kommt sehr selten vor) |
| o | ◻ֹ | CHOLAM: o, länger als CHATAF KAMATS, aber kürzer als WAW CHOLAM |
| | וֹ | WAW CHOLAM: langes o |
| u | ◻ֻ | KUBBUTS: kurzes u |
| | וּ | SCHURUK: langes u |
| e | ◻ֱ | CHATAF SEGOL: sehr kurzes e (kommt sehr selten vor) |
| | ◻ֶ | SEGOL: mittleres offenes e, kürzer als CHATAF SEGOL, aber länger als JOD SEGOL |
| | יֶ | JOD SEGOL: langes e |
| | ◻ֵ | TSERE: mittleres geschlossenes e |
| | יֵ | JOD TSERE: langes geschlossenes e |
| i | ◻ִ | CHIRIK: kurzes i |
| | יִ | JOD CHIRIK: langes i |
| | ◻ְ | (SCHWA: Zeichen für fehlenden Vokal) |

Die Bezeichnungen der Vokalzeichen entsprechen in ihrer Etymologie größtenteils den arabischen und syrischen. An der Etymologie der Namen für die Vokalzeichen ist ersichtlich, dass sie häufig nach der Stellung des Mundes während der Artikulation des entsprechenden Vokals gewählt wurden.

Das Transliterieren der hebräischen Vokale und deren Zuordnung zu lateinischen Buchstaben stellte für die Gelehrten, die sich mit der Entwicklung des Vokalisierungssystems befasst haben, mit Sicherheit ein großes Problem dar. Das lateinische Alphabet stellt fünf Buchstabenzeichen zur Verfügung, die hebräischen Vokalen entsprechen. Das Hebräische hingegen unterscheidet sechzehn verschiedene Vokalnuancen und benötigt ein zusätzliches Zeichen für das Fehlen eines Vokals, das im Punktierungssystem mit SCHWA gekennzeichnet ist. Einige der hebräischen Vokale haben ein Zeichen aus zwei Komponenten: einem Punktierungszeichen und einem zusätzlichen Buchstaben (TSERE + JOD) oder zwei Punktierungszeichen wie bei den CHATAFIM.

כְּתִיב מָלֵא (ketiw male). כָּתַב aus [כתב] לִכְתּוֹב (lichtow)/*schreiben*. מָלֵא (male)/*voll* aus [מלא] לְמַלֵּא (lemale)/*füllen* PI'EL.

כְּתִיב חָסֵר (ketiw chaser). חָסֵר (chaser) aus [חסר] לַחְסוֹר (lachsor)/*fehlen*.

נִיקוּד (nikud)/*Punktierung, Vokalisierung* aus [נקד] לְנַקֵּד (lenaked)/*punktieren, vokalisieren, Vokalzeichen setzen* PI'EL.

↗ KETIW  ↗ Lesehilfen

Das Vollverb hat eine selbständige lexikalische Bedeutung. Bei den zusammengesetzten Verbformen ist das Vollverb der eigentliche Bedeutungsträger und das Zentrum des Prädikats. Manche Verben können sowohl als Vollverb als auch wie ein Hilfsverb verwendet werden, z.B. die deutschen Verben *sein* und *haben*.

## volle Schreibung

## Vollverb

    Dan *ist* Lehrer.        Vollverb: *ist*
    Dan ist *gekommen*.     Vollverb: *gekommen*

    Dan *hat* Glück.        Vollverb: *hat*
    Dan hat *gegessen*.      Vollverb: *gegessen*

Hilfsverb und Vollverb können im Satz durchaus durch andere Satzteile oder durch umfangreichere Nebensätze voneinander getrennt sein: "Mein eigenes Pferd *war* in der letzten Nacht, infolge der Überanstrengung in diesem eisigen Winter, *verendet*. . . ." (Kafka, Ein Landarzt)

→ Kopula
→ Hilfsverb
→ modales Hilfsverb

↗ Präfix

## Vorsilbe

# WAW

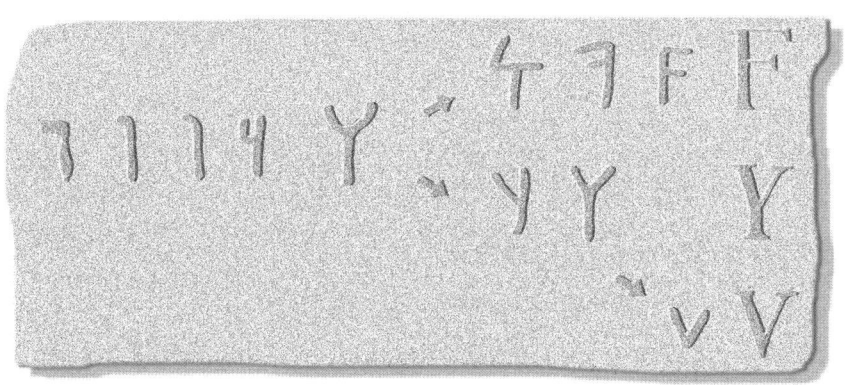

| modern-hebr. | ⇦ aramäisch ca. 600-200 | ⇦ *phönizisch* ⇨ ca. 1100 v.u.Z. | altgriech ⇨ ca. 800 | **altital.** ⇨ ca. 200 | latein. |

| Übersicht | WAW als Konjunktion |
|---|---|
| | Vokalisierung des WAW als Konjunktion |
| Allgemeines | WAW als Wurzelkonsonant |
| WAW als Vokalstellvertreter | WAW HAHIPUCH im Althebräischen |

— *Allgemeines*

וָו oder וָאו oder וָיו ist der sechste Konsonant des hebräischen Alphabets mit dem Zahlenwert sechs. Der Name bedeutet *Haken*. Der Buchstabe WAW kann verschiedene Funktionen haben: er kann Vokalstellvertreter sein und gehört in dieser Eigenschaft zur Buchstabengruppe אהו"י 'AHOI. Das sind diejenigen Konsonanten, die bei der vollen Schreibung, d.h. in einem unvokalisierten Text, einen Vokal vertreten können.

Ferner kann WAW Konjunktion sein und gehört hiermit zur Buchstabengruppe בו"כלם משה וכלב MOSCHE WEKELEW, das sind die 'OTIOT HASCHIMUSCH.

→ Buchstabengruppen

— *WAW als Vokalstellvertreter*

WAW ist einer der vier Konsonanten, die als Stellvertreter eines Vokals verwendet werden. Es sind die אִמּוֹת הַקְּרִיאָה ('imot hakri'a)/*MATRES LECTIONIS*. Diese Lesehilfen ergeben das Merkwort AHOI. Im unvokalisierten Text kann also der Buchstabe WAW in zwei verschiedenen Funktionen vorkommen, manchmal sogar in demselben Wort: als Konsonant und als Vokalstellvertreter für (o) oder (u). Zur Vermeidung von Verwechslungen gilt folgende Regelung: Wenn das WAW im Wortinneren die Funktion eines Konsonanten hat, wird es verdoppelt. Es wird dann als (w) ausgesprochen. Für JOD gilt dasselbe: חוויה (chawaja)/*Erlebnis*.

→ Lesehilfen

In der defektiven, mit Vokalzeichen versehenen Schreibart bekommt WAW, wenn es den Wert eines Konsonanten hat, ein Vokalzeichen, was es als Vokalstellvertreter nicht haben könnte: חַוָיָה (chawaja). Am Wortende kann WAW sowohl Konsonant als auch Vokalstellvertreter sein:

| Vokalstellvertreter | כָּתְבוּ | (katwu) | sie haben geschrieben |
| Konsonant | עַכְשָׁו | ('achschaw) | jetzt |

Wenn die Vokalpunkte gesetzt sind, ist WAW am Wortende als Konsonant identifizierbar, weil es kein Vokalzeichen hat:

עַכְשָׁו ('achschaw) jetzt
סְתָו (staw) Herbst

Im unvokalisierten Text wird das WAW am Wortende nicht verdoppelt wie im Wortinneren, sondern es wird bei den meisten betreffenden hebräischen Wörtern ein JOD vorgeschaltet. Dieses hat keine andere Funktion, als eben diesen Sachverhalt zu indizieren:

סתיו (staw)   עכשיו ('achschaw)

JOD hat hier also keine artikulatorische Funktion, sondern ist nur diakritisches Zeichen. WAW am Wortbeginn gibt keinen Anlass zu Missverständnissen, da im Hebräischen ein Wort niemals mit einem Vokal beginnen kann.

→ 'AJIN
→ 'ALEF

Eine Ausnahme davon ist das Verbindungs-WAW unter bestimmten Bedingungen (s. weiter unten: Vokalisierung des WAW als Konjunktion).
Bei Fremdwörtern kommt WAW häufig in verschiedenen Funktionen vor. Folgt der Vokal (u) oder (o) auf den Konsonanten WAW, so werden die Lesehilfen WAW mit CHOLAM bzw. SCHURUK gekennzeichnet und der Konsonant WAW bleibt unmarkiert:

| וולט | vokalisiert: | וֹלְט | Volt |
| וולוו | | | Volvo (Automarke) |
| וודו | | | Voodoo |
| וודקה | | וֹדְקָה | Wodka |
| קוורום | | קוֹרוּם | Quorum |

Fremdwörter und Namen werden in hebräischen Zeitungen meist vokalisiert, um das Lesen zu erleichtern: כֻּוֵיִת *Kuweit*.

— *WAW als Konjunktion*

→ Buchstabengruppen

WAW als Konjunktion gehört zur Buchstabengruppe מֹשֶׁה וְכָל"ב, das sind die 'OTIOT BUMAF. Das וַו־הַחִבּוּר (waw hachibur)/*Verbindungs-WAW* ist eine koordinierende Konjunktion, d.h. die Sätze, die mit Hilfe des WAW miteinander verbunden werden, sind gleicher Art und gleichen Grades: Das WAW verbindet also Hauptsätze oder gleichartige Nebensätze gleichen Grades miteinander:

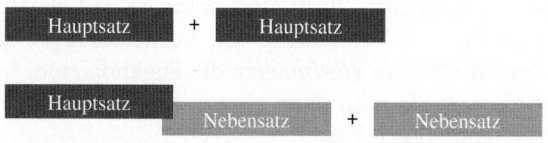

Die Kinder haben Ferien *und* freuen sich.
Die Kinder freuen sich,
   *weil* sie Ferien haben *und weil* sie ausschlafen können.

Ferner werden mit dieser Konjunktion Wörter gleicher Art sowie gleiche Satzteile zu einer Aufzählung aneinandergereiht. WAW kann nicht isoliert stehen, sondern wird als Partikel an das darauffolgende Wort angeschlossen. Es kann im Gegensatz zu anderen Partikeln der Gruppe וְכָּ"לֵב nicht dekliniert werden.

— *Vokalisierung des WAW als Konjunktion*
WAW HACHIBUR hat normalerweise ein SCHWA:

מֹשֶׁה וְרִינָה    (moshe werina)     Mosche und Rina

Da die Konjunktion וְ an den ersten Konsonanten des Wortes angeschlossen wird, verlieren die Konsonanten des BEGADKEFAT בְּגַדְכְּפַ"ת ihr DAGESCH KAL. Sie stehen jetzt an zweiter Position und sind Reibelaute:

הוּא יוֹשֵׁב וְכוֹתֵב    (hu joschew we*ch*otew)     er sitzt und schreibt

Die Konjunktion וְ verändert ihren Vokal in folgenden Fällen:
Vor einem Konsonanten mit SCHWA, außer JOD, und vor den 'OTIOT BUMAF ב/ו/מ/פ wird WAW mit SCHURUK vokalisiert:

וְ (we-) ⇨ וּ ('u)

Wenn ein Wort mit einem Konsonanten mit SCHWA beginnt, wird damit vermieden, dass ein zweites SCHWA an den Wortbeginn kommt. Vor den 'OTIOT BUMAF: בומ"פ dient diese Regelung wohl der leichteren Artikulation. Das Wort beginnt dann mit einem harten Stimmeinsatz, obwohl dafür kein hebräischer Buchstabe geschrieben wird. Dies ist der einzige Fall im Hebräischen, bei dem ein Wort mit vokalischem Anlaut beginnt:

Vor Konsonant mit SCHWA:

| מַחְבָּרוֹת וּסְפָרִים | (machbarot 'u*s*farim) | Hefte und Bücher |
| מַר וּגְבֶרֶת | (mar 'u*g*weret) | Herr und Frau (plus Name) |
| וּבְאוֹתוֹ זְמַן | ('*uw*'oto sman) | und zur gleichen Zeit |
| עֶשְׂרִים וּשְׁנַיִם | ('esrim 'u*schn*ajim) | zweiundzwanzig |
| כְּרֵתִי וּפְלֵתִי | (kreti 'u*fl*eti) | Krethi und Plethi, d.h. Kreter und Philister, allerlei Volk |

Vor 'OTIOT BUMAF:

| וּמַה שְׁלוֹמְךָ | ('*um*a schlomcha) | und wie geht es dir? |
| הֲבָנָה וּוַתְרָנוּת | (hawana '*uw*atranut) | Verständnis und Nachgiebigkeit |
| פֶּרֶק א' וּפֶרֶק ב' | (perek 'alef '*uf*erek wet) | Kapitel a und Kapitel b |
| דָּוִד וּבִנְיָמִין | (dawid '*uw*injamin) | David und Benjamin |

Vor einem JOD mit SCHWA wird WAW mit CHIRIK vokalisiert, SCHWA unter dem JOD entfällt:

| תֵּל אָבִיב וִירוּשָׁלַיִם | (tel 'awiw *wi*ruschalajim) | Tel Aviv und Jerusalem |
| מְבֻגָּרִים וִילָדִים | (mewugarim *wi*ladim) | Erwachsene und Kinder |

Vor einem Konsonanten mit zusammengesetztem SCHWA (CHATAF) nimmt das WAW den Vokal des CHATAF an:

| וַאֲנִי | (w*a*'ani) | und ich |
| חָזוֹן וֶאֱמֶת | (chason w*e*'emet) | "Dichtung und Wahrheit" (Goethe) |

תִּקְווֹת וַחֲלוֹמוֹת (tikwot wachalomot)    Hoffnungen und Träume

Vor der Haupttonsilbe oder in feststehenden Wendungen wird WAW mit KAMATS vokalisiert:

קַיִץ וָחֹרֶף (kajits wachoref)    Sommer und Winter
יוֹמָם וָלַיְלָה (jomam walaila)    Tag und Nacht

| Normal | vor SCHWA | vor ב/ו/מ/פ | vor ? | vor Haupt-tonsilbe | vor CHATAF |
|---|---|---|---|---|---|
| וְ | וּ | וּ | וָי | וָ | Vokal des CHATAF |

— *WAW als Wurzelkonsonant*

WAW und JOD sind im Hebräischen und auch in anderen semitischen Sprachen gelegentlich miteinander vertauscht:

יֶלֶד (jeled)    Kind
וָלָד (walad)    Neugeborenes

Das ist vor allem im Verbsystem ersichtlich mit seinen starren Wortbildungsmustern. Die Verben der Klasse פ"י vertauschen im HITPA'EL den ersten Wurzelkonsonanten JOD mit WAW:

[ידע]    יָדַע (jada)    er wusste    PA'AL
         הִתְוַדַע (hitwada)    er machte sich kundig    HITPA'EL

Der Fachausdruck für *Konzessivsatz* ist מִשְׁפָּט וִתּוּר (mischpat witur). וִתּוּר kommt aus [ותר] לְוַתֵּר (lewater)/*verzichten* und ist Verbalsubstantiv aus dem PI'EL. Es ist eines der ganz wenigen semitischen Wörter im hebräischen Wörterbuch, das mit WAW beginnt.

WAW als zweiter Wurzelkonsonant kommt sowohl bei starken, regelmäßigen als auch bei schwachen Verben vor:

starkes Verb    [גוע]    לִגְוֹעַ (ligwoa)    hinsterben
schwaches Verb    [קומ]    לָקוּם (lakum)    aufstehen

Am Infinitiv lässt sich erkennen, dass es sich um ein starkes Verb handelt: לִגְוֹעַ (ligwoa). Als MATER LECTIONIS könnte das WAW keine Silbe beginnen. Substantivische Ableitungen aus Wurzeln ל"ה mit WAW als mittlerem Konsonanten verlieren manchmal das HEI, so dass WAW am Wortende steht:

[צוה]    לְצַוּוֹת (letsawot)    befehlen PI'EL
         צַו (tsaw)    Befehl
[קוה]    לְקַוּוֹת (lekawot)    hoffen PI'EL
         לִקְווֹת (likwot)    sammeln (vor allem Wasser)
                            PA'AL (sehr selten)
         קַו (kaw)    Linie, Leitung

Als dritter Wurzelkonsonant kommt WAW nur noch sehr selten vor. Als sich die westsemitische Sprachengruppe - Hebräisch, Aramäisch, Ugaritisch - entwickelte, wurden fast alle WAW zu JOD. Somit sind die ursprünglichen

Wurzeln ל"ו in die Verbklasse ל"י eingegangen, die in den Grammatiken auch als ל"ה bezeichnet wird. Die folgende Wurzel ל"ו ist eine Nebenform der Wurzel [שלה]:

| [שלו] | לִשְׁלוֹ | (lischlo) | ruhig sein |
|---|---|---|---|
|  | שֶׁלֵו | (schelew) | Ruhe (in der Bibel ein Hapaxlegomenon) |
|  | שַׁלְוָה | (schalwa) | Ruhe, Heiterkeit |

— WAW HAHIPUCH im Althebräischen

Das וָו־הַהִפּוּךְ (waw hahipuch)/*Inversions-WAW* oder WAW INVERSIVUM findet sich vor allem in biblischen Texten, im Modernhebräischen in dichterischen Texten. Es wird dem ersten Konsonanten einer Verbform vorgeschaltet wie das WAW HACHIBUR und kehrt die Tempusformen um: eine Verbform im Imperfekt (modernhebräisch Futur) ist folglich als Verbform der Vergangenheit zu lesen, und umgekehrt: eine Verbform im Perfekt ist wie im Imperfekt stehend zu übersetzen. Da sich durch den Anschluss des WAW HAHIPUCH in vielen Fällen der Wortton verlagert, verändert sich auch der Vokal des WAW von Fall zu Fall, vor allem an den Formen des Imperfekts. Im gesprochenen Modernhebräischen tritt das WAW HAHIPUCH nicht mehr in Erscheinung.

→ Zeiten

אִמּוֹת הַקְּרִיאָה ('imot hakri'a)/*Lesehilfen*. אֵם ('em)/*Mutter*, קְרִיאָה aus [קרא] לִקְרוֹא (likro)/*rufen, lesen*.

√

וָו־הַחִבּוּר (waw hachibur)/*Verbindungs-WAW*. חִבּוּר (chibur)/*Verbindung, Addition*, Verbalsubstantiv aus [חבר] לְחַבֵּר (lechaber)/ *verbinden, zusammenzählen* PI'EL.

וָו־הַהִפּוּךְ (waw hahipuch)/*Inversions-WAW*. הִפּוּךְ (hipuch)/*Umkehrung, Gegensatz, Inversion*, Verbalsubstantiv des PI'EL aus [הפך] לַהֲפוֹךְ (lahafoch)/*umdrehen*.

Im Gegensatz zum reflexiven Verhältnis, das rückbezüglich ist, ist das reziproke Verhältnis ein *wechsel*bezügliches: *sich kennen, sich treffen* (gegenseitig, von verschiedenen Leuten gesprochen). Verben mit diesem Bedeutungsaspekt werden im Hebräischen häufig im HITPA'EL konjugiert. ⌐ Verb: reflexives Verb

## wechselbezüglich

דֶּרֶךְ הַחִוּוּי (derech hachiwui). ⌐ Indikativ ⌐ Modus

## Wirklichkeitsform

מִשְׁפָּט וִתּוּר (mischpat witur)/*Einräumungssatz, Konzessivsatz*. ⌐ Konzessivsatz

## WITUR

זוּג הַשֵּׁמוֹת (sug haschemot). Der Wortbestand einer Sprache wird unter verschiedenen Gesichtspunkten in Gruppen zusammengefasst: Morphologie, Flektierbarkeit, grammatikalische Funktion etc. Daraus ergeben sich acht hauptsächliche Wortarten. Davon sind im Deutschen vier flektierbar und vier unveränderlich. Flektierbar sind Substantiv (Nomen), Adjektiv, Pronomen und Verb, unveränderlich sind Adverb, Präposition, Konjunktion und Interjektion. Im Hebräischen haben auch Präposition und sogar einige der Partikel den Charakter von Substantiven und können dekliniert werden.

## Wortart

→ 'OTIOT HASCHIMUSCH
→ Deklination
→ Präposition

## Die Wortarten

| | | |
|---|---|---|
| שֵׁם עֶצֶם | (schem 'etsem) | Substantiv |
| שֵׁם תּוֹאַר | (schem to'ar) | Adjektiv |
| כִּנּוּי | (schem guf/kinui) | Pronomen |
| פֹּעַל | (po'al) | Verb |
| תּוֹאַר פֹּעַל | (to'ar po'al) | Adverb |
| מִלַּת יַחַס | (milat jachas) | Präposition |
| מִלַּת־חִבּוּר | (milat chibur) | Konjunktion |
| מִלַּת־קִשּׁוּר | (milat kischur) | |
| מִלַּת־קְרִיאָה | (milat kri'a) | Interjektion |

זוּג הַשֵּׁמוֹת (sug haschemot)/*Wortart*. זוּג (sug) aus [זוּג] לְזַוֵּג (lesaweg)/*paaren* PI'EL. שֵׁם (schem)/*Name, Substantiv* hat keine hebräische Wurzel.

# Wortbildung  גְּזִירַת מִלִּים (gsirat milim).

| *Übersicht:* | Verben |
|---|---|
| | *1. Die Reduplikation von Wurzelkonsonanten* |
| *Einfügen von MISCHKAL* | *2. Die Erweiterung einer Wurzel durch einen* |
| *Einfügen von BINJAN* | *zusätzlichen Konsonanten* |
| *Ableitung (Derivation)* | *3. Die Wiederbelebung von BINJANIM* |
| *Abkürzungen (Akronyme)* | *4. Erstellen einer flektierfähigen Verbwurzel* |
| *Fremdwörter* | *aus einem Fremdwort* |

— *Allgemeines*

→ BINJAN
→ MISCHKAL

Ein hebräisches Wort entsteht durch Einfügen des Wortbildungsmusters in die Wurzel: mit einem BINJAN entsteht ein Verb, mit einem MISCHKAL ein Substantiv oder ein Adjektiv. Ferner können aus dem vorhandenen Wortschatz der Sprache auf verschiedene Art weitere neue Wörter gebildet werden:

- durch Ableitung (Derivation): hierbei werden bestimmte Suffixe bzw. Präfixe an eine Wurzel oder eine Basis angefügt;
- durch Zusammenfügen zweier Basiselemente: dies ergibt eine Zusammensetzung (Komposition),
- aus Abkürzungen: hier wird eine vorhandene Konsonantengruppe übernommen und vokalisiert;
- aus Fremdwörtern, die übernommen und mit Präfixen bzw. Suffixen an die an die Wortbildungsgesetze der Grammatik angepasst werden;
- bei Verben:
  - durch die Reduplikation der beiden Konsonanten einer hohlen Wurzel,
  - durch die Reduplikation des letzten Konsonanten einer bereits existenten Wurzel aus zwei bzw. drei Konsonanten,
  - durch die Wiederbelebung verlorener BINJANIM,
  - durch entsprechendes Vokalisieren eines Fremdwortes mit drei bzw. vier Konsonanten.

*Wortbildung*

— *Einfügen von* MISCHKAL

Das MISCHKAL ist eine Art Gussform - תַּבְנִית (tawnit), in welche die Konsonanten einer Wurzel eingelagert werden. Die endgültige Bedeutung des daraus entstandenen Wortes ist eine Kombination aus der Grundbedeutung der Wurzel und der Eigenbedeutung des MISCHKAL.

| MISCHKAL | bezeichnet: | Beispiel: |
|---|---|---|
| ת ☐ ִ ☐ ַ | Gruppe | גָּמָל (gamal)/*Kamel* |
| | | גַּמֶּלֶת (gamelet)/*Kamelkarawane* |
| | Instrument | mit vier Wurzelkonsonanten: |
| | | כַּרְטִיס (kartis)/*Karte* |
| | | כַּרְטֶסֶת (karteset)/*Kartei* |
| | Krankheiten | דַּלֶּקֶת (daleket)/*Entzündung* |
| | | כַּהֶלֶת (kahelet)/*Alkoholismus* |
| ☐ ☐ ָ ☐ וֹן | Zustand | כִּשָּׁלוֹן (kischalon)/*Misserfolg* |
| | | בִּטָּחוֹן (bitachon)/*Sicherheit* |
| | | צִמָּאוֹן (tsima'on)/*Durst* |
| ת ַ ☐ ְ ☐ ִ י ☐ | Gruppe | תַּפְרִיט (tafrit)/*Speisekarte* |
| | | תַּבְנִית (tawnit)/*Model, Gussform* |
| | | תַּאֲרִיךְ (ta'arich)/*Datum* |

— *Einfügen von* BINJAN

Das BINJAN der Verben bietet Möglichkeiten zur Bildung von Substantiven und Adjektiven. Die Partizipien der Gegenwart sind sowohl Verb als auch Substantiv bzw. Adjektiv. Das Partizip der Vergangenheit wird als Adjektiv gebraucht. Ferner sind aus den BINJANIM Verbalsubstantive ableitbar mit regelmäßigen Wortbildungsmustern. Die Partizipien:

→ BINJAN
→ Verbalsubstantiv
→ MISCHKAL

| PA'AL | [עבד] | עוֹבֵד | ('owed) | Arbeiter |
|---|---|---|---|---|
| | [עסק] | עָסוּק | ('asuk) | beschäftigt (Partizip der Vergangenheit) |
| NIF'AL | [רדף] | נִרְדָּף | (nirdaf) | verfolgt, sinnverwandt, synonym (Grammatik) |
| PI'EL | [קבל] | מְקַבֵּל | (mekabel) | Empfänger |
| PU'AL | [כתב] | מְכַתָּב | (mechutaw) | Briefpartner |
| HIF'IL | [פעל] | מַפְעִיל | (maf'il) | Maschinist |
| HUF'AL | [חלט] | מָחְלָט | (muchlat) | absolut (Adjektiv) |
| HITPA'EL | [למד] | מִתְלַמֵּד | (mitlamed) | Lehrling |

Verbalsubstantive

| PA'AL | [כתב] | כְּתִיבָה | (ktiwa) | Schreiben |
|---|---|---|---|---|
| NIF'AL | [זכר] | הִיזָּכְרוּת | (hisachrut) | Erinnertwerden, Erinnerung |
| PI'EL | [דיק] | דִּיּוּק | (dijuk) | Genauigkeit |
| HIF'IL | [בדל] | הַבְדָּלָה | (hawdala) | Unterscheiden |
| HITPA'EL | [כתב] | הִתְכַּתְּבוּת | (hitkatwut) | Korrespondieren |

— **Ableitung (Derivation):** גְזִירָה (gsira)
Durch Anfügen bestimmter Endmorpheme an eine bereits existente, auch fremdsprachliche Basis entstehen Substantive und Adjektive. Häufig ist die Grundlage für die Neubildung selbst schon eine Ableitung. Manche Endmorpheme modifizieren die Bedeutung des Basiselements:

ן֗ + בָּסִיס

Die Endung ן֗ (-an) z.B. bezeichnet jemanden, der die in der Wurzel oder der Basis angegebene Tätigkeit wiederholt bzw. berufsmäßig ausführt:

| Grundlage | | Neubildung | |
|---|---|---|---|
| תַּעֲשִׂיָּה [עשה] | (ta'asija)/*Industrie* | תַּעֲשִׂיָן | (ta'asijan)/*Industrieller* |
| [חלם] | *träumen* | חַלְמָן | (chalman)/*Träumer* |
| קַו | (kaw)/*Strich, Linie, Leitung* | קַוָּן | (kawan)/*Streckenwärter* |
| fremde Basis צֶ'לוֹ Cello | | צֶ'לָן | (tschelan)/*Cellist* |

Weitere Beispiele für Endmorpheme:

| | | | | |
|---|---|---|---|---|
| ןָ֗ | (-an) | תּוֹסֶפְתָּן | (toseftan) | Blinddarm |
| רָ֗ | (-ar) | מֶלְצָר | (meltsar) | Kellner |
| איַ֗ | (-ai) | שַׁחְמָטַאי | (schachmatai) | Schachspieler |
| יתִ֗ | (-it) | מִילִית | (milit) | Partikel (Grammatik) |
| יָה֗ | (-ija) | סִפְרִיָּה | (sifrija) | Bibliothek |
| וֹן֗ | (-on) | עִתּוֹן | ('iton) | Zeitung |
| וּת֗ | (-ut) | סַבְלָנוּת | (sawlanut) | Geduld |
| יִ֗ | (-i) | חַשְׁמַלִי | (chaschmali) | elektrisch |
| תֶ֗ | (-et) | תּוֹעֶלֶת | (to'elet) | Nutzen |

→ Ableitung

→ STATUS

— **Zusammensetzung (Komposition)** צֵרוּף (tseruf)
Hier werden zwei oder mehrere bereits existierende Basiselemente miteinander zu einem neuen Ausdruck kombiniert. Die Basiselemente können verschiedenen Wortarten angehören:

| | | | |
|---|---|---|---|
| Adjektiv | קָטָן | (katan) | klein |
| + Verb | לָנוּעַ | (lanua) | sich bewegen |
| = Substantiv | קַטְנוֹעַ | (katnoa) | Kleinmotorrad, Moped (Moped = *Mo*tor+*Ped*al) |
| Substantiv | יוֹם | (jom) | Tag |
| + Adjektiv | טוֹב | (tow) | schön, gut |
| = Adjektiv | יוֹמטוֹבִי | (jomtowi) | feiertäglich |
| Substantiv | עֲרָפֶל | ('arfel) | Nebel |
| + Substantiv | פִּיחַ | (piach) | Rauch |
| = Substantiv | עַרְפִּיחַ | ('arpiach) | Smog, rauchdurchsetzter Nebel (Analogiebildung zu engl.: smog = smoke/*Rauch* + fog/*Nebel*) |

*Wortbildung*

| | | | |
|---|---|---|---|
| Verb | לִשְׁבּוֹר [שבר] | (lischbor) | brechen, zerbrechen |
| + Substantiv | רוּחַ | (ruach) | Wind |
| = Substantiv | שַׁבְרוּחַ | (schawruach) | Windschutz (Hecke etc.) |
| Verb | לִשְׁתּוֹם [שתמ] | (lischtom) | öffnen |
| + Verb | לִסְתּוֹם [סתמ] | (listom) | schließen |
| = Substantiv | שַׁסְתּוֹם | (schastom) | Ventil |
| Präposition | מִן | (min) | von |
| + Präposition | עַד | ('ad) | bis |
| = Substantiv | מִנְעָד | (min'ad) | Oktave (Musik) |

Andere Möglichkeiten:

| | | | |
|---|---|---|---|
| Partikel דּוּ- | דּוּשִׂיחַ | (dusiach) | Zwiegespräch |
| | דּוּ־קִיּוּם | (du-kijum) | Koexistenz |
| | דּוּ־מַשְׁמָעִי | (du-maschma'i) | doppeldeutig |
| Partikel תַּת- | תַּת־אָדוֹם | (tat-'adom) | infrarot |
| | תַּת־הַכָּרָה | (tat-hakara) | Unterbewusstsein |
| Adverb רַב- | רַב־מַשְׁמָעִי | (raw-maschma'i) | vieldeutig |
| | רַב־מִלְיוֹנֵר | (raw-milioner) | Multimillionär |
| Präposition בֵּין | בֵּין־לְאֻמִּי | (bein-le'umi) | international |
| | בֵּין־עִירוֹנִי | (bein-'ironi) | interurban |
| Partikel אַל- | אַלְחוּת | ('alchut) | drahtlose Übertragung |
| | אַלְחוּשׁ | ('alchusch) | Anästhesie |

— *Abkürzungen (Akronyme)* רָאשֵׁי תֵבוֹת *(raschei tewot)*
Einige Abkürzungen sind vokalisiert und werden als ein Wort verstanden und gelesen. Der letzte Buchstabe wird dann als Endbuchstabe אוֹת סוֹפִית ('ot sofit) geschrieben:

| | | |
|---|---|---|
| מַפָּ"ם | (mapam) | |
| מִפְלֶגֶת פּוֹעֲלִים מְאֻחֶדֶת | (mifleget po'alim me'uchedet) | |
| | Vereinigte Arbeiterpartei | |
| תַּנַ"ךְ | (tanach) | |
| תּוֹרָה נְבִיאִים כְּתוּבִים | (tora newi'im ketuwim) | |
| | die fünf Bücher des AT, Propheten und Schriften | |
| תַּנַ"כִי \ תַּנַ"כִי | (tanach) alttestamentarisch (Adjektiv daraus) | |
| מַנְכַּ"ל | (mankal) | |
| מְנַהֵל כְּלָלִי | (menahel klali) Generaldirektor | |

Von manchen Abkürzungen gibt es eine Pluralform:

| | | |
|---|---|---|
| דּוּ"חַ / דּוּחוֹת | (duach)/ (duchot) | Bericht |
| רָמַטְכָּ"ל / | (ramatkal)/ (ramatkalim) | Generalstabschef |
| רָמַטְכָּ"לִים | | |

Aus der Abkürzung דּוּ"ח ist die Verbwurzel [דוח] abgeleitet worden, die im PI'EL flektiert wird: לְדַוֵּחַ (ledaweach)/*berichten*, und hiervon ist abgeleitet: דַּוָּח (dawach)/*Reporter*.

Ist eine Abkürzung nicht vokalisiert, so werden die Konsonanten ב/כ/פ nicht als Endbuchstaben geschrieben:

    אַחַר־כָּךְ / אח"כ    ('achar-kach) nachher
    מ"מ    Millimeter

Beim folgenden Beispiel kommen drei Möglichkeiten vor:

| | | |
|---|---|---|
| als Wort vokalisiert: | דָּ"ש | (dasch) |
| | דְּרִישַׁת שָׁלוֹם | (drischat schalom) richte einen Gruß aus! |
| nicht vokalisiert: | ד"ש | - |
| | דּוּ־שְׁבוּעוֹן | (du-schwu'on) Zweiwochenschrift |
| als reguläres Wort | דַּשׁ | (dasch) Umschlagklappe (Buch), Revers |

— *Fremdwörter* מִלִּים לוֹעֲזִיּוֹת *(milim lo'asiot)*

Fremdwörter werden gebildet nach dem Prinzip der Ableitung. Das fremde Element dient als Basis, die mit einem hebräischen Ableitungsmorphem versehen wird:

| | | | |
|---|---|---|---|
| ־ צְיָה | אַטְרַקְצְיָה | ('atraktsja) | Attraktion |
| | אֵיבוֹלוּצְיָה | ('evolutsja) | Evolution |
| ־ יִזְם | מוֹדֶרְנִיזְם | (modernism) | Modernismus |
| | אַלְטְרוּאִיזְם | ('altru'ism) | Altruismus |
| ־ יּוּת | פּוֹפּוּלָרִיּוּת | (popularijut) | Popularität |
| | סִיסְטֶמָתִיּוּת | (sistematijut) | Systematik |

Manche Fremdwörter lassen sich auch ohne Morphem bilden: מוֹנוֹלוֹג *Monolog*, אָסִיסְטֶנְט *Assistent*.

Adjektive sind mit entsprechenden Morphemen aus einer fremdsprachlichen Basis ableitbar:

| | | | |
|---|---|---|---|
| ־ י | אֶפִּידְמִי | ('epidemi) | epidemisch |
| | מְנֵמוֹטֶכְנִי | (mnemotechni) | mnemotechnisch |

— *Verben*

Durch das starre System der BINJANIM sind die Möglichkeiten zur Neubildung von Verben nach bestimmten Wortbildungsmustern begrenzt. Deshalb tendiert die Entwicklung zur Erweiterung der bereits bestehenden Wurzeln. Hier gibt es verschiedene Möglichkeiten:

1. die Reduplikation von Wurzelkonsonanten: der beiden konstanten Konsonanten einer hohlen Wurzel oder des letzten Konsonanten einer dreikonsonantischen Wurzel, was jeweils eine vierkonsonantische Wurzel ergibt,
2. die Erweiterung einer Wurzel durch einen zusätzlichen Konsonanten,
3. die Wiederbelebung von BINJANIM, die einen weiteren Konsonanten zur Verfügung stellen,

4. das Erstellen einer flektierfähigen Verbwurzel aus einem Fremdwort.

*1. Die Reduplikation von Wurzelkonsonanten*

Hier gibt es zwei Möglichkeiten: verdoppelt werden kann entweder der dritte Wurzelkonsonant, so dass eine vierkonsonantische Wurzel entsteht:

| [ערב] | לְעָרֵב | (le'arew) | mischen |
| [ערבב] | לְעַרְבֵּב | (le'arbew) | durcheinanderbringen |
| [כדר] | לִכְדּוֹר | (lichdor) | rund sein |
| [כדרר] | לְכַדְרֵר | (lechadrer) | dribbeln (mit dem Fußball) |

עִרְבֵּב ⇦ [ערבב]     aber:     שִׂכְלֵל ⇦ [כלל]

Reduplikation des letzten Wurzelkonsonanten

SCHIF'EL einer schwachen Wurzel ע"ע

Ferner kann von einer Wurzel einer der Konsonanten abgestoßen werden, so dass aus diesem zweikonsonantischen Material durch Reduplikation eine vierkonsonantische Wurzel entsteht (Tandem-Prinzip). Meist handelt es sich hier um Wurzeln aus einer schwachen Verbklasse:

| [נטף] | לִנְטוֹף | (lintof) | tropfen | Verbklasse פ"נ |
| [טפטף] | לְטַפְטֵף | (letaftef) | tröpfeln | |
| [פטט] | לִפְטוֹט | (liftot) | viel reden | Verbklasse ע"ע |
| [פטפט] | לְפַטְפֵּט | (lefatpet) | schwatzen | |

*2. Die Erweiterung einer Wurzel durch einen zusätzlichen Konsonanten*

Neue Verbwurzeln entstehen durch Anfügen bestimmter Konsonanten an den ersten bzw. letzten Konsonanten einer bereits bestehenden Wurzel. Solche sekundären Wurzeln gibt es mit drei und mit vier Konsonanten. Sie flektieren regelmäßig. Vorne werden 'ALEF und MEM angeschlossen, NUN und TAW können sowohl an den Beginn als auch am Ende einer Wurzel angefügt werden. Die Entstehung einer sekundären Wurzel vollzieht sich über die Zwischenstation eines Substantivs, an dem die jeweilige Erweiterung stattfindet:

| [נוע] | לָנוּעַ | (lanua) | sich bewegen |
| | תְּנוּעָה ⇨ | (tenu'a) | Verkehr |
| ⇨ [תנע] | לְהַתְנִיעַ | (lehatnia) | in Gang setzen (Motor) HIF'IL |

Aus der sekundären Wurzel: תֶּנַע (tena)/*Schwung*. Die sekundäre Wurzel aus einer ursprünglich hohlen Wurzel hat drei Konsonanten. Ebenso:

| [נוח] | לָנוּחַ | (lanuach) | ruhen |
| ⇨ [תנח] | לְהַתְנִיחַ | (lehatniach) | zum Stillstand bringen HIF'IL |

| | | | |
|---|---|---|---|
| א־ | [בטח] | לִבְטוֹחַ (liwtoach) | sicher sein |
| | [אבטח] | לְאַבְטֵחַ (le'awteach) | decken, absichern PI'EL |
| מ־ | [ספר] | לִסְפּוֹר (lispor) | zählen |
| | [מספר] | לְמַסְפֵּר (lemasper) | numerieren PI'EL |
| ת־ | [פקד] | לִפְקוֹד (lifkod) | beauftragen |
| | [תפקד] | לְתַפְקֵד (letafked) | fungieren PI'EL |
| ־ן | [חשב] | לַחְשׁוֹב (lachschow) | denken |
| | [חשבן] | לְחַשְׁבֵּן (lechaschben) | berechnen PI'EL |
| ת־ | [תכנ] | לְתַכֵּן (letaken) | planen PI'EL |
| | [תכנת] | לְתַכְנֵת (letachnet) | programmieren PI'EL |

Die Wurzel [תכנ] existiert auch nach Erweiterungsmodus der Reduplikation des dritten Wurzelkonsonanten: [תכננ] לְתַכְנֵן (letachnen)/*prüfen, wägen* PI'EL. Die MISCHKALIM dieser Wurzeln sind also: MIF'EL, TIF'EL, etc.

### 3. Die Wiederbelebung von BINJANIM

In verschiedenen semitischen Sprachen - Aramäisch, Syrisch, Akkadisch - gibt es ein weiteres, dem hebräischen HIF'IL entsprechendes kausatives BINJAN mit dem Präfix ־שׁ: SCHIF'EL. Nach diesem Muster entstehen neuerdings Verben aus einer dreikonsonantischen Wurzel. Da es dieses BINJAN im Hebräischen nicht mehr gibt, flektieren diese Wurzeln nach dem PI'EL:

| | | |
|---|---|---|
| [פעל] | לְשַׁפְעֵל (leschaf'el) | reaktivieren |
| [כתב] | לְשַׁכְתֵּב (leschachtew) | nochmal schreiben |
| [כלל] | לְשַׁכְלֵל (leschachlel) | verbessern, vervollkommnen |
| [כפל] | לְשַׁכְפֵּל (leschachpel) | vervielfältigen |

Von diesen Wurzeln ist auch ein Passiv im PU'AL ableitbar.

### 4. Erstellen einer flektierfähigen Verbwurzel aus einem Fremdwort

Vier Konsonanten aus einem Fremdwort lassen sich ggf. unter Verzicht auf die ursprünglichen Vokale im PI'EL flektieren:

| | | |
|---|---|---|
| [פטרל] | לְפַטְרֵל (lefatrel) | patrouillieren |
| [גלונ] | לְגַלְוֵן (legalwen) | galvanisieren |

→ Analogie

So entstand aus den ersten vier Konsonanten des hebräischen Alphabets das Verb [אבגד] לְאַבְגֵּד (le'awged)/*alphabetisieren*.

√

גְזִירָה (gsira)/*Ableitung* aus [גזר] לִגְזוֹר (ligsor)/*schneiden*. In der Grammatik hat es auch die Bedeutung *ableiten*.
תַבְנִית (tawnit)/*Model, Form* aus [בנה] לִבְנוֹת (liwnot)/*bauen*.
צֵרוּף (tseruf)/*Zusammensetzung*, Verbalsubstantiv aus [צרפ] לְצָרֵף (letsaref)/*hinzufügen, zusammenstellen* PI'EL.

## Wurzel

שֹׁרֶשׁ (schoresch), das nicht mehr weiter zerlegbare Grundelement eines hebräischen Wortes. Sie besteht bei Wörtern mit gemeinsemitischem Ursprung meist aus drei Konsonanten, den אוֹתִיוֹת הַשֹּׁרֶשׁ ('otiot haschoresch)/*Wurzelkonsonanten*, die die Grundbedeutung enthalten. Mit dem Wortbildungsmuster zusammen ergibt die Wurzel ein Wort, mit einem MISCHKAL ein Sub-

stantiv oder ein Adjektiv, mit einem BINJAN ein Verb. In allen Ableitungen → MISCHKAL
aus einer Wurzel ist deren Grundbedeutung noch vorhanden. Auch bleiben → BINJAN
bei allen Ableitungen substantivischer und verbaler Art die drei Wurzelkonsonanten im Wort erhalten außer bei den unvollständigen Verben. Bei
diesen fallen in manchen Flexionsformen bestimmte
Wurzelkonsonanten aus, so dass von einer ursprünglich dreikonsonantischen Wurzel nur noch zwei
Wurzelkonsonanten vorhanden sind. → Verb
In den Wörterbüchern findet man ein hebräisches Verb
nicht unter der Form des Infinitivs, da diese Verbform
ein Präfix hat. Weil die Wurzel kein Wort und folglich
nicht aussprechbar ist, ist die Form GUF SCHLISCHI des BINJAN PA'AL das
Suchwort. Existiert ein Verb nicht im PA'AL, ist die Wurzel in Klammern → GUF
gesetzt, und es folgen danach die Formen GUF SCHLISCHI derjenigen
BINJANIM, in denen es Verbformen gibt. Bei den hohlen Wurzeln, den Verben 'AJIN"WAW und 'AJIN"JOD, bei denen die Verbform GUF SCHLISCHI nur
zwei Konsonanten hat, wird im Lexikon die Wurzel (in Klammern) als
Suchwort verzeichnet: [קומ], [שימ].
Es gibt Wurzeln, die zwei oder mehrere nicht in Einklang zu bringende verschiedene Bedeutungen haben. Im Vergleich mit anderen semitischen Sprachen, dem Arabischen, Aramäischen, dem Ugarit, ist man zu der Erkenntnis
gekommen, dass z.B. folgende Bedeutungen nicht die gleiche Wurzel haben:
[עלה] לַעֲלוֹת (la'alot)/*1. aufsteigen, 2. kosten.* ↗ 'AJIN
Das Verbsystem des Hebräischen macht einen hochentwickelten Eindruck.
So nehmen die Sprachwissenschaftler an, dass die hebräische Verbwurzel in
einem früheren Entwicklungsstadium aus nur zwei Konsonanten bestanden
haben könnte. Es mutet recht unwahrscheinlich an, dass eine Sprache von
ihrem Frühstadium an ein perfekt entwickeltes Verbsystem hat. Die Wörter
mit zwei Wurzelkonsonanten haben vermutlich eine einfache Handlung oder
einen einfachen Gegenstand bezeichnet. Nachweisbar ist diese Vermutung
nicht, weil die ursemitische Sprache nicht überliefert ist. Die Entwicklung
könnte sich folgendermaßen abgespielt haben: Die Vorläufer der Hebräer
haben über einige wenige Wörter mit zweikonsonantischer Wurzel verfügt.
Diese Wurzeln haben eine sehr vage Bedeutung, die aber ausreicht, um die
Bedürfnisse einer primitiven Lebensweise artikulieren zu können. Mit zu-
nehmender Zivilisation wurde auch das Artikulationsbedürfnis umfassender
und differenzierter. Durch das Anfügen eines dritten Wurzelkonsonanten
wäre die Bildung einer hohen Anzahl neuer Wörter und eine Differenzierung der Wortbedeutungen möglich. Diese Entwicklung müsste sich in
prähistorischer Zeit abgespielt haben. In einem Erweiterungsprozess können
zusätzliche Konsonanten an die bestehenden zweikonsonantischen Wurzeln
sowohl vor den ersten Konsonanten als auch hinter den zweiten geschaltet
werden. ↗ Wortbildung

*Alexander von Hum-
boldt (1767-1835) soll
als Erster schriftlich
festgehalten haben,
dass eine hebräische
Wurzel nur aus
Konsonanten besteht.*

— *Abfolge der Wurzelkonsonanten*
Unter Abfolge (Sequenz) versteht man allgemein eine bestimmte Reihenfolge von Buchstaben. In den semitischen Sprachen besteht eine Wortwurzel normalerweise aus drei Konsonanten. In deren "Abfolge", d.h. deren

Gruppierung, ist die Grundbedeutung des Wortes festgelegt:

| [כתב] | (k-t-w) | schreiben |
| [שלח] | (sch-l-ch) | schicken |
| [שלמ] | (sch-l-m) | vollständig sein |

Jede Änderung an der Konstellation einer Dreikonsonantengruppe bewirkt auch eine Änderung in der Bedeutung, es handelt sich somit um eine andere Wurzel. Theoretisch könnten aus einer Gruppe von drei Konsonanten sechs verschiedene Konstellationen gebildet werden, die in ihrer Bedeutung nichts miteinander zu tun haben. Die drei Konsonanten einer Wurzel sind beliebig austauschbar:

3 2 1    3 1 2    2 3 1    1 2 3    1 3 2    2 1 3     | 3 | 2 | 1 |

→ Artikulation

Außer einer Konstellation aus drei gleichen Konsonanten kann theoretisch jede Kombination von Konsonanten in einer Wurzel vorkommen. In der Praxis ist hingegen nur ein Bruchteil aller möglichen Konstellationen ausgebildet und entwickelt worden. Das hängt damit zusammen, dass bestimmte, in Folge schwer artikulierbare Konsonanten zusammenkommen würden. Die Nachbarschaft bestimmter Konsonanten wird vermieden. Die drei Konsonanten der Wurzel [כתב] z.B. kommen in keiner anderen Wurzel des Hebräischen in anderer Abfolge vor.

Beim Hinzufügen des MISCHKAL bzw. BINJAN bleibt die Sequenz (Abfolge) der Konsonanten erhalten, bei den Ableitungen aus einer Wurzel sind die Wurzelkonsonanten noch erkennbar. Eine Ausnahme davon bilden die unvollständigen Verben. ↗ Verb

— *Verträglichkeit der Wurzelkonsonanten (Kompatibilität)*

Nicht alle Konsonanten des Hebräischen vertragen sich als unmittelbare Nachbarn innerhalb einer Wurzel. So kommen bestimmte Konsonanten nie in einer hebräischen Wurzel in unmittelbarer Folge vor. Zwei gleiche Konsonanten in Position PEI HAPO'AL und 'AJIN HAPO'AL kommen nicht vor. Eine Ausnahme hiervon bilden Wörter, die aus einer anderen Sprache übernommen wurden. Sie haben keine semitische Wurzel: יין (jajin)/*Wein* z.B. kommt aus dem Griechischen ('oinos). Auch (m) und (b) oder (g) und (k) liegen artikulatorisch sehr nah beieinander. Es gibt keine Wurzeln mit diesen Konsonanten in Position eins und zwei.

Es gibt wenige zweikonsonantische Wörter, deren Herkunft z.T. nicht eindeutig geklärt ist: גג (gag)/ *Dach*, צל (tsel)/*Schatten*, חן (chan)/*Lager, Karawanserei*, גב (gaw)/*Rücken*. Eine Verbwurzel gibt es daraus allerdings nicht.

Sekundäre Wurzeln entstehen durch Ableitung einer Wurzel aus einem Substantiv, meist aus einem Fremdwort. ↗ Wortbildung

√     שֹׁרֶשׁ (schoresch)/*Wurzel* aus [שרש] לְשָׁרֵשׁ (lescharesch)/*entwurzeln, die Wurzel freilegen* PI'EL.

Z

## Zahl

מִסְפָּר (mispar)/*Zahl, Numerus*. In den Flexionsformen des Substantivs und des Verbs wird mit dem Numerus eine Anzahl der genannten Erscheinungen angezeigt. Im Deutschen kennen wir nur Einzahl (Singular) und Mehrzahl (Plural). Das Hebräische (die semitischen Sprachen überhaupt) hat mit dem DUAL (Zweizahl) zusätzlich die Möglichkeit, eine Anzahl von Zwei auszudrücken:

→ Einzahl
→ Mehrzahl
→ DUAL

| | | |
|---|---|---|
| Einzahl | מִסְפָּר יָחִיד | (mispar jachid) |
| dto. | לָשׁוֹן יָחִיד | (laschon jachid) |
| dto. | יָחִיד | (jachid) |
| Mehrzahl | מִסְפָּר רַבִּים | (mispar rabim) |
| DUAL | מִסְפָּר זוּגִי | (mispar sugi) |
| dto. | רִבּוּי זוּגִי | (ribui sugi) |

Manche Sprachen verfügen auch über einen TRIAL (Dreizahl), und das Arabische hat einen sogenannten *Plural der überschaubaren Anzahl*: PAUCALIS. Die Bezeichnung kommt aus dem Lateinischen pauci/*wenige*. Einen DUAL gibt es nur für die hebräischen Substantive. ⇗ Substantiv ⇗ DUAL

√

מִסְפָּר (mispar)/*Zahl* aus [ספר] לִסְפּוֹר (lispor)/*zählen*.
יָחִיד (jachid)/*allein, einzig* aus [יחד] לְיַחֵד (lejached)/*einigen*. לָשׁוֹן (laschon)/ *Zunge, Sprache, Rede* aus [לשן] לְהַלְשִׁין (lehalschin)/*verleumden* HIF'IL.
רַבִּים/רַבּוֹת (rabim/rabot)/*Mehrzahl* aus [רבה] לִרְבּוֹת (lirbot)/*viel sein*.
רִבּוּי זוּגִי (ribui sugi)/*Zweizahl*. רִבּוּי (ribui)/*Mehrzahl, Plural* aus [רבה] לִרְבּוֹת (lirbot)/*viel sein*. זוּגִי (sugi)/*paarweise* ist ein Adjektiv aus [זוג] לְזַוֵּג (lesaweg) /*paaren* PI'EL.

## Zahlen

מִסְפָּרִים (misparim)/*Zahlen*.

| Übersicht | | |
|---|---|---|
| *Allgemeines* | *Die Ordnungszahlen* | *Jahreszahlen* |
| *Die Zahlwörter* | *Die Bruchzahlen* | *Uhrzeit* |
| *Die Grundzahlen* | *Wochentage* | *Telefonnummer* |
| | *Datum* | *Altersangabe* |

### — Allgemeines

Das Hebräische benutzt die arabischen Zahlen, die von links nach rechts gelesen werden. Zahlen werden auch in hebräischen Buchstaben wiedergegeben. Jeder hebräische Buchstabe hat einen bestimmten Zahlenwert nach dem Dezimalsystem:

| | | | | | |
|---|---|---|---|---|---|
| א | 1 | ד | 4 | ז | 7 |
| ב | 2 | ה | 5 | ח | 8 |
| ג | 3 | ו | 6 | ט | 9 |

| | | | | | |
|---|---|---|---|---|---|
| י | 10 | מ | 40 | ע | 70 |
| כ | 20 | נ | 50 | פ | 80 |
| ל | 30 | ס | 60 | צ | 90 |

| | | | |
|---|---|---|---|
| ק | 100 | ש | 300 |
| ר | 200 | ת | 400 |

Die ersten neun Buchstaben bezeichnen die Einer:     1 - 9     א - ט
die nächsten neun Buchstaben bezeichnen die Zehner:     10 - 90     י - צ
die letzten vier Buchstaben bezeichnen die Hunderter:     100-400     ק - ת

Die Zahlen über 400 werden gebildet durch Kombinieren:

     500    =    400 + 100      ק"ת
     900    =    400 + 400 + 100      ק"תת

Später wurden auch den Endbuchstaben Zahlenwerte zugeordnet:

   ך = 500      ן = 700      ץ = 900
   ף = 600      ף = 800

Sie werden heute nicht mehr benutzt, sondern die Buchstaben für die Hunderter stehen hintereinander und werden addiert: ש"ת = 700. Der höchste Zahlenwert steht zuerst: 400 + 300. Vor dem letzten Buchstaben stehen GERSCHAJIM, um die Buchstabengruppe als Zahl kenntlich zu machen. Die Tausender werden wiedergegeben durch den entsprechenden Einerbuchstaben mit Apostroph: ה' = 5000. Anstelle des Apostrophs stehen manchmal zwei Punkte über dem Buchstaben. Die Tausend ist also תת"ר oder א'.

Die Zahlen 15 und 16 enthalten die vier Buchstaben, aus denen der Gottesname (Tetragramm) gebildet ist. Der Name soll im profanen Bereich nicht geschrieben oder ausgesprochen werden. So gilt:

     15 =    9 + 6    ⇨    ט"ו
     16 =    9 + 7    ⇨    ט"ז

Für die Zahl Null gibt es zwar eine Bezeichnung, aber kein Zeichen: אֶפֶס ('efes)/*Ende, Nichts, Null*. Die Null als Größe erscheint zum erstenmal auf einer indischen Tempelinschrift um 870 unserer Zeitrechnung. Dieses Zeichen ist der Vorläufer des heute verwendeten Zeichens für Null.

> אֶפֶס aus [אפס] לֶאֱפוֹס (le'efos)/*zu Ende gehen, erschöpft sein* PA'AL, לְאַפֵּס (le'apes)/*zunichte machen, auf Nullstellung bringen* PI'EL. Die Wurzel existiert nur im Hebräischen, wobei die Bedeutung *Null* erst im Neuhebräischen belegt ist.

Der Gebrauch der Buchstaben als Zahlen erscheint zunächst auf Makkabäermünzen, heute auf israelischen Münzen zur Angabe der Jahreszahl nach dem jüdischen Kalender.

— *Die Zahlwörter*

Es sind drei Arten von Zahlen zu benennen: מִסְפָּרִים יְסוֹדִיִּים (misparim jesodijim)/*Grundzahlen, Kardinalzahlen*, מִסְפָּרִים סִדּוּרִיִּים (misparim sidurijim)/*Ordnungszahlen, Ordinalzahlen*, שְׁבָרִים (schwarim)/*Brüche*.

## Die Grundzahlen

### maskulin

| | STATUS ABSOLUTUS | | STATUS CONSTRUCTUS | |
|---|---|---|---|---|
| 1 | אֶחָד | ('echad) | אַחַד־ | ('achad-) |
| 2 | שְׁנַיִם | (schnajim) | שְׁנֵי־ | (schnei-) |
| 3 | שְׁלֹשָׁה | (schloscha) | שְׁלֹשֶׁת־ | (schloschet-) |
| 4 | אַרְבָּעָה | ('arba'a) | אַרְבַּעַת־ | ('arba'at-) |
| 5 | חֲמִשָּׁה | (chamischa) | חֲמֵשֶׁת־ | (chameschet-) |
| 6 | שִׁשָּׁה | (schischa) | שֵׁשֶׁת־ | (scheschet-) |
| 7 | שִׁבְעָה | (schiw'a) | שִׁבְעַת־ | (schiw'at-) |
| 8 | שְׁמוֹנָה | (schmona) | שְׁמוֹנַת־ | (schmonat-) |
| 9 | תִּשְׁעָה | (tisch'a) | תִּשְׁעַת־ | (tisch'at-) |
| 10 | עֲשָׂרָה | ('asara) | עֲשֶׂרֶת־ | ('aseret-) |

### feminin

| | STATUS ABSOLUTUS | | STATUS CONSTRUCTUS | |
|---|---|---|---|---|
| 1 | אַחַת | ('achat) | אַחַת־ | ('achat-) |
| 2 | שְׁתַּיִם | (schtajim) | שְׁתֵּי־ | (schtei-) |
| 3 | שָׁלֹשׁ | (schalosch) | שְׁלֹשׁ־ | (schlosch-) |
| 4 | אַרְבַּע | ('arba) | אַרְבַּע־ | ('arba-) |
| 5 | חָמֵשׁ | (chamesch) | חֲמֵשׁ־ | (chamesch-) |
| 6 | שֵׁשׁ | (schesch) | שֵׁשׁ־ | (schesch-) |
| 7 | שֶׁבַע | (schewa) | שְׁבַע־ | (schwa-) |
| 8 | שְׁמוֹנֶה | (schmone) | שְׁמוֹנֶה־ | (schmone-) |
| 9 | תֵּשַׁע | (tescha) | תְּשַׁע־ | (tscha-) |
| 10 | עֶשֶׂר | ('eser) | עֶשֶׂר־ | ('eser-) |

| | maskulin | | feminin | |
|---|---|---|---|---|
| 11 | אַחַד־עָשָׂר | ('achad-'asar) | אַחַת־עֶשְׂרֵה | ('achat-'esre) |
| 12 | שְׁנֵים־עָשָׂר | (schnem-'asar) | שְׁתֵּים־עֶשְׂרֵה | (schtem-'esre) |
| 13 | שְׁלֹשָׁה־עָשָׂר | (schloscha-'asar) | שְׁלֹשׁ־עֶשְׂרֵה | (schlosch-'esre) |
| 14 | אַרְבָּעָה־עָשָׂר | ('arba'a-'asar) | אַרְבַּע־עֶשְׂרֵה | ('arba-'esre) |
| 15 | חֲמִשָּׁה־עָשָׂר | (chamischa-'asar) | חֲמֵשׁ־עֶשְׂרֵה | (chamesch-'esre) |
| 16 | שִׁשָּׁה־עָשָׂר | (schischa-'asar) | שֵׁשׁ־עֶשְׂרֵה | (schesch-'esre) |
| 17 | שִׁבְעָה־עָשָׂר | (schiw'a-'asar) | שְׁבַע־עֶשְׂרֵה | (schwa-'esre) |
| 18 | שְׁמוֹנָה־עָשָׂר | (schmona-'asar) | שְׁמוֹנֶה־עֶשְׂרֵה | (schmone-'esre) |
| 19 | תִּשְׁעָה־עָשָׂר | (tisch'a-'asar) | תְּשַׁע־עֶשְׂרֵה | (tscha-'esre) |
| 20 | עֶשְׂרִים | ('esrim) | עֶשְׂרִים | ('esrim) |

| 10 | עֲשָׂרָה | ('asara) | 60 | שִׁשִּׁים | (schischim) |
| 20 | עֶשְׂרִים | ('esrim) | 70 | שִׁבְעִים | (schiw'im) |
| 30 | שְׁלֹשִׁים | (schloschim) | 80 | שְׁמוֹנִים | (schmonim) |
| 40 | אַרְבָּעִים | ('arba'im) | 90 | תִּשְׁעִים | (tisch'im) |
| 50 | חֲמִשִּׁים | (chamischim) | 100 | מֵאָה | (me'a) |

Die maskulinen Zahlwörter ändern das הָ- in ת- im STATUS CONSTRUCTUS: אַרְבַּעַת- ('arba'at-), שְׁלֹשֶׁת- (schloschet-). Die femininen Zahlwörter ändern ihre Form nicht. Zahlwörter über zehn sind unveränderlich. Für die isoliert stehende Zahl wird die feminine Form bevorzugt: חֶדֶר שֶׁבַע עֶשְׂרֵה (cheder schwa 'esre)/*Zimmer 17*. Die Zahl Eins ist ein Adjektiv. Sie steht hinter dem Substantiv und wird angeglichen:

יוֹם אֶחָד (jom 'echad) ein Tag
אִשָּׁה אַחַת ('ischa achat) eine Frau

Ist der Ausdruck definiert, so steht der bestimmte Artikel (HEI HAJEDI'A) sowohl beim Substantiv als auch beim Adjektiv. Die Zahlen Zwei bis Zehn sind Substantive. Folgt ein weiteres Substantiv, so steht die Zahl im STATUS CONSTRUCTUS:

| STATUS ABSOLUTUS | שְׁנַיִם | (schnajim)/*zwei* (maskulin) |
| STATUS CONSTRUCTUS | שְׁנֵי בָתִּים | (schnei batim)/*zwei Häuser* |
| STATUS ABSOLUTUS | שְׁתַּיִם | (schtajim)/*zwei* (feminin) |
| STATUS CONSTRUCTUS | שְׁתֵּי תְּמוּנוֹת | (schtei temunot)/*zwei Bilder* |

Ist der zusammengesetzte Ausdruck definiert, so steht der bestimmte Artikel am zweiten Substantiv, dem SOMECH. Das Zahlwort selbst, der NISMACH, bleibt unmarkiert.

Einige Zahlwörter, die Substantive sind, können eine Personalendung haben. Diese wird an die Form des STATUS CONSTRUCTUS angehängt:

שְׁנֵינוּ (schneinu) wir beide
שְׁנֵיהֶם (schneihem) alle beide

Der STATUS CONSTRUCTUS maskulin wird benutzt vor den Tausendern und im Zusammenhang mit einer Personalendung als Possessiv:

שְׁלֹשֶׁת אֲלָפִים (schloschet 'alafim) dreitausend
אַרְבַּעַת בָּנָיו ('arba'at banaw) seine vier Söhne

Der STATUS CONSTRUCTUS feminin ist gebräuchlich vor den Zahlwörtern עֶשְׂרֵה ('esre)/*zehn* und מֵאוֹת (me'ot)/*hundert*:

שְׁלֹשׁ עֶשְׂרֵה (schlosch 'esre) dreizehn
שְׁלֹשׁ מֵאוֹת (schlosch me'ot) dreihundert

Die Zahlen Eins bis Neun als Einer werden mit den Zehnern durch וְ- (we)/*und* verbunden: עֶשְׂרִים וְאֶחָד ('esrim we'echad)/*einundzwanzig*. Die Hunderter und Tausender haben nur je eine Wortform für beide Geschlechter. Mit der Endung ־יִם (-ajim) bedeutet das Zahlwort x-fach, analog zu רִבּוֹתַיִם (ribotajim)/*vielfach*:

אַרְבַּעְתַּיִם ('arbatajim) vierfach
שִׁבְעָתַיִם (schiw'atajim) siebenfach

*Die Ordnungszahlen*

Die Ordnungszahl für Eins heißt רִאשׁוֹן (rischon)/*erster*. Die restlichen Ordnungszahlen werden aus den entsprechenden Grundzahlen abgeleitet: שֵׁנִי (scheini)/*zweiter*, שְׁלִישִׁי (schlischi)/*dritter*. Die maskulinen und femininen

Zahlwörter haben eine Pluralform: רִאשׁוֹנִים (rischonim), רִאשׁוֹנוֹת (rischonot), שְׁנַיִים (schnijim), שְׁנָיוֹת (schnijot). Von elf aufwärts werden die Ordnungszahlen durch Anfügen des HEI HAJEDI'A gebildet, wobei auch das Substantiv den bestimmten Artikel hat: הַיּוֹם הַשְׁנֵים־עָשָׂר (hajom haschneim-'asar)/*der zwölfte Tag*, הַיּוֹם הַשְׁלֹשִׁים (hajom haschloschim)/*der dreißigste Tag*. Bei der Angabe des Tages im Monat steht die Grundzahl. Der Monatsname wird mit der Präposition בְּ־ (be-) versehen: תִּשְׁעָה בְּאָב (tisch'a be'aw)/ *der siebte Tag des Monats Aw*.

## *Die Ordnungszahlen*

### Singular

|     | maskulin |           | feminin |           |
|-----|----------|-----------|---------|-----------|
| 1.  | רִאשׁוֹן | (rischon) | רִאשׁוֹנָה | (rischona) |
| 2.  | שֵׁנִי   | (scheini) | שְׁנִיָּה | (schija) |
| 3.  | שְׁלִישִׁי | (schlischi) | שְׁלִישִׁית | (schlischit) |
| 4.  | רְבִיעִי | (rewi'i) | רְבִיעִית | (rewi'it) |
| 5.  | חֲמִישִׁי | (chamischi) | חֲמִישִׁית | (chamischit) |
| 6.  | שִׁשִּׁי | (schischi) | שִׁשִּׁית | (schischit) |
| 7.  | שְׁבִיעִי | (schwi'i) | שְׁבִיעִית | (schwi'it) |
| 8.  | שְׁמִינִי | (schmini) | שְׁמִינִית | (schminit) |
| 9.  | תְּשִׁיעִי | (tschi'i) | תְּשִׁיעִית | (tschi'it) |
| 10. | עֲשִׂירִי | ('asiri) | עֲשִׂירִית | ('asirit) |

— *Die Bruchzahlen*

Zum Lesen von Brüchen werden die femininen Formen der Ordnungszahlen benutzt: חֲמִישִׁית (chamischit)/*ein Fünftel*, שִׁשִּׁית (schischit)/*ein Sechstel*, עֲשִׂירִית ('asirit)/*ein Zehntel*. Für manche Brüche existieren verschiedene Bezeichnungen: חֲצִי (chetsi) oder מַחֲצִית (machatsit) oder מֶחֱצָה (mechetsa)/ *ein halb*, שְׁלִישׁ (schlisch)/*ein Drittel*, רֶבַע (rewa), רְבִיעַ (rawi'a) oder רוֹבַע (rowa)/*ein Viertel*. Ist der Nenner größer als zehn, wird der Bruch mit dem Wort חֵלֶק (chelek)/*Teil* angegeben: חֵלֶק עֶשְׂרִים (chelek 'esrim)/*ein Zwanzigstel*. Ist der Zähler größer als eins, steht das Wort חֶלְקֵי im STATUS CONSTRUCTUS vor dem Zahlwort: חֲמִשָּׁה חֶלְקֵי שְׁתֵּים עֶשְׂרֵה (chamischa chelkei schtem 'esre)/*fünf Zwölftel*. Eine andere Möglichkeit ist die Konstruktion mit dem Präfix מִ־\מֵ־ (mi-/me-): אֶחָד מֵאַרְבָּעִים ('echad me'arba'im)/*ein Vierzigstel*.

— *Wochentage*

Die Wochentage werden durchgezählt. Nach dem jüdischen Kalender ist der Sonntag der erste Tag der Woche. Der Schabat ist der einzige Tag, der einen Namen hat:

| | | | |
|---|---|---|---|
| יוֹם רִאשׁוֹן | יוֹם א׳ | (jom rischon) | Sonntag |
| יוֹם שֵׁנִי | יוֹם ב׳ | (jom scheini) | Montag |
| יוֹם שְׁלִישִׁי | יוֹם ג׳ | (jom schlischi) | Dienstag |

| | | | | | |
|---|---|---|---|---|---|
| יוֹם רְבִיעִי | יוֹם ד' | (jom rewi'i) | Mittwoch | יוֹם שַׁבָּת | |
| יוֹם חֲמִישִׁי | יוֹם ה' | (jom chamischi) | Donnerstag | (jom schabat) | |
| יוֹם שִׁשִּׁי | יוֹם ו' | (jom schischi) | Freitag | Samstag | |

— *Datum*

Der Tag des Monats wird angegeben mit der Grundzahl, vor der Monatsangabe steht die Präposition -בְּ (be-). Die Angabe des Datums erfolgt entweder nach dem Gregorianischen Kalender in christlicher Zeitrechnung:

אֶחָד עָשָׂר בְּפֶבְּרוּאָר ('achad 'asar befebru'ar)   elfter Februar

Oder nach dem jüdischen Kalender:

חֲמִשָּׁה עָשָׂר בְּנִיסָן (chamischa 'asar benisan)   fünfzehnter Nissan

Bei der Jahreszahl steht vor dem Einer die Konjunktion וְ- (we-)/*und*. Hat die Jahreszahl keinen Einerwert, kann die Konjunktion auch vor dem Zehner stehen.

— *Jahreszahlen*

Die Zählung erfolgt in der christlichen Zeitrechnung anders als nach der jüdischen. Der Staat Israel z.B. wurde 1948 gegründet:

christliche Zeitrechnung   1948   אֶלֶף תְּשַׁע מֵאוֹת אַרְבָּעִים וּשְׁמוֹנֶה
                                   ('elef tescha me'ot 'arba'im 'uschmone)

jüdische Zeitrechnung   5708   תש״ח

Vor dem letzten Buchstaben stehen GERSCHAJIM, um die Buchstabengruppe als Zahl zu kennzeichnen. Für den Zahlenwert Null gibt es kein Zeichen, trotzdem ist die Jahreszahl eindeutig zu lesen. Bei der Angabe der Jahreszahl entfällt auch meist die Fünf, da sie sich von selbst versteht: ה'תש״ח (5708/1948). Die Umrechnung vom jüdischen zum christlichen Jahr erfolgt durch Abzug von 3760. Das ergibt allerdings nur einen ungefähren Wert, da das jüdische Neujahr nicht mit dem des christlichen übereinstimmt:

| ה'תש״ח | jüdisches Jahr 5708 | minus 3760 | ⇨ christliches Jahr 1948 |

Ist das Jahrtausend bei der jüdischen Jahreszahl nicht angegeben, so wird die Zahl 1240 addiert:

| תש״ח | jüdisches Jahr 708 | plus 1240 | ⇨ christliches Jahr 1948 |

— *Uhrzeit*

| | | |
|---|---|---|
| הַשָּׁעָה שְׁמוֹנֶה | (hascha'a schmone) | acht Uhr |
| הַשָּׁעָה שְׁמוֹנֶה וָרֶבַע | (hascha'a schmone warewa) | viertel neun |
| הַשָּׁעָה שְׁמוֹנֶה וָחֵצִי | (hascha'a schmone wachetsi) | halb neun |
| הַשָּׁעָה רֶבַע לִשְׁמוֹנֶה | (hascha'a rewa lischmone) | viertel vor acht |
| הַשָּׁעָה שְׁתֵּים עֶשְׂרֵה | (hascha'a schtem 'esre) | zwölf Uhr |
| הַשָּׁעָה אַחַת וְעֶשֶׂר דַּקּוֹת | (hascha'a 'achat we'eser dakot) | ein Uhr zehn |
| תֵּשַׁע בְּדִיּוּק | (tescha bedijuk) | genau neun |

## Zeiten

Die 24 Stunden werden nicht durchgezählt:

| 8.00 | 8:00 A.M. | הַשָּׁעָה שְׁמוֹנֶה בַּבֹּקֶר | (hascha'a schmone baboker) acht Uhr morgens |
| 20.00 | 8:00 P.M. | הַשָּׁעָה שְׁמוֹנֶה בָּעֶרֶב | (hascha'a schmone ba'erew) acht Uhr abends |

Oder:

| 6.00 | 6:00 A.M. | שֵׁשׁ לִפְנֵי הַצָּהֳרַיִם | (schesch lifnei hatsohorajim) sechs Uhr morgens |
| 22.00 | 10:00 P.M. | עֶשֶׂר אַחֲרֵי הַצָּהֳרַיִם | ('eser 'acharei hatsohorajim) zehn Uhr abends |

— *Telefonnummer*

Die Ziffern einer Fax- oder Telefonnummer werden einzeln von links nach rechts abgelesen: ⇨⇨⇨ 3758 = שְׁמוֹנֶה, חָמֵשׁ, שֶׁבַע, שָׁלֹשׁ (schalosch, schewa, chamesch, schmone).

— *Altersangabe*

| Singular maskulin | אֲנִי בֶּן עֶשֶׂר | ('ani ben 'eser) | ich bin 10 |
| Singular feminin | אֲנִי בַּת עֶשֶׂר | ('ani bat 'eser) | ich bin 10 |
| Plural maskulin | אֲנַחְנוּ בְּנֵי עֶשֶׂר | ('anachnu bnei 'eser) | wir sind 10 |
| Plural feminin | אֲנַחְנוּ בָּנוֹת עֶשֶׂר | ('anachnu banot 'eser) | wir sind 10 |

Das Wort שָׁנִים (schanim)/*Jahre* wird ausgelassen.

מִסְפָּר (mispar)/*Zahl* aus [ספר] לִסְפּוֹר (lispor)/*zählen*.

פִּסּוּק (pisuk)/*Interpunktion, Zeichensetzung*. ↗ Satzzeichen 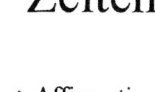 **Zeichensetzung**

## Zeiten

זְמַנִּים (smanim)/*Tempora, Zeiten*. Das Modernhebräische kann drei Zeitstufen mit Hilfe von Verbformen ausdrücken: die Verbformen für die Zeitstufe der Vergangenheit (Perfekt, Imperfekt) werden gebildet durch Anfügen von Personalsuffixen an die Wurzel (Afformativkonjugation). Ausgangsbasis für die Verbformen der Zukunft (Futur) ist der Wortstamm, d.h. die Form des INFINITIVUS CONSTRUCTUS ohne Präposition. An die Stelle des Infinitiv-LAMED treten im Futur die Personalpräfixe (Präformativkonjugation). Die Zeitstufe der Gegenwart (Präsens) wird gebildet mit dem Partizip der Gegenwart (Aktivpartizip) in Verbindung mit den Personalpronomen:

→ Affirmativ-konjugation
→ Präformativ-konjugation
→ Partizip

| | | |
|---|---|---|
| 3 2 1 | Vergangenheit: Personalendungen | כָּתַבְתִּי |
| 3 ו 2 1 | Zukunft: Personalpräfixe | אֶכְתּוֹב |
| 3 2 ו 1 | Gegenwart: Partizip des Aktiv | כּוֹתֵב |

Im Althebräischen gab es noch keine Verbformen, um eine gerade sich abspielende Handlung auszudrücken. Die zeitliche Schichtung in Vergangenheit, Gegenwart und Zukunft, wie wir sie aus den europäischen Sprachen kennen, ist in der Vorstellung dieser Epoche noch nicht lebendig. Entscheidend ist hier, ob eine Handlung abgeschlossen ist oder nicht. Um eine Handlung als endgültig abgeschlossen zu kennzeichnen, wird das Perfekt gesetzt (lateinisch: perfectum/*vollendet*). Für jegliche Art von nicht abgeschlossener Handlung, sei es Gegenwart, Vergangenheit oder Zukunft, steht das Imperfekt (lateinisch: imperfectum/*unvollendet*). Mit welchem Tempus ein hebräisches Imperfekt zu übersetzen ist, erschließt sich aus dem Kontext. Perfekt und Imperfekt des Althebräischen sind also keine "Tempora", sondern bezeichnen den Zustand einer Handlung: abgeschlossen bzw. nicht abgeschlossen.

Das Althebräische hatte lediglich je eine Konjugation mit Personalsuffixen (Afformativkonjugation) für eine abgeschlossene Handlung und eine Konjugation mit Personalpräfixen (Präformativkonjugation) für eine nicht abgeschlossene Handlung:

*Perfekt* (Afformativkonjugation) für die abgeschlossene Handlung:
כָּתַבְתִּי (katawti)/*ich habe geschrieben* (und bin endgültig fertig)

*Imperfekt* (Präformativkonjugation) für die nicht abgeschlossene Handlung (Vergangenheit, Präsens, Futur):
אֶכְתּוֹב ('echtow)/*ich schreibe gerade, ich war gerade am Schreiben, ich werde schreiben*

Vorstellung des Althebräischen:

| vollendete Handlung: Perfekt כָּתַבְתִּי (katawti)/*ich habe geschrieben* | unvollendete Handlung: Imperfekt אֶכְתּוֹב ('echtow)/*ich bin am Schreiben, ich werde schreiben* |
|---|---|

Vorstellung des Modernhebräischen:

| Vergangenheit: כָּתַבְתִּי (katawti)/*ich habe geschrieben* | Gegenwart: כּוֹתֵב (kotew)/*ich schreibe gerade* | Zukunft: אֶכְתּוֹב ('echtow)/*ich werde schreiben* |
|---|---|---|

Die alten Grammatiker standen also auf dem Standpunkt, dass es eine Gegenwart als Dauer nicht gebe. Die Gegenwart sahen sie als Begrenzungslinie zwischen der Vergangenheit, die hinter uns liegt und abgeschlossen ist, und der Zukunft, die vor uns liegt: ein Moment. So sind logischerweise die Verbformen des althebräischen Perfekt im Modernhebräischen zu Vergangenheitsformen geworden, die Formen für eine unvollendete Handlung werden zur Darstellung der Zeitstufe der Zukunft genutzt. Zur Darstellung einer eben jetzt in der Gegenwart sich abspielenden Handlung hat sich im Modernhebräischen das Präsenspartizip durchgesetzt, das mit den Personalpronomen verbunden wird. Auf diese Weise ist eine funktionsfähige Personalform des Verbs entstanden.

זְמַנִּים (smanim)/*Tempora, Zeiten*. זְמָן oder זְמַן ist wahrscheinlich ein aramäisches Lehnwort.

↗ Zahlen

↗ Verb

## Zeitrechnung
## Zeitwort
## Zischlaut

אוֹת שׁוֹרֶקֶת ('ot schoreket), עִצּוּר שׁוֹרֵק ('itsur schorek). Das hebräische Alphabet enthält vier Zischlaute: ש/צ/ס/ז. Als erste Wurzelkonsonanten verursachen diese Konsonanten im HITPA'EL einen Stellungswechsel (Metathese) bzw. einen Austausch von Konsonanten. ↗ HITPA'EL

עִצּוּר שׁוֹרֵק ('itsur schorek)/*Zischlaut*. עִצּוּר ('itsur)/*Mitlaut, Konsonant* aus [עצר] לַעֲצוֹר (la'atsor)/*anhalten*. עִצּוּר ('itsur) ist die Form SCHEM HAPE'ULA aus dem PI'EL. שׁוֹרֵק (schorek) aus [שרק] לִשְׁרוֹק (lischrok)/*pfeifen, zischen*. אוֹת ('ot) aus [אות] bzw. [אתת] לְאוֹתֵת *signalisieren* PI'EL.

## Zukunft

עָתִיד ('atid)/*Zukunft*. Die Verbformen des Futur werden im Hebräischen gebildet durch Anfügen von Personalpräfixen an den Wortstamm (daher auch die Bezeichnung Präformativkonjugation), im Gegensatz zu den Verbformen der Vergangenheit, bei denen Personalsuffixe an die Wurzel angefügt werden (auch: Afformativkonjugation):

| | | | | |
|---|---|---|---|---|
| לִכְתּוֹב | (lichtow) | schreiben | | כָּתַב + תִּי |
| כָּתַבְתִּי | (katawti) | ich habe geschrieben | Wurzel: כָּתַב | |
| אֶכְתּוֹב | ('echtow) | ich werde schreiben | Stamm: כְּתוֹב | אֶ + כְּתוֹב |

Manche Personalformen des Futurs haben zusätzlich zu den Präfixen noch Suffixe. Das Futur ist in nachbiblischer Zeit aus dem althebräischen Imperfekt hervorgegangen, das für unvollendete Handlungen und Vorgänge stand.

→ Zeiten

| | | | | | | |
|---|---|---|---|---|---|---|
| אֶכְתּוֹב | ('echtow) | ich werde | נִכְתּוֹב | (nichtow) | wir werden | |
| תִּכְתּוֹב | (tichtow) | du wirst (m) | תִּכְתְּבוּ | (tichtewu) | ihr werdet (m/f) | |
| תִּכְתְּבִי | (tichtewi) | du wirst (f) | יִכְתְּבוּ | (jichtewu) | sie werden (m/f) | |
| יִכְתּוֹב | (jichtow) | er wird | | | | schreiben |
| תִּכְתּוֹב | (tichtow) | sie wird schreiben | | | | |

Die zweite und dritte Person Plural haben im Maskulinum und im Femininum jeweils dieselbe Form. Die ehemaligen femininen Formen sind ungebräuchlich: תִּכְתֹּבְנָה (tichtowna)/*ihr werdet schreiben*, יִכְתֹּבְנָה (jichtowna)/*sie werden schreiben*.
Der Vokal des Präfixes ist CHIRIK/(i) außer bei der ersten Person Singular, dessen Präfix ein SEGOL/(e) hat. Die zweite Person Singular feminin und die zweite und dritte Person Plural maskulin haben Endungen. Bei den Verben, die einen Konsonanten der Gruppe BEGADKEFAT als ersten Wurzelkonsonanten haben wie im Paradigma oben, geht das DAGESCH verloren, weil dieser Konsonant mit dem Personalsuffix zusammen eine Silbe bildet und somit ans Silbenende kommt. Die Konsonanten des BEGADKEFAT als mittlere Wurzelkonsonanten haben in allen Futurformen ein DAGESCH.
Außer dem Futurparadigma אֶפְעֹל/'EF'OL gibt es ein abweichendes Paradig-

ma אֶפְעַל/'EF'AL. Dieses Futur hat den Stammvokal (a) mit PATACH:

    לִלְמוֹד   (lilmod)    lernen
    יִלְמַד   (jilmad)   er wird lernen

Die Verbtabellen geben meist einen Hinweis auf das Futurparadigma. Bei den unvollständigen Verben zeigen sich Unregelmäßigkeiten auch in den Formen des Futurs.

Im biblischen Hebräisch existierte noch eine Nebenform des Futurs mit dem Suffix ה ָ, das als עָתִיד מָאֳרָךְ ('atid mo'orach)/*gedehntes Futur* bezeichnet wird. Es hat die Bedeutung von *lasst uns gehen*: נֵלְכָה (nelcha).

√ עָתִיד ('atid)/*Zukunft* aus [עתד] לְעַתֵּד (le'ated)/*bereit machen* PI'EL.
עָתִיד מָאֳרָךְ ('atid mo'orach)/*gedehntes Futur*. מָאֳרָךְ (mo'orach) aus [ארכ] לְהַאֲרִיךְ (leha'arich)/*dehnen* HIF'IL.

# Zusammensetzung ↗ Wortbildung ↗ STATUS

# Index der hebräischen Fachausdrücke

| | |
|---|---|
| אֵבָר | ('ewar) Teil der Aufzählung |
| אהו"י | AHOI (Merkwort) |
| אהח"ע | AHACH'A (Merkwort) |
| אוֹגֵד | ('oged) Kopula |
| אוֹת גְרוֹנִית | ('ot gronit) Kehllaut |
| אוֹת הַשִׁמוּשׁ | ('ot haschimusch) Partikel |
| אוֹת סוֹפִית | ('ot sofit) Endbuchstabe |
| אוֹת שׁוֹרֶקֶת | ('ot schoreket) Zischlaut |
| אוֹתִיוֹת הַשִׁמוּשׁ | ('otiot haschimusch) formbildende Buchstaben |
| אֶטִימוֹלוֹגְיָה | ('etimilogja) Etymologie |
| אֵיבָר | ('eiwar) Teil der Aufzählung |
| אִיחוּי | ('ichui): מִלַת אִיחוּי (milat 'ichui) Konjunktion |
| אִמוֹת הַקְרִיאָה | ('imot hakri'a) Lesehilfen |
| אָנָלוֹגְיָה | ('analogja) Analogie |
| אַסִימִילַצְיָה | ('asimilatsja) Angleichung |
| אַסְפֶּקְט | ('aspekt) Aspekt |
| אַפּוֹזִיצְיָה | ('apositsja) Apposition |
| אַקְטִיב | (aktiv) Tätigkeitsform |
| אַרְטִיקוּלַצְיָה | ('artikulatsja) Aussprache |
| אֶתִינֶתִ"י | ETINETI (Merkwort) |
| בְּגַ"ד כְּפַ"ת | (begadkefat) (Merkwort) |
| בֶּגֶדְכְּפַת | (begadkefat) (Merkwort) |
| בּוֹדֵד | (boded) einzeln, einzig |
| בּוּמַ"ף | ('otiot bumaf) Labiale |
| בֵּינוֹנִי | (beinoni) Mittelwort, Partizip |
| בַּכְלַ"ם | BACHLAM (Merkwort) |
| בִּנְיָן גוֹרֵם | (binjan gorem) HIF'IL |
| בִּנְיָן דָגוּשׁ | (binjan dagusch) BINJAN mit DAGESCH |
| בִּנְיָן הַפֹּעַל | (binjan hapo'al) Konjugation |
| בִּנְיָן חוֹזֵר | (binjan choser) HITPA'EL |
| בִּנְיָן יְסוֹדִי | (binjan jesodi) PA'AL |
| בִּנְיָן כָּבֵד | (binjan kawed) PI'EL |
| בִּנְיָן סָבִיל | (binjan sawil) Passiv |
| בִּנְיָן פָּעִיל | (binjan pa'il) Aktiv |
| בִּנְיָן קַל | (binjan kal) PA'AL |
| גוּף רִאשׁוֹן | (guf rischon) 1. Person |
| גוּף שְׁלִישִׁי | (guf schlischi) 3. Person |
| גוּף שֵׁנִי | (guf scheini) 2. Person |
| גְזִירָה | (gsira) Ableitung |
| גִזְרָה | (gisra) Gestalt, Schnitt |
| גִזְרָה מְיוּחֶדֶת | (gisra mejuchedet) besondere Verbklasse |
| גִזְרוֹן | (gisron) Etymologie |
| גִזְרַת הַכְּפוּלִים | (gisrat hakfulim) Verbklasse 'AJIN"'AJIN |
| גִזְרַת מִלִים | (gisrat milim) Wortbildung |
| גִיכַּ"ק | GICHAK (Merkwort) |
| גִימַטְרִיָה | (gimatrija) Gematrie |
| גָסָה | (gasa) Druckschrift |
| גְרוֹנִי | (groni) Kehl- ..... |
| גֶרֶשׁ | (geresch) Apostroph |
| גֵרְשַׁיִם | (gerschajim) Anführungszeichen |
| דִבּוּר | (dibur) Rede |
| דִבּוּר יָשִׁיר | (dibur jaschir) direkte Rede |
| דִבּוּר עָקִיף | (dibur 'akif) indirekte Rede |
| דוּ־תְנוּעָה | (du-tenu'a) Doppelvokal |
| דָטִיב | (dativ) Dativ |
| דַטְלֶנַ"ת | DATLENAT (Merkwort) |
| דִיפְתוֹנְג | (diftong) Diphthong |
| דִמְיוֹן | (dimjon) Vergleich |
| דִקְדוּק | (dikduk) Grammatik |
| דֶקְלִינַצְיָה | (deklinatsja) Deklination |
| דֶרִיוַצְיָה | (deriwatsja) Ableitung |
| דֶרֶךְ | (derech) Modus |
| דֶרֶךְ הַחִוּוּי | (derech hachiwui) Indikativ |
| דֶרֶךְ הַיִעוּד | (derech haji'ud) Indikativ |
| דֶרֶךְ הַצִוּוּי | (derech hatsiwui) Imperativ |
| דֶרֶךְ הַשְׁמָא | (derech haschema) Konjunktiv |
| דֶרֶךְ הַתְנַאי | (derech hatenai) Konditional |
| ה' הַשְׁאֵלָה | (hei sche'ela) HEI der Frage |
| הֵא הַיְדִיעָה | (hei hajedi'a) bestimmter Artikel |
| (ה' הַיְדִיעָה) | |
| הֵא הַמְגַמָה | (hei hamgama) HEI der Richtung |
| הֵא קַיֶמֶת | (hei kajemet) bleibendes HEI |
| הֶגֶה | (hege) Laut |
| הֶגֶה גְרוֹנִי | (hege groni) Kehllaut |
| הֶגֶה חוֹכֵךְ | (hege chochech) Reibelaut |
| הֶגֶה פּוֹצֵץ | (hege potsets) Verschlusslaut |
| הִדָמוּת | (hidamut) Assimilation |
| הַדְרָגָה | (hadraga) Steigerung |
| הַדְרָגַת הַתוֹאָר | (hadragat hato'ar) Steigerung des Adjektivs |
| הוֹוֶה | (howe) Gegenwart |
| הַטְעָמָה | (hat'ama) Betonung |
| הֲכִי | (hachi) Superlativpartikel |
| הַמְגָמָה | (hamgama) HEI der Richtung |
| הַשְׁוָאָה | (haschwa'a) Analogie |
| וָו־הַחִבּוּר | (waw hachibur) Verbindungs-WAW |
| זָכָר | (sachar) maskulin |
| זָכָר וּנְקֵבָה | (sachar 'unkewa) maskulin und feminin |

| | | | |
|---|---|---|---|
| זָכָר זוּגִי | (sachar sugi) maskulin DUAL | כִּנּוּי שֵׁם | (kinui schem) Personalpronomen |
| זָכָר רִבּוּי | (sachar ribui) maskulin Plural | | |
| זְמַנִּים | (smanim) Tempora | כָּפוּל | (kaful) verdoppelt |
| חִבּוּר | (chibur) Verbindung, Zusammensetzung | כְּתָב הַמִּזְרָחִי | (ketaw hamisrachi) Kursivschrift |
| חִוּוּי | (chiwui) Aussage | כְּתִיב חָסֵר | (ketiw chaser) Schreibung ohne Vokalbuchstaben, mit Punktierung |
| חוֹזֵר | (choser) rückbezüglich | | |
| חוֹכֵךְ | (chochech) Reibelaut | | |
| חוֹלָם חָסֵר | (cholam chaser) Vokalzeichen für sehr langes o | כְּתִיב מְנֻקָּד | (ketiw menukad) Schreibung mit Punktierung |
| חִירִק חָסֵר | (chirik chaser) Vokalzeichen für kurzes i | כְּתִיבָה גַּסָּה | (ketiwa gasa) Druckschrift |
| | | כְּתִיבָה דַּקָּה | (ketiwa daka) Handschrift |
| חִירִק מָלֵא | (chirik male) Vokalzeichen für langes i | לְוַאי | (lewai) Attribut |
| | | לְוַאִי | (lewa'i) attributiv |
| חֲלֻקָּה לַהֲבָרוֹת | (chaluka lahawarot) Silbentrennung | לָמֶד הַתַּכְלִית | (lamed hatachlit) Infinitiv-LAMED |
| חָסֵר | (chaser) fehlend | לָשׁוֹן יָחִיד | (leschon jachid) Einzahl maskulin |
| חִתּוּךְ | (chituch) Artikulation | | |
| חִתּוּךְ דִּבּוּר | (chituch dibur) Aussprache | מְאֹרָךְ | (mo'orach) verlängert |
| טְעָמִים | (te'amim) Betonungszeichen | מִבְטָא | (miwta) Aussprache |
| טְרַנְסְלִיטֶרַצְיָה | (transliteratsja) Übertragung | מְדַבֵּר | (medaber) Sprecher |
| יָחִיד | (jachid) Einzahl maskulin | מוֹדוּס | (modus) Modus |
| יַחַס הַפָּעוּל | (jachas hapa'ul) Akkusativ | מוֹנוֹפְתּוֹנְג | Monophthong |
| יַחֲסָה רִאשׁוֹנָה | (jachasa rischona) Nominativ | מוֹרְפוֹלוֹגְיָה | (morfologja) Formenlehre |
| יַחֲסַת אֶל | (jachasat 'el) Dativ | מְחַבֵּר | קַו מְחַבֵּר (kaw mechaber) Bindestrich |
| יַחֲסַת אֶת | (jachasat-'et) Akkusativ | | |
| יַחֲסַת הַקִּנְיָן | (jachasat hakinjan) Genitiv | מֻחְלָט | (muchlat) absolut, unkonjugiert |
| יַחֲסַת שֶׁל- | (jachasat schel-) Genitiv | | |
| כְּלָלֵי הַפִּסּוּק | (klalei hapisuk) Satzzeichenregeln | מְיֻדַּעַת | (mejada'at) bestimmt |
| | | מְיֻחֶדֶת | (gisra mejuchedet) unregelmäßige Verbkonjugation |
| כַּמְנַפַּ"ץ | KAMNAFATS (Merkwort) | | |
| כִּנּוּי | (kinui) Pronomen | מִין | (min) Geschlecht |
| כִּנּוּי אִישִׁי | (kinui 'ischi) Personalpronomen | מִין סְתָמִי | (min stami) Neutrum, sächlich |
| כִּנּוּי גּוּף | (kinui guf) Personalpronomen | מָלֵא | (male) voll (Schreibweise mit Lesezeichen) |
| כִּנּוּי הַפָּעוּל | (kinui hapa'ul) Objektspronomen | מִלָּה לוֹעֲזִית | (mila lo'asit) Fremdwort |
| | | מִלָּה שְׁאוּלָה | (mila sche'ula) Lehnwort |
| כִּנּוּי זִקָּה | (kinui sika) Relativpartikel | מִלִּית | (milit) Partikel |
| כִּנּוּי חוֹזֵר | (kinui choser) Reflexivpronomen | מִלְעֵיל | (mil'eil) auf der vorletzten Silbe betont |
| כִּנּוּי יָשָׁר | (kinui jaschar) Personalpronomen | מִלְרַע | (milra) endungsbetont |
| | | מִלַּת אִיחוּי | (milat 'ichui) Konjunktion |
| כִּנּוּי סְתָמִי | (kinui stami) unpersönliches Fürwort | מִלַּת גּוּף | (milat guf) Personalpronomen |
| | | מִלַּת חִבּוּר | (milat chibur) Bindewort |
| כִּנּוּי קִנְיָן | (kinui kinjan) Possessivbegleiter, Possessivsuffix | מִלַּת יַחַס | (milat jachas) Präposition |
| | | מִלַּת קִשּׁוּר | (milat kischur) Bindewort |
| כִּנּוּי רֶמֶז | (kinui romes) Demonstrativpronomen | מִלַּת שְׁאֵלָה | (milat sche'ela) Fragepronomen |
| כִּנּוּי שְׁאֵלָה | (kinui sche'ela) Fragepronomen | מִסְפָּר יָחִיד | (mispar jachid) Singular |
| | | מִסְפָּר סִדּוּרִי | (mispar siduri) Ordnungszahl |
| כִּנּוּי שַׁיָּכוּת | (kinui schajachut) Possessivbegleiter | מַסְקוּלִין | (maskulin) männlich |
| | | מַפִּיק | (mapik) Punkt im HEI |

| | | | |
|---|---|---|---|
| מַפְרִיד | (mafrid) Trennungsstrich | מִשְׁפַּט שֵׁמָנִי | (mischpat schemani) Nominalsatz, Kopula |
| מַצָּב נִפְרָד | (matsaw nifrad) Zustand des Substantivs: isoliert, alleine stehend | מִשְׁפַּט תּוֹצָאָה | (mischpat totsa'a) Konsekutivsatz |
| מַצָּב נִסְמָךְ | (matsaw nismach) Zustand des Substantivs: zusammengesetzt | מִשְׁפַּט תַּכְלִית | (mischpat tachlit) Finalsatz |
| | | מִשְׁפַּט תְּנַאי | (mischpat tenai) Bedingungssatz |
| מָקוֹר | (makor) Infinitiv | מִשְׁפַּט תְּנַאי בָּטֵל | (mischpat tenai batel) Bedingungssatz (nicht realisierbar) |
| מָקוֹר מֻחְלָט | (makor muchlat) absoluter Infinitiv | מִשְׁפַּט תְּנַאי קַיָּם | (mischpat tenai kajem) Bedingungssatz (realisierbar) |
| מָקוֹר נָטוּי | (makor natui) konjugierter Infinitiv | מִשְׁקָל | (mischkal) Wortbildungsmuster |
| מַקָּף | (makaf) Bindestrich | | |
| מְקֻצָּר | (mekutsar) verkürzt | מְתָאֲרִים | פְּעָלִים מְתָאֲרִים (pe'alim meto'arim) Verben, die Verbaladjektive sein können |
| מְרַחֵף | (merachef) schwebend (SCHWA) | | |
| מֶרְכָאוֹת | (mercha'ot) Klammern | מֶתֶג | (meteg) (Zeichen am Text) |
| מֻרְכָּב | (murkaw) verbunden, zusammengesetzt | נֶאוּטֶר | (neuter) sächlich |
| | | נְגִינָה | (negina) Betonung |
| מֻשָּׂא יָשִׁיר | (musa jaschir) direktes Objekt, Akkusativobjekt | נְגִינוֹת | (neginot) Betonungszeichen |
| | | נוֹכֵחַ | (nocheach) Personalpronomen 2. Person |
| מֻשָּׂא עָקִיף | (musa 'akif) indirektes Objekt, Dativobjekt | נוֹמִינָטִיב | Nominativ |
| מֻשָּׂא פְּנִימִי | (musa penimi) inneres Objekt | נוֹשֵׂא | (nose) Subjekt |
| מֹשֶׁה וְכָּלֵ"ב | MOSCHE WEKELEW (Merkwort) | נָטוּי | (natui) konjugiert |
| מְשֻׁעְבָּד | (meschubad) zusammengesetzt | נְטִיָּה | (netija) Flexion |
| | | נְטִיַּת הַפֹּעַל | (netiat hapo'al) Konjugation |
| מִשְׁפַּט הַשְׁוָאָה | (mischpat haschwa'a) Komparativsatz | נְטִיַּת הַשֵּׁם | (netiat haschem) Deklination |
| | | נִיקוּד | (nikud) Punktierung |
| מִשְׁפַּט זְמַן | (mischpat sman) Temporalsatz | נִסְמָךְ | (nismach) gestützt, zusammengesetzt |
| מִשְׁפַּט חִוּוּי | (mischpat chiwui) Aussagesatz | נִסְתָּר | (nistar) Personalpronomen 3. Person |
| מִשְׁפַּט טָפֵל | (mischpat tafel) Nebensatz | נִפְרָד | (nifrad) getrennt, einzeln stehend |
| מִשְׁפַּט כּוֹלֵל | (mischpat kolel) Satz mit mehreren Satzteilen derselben Art | נְקֵבָה | (nekewa) Femininum |
| | | נְקֵבָה זוּגִית | (nekewa sugit) DUAL feminin |
| מִשְׁפַּט כִּלְאַיִם | (mischpat kil'ajim) Anakoluth | נְקֻדָּה | (nekuda) Punkt |
| | | נְקֻדָּה וּפְסִיק | (nekuda 'ufsik) Strichpunkt |
| מִשְׁפַּט לְוַאי | (mischpat lewai) Relativsatz | נְקֻדָּתַיִם | (nekudatajim) Doppelpunkt |
| מִשְׁפַּט מְחֻבָּר | (mischpat mechubar) Satzreihe | נִרְדָּף | שֵׁם נִרְדָּף (schem nirdaf) Synonym |
| מִשְׁפַּט מָקוֹם | (mischpat makom) Lokalsatz | נָשׂוּא | (nasu) Prädikat |
| מִשְׁפַּט מֻשָּׂא | (mischpat musa) Objektsatz | נְתִיּוֹת בּוֹדְדוֹת | (netijot bodedot) Einzelgängerklassen |
| מִשְׁפַּט מְשֻׁעְבָּד | (mischpat meschubad) Nebensatz | סָבִיל | (sawil) Passiv |
| מִשְׁפַּט נוֹשֵׂא | (mischpat nose) Subjektsatz | סוּבְּיֶקְט | (subjekt) Satzgegenstand |
| מִשְׁפַּט סִבָּה | (mischpat siba) Kausalsatz | סוֹגֵר | (soger) Klammer |
| מִשְׁפַּט עִקָּרִי | (mischpat 'ikari) Hauptsatz | סוֹגְרַיִם | (sograjim) Klammern |
| מִשְׁפַּט פָּשׁוּט | (mischpat paschut) einfacher Satz | סוֹמֵךְ | (somech) stützend, zusammengesetzt |
| מִשְׁפַּט שְׁאֵלָה | (mischpat sche'ela) Fragesatz | סוּפִיקְס | (sufiks) Suffix |

סַזְצֶרַשׁ SAṢTSERASCH (Merkwort)
סִיוֹמֶת (sijomet) Suffix
סִימָן קְרִיאָה (siman kri'a) Ausrufezeichen
סִימָן שְׁאֵלָה (siman sche'ela) Fragezeichen
סִינְטַכְּסִיס (sintaksis) Satzlehre
סְלֶנְג Slang
סְמִיכוּת (smichut) Stützen, Zusammensetzen
סְתָמִי (stami) unbestimmt
עָבַר ('awar) Vergangenheit
עֵזֶר ('eṣer): פֹּעַל עֵזֶר (po'al 'eṣer) Hilfsverb
עִצּוּר ('itsur) Konsonant, Mitlaut
עִצּוּר שׁוֹרֵק ('itsur schorek) Zischlaut
עָקִיף ('akif) indirekt
עֵרֶךְ הַדִּמְיוֹן ('erech hadimjon) Komparativ
עֵרֶךְ הַהַפְלָגָה ('erech hahaflaga) Superlativ
עֵרֶךְ הַיִּתְרוֹן ('erech hajitron) Komparativ
עֵרֶךְ הַפְּשִׁיטוּת ('erech hapeschitut) Grundstufe, Positiv
עָתִיד ('atid) Zukunft, Futur
עָתִיד מְאָרָךְ ('atid mo'orach) gedehntes Futur
פ' גְּרוֹנִית (pei gronit) Kehllaut als 1. Wurzelkonsonant
פֵּא הַפֹּעַל (pei hapo'al) 1. Wurzelkonsonant
פוֹנֶטִיקָה (fonetika) Lautlehre
פּוֹצֵץ (potsets) explosiv, als Verschlusslaut artikuliert
פֶּמִינִין (feminin) Femininum
פָּסִיב (pasiv) Leideform, Passiv
פְּסִיק (pesik) Komma
פָּעוּל (pa'ul) Akkusativ
פָּעִיל (pa'il) Aktiv
פֹּעַל חוֹזֵר (po'al choṣer) reflexives Verb
פֹּעַל יוֹצֵא (po'al jotse) transitives Verb
פֹּעַל עוֹמֵד (po'al 'omed) intransitives Verb
פֹּעַל עֵזֶר (po'al 'eṣer) Hilfsverb
פֹּעַל שָׁלֵם (po'al schalem) vollständiges, regelmäßiges Verb
פְּעָלִים גְּרוֹנִיִּים (pe'alim gronijim) Verbklassen mit Kehllaut in der Wurzel
פְּעָלִים חֲסֵרִים (pe'alim chaserim) Verbklassen mit fehlenden Wurzelkonsonanten
פְּעָלִים כְּפוּלִים (pe'alim kefulim) Verbklassen mit zwei gleichen Wurzelkonsonanten

פְּעָלִים מוּרְכָּבִים (pe'alim murkawim) doppelt schwache Verben
פְּעָלִים מְחֻמָּשִׁים (pe'alim mechumaschim) Verben mit fünf Wurzelkonsonanten
פְּעָלִים מְרֻבָּעִים (pe'alim meruba'im) Verben mit vier Wurzelkonsonanten
פְּעָלִים מְתֹאָרִים (pe'alim meto'arim) Verbaladjektive
פְּעָלִים נָחִים (pe'alim nachim) Verbklassen mit ruhenden Wurzelkonsonanten
פְּעָלִים שְׁלֵמִים (pe'alim schlemim) vollständige, regelmäßige Verben
פָּשׁוּט (paschut): מִשְׁפָּט פָּשׁוּט (mischpat paschut) einfacher Satz, Hauptsatz
פַּתָח גְּנוּבָה (patach genuwa) gestohlenes PATACH
צוּרָה (tsura) Form, Formklasse
צוּרָן (tsuran) Morphem
צֵירֵי (tsere) Vokalzeichen für langes (e)
צֵרוּף (tseruf) zusammengesetzt
קִדֹּמֶת (kidomet) Präfix
קַו מְחַבֵּר (kaw mechaber) Bindestrich
קַו מַפְרִיד (kaw mafrid) Trennungsstrich
קוֹנְיוּגַצְיָה (konjugatsja) Konjugation
קוֹנְסוֹנַנְט (konsonant) Konsonant, Mitlaut
קַיֶּמֶת (kajemet): ה' קַיֶּמֶת bleibendes HEI
קִצּוּר (kitsur) Abkürzung
רָאשֵׁי תֵּבוֹת (raschei tewot) Anfangsbuchstaben, Akronym
רִבּוּי זוּגִי (ribui ṣugi) DUAL
רִבּוּי כָּפוּל (ribui kaful) doppelter Plural
רַבּוֹת (rabot) Mehrzahl feminin
רַבִּים (rabim) Mehrzahl maskulin
רָפֶה (rafe) weich, als Reibelaut artikuliert
שְׁאוּלָה (sche'ula): מִלָּה שְׁאוּלָה (mila sche'ula) Lehnwort
שְׁוָא מְרַחֵף (schwa merachef) schwebendes SCHWA
שְׁוָא נָח (schwa nach) ruhendes SCHWA
שְׁוָא נָע (schwa na) bewegliches SCHWA
שְׁוָאָה (schwa'a): מִשְׁפָּט שְׁוָאָה (mischpat schwa'a) Vergleichssatz
שִׁמּוּשׁ (schimusch) אוֹתִיּוֹת הַשִּׁמּוּשׁ ('otiot haschimusch) Partikeln

# Index

| | | | |
|---|---|---|---|
| שִׁין יְמָנִית | (schin jemanit) rechtes SCHIN | | stimmung des Grundes |
| שִׁין שְׂמָאלִית | (schin smolit) SIN | תֵּאוּר הַפֹּעַל | (te'ur hapo'al) Adverbialbestimmung |
| שְׁלִילָה | (schelila) Verneinung, Negation | תֵּאוּר הַתַּכְלִית | (te'ur hatachlit) Adverbialbestimmung der Absicht |
| שָׁלֵם | פֹּעַל שָׁלֵם (po'al schalem) vollständiges, regelmäßiges Verb | תֹּאַר הָרוֹמֵז | (to'ar haromes) hinweisendes Fürwort, Demonstrativpronomen |
| שֵׁם גּוּף | (schem guf) Personalpronomen | תַּבְנִית | (tawnit) Gussform, MISCHKAL |
| שֵׁם הַפֹּעַל | (schem hapo'al) Grundform, Nennform | תָּג | (tag) Apostroph |
| | | תֹּאַר פֹּעַל | (to'ar po'al) Adverb |
| שֵׁם הַפְּעֻלָּה | (schem hape'ula) Verbalsubstantiv | תָּוִית | (tawit) Artikel |
| שֵׁם מֻרְכָּב | (schem murkaw) zusammengesetztes Substantiv | תָּוִית מְיֻדַּעַת | (tawit mejada'at) bestimmter Artikel |
| שֵׁם נִרְדָּף | (schem nirdaf) Synonym | תָּוִית סְתָמִית | (tawit stamit) unbestimmter Artikel |
| שֵׁם עֶצֶם | (schem 'etsem) Substantiv | תּוֹכִית | (tochit) Infix |
| שֵׁם תֹּאַר | (schem to'ar) Adjektiv | תּוֹרָה | (tora) Lehre |
| שֹׁרֶשׁ | (schoresch) Wurzel | תּוֹרַת הַהִגּוּי | (torat hahigui) Lautlehre |
| תֵּאוּר הָאֹפֶן | (te'ur ha'ofen) Adverbialbestimmung der Art und Weise | תּוֹרַת הַצּוּרוֹת | (torat hatsurot) Formenlehre |
| | | תַּחְבִּיר | (tachbir) Satzlehre, Syntax |
| תֵּאוּר הַזְּמַן | (te'ur hasman) Adverbialbestimmung der Zeit | תַּכְלִית | לָמֶד הַתַּכְלִית (lamed hatachlit) Infinitiv-LAMED |
| תֵּאוּר הַמַּצָּב | (te'ur hamatsaw) Adverbialbestimmung der Art und Weise | תְּחִלִּית | (techilit) Präfix |
| | | תְּמוּרָה | (temura) Apposition |
| תֵּאוּר הַמָּקוֹם | (te'ur hamakom) Adverbialbestimmung des Ortes | תְּנוּעָה | (tenu'a) Selbstlaut, Vokal |
| | | תְּנוּעָה קַלָּה | (tenu'a kala) flüchtiger, sehr kurzer Vokal |
| תֵּאוּר הַסִּבָּה | (te'ur hasiba) Adverbialbe- | תְּנוּעַת עֵזֶר | (tenu'at 'eser) Hilfsvokal |

# Literaturangaben

| | |
|---|---|
| Baltsan, Hayim | Hebrew Dictionnary. (A Webster's New World™ Book). New York 1992 |
| Blohm, Dieter/ Stillmann, Rachel | Modernes Hebräisch. 2 Bde. Wiesbaden 1992 |
| Bolozky, Shmuel | 501 Hebrew Verbs fully conjugated in all tenses in a new easy-to-learn format alphabetically arranged by root. New York 1996 |
| Ewen-Shoshan, Awraham | Das neue Wörterbuch. Jerusalem 1989 אברהם אבן־שושן,המלון החדש. ירושלים התשמ"ט |
| Feingold, Ellen/Maschler, Hanna | Handbook of Hebrew Verbs. Jerusalem 1991 |
| Halkin, Abraham S. | 201 Hebrew Verbs fully conjugated in all tenses. New York 1970 |
| Hebräische Sprachakademie (Hrsg.) | לשוננו לעם. האקדמיה ללשון העברית. ירושלים התשנ"ד Unsere Sprache. Jerusalem 1994 |
| Klein, Ernest | A Comprehensive Etymological Dictionary of the Hebrew Language for Readers of English. Haifa 1988 |
| Pines, Dan | מילון לועזי עברי המורחב. (milon lo'asi 'iwri hamurchaw). Teil א. Tel Aviv o.J. |
| Rush, Donald/Gavish, Haya | The Hebrew Prepositions: a Guide to contemporary usage. Jerusalem 1989 (Akademon-Verlag) |
| Shabat, Yehezkel | Hebrew Alphabet. Its Invention, Development and Transliteration. Jerusalem, first edition 5749/1989 |
| Werner, Fritz | Die Wortbildung der hebräischen Adjektiva. Wiesbaden 1983 |
| Zachmann-Czalomón, Isolde | Das Verb im Modern-Hebräischen. Wiesbaden 2. Aufl. 2004 |

*Bildnachweis*
S. 12: The New Israeli University Atlas, edited by Professor Moshe Brawer. © Y. Orenstein, "Yavneh" Publishing House, Tel Aviv 1993.
S. 52: Leschoscheinu Le'am. © The Academy of the Hebrew Language, Jerusalem 1994.
S. 137 unten: Inscription over Synagoge entrance, Persia, Isfahan © Israel Museum, Jerusalem.
S. 233: Harald Haarmann, Universalgeschichte der Schrift. © Campus Verlag, Frankfurt am Main 1991.